浙江大学中亚与丝路文明研究中心
浙江大学区域协调发展研究中心
浙江大学中国古代史研究所

主　编　刘进宝

CULTURES ON THE SILK ROAD

丝路文明

第五辑

上海古籍出版社

图书在版编目(CIP)数据

丝路文明. 第五辑 / 刘进宝主编. —上海：上海古籍出版社，2020.11
ISBN 978-7-5325-9790-1

Ⅰ. ①丝… Ⅱ. ①刘… Ⅲ. ①丝绸之路—文集 Ⅳ. ①K928.6-53

中国版本图书馆 CIP 数据核字(2020)第 212052 号

丝路文明(第五辑)
刘进宝　主编
上海古籍出版社出版、发行
(上海瑞金二路 272 号　邮政编码 200020)
(1) 网址：www.guji.com.cn
(2) E-mail：guji1@guji.com.cn
(3) 易文网网址：www.ewen.co
上海商务联西印刷有限公司印刷
开本 787×1092　1/16　印张 18.25　插页 7　字数 325,000
2020 年 11 月第 1 版　2020 年 11 月第 1 次印刷
ISBN 978-7-5325-9790-1
K · 2917　定价：88.00 元
如有质量问题，请与承印公司联系

头曼城

（今德岭山水库大坝东山匈奴古城）

乌拉特中旗匈奴古城遗址

支就城

（今乌拉特前旗独龙镇城圪台障城）

单于台

（今乌拉特中旗汉长城北大敖包）

匈奴首都单于王庭遗址

德尔津古城发掘现场及出土西汉砖瓦

敦煌白画 P.4518（24）所见犬

虞弘墓石椁浮雕所见犬

史君墓石堂浮雕所见犬

Miho 藏品浮雕所见犬

吉美藏品浮雕所见犬

倚山立佛像

（莫高窟第 203 窟西壁龛，初唐）

倚山立佛图

（刺绣，藏经洞所出，唐代，

现藏大英博物馆）

刘萨诃与凉州瑞像

（绢画残片，藏经洞所出，晚唐，

现藏大英博物馆）

倚山立佛像

（莫高窟第 300 窟西壁龛，盛唐）

凉州瑞像

（莫高窟第 231 窟西壁龛顶，中唐）

凉州瑞像

（莫高窟第 9 窟甬道顶，晚唐）

圣容像

（莫高窟第 231 窟西壁龛顶，中唐）

阿旃陀石窟第 6 窟立佛像

（6–7 世纪）

“二佛并坐”说法图

（莫高窟第 332 窟中心柱，初唐）

《丝路文明》编辑缘起

晚清以来，西方探险家、考察家在我国西北和中亚地区进行了各种各样的探察活动，不仅提出了“丝绸之路”的概念，而且还在丝绸之路沿线发现了许多古代的文物和文化遗存，将东方与西方、中国与世界、古代与现代紧密地结合在一起。关于“丝绸之路”，可能会有多种定义，也会有多种解说，但“丝绸之路”的主要功能是中外文明的交流与互鉴，这一点应该是毋庸置疑的。

近年来，随着国家“一带一路”战略的提出，“丝绸之路”的研究再次引起了学术界的高度关注。为适应这一新形势的需要，浙江大学在原有学科优势的基础上，成立了“一带一路”合作与发展协同创新中心，团结校内外中坚力量，从事“丝绸之路”相关问题的研究。

《丝路文明》是以丝绸之路为主线，以阐释古代多元历史文明的交流与互鉴、推进当代东西方文化交流为宗旨，刊发世界古代文明发展、交流、融合等研究成果的综合性学术刊物。

《丝路文明》的创刊，旨在为相关领域的研究者提供一个新的交流平台，从长时段探讨中外文明交流，将“丝绸之路”的研究置于中外政治、经济、文化交流的大背景下，以刊登相关历史文化研究、丝绸之路古遗址的考古发掘和考察新发现，从文明交流与互鉴的角度对丝路沿线出土文献与文物的解读，以及与丝绸之路相关的学术史、学术性书评等文章为主。热诚欢迎国内外从事和关心“丝绸之路”研究的专家、学者、朋友们提出宝贵意见。

目　录

Contents

Book Reviews

《丝路文明》第五辑
2020 年 11 月,1—18 页

丝绸之路交通的草原方向和海洋方向*

王子今

摘　要: 丝绸之路作为中原文化对外联系与交流的主要通道,其交通路径以西北草原方向和东南海洋方向特别值得注意。自西汉时期张骞"凿空"之后,通过河西经西域往来中亚至于西亚的经济联系和文化交往走向繁盛,而东洋南洋航道也发挥着促进文化交流的效力。丝绸之路以海洋和草原为主要走向的这种交通形势,符合汤因比有关草原和海洋共同作为"交通的天然媒介"的说法。而对于国家权力从军事、外交、行政的视角进行的历史观察和政策设计,西汉政论家已经有"东南一尉,西北一候"的概括性记述。

作为中原文化对外联系与交流的主要通道,丝绸之路的主体交通路径,一是西北草原方向,一是东南海洋方向。这一情形特别值得丝绸之路史研究者注意。自西汉时期张骞"凿空"之后,通过河西经西域往来中亚至于西亚的交往出现"使者相望于道",①"商胡贩客,日款于塞下"②的繁盛局面。而东洋航道可达"万二千余里"岛国,更有远者"船行一年可至",③南洋航道可至行程 22 个月方能抵达的"汉之译使自此还矣"地

* 本文为中国人民大学科学研究基金(中央高校基本科研业务费专项资金资助)项目"中国古代交通史研究"(项目编号: 10XNL001)阶段性成果。

① 《史记》卷一二三《大宛列传》:"汉始筑令居以西,初置酒泉郡以通西北国。因益发使抵安息、奄蔡、黎轩、条枝、身毒国。而天子好宛马,使者相望于道。诸使外国一辈大者数百,少者百余人,人所赍操大放博望侯时。其后益习而衰少焉。汉率一岁中使多者十余,少者五六辈,远者八九岁,近者数岁而反。"中华书局 1959 年 9 月版,第 3170 页。《汉书》卷九六上《西域传上》:"初,武帝感张骞之言,甘心欲通大宛诸国,使者相望于道,一岁中多至十余辈。"中华书局,1962 年,第 3876 页。

② 《后汉书》卷八八《西域传》,中华书局,1965 年,第 2931 页。

③ 《三国志》卷三〇《魏书・东夷传》:"自郡至女王国万二千余里。""又有裸国、黑齿国复在其东南,船行一年可至。"中华书局,1959 年,第 855—856 页。

方,[1]也发生着促进文化交流的效力。丝绸之路以海洋和草原为主要走向的这种交通形势,与汤因比论草原和海洋以为“交通的天然媒介”的历史地理与交通地理的见解正相符合。而这两条文化通道的开发与管控,汉王朝及当时社会上层的政论家基于军事史、外交史、行政史及民族关系史视角的考察和理解,有形成长久文化影响的“东南一尉,西北一候”之说。

一、“昆仑”“蓬莱”:草原和海洋两个视角的世界观察

按照顾颉刚的说法,昆仑神话系统发生于“西部高原地区”,“流传到东方以后,又跟广阔无垠的大海这一自然条件结合起来,在燕、吴、齐、越沿海地区形成了蓬莱神话系统”。[2] 有学者论述其同源于一。以为是东夷文化的产物。[3] 又论中国古代这两大神话系统的早期融合,判断汉武帝“求仙”是其“契机”。[4] 也有学者认为昆仑神话与蓬莱神话各有渊源,“来自高原地区的昆仑神话和源自海洋地区的蓬莱神话,因发源地地域文化的天差地别,应该拥有专属的独特文化特色”。[5] 值得重视的是,其源起和流播,都由自中原文化的边缘地带,即与外部世界交接的地区。同源之说或可在讨论其相互关系时以为参考。这体现两个方向的神话系统,很有可能产生于中原人对于遥远的外在世界的神秘意识。

昆仑,在上古神话体系中与海有着特殊的关系。《史记》卷二《夏本纪》:“弱水至于合黎,余波入于流沙。”司马贞《索隐》:“《山海经》云‘流沙出钟山,西南行昆仑墟入海’。”[6]《史记》卷一一七《司马相如列传》“西望昆仑之轧沕洸忽”句,张守节《正义》引《括地志》云:“又阿傉达山亦名建末达山,亦名昆仑山。恒河出其南吐师子口,经天竺入达山。妫水今名为浒海,出于昆仑西北隅吐马口,经安息、大夏国入西海。黄河出东北隅吐牛口,东北流经滥泽,潜出大积石山,至华山北,东入海。其三河去山入海各三万

① 《汉书》卷二八下《地理志下》,第1671页。

② 顾颉刚《〈庄子〉和〈楚辞〉中昆仑和蓬莱两个神话系统的融合》,《中华文史论丛》1979年第2期。

③ 李炳海《蓬莱、昆仑神话同源于东夷考》,《东岳论丛》1991年第1期。

④ 李炳海《以蓬莱之仙境,化昆仑之仙乡——中国古代两大神话系统的早期融合》,《东岳论丛》2004年第4期。

⑤ 许洋洋《中国神话的地域文化透视》,长江大学硕士学位论文,2016年。

⑥ 《史记》,中华书局,1959年,第69—70页。

里。此谓大昆仑,肃州谓小昆仑也。”[①]说到“昆仑”发源的“三河去山入海各三万里”。这里表述了视野非常宏阔的世界地理知识。所谓“三河去山入海各三万里”中最为著名的是“昆仑”“河源”传说。《史记》卷一二三《大宛列传》:“于寘之西,则水皆西流,注西海;其东水东流,注盐泽。盐泽潜行地下,其南则河源出焉。多玉石,河注中国。”[②]这里明确说到“河源”,又说到“多玉石,河注中国”。司马迁的记述,信息来源或由自张骞以后中原人西行获得的关于丝绸之路沿途的地理知识。所谓“多玉石”,则涉及经济资源和文化资源,当然也与东西交通线路上的贸易主题有关。

“昆仑”与“海”,因张骞故事得以形成神奇的联系。张骞成功探索西域道路,史称“凿空”,[③]于是汉王朝使团频繁西行。“自博望侯开外国道以尊贵,其后从吏卒皆争上书言外国奇怪利害,求使。天子为其绝远,非人所乐往,听其言,予节,募吏民毋问所从来,为具备人众遣之,以广其道”。自汉王朝实现了与乌孙、安息等国的友好交往之后,“及宛西小国驩潜、大益,宛东姑师、扜罙、苏薤之属,皆随汉使献见天子”。司马迁记述:“而汉使穷河源,河源出于寘,其山多玉石,采来,天子案古图书,名河所出山曰昆仑云。”裴骃《集解》:“瓒曰:‘汉使采取,将持来至汉。’”[④]所谓“(于寘)其山多玉石,采来”,“汉使采取,将持来至汉”,提示了对玉矿资源的重视。

“汉使穷河源”之说,体现了西汉外交活动、军事活动与地理学探索的结合。“天子案古图书”,“古图书”指哪些历史文献呢?《史记》卷一二三《大宛列传》最后写道:“太史公曰:《禹本纪》言:‘河出昆仑。昆仑其高二千五百余里,日月所相避隐为光明也。其上有醴泉、瑶池。’今自张骞使大夏之后也,穷河源,恶睹《本纪》所谓昆仑者乎?故言九州山川,《尚书》近之矣。至《禹本纪》《山海经》所有怪物,余不敢言之也。”[⑤]所谓“古图书”,应当包括司马迁提到的《尚书》《禹本纪》《山海经》等。“太史公曰”发表了自己有关“穷河源”的意见,也指出“穷河源”与“昆仑”考察为当时社会共同关切的情形。

环渤海地区的“燕齐海上之方士”是海洋探索和海洋开发的先行者。他们“言神事”“言蓬莱诸神”以及在海上“求仙人”的行为,[⑥]开启了较大规模的海上航运实践。

① 《史记》,第3060—3062页。

② 《史记》,第3160页。

③ 王子今《〈龟兹左将军刘平国作关城诵〉考论——兼说“张骞凿空”》,《欧亚学刊》新7辑,商务印书馆,2018年。

④ 《史记》,第3173页。

⑤ 《史记》,第3179页。

⑥ 《史记》卷二八《封禅书》,第1369、1386、1397、1398页。

《艺文类聚》卷九四引《博物志》曰:“近世有居于海渚,年年八月,有浮槎来,甚大,往反不失于期。此人乃赍粮乘槎而去,忽忽不觉昼夜。奄至一处,有城郭,屋舍宛然。望室中,多见织妇。见一丈夫,牵牛渚次饮之。此人还,以问蜀人严君平。君平曰:某月有客星犯牛斗。即此人到天河也。”①《北堂书钞》卷一〇五“乘浮槎到天河”条引《博物志》云:“海边年八月,见有浮查往来反,不失期。此人多赍粮食,乘查去。忽忽不觉昼夜,到天河。”②《艺文类聚》卷八引《博物志》说稍具体:“旧说天河与海通。近世有居海渚者,年年八月,有浮楂来过,甚大,往反不失期。此人乃多赍粮,乘楂去,忽忽不觉昼夜。奄至一处,有城郭屋舍。望室中,多见织妇。见一丈夫,牵牛渚次饮之。此人问此为何处。答曰:问严君平。此人还,问君平。君平曰:某年某月,有客星犯牛斗。即此人乎?”③故事中的“此人”,或作“张骞”。

中国传统戏曲中,有关张骞的剧目有《张骞泛浮槎》,又写作《张骞泛槎》《张骞乘槎》,清代曲谱又有《博望访星》《银汉槎》,都据《博物志》张骞寻河源至天河遇织女牛郎的故事改编。张骞竟然步入虚无缥缈的仙界。

据庄一拂《古典戏曲存目汇考》中《元代作品》(下)有“张骞泛浮槎”条,据考论:

张骞泛浮槎

《录鬼簿》著录。简称《泛浮槎》。《太和正音谱》《元曲选目》均略作《张骞浮槎》,孟本别作《张骞乘槎》,骞,《汉书》有传。本事并见梁宗懔《荆楚岁时记》,晋张华《博物志》。

旧说天河与海通。汉武帝使张骞于大夏寻河源。乘槎经月至一处,有城郭屋舍,遥望见一女织,又一丈夫,牵牛渚次饮之。惊问何由至此?骞具道来意,并问此是何处?曰:“君还访严君平,则知之。”织女取支机石与赠。骞还至蜀,问君平,君平曰:“某年月日,有客星犯牛女。”计其年月,正骞到天河时也。支机石为东方朔所识云。清舒位《瓶笙馆修萧谱》有《博望访星》一折,李文瀚《味尘轩曲》有《银汉

① (唐)欧阳询撰,汪绍楹校《艺文类聚》,上海古籍出版社,1965年,第1627页。

② (唐)虞世南编撰《北堂书钞》,中国书店1989年7月据光绪十四年南海孔氏刊本影印版,第641页。

③ (唐)欧阳询撰,汪绍楹校《艺文类聚》,第150—151页。《太平御览》卷六〇引《博物志》:“旧说天河与海通。近世有居海渚者,年年八月,有浮查去来,往返不失期。此人乃立屋于查上,赍粮乘查去。忽不觉昼夜,奄至一处,有城郭屋舍。望见室中多织妇。见一丈夫,牵牛渚次饮之。惊问此人:何由至此?此人即问:此为何处?答曰:君可诣蜀问严君平。此人还,问君平。曰:某月有客星犯斗牛。即此人到天河也。”(宋)李昉等撰《太平御览》,中华书局1960年2月用上海涵芬楼影印宋本复制重印本,第288页。

槎》一种，皆本张骞探河源传说而成。佚。[①]

剧情完全以“究河源”“寻河源”为本。[②] “海渚”“浮槎”传奇因“寻河源”探索与昆仑相联系。所谓“旧说天河与海通”，提示我们关注上古丝绸之路史相关神秘迹象中西北交通与东南交通的关系。

二、草原丝绸贸易

战国时期中亚墓葬的中原丝绸发现，说明在前张骞时代以草原为路径的东西贸易行为已经相当活跃。[③] 具有神话色彩的中西文化联系，有穆天子见西王母传说。[④] 有学者指出：“古代中国人已经知道，在西方遥远的地方有灿烂的文化，西王母的传说就反映了古人对西方其他文明的向往。”[⑤]在中原人的视野中，对西北方向的特别关注，则在汉武帝时代之后有鲜明的表现。张骞出使西域获得成功，又从大将军卫青击匈奴，封“博望侯”之后，“自博望侯开外国道以尊贵，其后从吏卒皆争上书言外国奇怪利害，求使”。就体现出这种风尚。“其后使往者皆称博望侯”，“诸使外国一辈大者数百，少者百余人，人所赍操大放博望侯时”。[⑥] 这些“求使”者谋求的人生发达，是期望如同“博望侯开外国道”那样获得“尊贵”地位。1963 年 8 月湖北鄂城出土的一件汉镜，见于《鄂城汉三国六朝铜镜》著录。镜铭文字可见“除去不祥宜古市”，“大吉利”，“主如山石，宜西北万里，富昌长乐”等。[⑦] 所谓“宜西北万里富昌长乐”，以“宜西北万里”与“富昌长乐”连说，显现这种祝福之辞对于“西北万里”交通行旅的主人前程的美好预期。[⑧]

汉使西行，多携带丝绸等高等级消费品。张骞出使，“将三百人，马各二匹，牛羊以万数，赍金币帛直数千巨万，多持节副使，道可使，使遗之他旁国”。[⑨] 后来的使团“人所赍操大放博望侯时”，同样“赍金币帛”。“汉使”在西域的行旅消费，“非出币帛不得食，不市畜不得骑用”。[⑩] 他们的外交经营，往往也在市场环境中操作，“币帛”因此成为流

---

① 庄一拂编著《古典戏曲存目汇考》，上海古籍出版社，1982 年，第 263 页。
② 王子今《西汉“穷河源”探索与丝路经营》，《新疆艺术》汉文版 2017 年增刊。
③ 王子今《前张骞的丝绸之路与西域史的匈奴时代》，《甘肃社会科学》2015 年第 2 期。
④ 王子今《穆天子神话和早期中西交通》，《学习时报》2001 年 6 月 11 日。
⑤ 刘迎胜《“丝绸之路”探源》，《中国经营报》2019 年 9 月 16 日 D01 版。
⑥ 《史记》卷一二三《大宛列传》，第 3167、3171、3169、3170 页。
⑦ 湖北省博物馆、鄂州市博物馆编《鄂城汉三国六朝铜镜》，1986 年，图版 46，图版说明第 9 页。
⑧ 周新《论鄂城汉镜铭文“宜西北万里”》，《南都学坛》2018 年第 1 期。
⑨ 《史记》卷一二三《大宛列传》，第 3168 页。
⑩ 《史记》卷一二三《大宛列传》，第 3173 页。

入西域的重要物资。“遣使者赍黄金币帛”以“重赂”交接对方,[①]是通常的外交手段。

汉王朝边防军士卒贳卖衣财物,是中原织品流向河西的特殊形式。出土汉简简文与汉代遗址发掘获得的实物资料可以证实相关现象。[②] 活跃的西域“贾胡”可能亦对这些商品继续向西转运发挥了积极的作用。[③]《盐铁论·力耕》:“夫中国一端之缦,得匈奴累金之物,而损敌国之用。是以骡驴馲驼,衔尾入塞,驒騱騵马,尽为我畜,鼲貂狐貉,采旃文罽,充于内府,而璧玉珊瑚琉璃,咸为国之宝。”[④]有关汉代河西地方织品的消费和流通,有充足的信息。[⑤] “帛”“布”“絮”作为“禄”的形式为军队官兵所接受,也反映了当地市场交易条件以及以此为基础形成的对于相关商品的社会感觉和价值知识。内地出产的织物成为交换各种商品的等价物,对于河西地方市场的丝绸流通无疑也会产生重要的影响。

史称“匈奴好汉缯絮”,[⑥]汉帝国有提供相关物资以求边境安定的策略。汉高祖时代,就有“岁奉”“絮缯”事。[⑦] 贾谊也说:“汉岁致金絮采缯以奉之。”[⑧]商业贸易也逐渐发展起来。有学者指出,“匈奴族十分重视与汉族互通关市。除汉族外,匈奴与羌族经常发生商业交换;对乌桓族和西域各族也发生过交换”。“(匈奴)并通过西域,间接和希腊人及其他西方各族人民发生交换”。[⑨] 这一时期丝路商道的形势,有的学者作过这样的分析,“匈奴人……亟欲控制商道,垄断东西贸易,以取得暴利”。[⑩] 有学者以为,“匈奴贵族”“做着丝绸贸易”,“匈奴人”“进行丝绸贸易”,或说“丝绢贸易”。亦有关于

---

① 《汉书》卷九九上《王莽传上》,第 4051 页。

② 王子今《汉代丝路贸易的一种特殊形式:论“戍卒行道贳卖衣财物”》,《简帛研究汇刊》第 1 辑“第一届简帛学术讨论会论文集”,中国文化大学历史系、简帛学文教基金会筹备处,2003 年。

③ 王子今《汉代的“商胡”“贾胡”“酒家胡”》,《晋阳学刊》2011 年第 1 期。

④ 王利器校注《盐铁论校注》(定本),中华书局,1992 年,第 28 页。

⑤ 王子今《汉代河西市场的织品——出土汉简资料与遗址发掘收获相结合的丝绸之路考察》,《中国人民大学学报》2015 年第 5 期;《汉代河西的蜀地织品——以“广汉八稯布”为标本的丝绸之路史考察》,《四川文物》2017 年第 3 期;《河西简文所见汉代纺织品的地方品牌》,《简帛》第 17 辑,上海古籍出版社,2018 年;《试说居延简文“鲁絮”“襄絮”“堵絮”“彭城糸絮”——汉代衣装史与纺织品消费史的考察》,황보영조:《동서인문》,제 12 호,경북대학교인문학술원,2019 년 10 월 30 일(《东西人文》第 12 号,庆北大学校人文学术院 2019 年 10 月 30 日)。

⑥ 《史记》卷一一〇《匈奴列传》,第 2899 页。

⑦ 《史记》卷一一〇《匈奴列传》:“冒顿常往来侵盗代地。于是汉患之,高帝乃使刘敬奉宗室女公主为单于阏氏,岁奉匈奴絮缯酒米食物各有数,约为昆弟以和亲,冒顿乃少止。”第 2895 页。王子今《丝绸之路贸易史上的汉匈关系》,《文史知识》2017 年第 12 期。

⑧ 《汉书》卷四八《贾谊传》,第 2240 页。

⑨ 林幹《匈奴通史》,第 3、146、147 页。

⑩ 殷晴《丝绸之路与西域经济——十二世纪前新疆开发史稿》,中华书局,2007 年,第 111 页。

“当时匈奴贵族向西方贩运的丝绸的道路”的分析。[①] 然而这些论说，现在看来，似乎缺乏确切的史料的支持。[②] 不过，东方丝绸因草原民族的交通机动性优势向西方传播的可能性是存在的。

三、东洋航路与南洋航路

渤海移民运动的兴起，说明了航海能力的提升。王仲事迹，以琅邪人而“浮海东奔乐浪山中”，[③]说明从琅邪至乐浪的直航线路或许在西汉早期已经开通。而徐福东渡，“得平原广泽，止王不来”，[④]在《后汉书》卷八五《东夷传》“倭”条中，已经把徐福集团“入海”，与“倭”及其他海上岛国的文化进程联系起来：“会稽海外有东鳀人，分为二十余国。又有夷洲及澶洲。传言秦始皇遣方士徐福将童男女数千人入海，求蓬莱神仙不得，徐福畏诛不敢还，遂止此洲，世世相承，有数万家。人民时至会稽市。会稽东冶县人有入海行遭风，流移至澶洲者。所在绝远，不可往来。”[⑤]

秦始皇南海置郡，为海外交通路径的开通准备了行政条件。[⑥] 西汉王朝关注世界的视线，在汉武帝之后已经在两个方向聚焦。在西北方向之外，亦多注视东南。《汉书》卷二八下《地理志下》有对于南洋航路的明确记载：“自日南障塞、徐闻、合浦船行可五月，有都元国；又船行可四月，有邑卢没国；又船行可二十余日，有谌离国；步行可十余日，有夫甘都卢国。自夫甘都卢国船行可二月余，有黄支国，民俗略与珠厓相类。其州广大，户口多，多异物，自武帝以来皆献见。有译长，属黄门，与应募者俱入海市明珠、璧流离、奇石异物，赍黄金杂缯而往。所至国皆禀食为耦，蛮夷贾船，转送致之。亦利交易，剽杀人。又苦逢风波溺死，不者数年来还。大珠至围二寸以下。平帝元始中，王莽辅政，欲耀威德，厚遗黄支王，令遣使献生犀牛。自黄支船行可八月，到皮宗；船行可二月，到日南、象林界云。黄支之南，有已程不国，汉之译使自此还矣。”[⑦]其交通方式，包括：“自日南障塞、徐闻、合浦船行可五月，……又船行可四月，……又船行可二十余

① 苏北海《汉、唐时期我国北方的草原丝路》，张志尧主编《草原丝绸之路与中亚文明》，新疆美术摄影出版社，1994年，第28页。

② 王子今《前张骞的丝绸之路与西域史的匈奴时代》，《甘肃社会科学》2015年第2期。

③ 《后汉书》卷七六《循吏传・王景》，第2464页。

④ 《史记》卷一一八《淮南衡山列传》，第3086页。

⑤ 《后汉书》，第2822页。

⑥ 王子今《论秦始皇南海置郡》，《陕西师范大学学报》2017年第1期。

⑦ 《汉书》，第1671页。

日,……步行可十余日,……”继续行进,“自夫甘都卢国船行可二月余,有黄支国,……自黄支船行可八月,到皮宗;船行可二月,到日南、象林界云”。关于继续远行的路程,又写道:“黄支之南,有已程不国,汉之译使自此还矣。”可见南洋交通主要是“船行”。

所谓“蛮夷贾船”在这一交通体系中的作用,推想也许有在南洋航路上冒险转运的中原人称作“蛮夷”的外族商人以及船长、水手。他们经历“又苦逢风波溺死”的风险,通过生死搏争取得利益。《汉志》所谓“亦利交易,剽杀人”,似乎又说这些“蛮夷”出身的商运人员或许只是参与局部的、间接的、片段的交易。他们毕竟是在“应募者俱入海市明珠、璧流离、奇石异物,赍黄金杂缯而往”的经济生活背景下参与这种“市”的过程的。

无论对“蛮夷贾船”的“蛮夷”的族属与身份怎样理解,都必须承认这一中原人的文献记录反映了外族人参与南洋航行的历史真实。我们在考察草原丝绸之路开通与繁荣的历史时已经注意到,当时主要以游牧和射猎作物基本生产方式的草原民族对于丝绸之路贸易,表现出相当积极的态度。“丝绸之路”交通格局的形成,是多民族共同努力的历史成就。匈奴民族与西域草原民族促进“丝绸之路”交通的历史文化贡献,汉文历史文献有所记录,考古发现的文物遗存也可以提供诸多实证。匈奴通过关市及汉王朝“赂遗”得到的超出消费需要数额的“锦绣缯帛”和“絮”,是可以通过转输交易的方式获取更大利益的。[①] 西域草原民族曾经以经商能力与交通机动性方面的优势,在丝绸贸易活动中有积极的表现。“西域贾胡”在中原的活跃,也成为汉代经济生活的重要风景。直接协助张骞“凿空”的,有堂邑父的艰苦实践以及张骞“胡妻”的理解和支持。而大宛、康居、乌孙的“导译”们的历史功绩,也是不能磨灭的。[②] 南海航运事业中“蛮夷贾船”的作用,同样应当予以重视。

“徐福入海”携有“百工”,[③]其中可能包括织工。《史记》和《汉书》都记录了番禺集散纺织品的经济作用。而《汉书》卷二八下《地理志下》写道,中原人往南洋远途贸易,“入海市明珠、璧流离、奇石异物”,所携带的是“黄金杂缯”。这是非常明确的对于海上文化交流通道以丝绸为主要交易商品的文献实证。通过所谓“蛮夷贾船,转送致之”,我们也可以作出这样的判断,海上丝绸之路的开通与繁荣,是多民族合作成就的伟大事业。

① 王子今《直道与丝绸之路交通》,《历史教学》2016 年第 4 期。

② 王子今《草原民族对丝绸之路交通的贡献》,《山西大学学报》2016 年第 1 期。

③ 《史记》卷一一八《淮南衡山列传》:“秦皇帝大说,遣振男女三千人,资之五谷种种百工而行。”第 3086 页。《汉书》卷四五《伍被传》:“又使徐福入海求仙药,多赍珍宝,童男女三千人,五种百工而行。”第 2171 页。

四、汤因比：草原与海洋“交通的天然媒介”说

英国历史学家汤因比在《历史研究》中分析了世界历史进程的规律性现象，指出“草原”和“海洋”对于文化交流的作用。他写道：“航海的人民很容易把他们的语言传播到他们所居住的海洋周围的四岸上去。古代的希腊航海家们曾经一度把希腊语变成地中海全部沿岸地区的流行语言。”“在太平洋上，从斐济群岛到复活节岛，从新西兰到夏威夷，几乎到处都使用一样的波利尼西亚语言，虽然自从波利尼西亚人的独木舟在隔离这些岛屿的广大洋面上定期航行的时候到现在已经过去了许多世代了。此外，由于‘英国人统治了海洋’，在近年来英语也就变成世界流行的语言了。”汤因比指出，“在草原的周围，也有散布着同样语言的现象”。“由于草原上游牧民族的传布，在今天还有四种这样的语言：柏伯尔语、阿拉伯语、土耳其语和印欧语”。这几种语言的分布，都与“草原上游牧民族的传布”有密切关系。就便利交通的作用而言，草原和海洋有同样的意义。草原为交通提供了极大的方便。草原这种“大片无水的海洋”成了不同民族“彼此之间交通的天然媒介”。“草原像‘未经耕种的海洋’一样，它虽然不能为定居的人类提供居住条件，但是却比开垦了的土地为旅行和运输提供更大的方便”。[①] 中国上古文献不使用“草原”这一地理学语汇，而注意“善水草”、[②]“水草美”、[③]“水草之利”[④]条件适宜游牧射猎经济的意义。“随水草”、[⑤]“逐水草”、[⑥]“逐水草迁徙”、“逐水草移徙”、[⑦]“逐水草往来”[⑧]民族的发育与强盛及其活跃表现，促进了欧亚大陆多元文化的融合与进步。汤因比论“草原”，使用“到处是野草和碎石的草原”的说法，或译作“表面是草地和砂砾的草原”。[⑨] 这正是人们通常所谓荒漠、戈壁。中国西北方向的草原丝绸之路的大部分路段，正是绿洲和草场之外的这种地貌。

回顾中国古史，确实可以看到北边的草原和东方的海域共同为交通提供了便利条件。孕育于黄河、长江两大流域的文明通过这两个方面实现了对外交流，形成了大致呈

① 〔英〕汤因比《历史研究》(上)，曹未风等译，上海人民出版社，1964 年，第 234—235 页。
② 《史记》卷一一九《李将军列传》，第 2869 页。
③ 《史记》卷一一八《淮南衡山列传》，3090 页。
④ 《汉书》卷六九《赵充国传》，第 2980 页。
⑤ 《汉书》卷九六上《西域传上》，第 3897、3898 页。
⑥ 《汉书》卷九六上《西域传上》，第 3875、3876 页。《汉书》卷九六下《西域传下》，第 3901 页。
⑦ 《史记》卷一一〇《匈奴列传》，第 2879、2891 页。
⑧ 《汉书》卷九六上《西域传上》，第 3883 页。
⑨ 〔英〕汤因比《历史研究》(上)，曹未风等译，第 235 页。

“ㄱ ”形的文化交汇带。

中国古籍“草原”一语使用较晚。但是“大漠”“流沙”“瀚海”之说,使用从水之字形容西北地貌,似乎也暗示“草原”与“海洋”之间的联想。《后汉书》卷八〇上《文苑传上·杜笃》载杜笃《论都赋》:“勇惟鹰扬,军如流星,深之匈奴,割裂王庭,席卷漠北,叩勒祁连,横分单于,屠裂百蛮。”①崔浩解释《史记》卷一一一《卫将军骠骑列传》“破符离”,说:“漠北塞名。”②起初“漠”字作“幕”。③ 汉武帝与诸将议,言“赵信为单于画计,常以为汉兵不能度幕轻留”,司马贞《索隐》:“幕即沙漠。”④汉武帝嘉奖霍去病,说到“约轻赍,绝大幕”。⑤ “大幕”也就是“大漠”。《汉书》卷九九中《王莽传中》已说匈奴“塞于漠北”。⑥《说文·水部》:“漠,北方流沙也。”⑦而“流沙”,是中原帝国西北方向典型地貌形态,已显现代表性符号的性质。《史记》卷一《五帝本纪》说帝颛顼控制地方“西至于流沙”。裴骃《集解》:“《地理志》曰流沙在张掖居延县。”⑧据说夏代“天子之国”“东渐于海,西被于流沙”。⑨ 而秦始皇统一建立的秦帝国,“六合之内,皇帝之土。西涉流沙,南尽北户。东有东海,北过大夏。人迹所至,无不臣者”。⑩ 霍去病远征,“登临翰海”。《史记》裴骃《集解》:“张晏曰:‘登海边山以望海也。’”司马贞《索隐》:“按:崔浩云:‘北海名,群鸟之所解羽,故云翰海。’《广异志》云‘在沙漠北’。”⑪“翰海”后来又写作“瀚海”。《后汉书》卷九〇《鲜卑传》:“汉有阗颜、瀚海之事。”李贤注:“使霍去病击匈奴,封狼居胥山,登临瀚海也。”⑫有人以为“海”其实是“山”。元代学者刘郁《西使记》写道:“西域之开,始自张骞。其土地山川固在也,然世代浸远,国号变易,事亦难

---

① 《后汉书》,第2600页。

② 《史记》,第2924—2925页。

③ 如《史记》卷一一〇《匈奴列传》:“翕侯信为单于计,居幕北,以为汉兵不能至。”“单于闻之,远其辎重,以精兵待于幕北。”“何徒远走,亡匿于幕北寒苦无水草之地,毋为也。”第2910、2912页。《史记》卷一一一《卫将军骠骑列传》:“乃悉远北其辎重,皆以精兵待幕北。”第2935页。《史记》卷一二三《大宛列传》:“汉击走单于于幕北。”第3167页。

④ 《史记》卷一一一《卫将军骠骑列传》,第2935页。

⑤ 《史记》卷一一一《卫将军骠骑列传》,第2936页。

⑥ 《汉书》,第4140页。

⑦ 段玉裁注:“《汉书》亦假幕为漠。”(汉)许慎撰,(清)段玉裁注《说文解字注》,上海古籍出版社据经韵楼臧版1981年10月影印版,第545页。

⑧ 《史记》,第11—12页。

⑨ 《史记》卷二《夏本纪》,第77页。

⑩ 秦始皇琅邪刻石,《史记》卷六《秦始皇本纪》,第245页。

⑪ 《史记》卷一一一《卫将军骠骑列传》,第2936页。《史记》卷一一〇《匈奴列传》称“临翰海”,第2911页。

⑫ 《后汉书》,第2990页。

考。今之所谓‘瀚海’者，即古金山也。……”[①]岑仲勉《自汉至唐漠北几个地名之考定》讨论“翰海之意义”，确认“翰海之为山而非海”，指出后出译写方式有“瀚海”“杭海”“沆海”“杭爱”“杭靄”等。[②] 柴剑虹《“瀚海”辨》推进了相关讨论。他发现维吾尔语汇中突厥语的遗存，“确定‘瀚海’一词的本义与来历”，以为“两千多年前，居住在蒙古高原上的突厥民族称高山峻岭中的险隘深谷为‘杭海’”，“后又将这一带山脉统称为‘杭海山’‘杭爱山’，泛称变成了专有名词”。[③] 不过，诸多文献遗存体现“瀚海”作为自然地理符号指代的，多是类同“海洋”的平坦广阔的“草原”地貌。大多唐诗作者所理解的“瀚海”，应当并非“山”。如李世民《拟饮马长城窟》：“塞外悲风切，交河冰已结。瀚海百重波，阴山千里雪。”[④]王维《燕支行》：“画戟雕戈白日寒，连旗大旆黄尘没。叠鼓遥翻瀚海波，鸣笳乱动天山月。”[⑤]李白《塞上曲》：“命将征西极，横行阴山侧。”“萧条清万里，瀚海寂无波。”[⑥]虞世基《出塞二首和杨素》之一：“衔枚压晓阵，卷甲解朝围。瀚海波澜静，王庭氛雾晞。”[⑦]顾野王《陇头水》：“瀚海波将息，交河冰未坚。宁知盖山水，逐节赴危弦。”[⑧]钱起《送王使君赴太原行营》：“惊蓬连雁起，牧马入云多。不卖卢龙塞，能消瀚海波。”[⑨]皇甫冉《送客》：“城下春山路，营中瀚海沙。河源虽万里，音信寄来查。”[⑩]宋诗仍可见“瀚海沙”，如苏颂《奚山路》：“风烟不改卢龙俗，尘土犹兼瀚海沙。”[⑪]岑仲勉《自汉至唐漠北几个地名之考定》论“翰海之意义”，指出“观夫唐代不闻有同样译音之地”，或许唐诗所见“瀚海”语意已背离其原义。但是至少可以说明在一个相当长的历史时期内，即岑仲勉所谓“抑翰海之称，传于汉世，其后竟寂寂无闻，逾千百年，迄元乃复传于我国”[⑫]之“汉世”“迄元”之间，通常人们以“翰海”“瀚海”称可以与“阴山”“天

① （元）刘郁撰《西使记》，清钞本，第3页。又见（元）王恽撰《秋涧集》卷九四《玉堂嘉话》卷二，文末题“中统四年三月浑源刘郁记”，《四部丛刊》景明弘治本，第1028页。

② 岑仲勉著《中外史地考证》，中华书局，1962年，第71—72页。

③ 柴剑虹《“瀚海”辨》，《学林漫录》（二集），中华书局，1981年。

④ （宋）李昉等编《文苑英华》卷二〇九，中华书局，1966年，第1037页。

⑤ （唐）王维撰，（清）赵殿成笺注《王右丞集笺注》卷六，文渊阁《四库全书》本，第80页。王安石《胡笳十八拍》之二：“流星白羽腰间插，叠鼓遥翻瀚海波。一门骨肉散百草，安得无泪如黄河。”《临川先生文集》卷三六，《四部丛刊》景明嘉靖本。“叠鼓遥翻瀚海波”袭用王维句。

⑥ （唐）李白撰《李太白集》卷五，宋刻本，第28页。

⑦ （宋）李昉等编《文苑英华》卷一九七，第974页。

⑧ （宋）李昉等编《文苑英华》卷一九八，第979页。

⑨ （明）高棅编《唐诗品汇》卷七七，文渊阁《四库全书》本，第642页。

⑩ （唐）皇甫冉撰《皇甫冉诗集》卷三，《四部丛刊三编》景明本，第13页。

⑪ （宋）苏颂撰《苏魏公集》卷一三，文渊阁《四库全书》补配文津阁《四库全书》本，第78页。

⑫ 岑仲勉著《中外史地考证》，第71—72页。

山”形成文字对仗关系的,以“沙”与“黄尘”为基本特征的地貌,应当是联想到海洋水文形态即“瀚海波”“瀚海波澜”的。西北“草原”和东南“海洋”,在诗人们的意识中,显现出微妙的对应关系。

随着中原人对西北方向交通地理知识的扩展,有人以为古语“流沙”或指更遥远的沙漠。清人金永森《西被考略》写道:“至阿剌伯之流沙,尤前人所未睹。西书言其地有沙海,广千余里,沙乘大风如浪,凡欲渡者以罗经定方位,以驼代舟车,常乏水草,则杀驼剖腹,沥水而饮。商旅必结队而行,否则虞盗贼,且虑风沙埋没。《楚辞》云:‘西方之害,流沙千里。’《禹贡》‘西被于流沙’,正为此地。若以居延一隅当古流沙,则陋矣。经云流沙之滨,流沙必近海隅,阿剌伯地傍红海,流沙当在此。”①其中“沙海”之说值得注意。所谓“流沙必近海隅”,将两种地理条件联系起来,也自有识见。而今人多言“沙漠之舟”者,以沙漠交通和海上交通比拟,金著所谓“以驼代舟车”,可知以“舟”比喻骆驼,较早已见于文献。骆驼为沙漠交通提供主要动力。《宋史》卷四九〇《外国传六·高昌》说西北丝绸之路有的路段“沙深三尺,马不能行,行者皆乘橐驼”。② 以为骆驼行进又如水上行“舟”者,又有魏源《海国图志》卷二四《西南洋》“阿丹国”条:“其驼系国之舟,忍耐辛苦。”卷三六《小西洋》“重辑”条:“其驼若舟,动止醒睡恒与人同伴。行路如患渴死,则杀其驼饮血,且胃内有存水解渴。”③都明确说沙漠行走,“其驼若舟”。

五、北边道与并海道

战国秦汉称形成农区与牧区之界隔的长城防线为“北边”。④ 由于“关市”和“当路塞”的交通作用,“北边”是草原丝绸之路活跃的贸易带。⑤ 长城必然有达到一定交通效率的道路,以满足施工、防卫与出击的需求。这就是北边道。秦始皇、秦二世、汉武帝都曾巡行“北边”,说明北边道具有可以通行帝王车队的规模。⑥

北边道是贯通东西,大致与丝绸之路草原通道多路段相互重叠的交通干线。

① (清)金永森撰《西被考略》卷一,清光绪二十九年武昌刻本,第9—10页。

② 《宋史》,中华书局,1977年,第14110页。

③ 《海国图志》,清光绪二年魏光寿平庆泾固道署刻本,第280、472页。

④ 《史记》卷八一《廉颇蔺相如列传》:“李牧者,赵之北边良将也。”第2449页。《史记》卷六《秦始皇本纪》:“始皇巡北边,从上郡入。”第252页。

⑤ 王子今《汉代河西长城与西北边地贸易》,《长城国际学术研讨会论文集》,吉林人民出版社,1995年;王子今、李禹阶《汉代北边的“关市”》,《中国边疆史地研究》2007年第3期;王子今《秦汉长城与丝绸之路》,《光明日报》2018年3月26日第14版。

⑥ 王子今《秦汉长城与北边交通》,《历史研究》1988年第6期。

沿渤海、黄海海滨，当时有一条交通大道。这条大道如贾山所说，“东穷燕齐，南极吴楚”，“濒海之观毕至”。[①] 这就是并海道。沿海滨实现南北交通的并海道，可以看作与丝绸之路海洋通道并行，发挥陆上支持作用的交通干线。当时海洋丝绸之路充分利用近海航行条件。[②] 对于并海道的需求是明确的。以往关于秦汉交通的论著大多忽视了这条重要道路，秦汉交通图中也往往只绘出秦始皇出巡时行经的并海路线，即循黄海海岸和渤海南岸的地段，[③]而忽略了这条道路的北段。由秦二世和汉武帝“并海”而行的记载，可知当时沿渤海西岸亦有大道通行。秦宫殿建筑遗存的发现，证实了“濒海之观毕至”的交通形势。[④] 东汉时期这条道路称“傍海道”。[⑤]

以往北边道和并海道被忽视的主要原因，在于研究者往往从秦汉帝国中央集权的特点出发，过分强调了所谓以咸阳和长安为中心向四方辐射（或者说向东作折扇式展开）的道路规划方针。[⑥] 其实，从现有资料看，并海道的通行状况，对于秦汉大一统帝国的生存和发展，具有非常重要的意义。

“并海”交通结构有利于合理实现海陆运输的结合，也有利于海洋资源的开发和海洋航运的进步。“并海”道路在沿海交通体系中的重要作用，可以通过几次楼船军作战，都有陆上部队并行进军的军事史记录予以理解。[⑦] 并海道交通发挥着对海上航行有力策应的作用。

古罗马交通道路的建设注重沿海道路的规划与通行。“622 年即前 132 年执政官普布利乌斯·波皮利乌斯（Pubulius Popillius）所造自卡普亚至西西里海峡的支线”，据

① 《汉书》卷五一《贾山传》，第 2328 页。

② 王子今《秦汉时期的近海航运》，《福建论坛》1991 年第 5 期。

③ 史念海曾指出：“江乘渡江，北即广陵，广陵为邗沟所由始，可循之北越淮水，以达彭城。古时海滨尚未淤积，广陵、彭城之东距海较今为近，史文所言并海北行者，亦犹二十八年东行之时并渤海以至成山、之罘也。平原濒河水，沙丘属巨鹿，其间平坦，当有驰道。”《秦汉时代国内之交通路线》，《文史杂志》第 3 卷第 1、2 期，收入《河山集》四集，陕西师范大学出版社，1991 年。

④ 河北省文物研究所、秦皇岛市文物管理处、北戴河区文物保管所《金山咀秦代建筑遗址发掘报告》，《文物春秋》1992 年增刊；辽宁省文物考古研究所《辽宁绥中县“姜女坟”秦汉建筑遗址发掘简报》，《文物》1986 年第8 期。

⑤ 《三国志》卷一《魏书·武帝纪》，第 29 页。王子今《秦汉时代的并海道》，《中国历史地理论丛》1988 年 2 辑。

⑥ 研究秦汉交通的论著大多持与此类同的见解，一些国外学者也赞同这一观点。例如汤因比《历史研究》（下）一书中就写道：“古代中国统一国家的革命的建立者秦始皇帝，就是由他的京城向四面八方辐射出去的公路的建造者。”曹未风等译，第 25—26 页。

⑦ 王子今《论杨仆击朝鲜楼船军“从齐浮渤海”及相关问题》，《鲁东大学学报》（哲学社会科学版）2009 年第 1 期；《马援楼船军击交阯九真与刘秀的南海经略》，《社会科学战线》2015 年第 5 期。

研究者介绍，“在东海岸，迄今只有自法努姆至阿里米努姆作为弗拉米尼路的一段，现在沿海路线向南延长，直至阿奎莱亚，至少由阿里米努姆至哈特里亚一段也是上述波皮利乌斯同年所造。埃特鲁里亚的两条大道——一条是沿海路，又名奥勒里路自罗马达庇萨和卢那，建于611年即前123年间”。[①] 这些现象可以在进行交通史比较研究时予以关注。[②] 而上古中国海上丝绸之路的交通方式，也可以由此得到理解的条件。前引《汉书》卷二八下《地理志下》关于南洋航路的记载：“自日南障塞、徐闻、合浦船行可五月，有都元国；又船行可四月，有邑卢没国；又船行可二十余日，有谌离国；步行可十余日，有夫甘都卢国。……”“船行”和“步行”相互结合的交通方式值得航海史学者注意。在“苦逢风波”而行程急迫时，是有可能交替取用陆上交通形式的。

六、“东南一尉，西北一候”

丝绸之路交通草原方向和海洋方向的通行，致使古代中国实现与世界往来的西北与东南两条主要路径形成。这种形势下的对外经济联系与文化交往，使得汉王朝的军事战略与外交政策必须关照两个重心。汉人由自交通方式的熟识和世界眼光的聚焦，导致出现“东南一尉”“西北一候”的说法。

扬雄《解嘲》通过“客”与“扬子”的对话，阐述了自己的政治理念和文化立场。他以“大汉”为表现充备自信的基点，又言及“天下”“八区”。扬雄写道：

> 今大汉左东海，右渠搜，前番禺，后陶涂。东南一尉，西北一候。徽以纠墨，制以质鈇，散以礼乐，风以《诗》《书》，旷以岁月，结以倚庐。天下之士，雷动云合，鱼鳞杂袭，咸营于八区，家家自以为稷契，人人自以为咎繇，戴縰垂缨而谈者皆拟于阿衡，五尺童子羞比晏婴与夷吾；当涂者入青云，失路者委沟渠，旦握权则为卿相，夕失势则为匹夫；譬若江湖之雀，勃解之鸟，乘雁集不为之多，双凫飞不为之少。

这段文字说到“大汉”的“左”“右”和“前”“后”。所谓“右渠搜”“后陶涂”，指示着“西北”草原方向。其界点，即“西北一候”。关于“东南一尉”，颜师古注：“孟康曰：‘会稽东部都尉也。’”然而扬雄原文，“东南一尉”所对应的是“左东海”，“前番禺”。应包括辽阔的东南海域。《白孔六帖》卷五七《边戍》：“东南一尉，西北一候。刘歆言汉武

① 〔德〕特奥多尔·蒙森著《罗马史》，李稼年译，商务印书馆，2017年，第3册，第395页。

② 参看王子今《汉与罗马：交通建设与帝国行政》，《武汉大学学报》（哲学社会科学版）2018年第6期。

帝。"[①]其说误。"刘歆"显然绝不可能"言汉武帝"。而"东南一尉，西北一候"出自扬雄笔下，见于史籍确定无疑的记载。

所谓"西北一候"，颜师古注："孟康曰：'敦煌玉门关候也。'"[②]沈钦韩《汉书疏证》说："《地理志》：中部都尉治敦煌步广候官。《续志》：张掖属国有候官城。"[③]《汉书》卷二一上《律历志上》说"募治历者""造汉《太初历》"事："乃选治历邓平及长乐司马可、酒泉候宜君、侍郎尊及与民间治历者，凡二十余人，方士唐都、巴郡落下闳与焉。都分天部，而闳运算转历。"关于"长乐司马可、酒泉候宜君"，颜师古注："可者司马之名也。宜君亦候之名也。候，官号也。故曰东南一尉，西北一候。"[④]解释"西北一候"，有"玉门关候"和"酒泉候"异说。

《后汉书》卷八〇上《文苑传上・杜笃》载杜笃《论都赋》言汉武帝"钩深图远"的成就，首先说西北方向的成功进取："探冒顿之罪，校平城之雠。遂命票骑，勤任卫青，勇惟鹰扬，军如流星，深之匈奴，割裂王庭，席卷漠北，叩勒祁连，横分单于，屠裂百蛮。烧罽帐，系阏氏，燔康居，灰珍奇，椎鸣镝，钉鹿蠡，驰坑岸，获昆弥，虏傲侲，驱骡驴，驭宛马，鞭駃騠。拓地万里，威震八荒。肇置四郡，据守敦煌。并域属国，一郡领方。立候隅北，建护西羌。"[⑤]其中"立候隅北"对应"西北一候"。《论都赋》说"立候隅北"之后，即言"部尉东南"："南羁钩町，水剑强越。残夷文身，海波沫血。郡县日南，漂槩朱崖。部尉东南，兼有黄支。连缓耳，琐雕题，摧天督，牵象犀，椎蜯蛤，碎瑠璃，甲瑇瑁，戕觜觿。"[⑥]夸耀"大汉之盛"时，强调了"立候隅北"与"部尉东南"的意义。杜笃所谓"部尉东南"，当然应当与扬雄"东南一尉"联系起来理解。

前引《汉书》卷八七下《扬雄传下》"东南一尉"，颜师古注引孟康曰："会稽东部都尉也。"《元和郡县志》卷二六《江南道二・台州》："《禹贡》扬州之域。春秋时为越地，秦并天下置闽中郡。汉立南部都尉。本秦之回浦乡，分立为县。扬雄《解嘲》云'东南一尉，西北一候'是也。"《校勘记》："西北一候。今按：各本'候'误'侯'。《考证》云：

---

① 《白氏六帖》，民国景宋本，第504页。（唐）白居易原本，（宋）孔传续撰《白孔六帖》，"四库类书丛刊"，上海古籍出版社，1992年，第904页。

② 《汉书》，第3568页。

③ （清）沈钦韩等撰《汉书疏证》（外二种），上海古籍出版社据清光绪二十六年浙江官书局刻本2006年4月影印版，第2册，第137页。

④ 《汉书》，第975、977页。

⑤ 《后汉书》，第2600页。

⑥ 《后汉书》，第2600页。

‘尉、候并汉末职,主伺察。’”[①]《太平御览》卷一七一《州郡部·台州》:“《汉志》曰:回浦东部都尉,理属会稽郡。扬雄《解嘲》曰:‘东南一尉,西北一候。’”[②]所说或在会稽,或在闽中,均与马援经营交阯、九真距离甚远。然而考虑到秦始皇三十七年(前210)最后一次出巡,《史记》卷六《秦始皇本纪》“上会稽,祭大禹,望于南海”[③]之“南海”的空间指义,对于“东南一尉”是否一定有确定的位置,应当是可以形成比较合理的理解的。《太平御览》卷二四一引《临海记》的说法值得注意:“汉元鼎五年,立都尉府于候官,以镇抚二越。所谓‘东南一尉’者也。”[④]所谓“镇抚二越”,沈钦韩《汉书疏证》卷三三引作“镇抚二粤”。[⑤]

两汉之际移民南下,江南的开发呈现新的形势,全国经济重心开始向东南方向转移。[⑥] 对外交通南洋航道的繁荣,[⑦]也使得东南外向发展的战略路径受到重视。[⑧] 不过,以“西北一候”为象征的西域经营的重要地位,在汉王朝的行政史中依然有突出的显现。

扬雄“东南一尉,西北一候”语有显著的文化影响。“东南”与“西北”对应的思路,也见于后世许多有关中原与外域交往的政论和史论。南朝梁徐陵《在北齐与杨仆射书》:“若谓复命西朝,终奔东虏,虽齐梁有隔,尉候奚殊?”清吴兆宜注:“扬雄《解嘲》:‘大汉东南一尉,西北一候。’”[⑨]《艺文类聚》卷五九引周庾信《庆平邺表》:“臣闻太山梁甫以来,即有七十二代。龙图龟书之后,又已三千余年。虽复制法树司,礼殊乐异,至于

① (唐)李吉甫撰,贺次君点校《元和郡县图志》,中华书局,1983年,第627、639页。今按:清《武英殿聚珍版丛书》本作“候”,第276页。

② (宋)李昉等撰《太平御览》,中华书局用上海涵芬楼影印宋本1960年2月复制重印版,第833页。

③ 《史记》,第260页。

④ (宋)李昉等撰《太平御览》,第1144页。

⑤ (清)沈钦韩等撰《汉书疏证》(外二种),上海古籍出版社据清光绪二十六年浙江官书局刻本2006年4月影印版,第2册,第137页。王先谦《汉书补注》转引同。王先谦撰《汉书补注》,中华书局据清光绪二十六年虚受堂刊本1983年9月影印版,第1506页。

⑥ 王子今《试论秦汉气候变迁对江南经济文化发展的意义》,《学术月刊》1994年第9期;《汉代“亡人”“流民”动向与江南地区的经济文化进步》,《湖南大学学报》2007年第5期。

⑦ 王子今《秦汉时期的东洋与南洋航运》,《海交史研究》1992年第1期;《东海的“琅邪”和南海的“琅邪”》,《文史哲》2012年第1期。

⑧ 近年越南境内汉代城址和墓葬的研究,充实了我们对于东汉南海经营的相关认识。参看韦伟燕、Dang Hong Son《越南北宁省隆溪汉唐时期城址》,《大众考古》2018年第4期;韦伟燕《越南境内汉墓出土院落明器研究》,《四川文物》2020年第2期;《越南海洋省菊浦遗址出土的“万岁”瓦当及相关问题》,《文物春秋》2020年第2期。

⑨ (南朝陈)徐陵撰,(清)吴兆宜注《徐孝穆集笺注》卷二,文渊阁《四库全书》本,第50页。

天篱武落，剡木弦弧。席卷天下之心，苞吞八荒之志，其揆一焉。政须东南一尉，立于北景之南；西北一候，置于交河之北。”①明马世奇《人君道德益高则益寿》沿袭其意，而文辞则写作：“东南一尉，立于比景之南；西北一候，植于交河之北。”②所谓“席卷天下”，“八荒”“揆一”，界定大一统的“东南一尉，西北一候”，是华夏“礼”“乐”“政”“法”行施的极点。

汉王朝对外联系的两个重要方向，共同受到重视。汉代丝绸之路草原方向和海洋方向共同的繁荣，使得中原社会对“东南一尉”“西北一候”予以关注。这种关注存留于深刻的历史记忆之中，对后世的影响，也有比较显著的表现。人们或以为这是理想盛世形成和维护的条件。唐张彧所谓“东南一尉，西北一候，万里书传，三边檄奏，邮亭控引，事物殷富”，③宋吕祖谦《讲武殿记》：“天锡艺祖，神武大略，表正万邦，灵旗所指，四方君长堕玉失舄，归地王府。东南一尉，西北一候，灌烽灭燧，开炎统丕丕之基”，④明敖文祯《贺大中丞秦舜峰岑冈奏捷荣膺宠命叙》所谓“夫今东南一尉，西北一候，干羽寝于两阶，而舌人坐通九译”，⑤又清人洪亮吉所谓“汉世之盛，称东南一尉，西北一候”，⑥皆其例也。

顾炎武《天下郡国利病书·广东备录下·广东通志》“峒獠”条说“东南一尉，西北一候”始于秦代：“秦并天下，略定扬越，置东南一尉，西北一候，开南海以谪徙民。故粤人遂避中县华风，西与巴渝，南与骆越相合。”⑦以为“东南一尉，西北一候”格局之形成与“秦并天下”有关的意见，是否有一定的合理性呢？结合秦帝国对西北的关注以及对海洋的探索，⑧大致可以做出肯定的判断。秦始皇铸“金人十二”，《史记》凡四次记述。⑨ 其缘由，据说来自西北方向“临洮”“大人”发现。《汉书》卷二七下之上《五行志

① （唐）欧阳询撰，汪绍楹校《艺文类聚》，上海古籍出版社，1965年，第1074页。

② （明）马世奇撰《澹宁居文集》卷二，清乾隆二十一年刻本，第22页。

③ （唐）张彧《赵郡南石桥铭》，《全唐文》卷五一六，清嘉庆内府刻本，第5233页。

④ （宋）吕祖谦撰《东莱集》外集卷四《宏词进卷二》，民国“续金华丛书”本，第328页。

⑤ （明）敖文祯撰《薜荔山房藏稿》卷七《序》，明万历牛应元刻本，第147页。

⑥ （清）洪亮吉撰《晓读书斋杂录》四录卷下，清道光二十二年刻本，第80页。

⑦ （清）顾炎武撰，黄珅等校点《天下郡国利病书》（六），《顾炎武全集》，上海古籍出版社，2012年，第17卷第3345页。

⑧ 王子今《秦始皇造铸“金人十二”之谜》，《陕西历史博物馆馆刊》第5辑，西北大学出版社，1998年；《略论秦始皇的海洋意识》，《光明日报》2012年12月13日第11版。

⑨ 《史记》卷六《秦始皇本纪》、卷一五《六国年表》、卷四八《陈涉世家》，第239、281、757、1963页。梁玉绳《史记志疑》卷五：“《汉五行志》引《史记》云‘有大人长五丈，足履六尺，皆夷狄服，凡十二人，见于临洮’。此《纪》无之。不著临洮大人之事，则莫识铸金人何故。”（清）梁玉绳撰《史记志疑》，中华书局，1981年，第176页。以为《汉书》卷二七下之上《五行志下之上》言“临洮大人之事”所谓“史记”出自司马迁《史记》。其说不确。

下之上》:“史记秦始皇帝二十六年,有大人长五丈,足履六尺,皆夷狄服,凡十二人见于临洮。天戒若曰,勿大为夷狄之行,将受其祸。是岁始皇初并六国,反喜以为瑞,销天下兵器,作金人十二以象之。”①《史记》卷六《秦始皇本纪》司马贞《索隐》写道:“按:二十六年,有长人见于临洮,故销兵器,铸而象之。”张守节《正义》也写道:“《汉书·五行志》云:‘二十六年,有大人长五丈,足履六尺,皆夷狄服,凡十二人,见于临洮,故销兵器,铸而象之。’”②临洮,在今甘肃岷县,秦汉时属陇西郡。当时是曾经被中原人看作“中国”与“夷狄”“戎狄”之“界”的。《汉书》卷九六上《西域传上》记载:“及秦始皇攘却戎狄,筑长城,界中国,然西不过临洮。”③所谓“长人”和“大人”,其实是同一涵义。关于所谓“长人”或“大人”的神秘主义意识,多见于属于东方神话系统的古代传说之中。这一情形,或许亦体现出中原和西土居民对东海的某种认识。《楚辞·招魂》写道:“魂兮归来!东方不可以托些。长人千仞,惟魂是索些。”王逸解释说:“言东方有长人之国,其高千仞,主求人魂而食之也。”洪兴祖补注:“《山海经》云:‘东海之外,大荒之中,有大人之国。’”④《山海经》数见有关“大人”的传说。《海外东经》说“东海”有“大人国”。《海内北经》说:“大人之市在海中。”《大荒东经》:“东海之外,大荒之中,……有大人之国。有大人之市,名大人之堂。”⑤《淮南子·地形》也写道:“自东南至东北方有大人国,……”⑥所谓“大人”传说的发生地点,或在“临洮”“流沙”方向,即“却戎狄”“界中国”之地,或在“自东南至东北方”“海中”。这恰与我们讨论的丝绸之路的草原方向和海洋方向对应。考察西北与东南“长人”“大人”的关联,也是很有意思的历史文化研究主题。

(作者单位:中国人民大学国学院)

① 《汉书》,第1472页。

② 《史记》,第240页。

③ 《汉书》,第3872页。

④ (宋)洪兴祖撰,白化文、许德楠、李如鸾、方进点校《楚辞补注》(重印修订本),中华书局,2002年,第199页。

⑤ 袁珂校注《山海经校注》,上海古籍出版社,1980年,第251—252、325、340—341页。

⑥ 何宁撰《淮南子集释》,中华书局,1998年,第357页。

《丝路文明》第五辑
2020年11月,19—40页

蒙古高原汉城考
——兼论中原建筑艺术向蒙古草原的传播

林梅村

摘　要：本文根据实地考察、考古新发现,并结合文献记载,对战国秦汉长城及匈奴古城作了全面梳理。我们认为,头曼城即内蒙古乌拉特中旗德岭山水库大坝东山圆形古城,而赵长城高阙塞在乌拉特前旗乌拉山昆都仑沟石门障。秦代沿用,成为秦帝国之国门。此外,匈奴还建有赵信城,在蒙古国南戈壁省塞林巴剌嘎斯古城。蒙古国后杭爱省鄂勒济特县新发现的匈奴古城当为漠北单于庭,它与漠北龙城并非一地,后者实乃中蒙联合考古队近年发掘的“三连城”。目前研究者将克鲁伦河上流发现的八座汉代古城皆定为匈奴城。我们认为只有四座为匈奴城,其余四城(高瓦道布古城、哈老徒古城、布日赫古城、德尔津古城)当为太初三年徐自为在庐朐河所筑塞外列城,废弃于公元前68年。

2019年夏,我们到蒙古高原实地考察。7月17—22日赴蒙古国鄂尔浑河、土拉河、克鲁伦河考察汉唐至蒙元古城;7月26日—8月4日赴内蒙古阴山地区考察汉唐边塞遗址,收获巨大。在乌兰巴托参观蒙古国立历史博物馆时,见到一组克鲁伦河上游支流德尔津河畔古城出土的西汉砖瓦。回京后翻检史料,发现这批西汉砖瓦当即汉武帝太初三年徐自为在“庐朐河”所筑“塞外列城”遗物。更为重要的是,2017年9月,内蒙古文物考古研究所在乌拉特中旗德岭山水库大坝东山发现匈奴发源地——头曼城,2020年7月,乌兰巴托大学考古队在蒙古国后杭爱省鄂勒济尔县呼苏特旗鄂尔浑河西岸发现漠北单于庭遗址。千古之谜,涣然冰释。草拟此文,介绍我们的研究成果。

一、头曼城与高阙塞

匈奴起源于阴山,第一代匈奴单于头曼在阴山深处建有城寨,史称“头曼城”。竟宁元年(前33),郎中侯应对汉元帝说:"臣闻北边塞至辽东,外有阴山,东西千余里,草木茂盛,多禽兽,本冒顿单于依阻其中,治作弓矢,来出为寇,是其苑囿也。至孝武世,出师征伐,斥夺此地,攘之于幕北。建塞徼,起亭隧,筑外城,设屯戍,以守之,然后边境得用少安。幕北地平,少草木,多大沙,匈奴来寇,少所蔽隐,从塞以南,径深山谷,往来差难。边长老言匈奴失阴山之后,过之未尝不哭也。"①侯应所言"冒顿单于依阻其中"之地,当即阴山头曼城。②

然而,头曼城在什么地方?一直无人知晓。2017年6—9月,内蒙古文物考古研究所在乌拉特中旗罕乌拉山北麓德岭山水库大坝东山发掘了一座古城,周长约7公里,南距秦汉长城4公里。③ 该古城呈不规则圆形,山上构筑石墙,近平地处则夯筑土墙或泥坯垒筑土墙。古城西墙、南墙为石头砌筑,墙体宽约1.5米,高低不一,高处有2—3米,东、北墙为夯土墙和泥坯垒筑土墙。古城内分布许多圆形帐篷遗迹,最大的帐篷遗址直径长达32米。内蒙古文物考古研究所目前发掘了5座居住址,发现火炕、石头垒砌灶台、陶罐等生活设施和用品。陶器多为东汉时期,肩部、腹部装饰弦纹和波浪纹,并出土了典型的匈奴陶器,底部有方形戳印。④

《汉书·匈奴传》记载:"诸左王将居东方,直上谷(今河北怀来县小南辛堡镇大古城村)以东,接秽貉、朝鲜;右王将居西方,直上郡(今陕西榆林市榆阳区鱼河堡)以西,接氐、羌;而单于庭直代(今河北蔚县代王城)、云中(今内蒙古和林格尔县土城子)。……岁正月,诸长小会单于庭,祠。五月,大会龙城,祭其先、天地、鬼神。"⑤所谓"单于庭",亦称"单于台"。《汉书·武帝纪》记载:"元封元年(前110)冬十月,诏曰:'南越、东瓯咸伏其辜,西蛮、北夷颇未辑睦。朕将巡边垂,择兵振旅,躬秉武节,置十二部将军,亲帅师焉。'行自云阳(今陕西淳化县甘泉山),北历上郡、西河、五原(治固阳),出长城,北登单于台。至朔方,临北河。勒兵十八万骑,旌旗径千余里,威震匈奴。"⑥德岭山水库大坝东山古城附近有一石块垒砌的大敖包,有学者以为是烽火台。然而,汉长

① 《汉书》卷九四下《匈奴传》,中华书局,1962年,第3803页。

② 邱树森《两汉匈奴单于庭、龙城今地考》,载《社会科学战线》1984年第2期,第145—146页。

③ 1971年,乌拉特中旗人民政府为保护下游人民免遭洪水灾害,曾经在海流图河与阿祁尔河交汇的匈奴古城西墙"红泥潭"建造了一座以防洪为主,兼有灌溉、养殖、旅游等综合效益的中型水库,命名为"德岭山水库"。

④ 张静《考古人员在德岭山水库景区发现大型古城遗址》,中国文物网,2017-08-17,https://news.artron.net/20170817/n951439.html。

⑤ 《汉书》卷九四上《匈奴传》,第3751—3752页。

⑥ 《汉书》卷六《武帝纪》,第189页。

城烽火台皆有城障，不可能只是一个孤零零的大敖包。我们认为，这个大敖包即《汉书·武帝纪》所谓“单于台”，也就是漠南单于庭所在地。

所谓“龙城”，亦称“茏城”，有漠南龙城和漠北龙城之分。漠南龙城实乃头曼城别称，也即德岭山水库大坝东山匈奴古城。《汉书·匈奴传》记载：“自马邑军后五岁之秋，汉使四将各万骑击胡关市下。将军卫青出上谷（今河北怀来县小南辛堡镇大古城村），至龙城（今德岭山水库东山匈奴古城），得胡首虏七百人。公孙贺出云中（今内蒙古和林格尔土城子），无所得。公孙敖出代郡（今河北蔚县代王城），为胡所败七千。李广出雁门（今山西代县），为胡所败，匈奴生得广，广道亡归。汉囚敖、广，敖、广赎为庶人。”①卫青所至龙城和唐代诗人王昌龄“但使龙城飞将在，不教胡马度阴山”的龙城皆在漠南龙城。

东汉建武五年，卢芳成立伪“汉”政权，定都九原。《后汉书·卢芳传》记载：“建武四年，单于遣无楼且渠王入五原塞，与李兴等和亲，告兴欲令芳还汉地为帝。五年，李兴、闵堪引兵至单于庭（今德岭山水库东山匈奴古城）迎芳，与俱入塞，都九原县（今麻池古城南城）。掠有五原、朔方、云中、定襄、雁门五郡，并置守令，与胡通兵，侵苦北边。”②据内蒙古文物考古研究所考古队调查发掘，德岭山水库大坝东山匈奴古城出土了大批东汉陶器，当为卢芳伪政权盘踞头曼城时留下的遗物。

公元前300年，赵武灵王进行军事改革——胡服骑射，并于阴山地区筑长城。文献有三条相关记载.

1.《史记·匈奴列传》记载：“赵武灵王亦变俗胡服，习骑射，北破林胡、楼烦。筑长城，自代并阴山下，至高阙为塞。而置云中、雁门、代郡。……当是之时，冠带战国七，而三国（秦、赵、燕）边于匈奴。其后赵将李牧时，匈奴不敢入赵边。”③

2.《史记·赵世家》记载：“（赵武灵王）二十六年（前300），复攻中山，攘地北至燕、代，西至云中九原。”④

3.《史记·赵世家》又载：“二十七年五月戊申，大朝于东宫，传国，立王子何以为王。……是为惠文王。惠文王，惠后吴娃子也。武灵王自号为‘主父’。主父欲令子主

① 《汉书》卷九四上《匈奴传》，第3766页。

② 《后汉书》卷一二《卢芳传》，中华书局，1965年，第505—506页。

③ 《史记》卷一一〇《匈奴列传》，中华书局，1982年第2版，第2885—2886页。

④ 《史记》卷四三《赵世家》，第1811页。

治国,而身胡服将士大夫西北略胡地,而欲从云中九原直南袭秦,于是诈自为使者入秦。”[①]中华书局标点本将“云中九原”写作“云中、九原”,不一定正确,因为赵国只有云中、雁门、代三郡,九原仅为云中郡属县,在今麻池古城北城。

据考古调查,赵国九原县故址在包头市九原区麻池古城(图1)。赵长城终点所在地高阙塞的位置,目前学界颇有争议。赵国西北边境在云中郡九原县(今麻池古城北城),谭其骧将高阙塞标在乌拉特中旗狼山石兰计山口城障,[②]中国人民大学历史学院魏坚教授定在乌拉特后旗达巴图音苏木查干沟台地断崖城障,[③]不一定正确。正如鲍桐先生指出的,高阙塞应在乌拉特前旗乌拉山昆都仑沟石门障。[④]

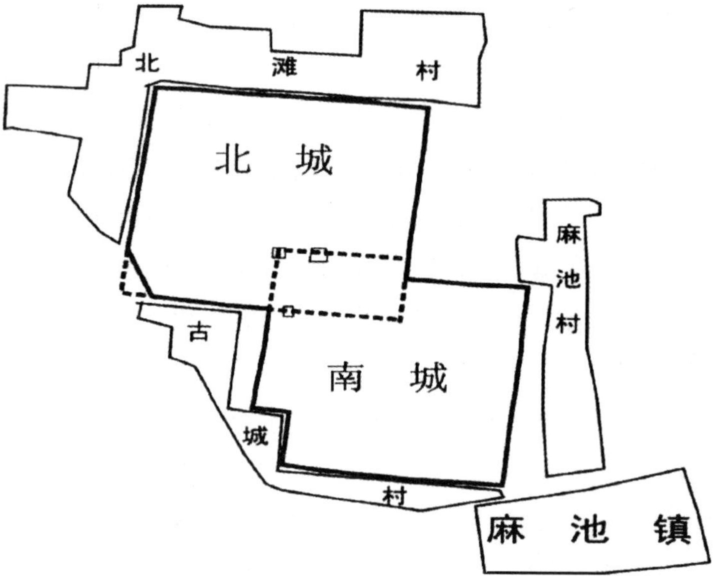

图1 包头市南郊麻池古城(艾冲绘制)

《史记·匈奴列传》记载:“秦灭六国,而始皇帝使蒙恬将十万之众北击胡,悉收河南地(今河套地区)。因河为塞,筑四十四县城临河,徙適戍以充之。而通直道,自九原至云阳,因边山险堑溪谷可缮者治之,起临洮至辽东万余里。又度河据阳山北假中。”[⑤]赵国

① 《史记》卷四三《赵世家》,第1812—1813页。
② 谭其骧主编《中国历史地图集》第1册,中国地图出版社,1982年,第37页。
③ 魏坚《阴山沧桑》,内蒙古人民出版社,2010年,第52—63页。
④ 鲍桐《高阙地望新探》,载《中国历史地理论丛》1993年第2期,第65—80页。
⑤ 《史记》卷一一〇《匈奴列传》,第2886页。

云中郡九原县,秦改为九原郡九原县,在包头市九原区麻池古城。该城分南北二城,赵国和秦朝九原城在北城。直道即秦帝国大道,起点在九原郡九原城(今麻池古城北城),终点在云阳(今陕西淳化县甘泉山)。谭其骧《中国历史地图集》在河套地区北绘制了南北两条赵长城。实际上,这两条长城线之中,只有南线为赵长城,北线当为蒙恬所筑秦长城,仍沿用赵长城高阙塞。故高阙塞实乃秦帝国之国门。

二、汉长城的走向

据考古调查,秦长城在西汉固阳县城北,那么公元前127年汉武帝所筑汉长城实为修缮河套地区秦长城。真正的汉长城在秦长城之北,有南北(或称“内外”)两条汉长城烽燧线。[①] 这两条汉长城始筑于元狩四年至元封元年之间(前119—前110年),绝非时下研究者所言太初三年(前102)徐自为所筑。《汉书·卫青霍去病传》记载:

> 是岁元狩四年(前119)也。……乃更令去病出代郡,令青出定襄(治成乐县,今内蒙古和林格尔土城子)。郎中令李广为前将军,太仆公孙贺为左将军,主爵赵食其为右将军,平阳侯襄为后将军,皆属大将军。赵信为单于谋曰:“汉兵即度幕,人马罢,匈奴可坐收虏耳。”乃悉远北其辎重,皆以精兵待幕北。而适直青军出塞千余里,见单于兵陈而待,于是青令武刚车自环为营,而纵五千骑往当匈奴,匈奴亦纵万骑。会日且入,而大风起,沙砾击面,两军不相见,汉益纵左右翼绕单于。单于视汉兵多,而士马尚强,战而匈奴不利,薄莫,单于遂乘六羸,壮骑可数百,直冒汉围西北驰去。昏,汉匈奴相纷挐,杀伤大当。汉军左校捕虏,言单于未昏而去,汉军因发轻骑夜追之,青因随其后。匈奴兵亦散走。会明,行二百余里,不得单于,颇捕斩首虏万余级,遂至窴颜山赵信城,得匈奴积粟食军。军留一日而还,悉烧其城余粟以归。[②]

由此可知,卫青出塞之地定襄,距匈奴赵信城至少1 200里。据考古调查,蒙古国南戈壁省巴彦敖包苏木西北29公里有一座古城,今称“塞林巴剌嘎斯古城”(图2)。

该古城坐落于一座东西横亘山峰的北坡,南城垣位于山顶,南北城垣之间的水平高差约13米。城址整体方形,东墙长1 030米,北墙长902米,西墙长989米,南墙长895

① 邓宏伟、张海斌《包头境内的战国秦汉长城与古城》,载《内蒙古文物考古》2000年第5期,第90页。
② 《汉书》卷五五《卫青霍去病传》,第2484页。

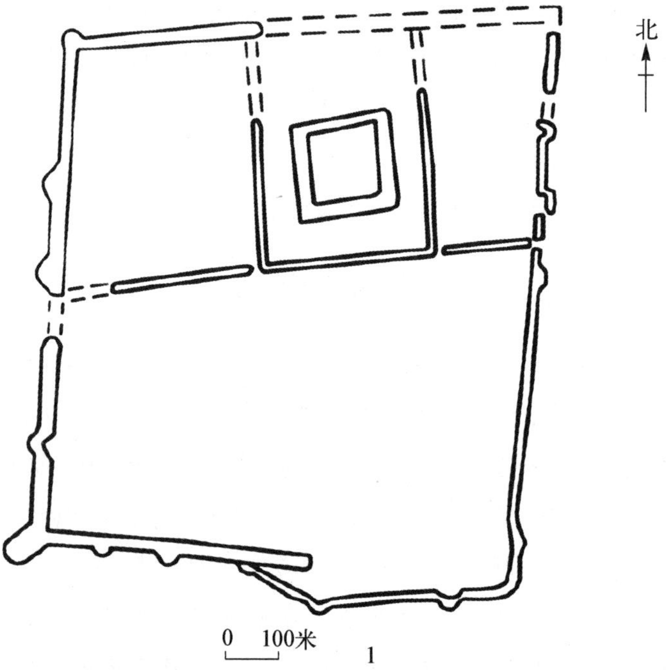

图2 匈奴赵信城(今蒙古国塞林巴剌嘎斯古城内城,宋国栋绘制)

米。西北角和西南角建有角台,西墙上有5个马面,南墙上能够看到有4座马面。东墙的北端和北墙东半部已经被洪流冲毁,东墙残存4座马面,北墙隐约能看到1处马面。城内分为南城和北城两部分,南城略大于北城,北城中部偏东位置又建有一边长约320米的内城,内城中央有一个边长约150米的方形城堡。北城东墙上似有一方形瓮城,可能为城门位置。内城和城堡城门位置不详。① 从建筑结构看,该古城并非同一时期建造的。城内北部回字形建筑是汉代所筑。据谷歌地图测量,此城距定襄(今内蒙古和林格尔土城子)直线距离577公里,我们认为即《汉书》所言"寘颜山赵信城"。该古城外城带瓮城,则为白霫部所建唐羁縻州寘颜州城。元狩四年"青军出塞"之长城,当为固阳北秦汉长城。汉武帝何时建五原塞,史无明载。从史书记载看,汉五原塞建于元封元年(前110)之后。

《汉书·武帝纪》记载:"元封元年冬十月,诏曰:'南越、东瓯咸伏其辜,西蛮、北夷颇未辑睦。朕将巡边垂,择兵振旅,躬秉武节,置十二部将军,亲帅师焉。'行自云阳(今

① 宋国栋《回纥城址研究》,山西大学博士学位论文,2018年,第80页,图3.2.1。

陕西淳化县甘泉宫),北历上郡、西河、五原,出长城,北登单于台,至朔方,临北河。勒兵十八万骑,旗帜径千余里,威震匈奴。"[①]汉五原郡北境阴山长城,史称"五原塞"。这条长城始筑于元朔二年(前127)初置五原郡之际,绝非时下研究者所言徐自为筑于太初三年(前102)。

《汉书·地理志》五原郡稒阳县本注曰:"北出石门障得光禄城,又西北得支就城,又西北得头曼城,又西北得虖河城,又西得宿虏城。"[②]汉稒阳县治所在今包头市东河区古城湾村土城,北邻秦长城。汉五原塞起点在稒阳县石门障,光禄城为汉长城南线障城,而汉长城南线终点在宿虏城,横穿包头市北境及乌拉特三旗。其北为汉长城北线,向西穿越蒙古国,与内蒙古西境居延汉长城相连。讨论如下:

1. *石门障*。汉代烽燧制度:候官治所称"障",都尉治所称"城"。石门障在今内蒙古乌拉特前旗昆都仑河(汉史称"石门水")东北岸,今称"昆都仑沟障城"。该古城平面呈方形,周长320米(边长80米,与居延甲渠候官相近),南城墙开有一城门(图3)。[③] 正如鲍桐先生指出的,赵长城的国门——高阙塞就在此地。[④]

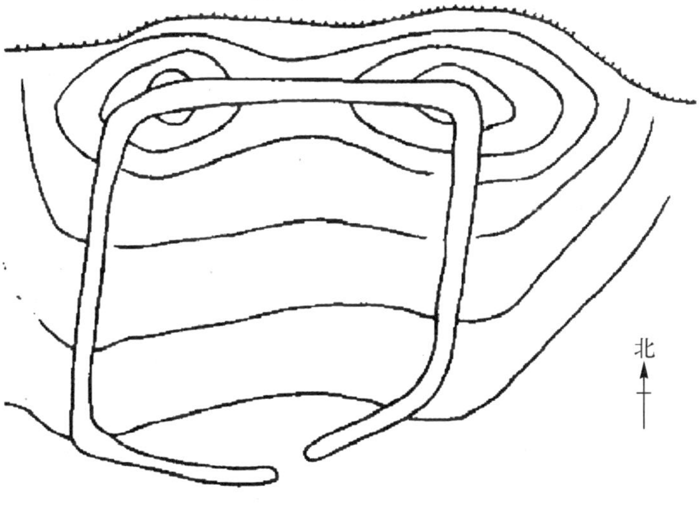

图3 石门障平面图

① 《汉书》卷六《武帝纪》,第189页。
② 《汉书》卷二八下《地理志》,第1620页。
③ 邓宏伟、张海斌《包头境内的战国秦汉长城与古城》,第90页。
④ 鲍桐《高阙地望新探》,第65—79页。

2. 光禄城。《汉书·宣帝纪》记载:甘露三年(前51)“单于居幕南,保光禄城。诏北边振谷食”。[①] 汉光禄城在乌拉特前旗小佘太乡东北增隆昌古城。该古城平面呈正方形,面积315×240米,东、西、北三面城墙开城门(图4)。[②]

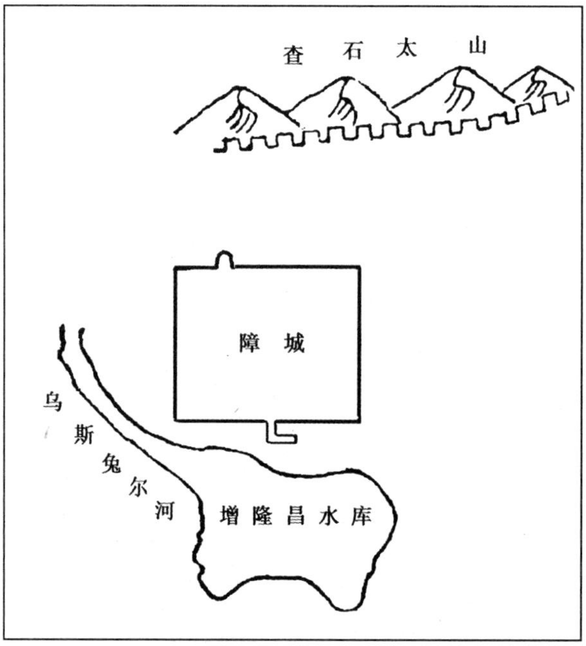

图4 光禄城(增隆昌古城)

3. 支就城。位于汉光禄城与匈奴头曼城之间战略要地。据考古调查,今乌拉特前旗苏独龙镇东北21公里阴山山脉色尔腾山南麓台地,有一秦汉至北魏时期的古城,今称“城圪台古城”。城址平面呈长方形,南北长80米,东西长70米,夯筑城墙残高3—5米。城圪台古城位于两条河流的交汇处,北边2 300米便是秦汉长城,汉武帝北巡“支就城”就在此城。东汉光武帝建武“二十六年,遣中郎将段郴、副校尉王郁使南单于,立其庭(今德岭山水库东山匈奴古城),去五原西部塞八十里”。[③] 城圪台古城在今德岭山水库匈奴古城东南约30公里处,我们认为即汉武帝北巡的“支就城”。

① 《汉书》卷八《宣帝纪》,第271页。

② 李逸友《汉光禄城的考察》,载《内蒙古文物考古》1984年第3期,第46—51页。

③ 《后汉书》卷八九《南匈奴传》,第2943页。

4. 单于台。《汉书·武帝纪》记载，“元封元年冬十月，诏曰：‘南越、东瓯咸伏其辜，西蛮、北夷颇未辑睦。朕将巡边垂，择兵振旅，躬秉武节，置十二部将军，亲帅师焉。’行自云阳，北历上郡、西河、五原（今麻池古城南城），出长城，北登单于台，至朔方，临北河。勒兵十八万骑，旌旗径千余里，威震匈奴。”①如前所述，单于台即漠南单于庭所在地，在内蒙古乌拉特中旗德岭山水库东山匈奴古城附近大敖包。

5. 虖河城。今内蒙古乌拉特中旗呼勒斯太苏木（原杭盖戈壁苏木）狼山石兰计沟汉代城障。虖河发源于狼山，如今建有狼山水库。该古城呈长方形，南北150米，东西300米（图5）。②

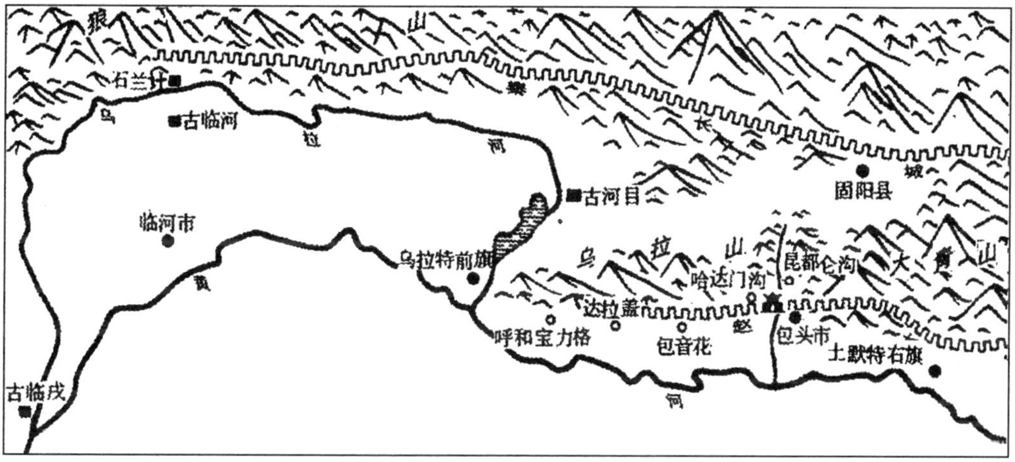

图5　虖河城（乌拉特中旗石兰计沟障城，鲍桐绘制）

6. 宿虏城。目前学界一致认为，在今乌拉特后旗北部汉长城烽燧线西端朝鲁库伦古城。该古城平面呈正方形，面积126.9×128米，四角有角台，只有东墙开一城门，门外有瓮城（图6）。③

① 《汉书》卷六《武帝纪》，第189页。

② 鲍桐《高阙地望新探》，第65—79页。

③ 刘叙杰主编《中国古代建筑史》第1卷，中国建筑工业出版社，2003年，第506页；魏坚《阴山沧桑》，第87页。

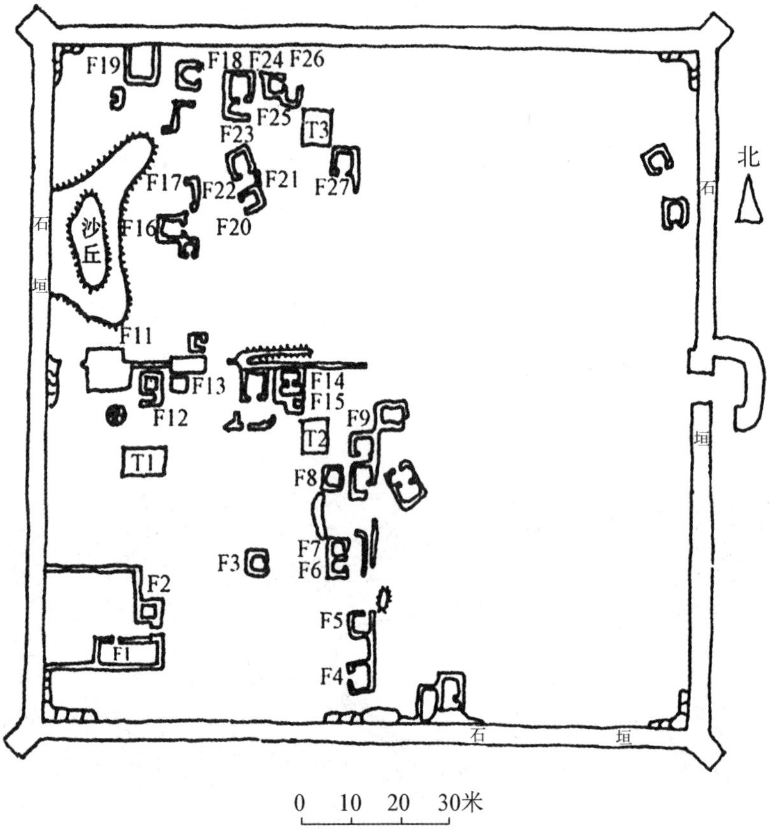

图 6　宿虏城(今乌拉特后旗北部汉长城西端朝鲁库伦古城,刘叙杰绘制)

三、元狩四年霍去病封狼居胥山与漠北单于庭

关于霍去病北伐匈奴封狼居胥山,史书有两条记载:其一,《史记·卫将军骠骑列传》记载:元狩四年(119),"骠骑将军(霍去病)亦将五万骑,车重与大将军军等,而无裨将。悉以李敢等为大校,当裨将,出代(今河北蔚县代王城)、右北平千余里,直左方兵,所斩捕功已多大将军。军既还,天子曰:'骠骑将军去病率师,躬将所获荤粥之士,约轻赍,绝大幕,涉获章渠,以诛比车耆,转击左大将,斩获旗鼓。历涉离侯,济弓闾,获屯头王、韩王等三人,将军、相国、当户、都尉八十三人,封狼居胥山,禅于姑衍,登临翰海。执卤获丑七万有四百四十三级,师率减什三,取食于敌,逴行殊远而粮不绝。以五千八百户益封骠骑将军。'"①

其二,《汉书·霍去病传》记载:元狩四年,"去病骑兵车重与大将军军等,而亡裨

① 《史记》卷一一一《卫将军骠骑列传》,第 2936 页。

将。悉以李敢等为大校,当裨将,出代(今河北蔚县代王城)、右北平二千余里,直左方兵,所斩捕功已多于青。既皆还,上曰:'票骑将军去病率师躬将所获荤允之士,约轻赍,绝大幕,涉获单于章渠,以诛北车耆,转击左大将双,获旗鼓,历度难侯,济弓卢,获屯头王、韩王等三人,将军、相国、当户、都尉八十三人,封狼居胥山,禅于姑衍,登临翰海(匈奴王庭)。执讯获丑七万有四百四十三级,师率减什二,取食于敌,卓行殊远而粮不绝。以五千八百户益封票骑将军'"。[①] 这两条文献涉及漠北许多古地名,讨论于下:

1. *难侯*。河名,《汉书·匈奴传》亦称"安侯水",今蒙古国后杭爱省鄂尔浑河。司马迁称为"离侯",班固或作"难侯"。

2. *弓卢*。河名,司马迁称作"弓闾",班固或作"弓卢"。谭其骧《中国历史地图集》认为是克鲁伦河,不一定正确,因中国史书称"克鲁伦河"为"庐朐河"。我们认为,弓卢河实乃蒙古国中央省额尔德尼县境内哈老徒河(Galuut),成吉思汗秋季行宫即建于哈老徒河畔。20世纪30年代,松田寿男编《中国地图》将"哈老徒"称为"哈柳图"。[②]

3. *狼居胥山*。正如谭其骧指出的,此山即克鲁伦河发源地肯特山。[③]

4. *姑衍*。山名,蒙古草原游牧民族神山。蒙古国中央省额尔德尼苏木境内波罗流兀特泉(Bööröljüüt),《元史》称为"军脑儿",《明史》称作"双泉海"。军脑儿南岸小山,《元史》称为"日月山"。我们认为,此山即霍去病封禅的姑衍山。

5. *翰海*。源于蒙古语Archangaj,汉译"杭盖"或"杭爱",意为一个有着蓝天、白云、草原、河流、山和树林的世界,便是游牧人眼中天堂般的"杭盖"。我们认为,瀚海即鄂尔浑河上游哈剌和林。这里水草丰美,漠北历代游牧民族王庭所在地。元狩四年霍去病"登临翰海"就在此地。

20世纪五十年代以来,克鲁伦河流域陆续发现八座汉代古城,调查者皆定为匈奴城。不过,从古城形制及出土文物看,其中四城实乃西汉军队所建城障,边长不大于百丈(今230米),如克鲁伦河支流德尔津河畔汉代城障。其余四城边长约400米,当为匈奴古城,如克鲁伦河上游西岸温都尔道布古城、克鲁伦河中游北岸巴斯浩特2号城。蒙古高原古城分布图(图7和表1)。[④]

---

① 《汉书》卷五五《霍去病传》,第2486页。

② 〔日〕松田寿男《新支那满回藏蒙最详地图》,四海书房,1939年,第24图。

③ 谭其骧主编《中国历史地图集》第2册《匈奴等部》,第39图。

④ D. Ramseyer, "Role and Function of the Site of Boroo Gol (Töv, Mongolia)", *Central Asiatic Journal*, Vol.59, No.1-2, 2016, pp.61-75.

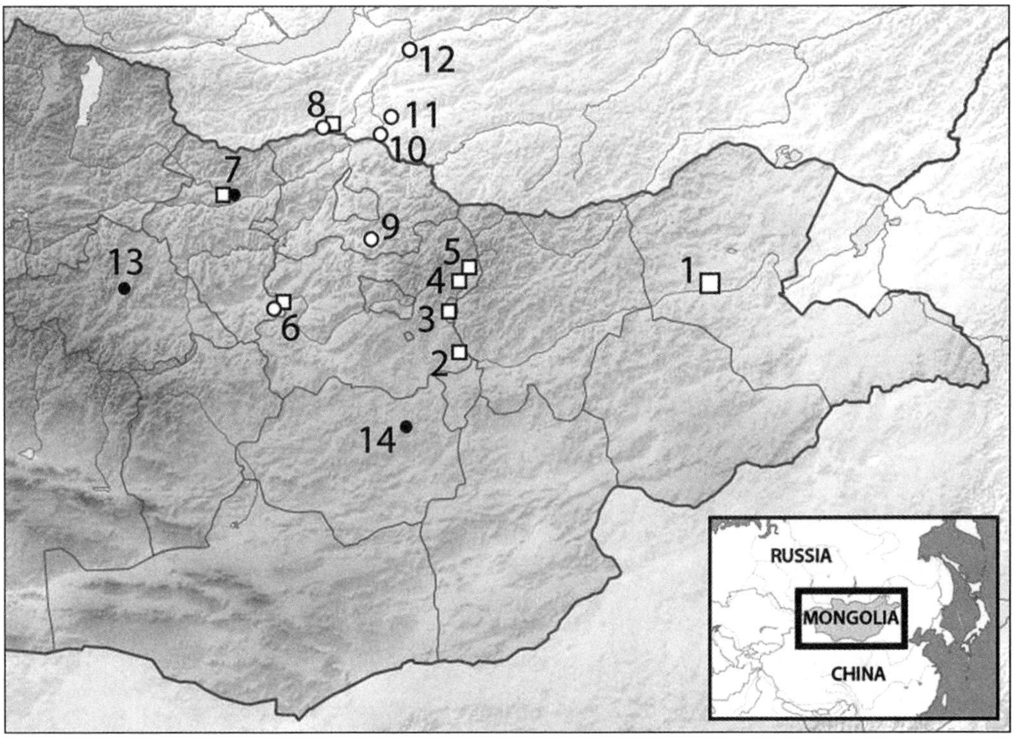

图7　蒙古高原古城分布图

表1　克鲁伦河流域汉代古城一览表

	中文名	外文名	面积(平方米)	性　质	地 理 位 置
1	巴尔斯浩特2号城	Bars hot II	345×335	匈奴古城	东方省乔巴山市西巴隆多尔奥镇克鲁伦河北岸
1a	温都尔道布	Undur dov	390×330	匈奴古城	中央省巴嘎诺尔苏木克鲁伦河上游西岸
2	高瓦道布	Gua dov	210×180	塞外列城	中央省巴嘎诺尔苏木克鲁伦河上游西岸
2a	库列图道布	Khureet dov	440×410	匈奴古城	中央省巴嘎诺尔苏木克鲁伦河上游西岸,高瓦道布西南
3	哈老徒	Galuut	136.7×133	塞外列城	中央省阿尔胡斯特苏木克鲁伦河上游支流哈老徒河西岸
4	布日赫	Burkh	180×180	塞外列城	中央省蒙根莫里特苏木克鲁伦河上游西岸,哈老徒之北
5	德尔津	Tereljin	230×230	塞外列城	蒙根莫里特苏木克鲁伦河上游西岸,布日赫之北

据考古调查,蒙古国中央省巴格淖尔苏木西南14公里有一座古城。在成吉思汗哈老徒行宫之北33.77公里,今称"温都尔道布古城"(Undur dov)。该古城呈方形,东西390米,南北330米(图8)。

图8 谷歌地图所见温都尔道布古城

蒙古国中央省巴格淖尔苏木北约10公里还有一古城,在成吉思汗哈老徒行宫之北58.85公里,今称"库列图道布古城(Khureet dov)"。该古城亦呈方形,东西440米,南北410米(图9)。① 我们认为,元狩四年霍去病"济弓闾,获屯头王、韩王等三人"就在这两座匈奴古城。

克鲁伦河流域本为东胡牧地。《汉书·匈奴传》记载:"东胡王愈骄,西侵。与匈奴中间有弃地莫居千余里,各居其边为瓯脱(匈奴语"边界")。"②据考古新发现,漠北单于庭在今蒙古国后杭爱省鄂勒济特县呼苏特(Khusuut)旗鄂尔浑河西岸,乌兰巴托市西北约470公里。2020年7月,蒙古国乌兰巴托大学考古系副教授伊德尔杭盖率队在此进行考古发掘,出土"天子单于""与天无极,千[秋]万岁"等汉字巨型瓦当。据说古城

① D. Mania, "Archäologische Studien in der zentralen Mongolei", *Wissenschaftliche Zeitschrift der Martin-Luther Universität Halle-Wittenberg 12. Gesellschaft-und Sprachwissenschaftliche Reihe* 7/8, 1963, pp.847–888.

② 《汉书》卷九四上《匈奴传》,第3750页。

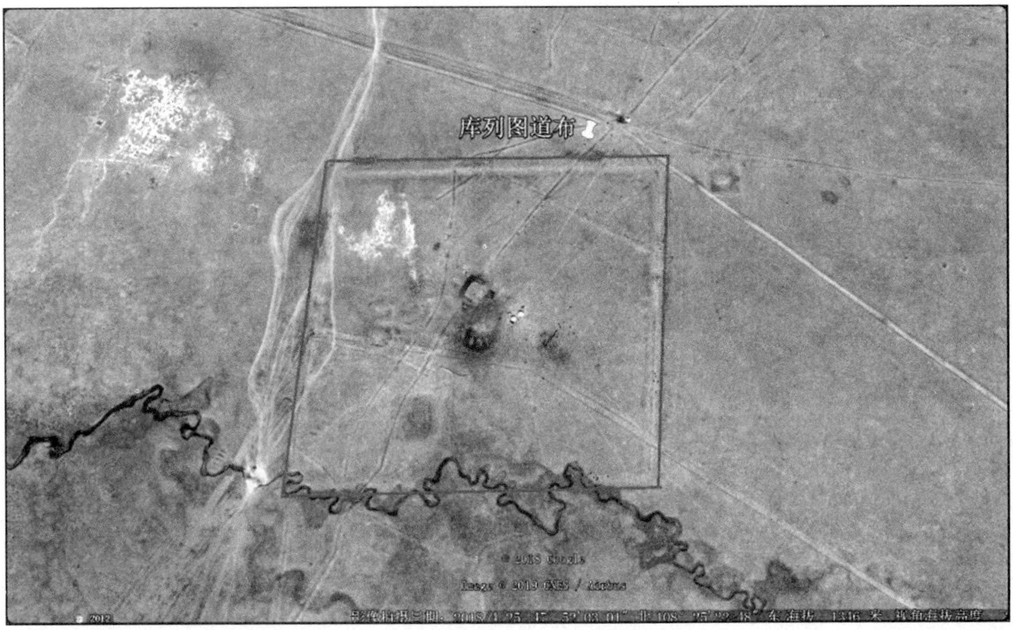

图9　谷歌地图所见库列图道布古城

有内外两层城垣,城内有一人工蓄水池。故发掘者认为,“这座城市遗址就是匈奴国家政治中心龙城所在地”。[①]

《汉书·匈奴传》记载:“岁正月,诸长小会单于庭,祠。五月,大会龙城,祭其先、天地、鬼神。”[②]可知匈奴单于庭与龙城并非一地。目前的新闻报道将二者混为一谈,是不正确的。我们认为,新发现的匈奴古城当为漠北单于庭遗址,而中蒙联合考古队在后杭爱省乌贵诺尔县近年调查发掘的“三连城”才是真正的漠北龙城遗址。[③]

从谷歌地图看,这座古城位于一条小河下游三角洲,城北不远处有一条300多米长的拦河坝,目前研究者误认为外城墙(图10)。该古城平面呈正方形,正南北方向,边长百丈(230米)。完全按照中原城制建造,与西域都护府城(今新疆轮台奎玉克协海尔古城)和居延都尉治所形制相同。[④] 这和城内出土汉式瓦当是一致的,生动反映了中原建筑艺术向蒙古高原的传播。

---

① 达日玛巴斯尔《蒙古国首次发现匈奴政治中心龙城遗址》,央视新闻客户端,2020年7月18日,http://m.news.cctv.com/2020/07/18/ARTIACvgtVtD87Bk3oXgbJoy200718.shtml。

② 《汉书》卷九四上《匈奴传》,第3751—3752页。

③ 吉林大学考古学院、内蒙古自治区文物考古研究所、蒙古国游牧文化研究国际学院、内蒙古博物院、内蒙古师范大学《蒙古国后杭爱省乌贵诺尔苏木和日门塔拉城址发掘简报》,《考古》2020年第5期,第20—37页。

④ 林梅村《西域考古与艺术》,北京大学出版社,2017年,第189页。

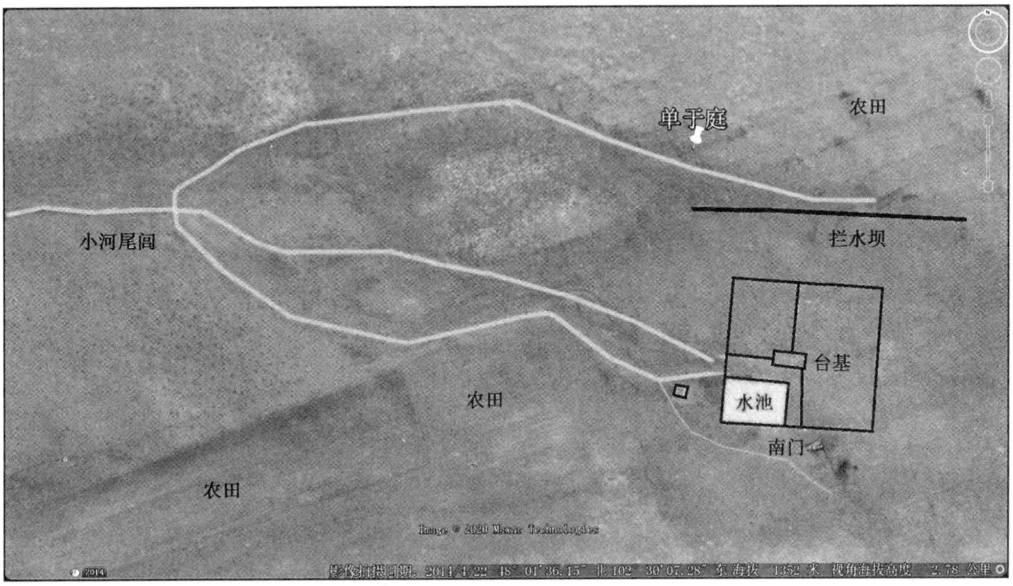

图 10　谷歌地图所见漠北单于庭遗址

哈老徒城等东胡游牧之地正在漠北单于庭千里之外。秦二世元年(前 209),冒顿单于杀父自立,东胡王乘其立足未稳,遣使索要他从月氏盗取的千里马。冒顿不顾群臣反对,将千里马送给东胡王。东胡王得寸进尺,又提出索要单于阏氏,冒顿左右非常忿怒,但冒顿仍满足了这个无理要求。东胡王认为冒顿软弱可欺,不再将其放在眼里。冒顿则乘机稳固统治,发兵突袭。东胡猝不及防,东胡王被杀,其民众及畜产尽为匈奴所得,而土地则为匈奴左贤王占据。①

四、太初三年徐自为筑庐朐河塞外列城

据考古调查,内蒙古阴山有南北两条汉长城,南线在今内蒙古乌拉特前旗、中旗和后旗,北线在今蒙古国境内,当地牧民或称汉长城北线为“成吉思汗边墙”。2005—2009 年,科瓦列夫(A. A. Kovalev)率领的俄蒙考古队对长城北线作了三次考古调查,发现元封六年(前 105)公孙敖所筑受降城在蒙古国瑙木冈县南 30 公里巴彦布拉克古城。科瓦列夫认为,所谓“长城北线”始建于西夏而非汉代。此外,他还提出,既然汉长城“南线”是“光禄塞”,那么“南线”终止之地(今乌拉特后旗朝鲁库伦城址以西数公里

① 《汉书》卷九四上《匈奴传》,第 3750 页。

处)就是《史记》所载汉使徐自为“筑城鄣列亭至庐朐”中的“庐朐”。①

殊不知,庐朐乃中国史书常见地名,指蒙古国克鲁伦河流域。《史记》称为“庐朐”,《汉书》和《旧唐书》皆称“卢朐河”,《辽史》作“驴朐河”,《金史》作“龙居河”,《元史》则作“庐朐河”。故科瓦列夫之说不能成立。太初三年汉武帝派光禄勋徐自为筑五原塞外列城,史书三条记载如下:

其一,《史记·匈奴列传》记载:“呴犁湖单于(前105—前101年)立,汉使光禄徐自为出五原塞数百里,远者千余里,筑城障列亭至庐朐,而使游击将军韩说、长平侯卫伉屯其旁,使强弩都尉路博德筑居延泽上。”②

其二,《汉书·武帝纪》记载:太初三年春正月,“遣光禄勋徐自为筑五原塞外列城,西北至卢朐,游击将军韩说将兵屯之”。③

其三,《汉书·匈奴传》记载:“句黎湖单于立,汉使光禄徐自为出五原塞数百里,远者千余里,筑城障列亭至卢朐,而使游击将军韩说、长平侯卫伉屯其旁。”④

如前所述,庐朐河即发源于肯特山的克鲁伦河,目前克鲁伦河上游共发现四座西汉军队所建城障(表1所示高瓦道布古城、哈老徒古城、布日赫古城、德尔津古城),以及一处手工业作坊(胡斯图布拉克冶铁和陶窑遗址)。汉军所建城障的规模皆比匈奴古城小,边长不大于百丈(230米),并出土有西汉砖瓦。分述于下:

1. 高瓦道布古城。位于蒙古国中央省巴彦扎尔嘎朗苏木高瓦道布镇东北,克鲁伦河东岸,有两重城墙。外城为匈奴古城,内城为汉代城障。内城东西180米,南北210米。城内出土圆柱形柱础石、瓦当、筒瓦、板瓦、印花方砖、三角纹瓦当残片(图11)。⑤ 汉文帝时晁错《言守边备塞疏》倡议:汉代边城“以便为之高城深堑,具蔺石,布渠答,复为一城,其内城间百五十步。要害之处,通川之道,调立城邑,毋下千家,为中周虎落”。⑥ 汉代五尺为一步,相当于现代1.15米(23厘米×5),那么,汉代150步=175米。

据佩尔烈(Kh. Perlee)调查,高瓦道布古城有两重城,内城为南北180米,东西210

---

① 〔俄〕科瓦列夫著,权乾坤译《蒙古国南戈壁省巴彦布拉格要塞遗址(汉受降城)的考古发掘及西汉时期外部防御相关问题研究》,载《草原文物》2015年第2期,第91—99页。

② 《史记》卷一一〇《匈奴列传》,第2916页。

③ 《汉书》卷六《武帝纪》,第201页。

④ 《汉书》卷九四上《匈奴传》,第3776页。

⑤ 林幹《匈奴城镇和庙宇遗迹》,载作者《匈奴史论文选集(1919—1979)》,中华书局,1983年,第418—419页;Kh. Perlee, “Kistorii drevnikh gorodov i poselenii Mongolii”, *Sovetskaia Arkheologiia* 3, 1957, pp.43-53。

⑥ 《汉书》卷四九《晁错传》,第2286页。

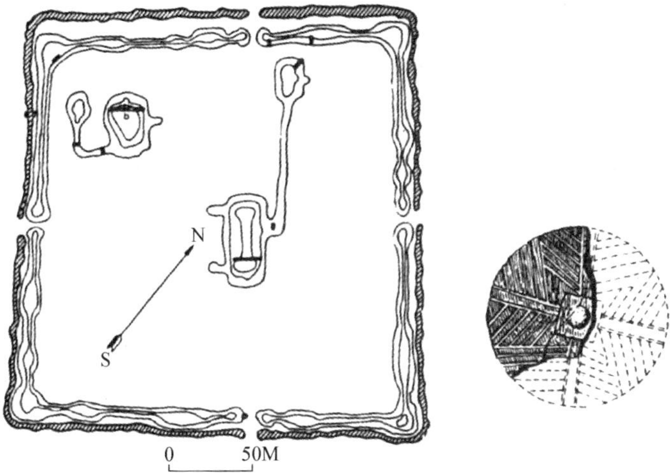

图 11　高瓦道布古城及其出土的西汉三角纹瓦当

米,与汉代边城规模相当。不过,该古城废弃后,匈奴人仍继续使用,并在高瓦道布城东西北三面加筑了围墙(图 12)。高瓦道布城外城东西 360 米,南北 370 米。外城南边没有围墙,外城占地面积与匈奴所筑巴斯浩特二号城面积相近。我们认为,高瓦道布外城围墙是匈奴后来加筑的挡风墙。否则无法解释这个汉代城障为什么会越制。

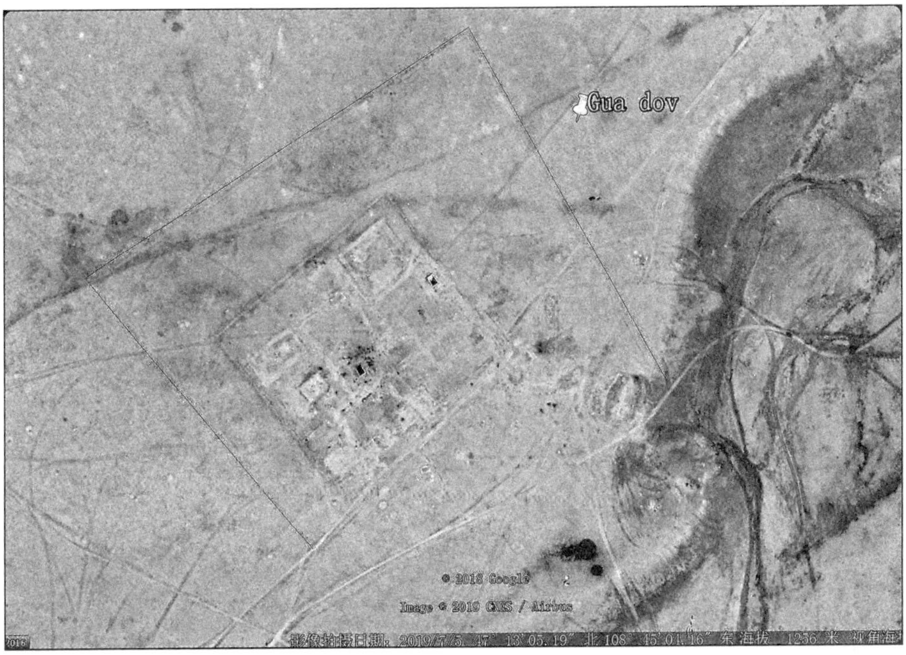

图 12　谷歌地图所见高瓦道布古城外城

2. 哈老徒城。据日本考古学家白石典之调查,哈老徒城在今蒙古国中央省额尔德尼乡哈老徒河(Galuut)西岸。此河的发源地有一泉水,今称“波罗流兀特泉”(Bööröljüüt)。正北5公里有一古城,当地牧民称作“波罗流兀特土城”。土城与泉水间有个旧盐湖。永乐十二年(1414),金幼孜扈从明成祖北征,途经萨里川。金幼孜在《后北征录》写道:“晚次双泉海,即撒里怯尔,元太祖发迹之所。旧尝建宫殿及郊坛,每岁于此度夏。山川环绕,中阔数十里,前有二海子,一咸一淡。西南十里有泉水海子一处。西北山有三关口(清代称“康哈里孩”),通饮马河(克鲁伦河)、土剌河,胡人常出入之处也。”[①]由此可知,双泉海即哈老徒河上游旧盐湖,而哈老徒城西南十里“泉水海子”则为哈老徒河源头波罗流兀特泉。正如白石典之指出的,波罗流兀特土城即成吉思汗在萨里川所建哈老徒行宫。[②]

哈老徒古城平面呈方形,由高2米、宽8米的土城墙围成(图13)。东西长133米,南北宽118米。东城墙开有较大的城门。其他三边土墙中间位置各开设有小城门。汉

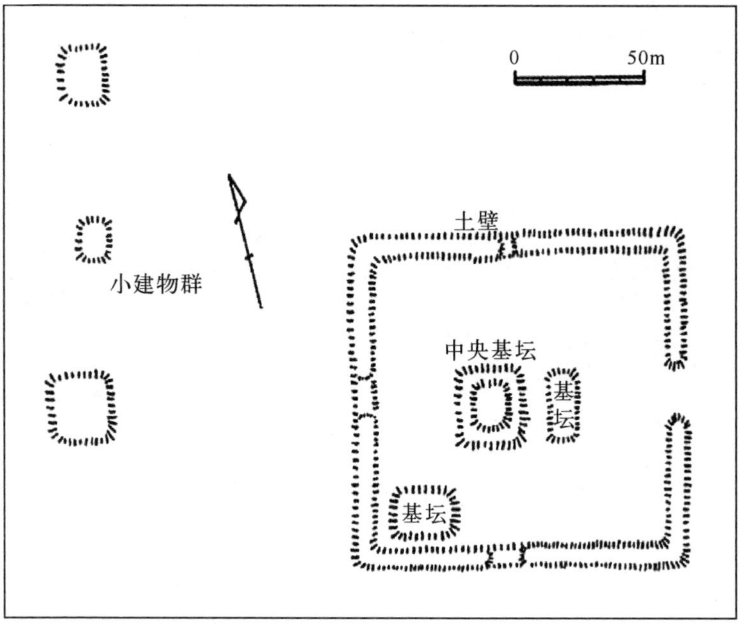

图13 哈老徒古城

① (明)金幼孜《后北征录》,收入薄音胡、王雄编辑点校《明代蒙古汉籍史料汇编》第1辑,内蒙古大学出版社,2006年,第53页。

② 林梅村《大朝春秋——蒙元考古与艺术》,故宫出版社,2014年,第68—74页。

代城障仅东墙开有城门,如朝鲁库伦古城(边长130米)。哈老徒城北、西、南方向小城门可能是后来开设的。哈老徒城中央有一个正方形台基,边长25米,高3米左右。城内未见砖瓦、柱础等物,那么,城内居室或为蒙古包之类。城内遍布磁州窑瓷瓮、耀州窑磁碗和黑釉大瓮残片,说明辽金时代此城仍在使用。

3. 布日赫古城。1957年,佩尔烈在克鲁伦河上游支流布日赫河畔发现另一座古城。他认为是匈奴古城,今称"布日赫古城"(Burkh Fortress)。该古城平面呈正方形,边长180米,东城墙和南城墙已被布日赫河冲毁,西墙和北墙只剩下轮廓。城内有两个大型建筑遗址,一座长30米,宽18米;另一座长29米,宽28米。① 1957年,佩尔烈在布日赫古城发现卷云纹瓦当残片,与德尔津古城出土西汉砖瓦相同(图14),那么,该古城亦为徐自为在卢朐河所筑"塞外列城"之一。②

图14　布日赫古城与德尔津古城出土的西汉卷云纹瓦当残片

4. 德尔津古城。在今蒙古国中央省蒙根莫里特苏木东北18公里处。该古城平面呈正方形,边长230米,今称"德尔津古城"(Tereljin Fortress)。该古城位于克鲁伦河支流德尔津河北岸,与五原塞西端朝鲁库伦古城直线距离763公里(1 500多里)。1925年,苏联科学院的弗拉基米尔索夫(Boris Y. Vladimirtsov)最先来德尔津古城发掘,认为是兵营遗址,未能确定年代。1949年,苏联考古学家吉谢列夫(S. V. Kiselev)在博物馆考察了弗拉基米尔索夫的发掘品,首次提出德尔津古城是匈奴古城。1955年以来,蒙

① Kh. Perlee, "Kistorii drevnikh gorodov i poselenii Mongolii", pp.43–53.

② J. D. Rogers, "Ancient cities of the Steppe", in: W. W. Fitzhugh, M. Rossabi, W. Honeychurch (eds.), *Genghis Khan and the Mongol Empire*, Seattle: University of Washington Press, 2009, pp.127–131.

古考古学家佩尔烈多次对德尔津古城进行发掘;大规模发掘 1 次,小规模发掘 11 次。该古城呈正方形,东西 232 米—237 米,南北 210 米—233 米,城墙宽 11 米—15 米,残高 0.5 米—0.8 米。四面城墙皆有城门。城外有护城壕环绕,宽约 3—6 米,深 0.3—0.7 米。城内有两个建筑遗址:第一个遗址 15 米×17 米,高 1.3 米;第二个遗址 20 米×25 米,高 1.6 米(图 15)。佩尔烈第一次发掘是在城内大型建筑遗址北侧开探方,从中发现筒瓦及残片 312 片,板瓦及残片 315 片。

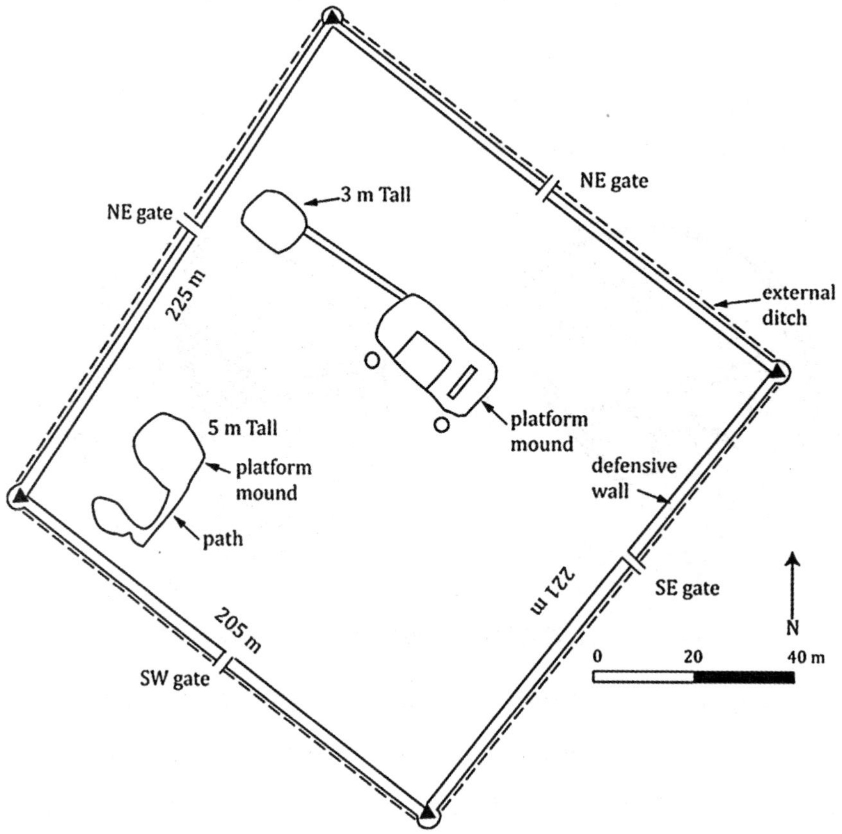

图 15　中央省蒙根莫里特苏木东北 18 公里德尔津古城

2019 年夏,我们在乌兰巴托考察时,在蒙古国立历史博物馆见到德尔津古城出土的一批西汉云纹瓦当、绳纹板瓦、绳纹筒瓦和三角纹铺地砖。佩尔烈认为,德尔津古城是一座匈奴庙宇。我们认为,该古城并非匈奴庙宇,而是徐自为所筑“塞外列城”之一。佩尔烈第 12 次发掘是在城内大型遗址东侧开探方(1.5 米×3 米),从中发现云纹筒瓦及残片 731 片,绳纹板瓦及残片 984 片,以及垒砌“桌子”的方砖残块一件,现藏乌兰巴托蒙古国立历史博物馆。佩尔烈在德尔津古城发掘的三角纹方砖,①与山西博物院藏夏县出土西汉三角纹方砖完全相同。

俄罗斯考古学家丹尼洛夫在德尔津古城发掘出大批西汉砖瓦。② 2017 年,内蒙古文物考古研究所与蒙古国游牧文化研究国际学院考古队调查克鲁伦河上游匈奴城址时,在城址地表也发现大批汉代陶片与瓦片。

关于塞外列城废弃的时间,《汉书·匈奴传》记载:"是岁,地节二年(前 68)也。虚闾权渠单于立,以右大将女为大阏氏,而黜前单于所幸颛渠阏氏。颛渠阏氏父左大且渠怨望。是时匈奴不能为边寇,于是汉罢外城,以休百姓。"③由此可知,庐朐河塞外列城废弃于公元前 68 年。

结　论

综合全文的讨论,我们似可得出以下几点结论:

第一,近年内蒙古乌拉特中旗德岭山水库东山发现的圆形古城,当即匈奴发源地——头曼城,也即匈奴大会龙城之地,而《史记》、《汉书》所谓"单于台"则为漠南单于庭,故址在头曼城附近大敖包,南距秦汉长城约 4 公里。

第二,高阙塞为赵长城边塞及秦帝国之国门,故址在今内蒙古乌拉特前旗乌拉山昆都仑沟石门障。

第三,史书屡次提到的匈奴"赵信城",在今蒙古国南戈壁省巴彦敖包苏木西北 29 公里,今称"塞林巴剌嘎斯古城"。

第四,蒙古国鄂勒济特县新发现的匈奴城,当为漠北单于庭(边长 230 米×230 米),而中蒙联合考古队在后杭爱省乌贵诺尔县发掘的"三连城"才是漠北龙城。

第五,目前克鲁伦河上游所见汉代古城中,有三座为匈奴城,如温都尔道布古城、库列图道布古城、高瓦道布古城外城。这些匈奴古城皆呈正方形,占地面积约 390 米×330 米。

---

① 林幹《匈奴城镇和庙宇遗迹》,第 418—428 页;Kh. Perlee, "Kistorii drevnikh gorodov i poselenii Mongolii", pp.43-53。

② S. V. Danilov, "Preliminary results of the study of the investigations on a Xiongnu settlement in Mongolia", in: J. Bemmann, H. Parzinger, E. Pohl, D. Tseveendorzh (eds.), *Current Archaeological Research in Mongolia: Papers from the First International Conference*, Bonn: Bonn University Press, 2009, pp.241-246. 单月英《匈奴考古学文化研究》,北京大学博士学位论文,2012 年,第 115 页,图 42。

③ 《汉书》卷九四上《匈奴传》,第 3787 页。

第六,太初三年(前102)徐自为所筑庐朐河塞外列城,在今蒙古国克鲁伦河上游,如高瓦道布、哈老徒城、布日赫古城、德尔津古城。这些西汉边城亦呈正方形,但边长不大于百丈(230米),最后废弃于公元前68年。

(作者单位:北京大学考古文博学院)

《丝路文明》第五辑
2020 年 11 月,41—64 页

汉唐文献对“丝绸之路”的记载

荣新江

摘　要:“丝绸之路”一名是 1877 年德国地理学家李希霍芬(F. von Richthofen)在《中国》一书中提出的,指汉代中国和中亚南部、西部以及印度之间的丝绸贸易为主的交通路线。虽然中国古代并没有“丝绸之路”这样的名字,但大多数学者都接受这样一种称呼。可是也有一些学者强调古代没有这样一条“丝绸之路”,因为他们认为古代没有关于这样一条丝绸之路的记录。本文汇集中国汉唐时期的正史和出土文书中保存的官府文书材料,辑录其中有关从都城到一个王朝直辖领域的边境地点,以及从边境到当时所能达到的西域最远地方的道路和里程记录,来论证古人虽然没有今天的“丝绸之路”这样一个名称,但对于最初“丝绸之路”一名提出时所涵盖的道路,从汉代就有了详细的记载,而且在汉唐之间,这些有关“丝绸之路”的记录十分详细,甚至超过给“丝绸之路”命名的李希霍芬的认知。因此,汉唐时期的官方文献表明,“丝绸之路”早已存在,并且有相当详细的记载。

1877 年,德国地理学家李希霍芬(F. von Richthofen)在《中国》一书中,把汉代中国和中亚南部、西部以及印度之间的丝绸贸易为主的交通路线称作“丝绸之路”(德文作 Seidenstrassen,英文作 Silk Road)。这个名称逐渐成为指称古代联系东西方的交通道路,甚至从陆路扩展到海路。虽然古代并没有“丝绸之路”这样的名字,但大多数学者都接受这样一种称呼。可是也有一些学者强调古代没有这样一条“丝绸之路”,他们认为古代没有关于这样一条丝绸之路的记录。

那么,古代有关东西方往来的道路到底有没有记录呢?如果有的话,又是怎样记录的呢?对于这个问题的解答,需要对东西方历史文献的体裁和著述方式有所了解,其实通过对传世和出土文书的解读,我们可以找到古人对于“丝绸之路”的记载。本文主要以中国汉唐时期的汉文文献为主,来论证我的观点,至于西方古典作家和穆斯林学者著作的有关记录,则别详他文。

一、从都城到边关的记录

从中文史料来说,有关古代交通地理的记载是从西汉时期开始的。而有关东西方古代道路的记载应当分成两个部分,一是从都城到一个王朝直辖领域的边境地点,一是从边境到当时所能达到的西域最远的地方。

有关西汉时期的交通状况,最权威和系统的记录是官方的文书,可惜这类文书大多数没有留存下来,我们有幸在西北的丝绸之路沿线发现了两方木牍,是汉朝官府专门记载道里的文书,一般称之为"传置道里簿"。

其一是1974年甘肃居延考古队在内蒙古自治区额济纳旗破城子遗址发掘到的一枚王莽时期的木牍,上面记录了长安到张掖郡氐池(今张掖市)的20个置之间的里程,虽然木牍有缺失,但大体上可以复原出当时道路的走向,其文字如下:

长安至茂陵七十里,茂陵至茯置卅五里,

茯置至好止(畤)七十五里,好止(畤)至义置七十五里。//

月氏至乌氏五十里,乌氏至泾阳五十里,

泾阳至平林置六十里,平林置至高平八十里。//

媪围至居延置九十里,居延置至觻里九十里,

觻里至揟次九十里,揟次至小张掖六十里。//

删丹至日勒八十七里,日勒至钧耆置五十里,

钧耆置至屋兰五十里,屋兰至氐池五十里。①

这枚简分四栏书写,内容不连续,前人据上下文所记郡县地理考证,指出左侧当缺失两枚简,但所存文字大体上记录了从长安到氐池汉代官道的大致走向。具体来说,就是从长安向北,经右扶风郡的茂陵、茯置、好畤,沿泾水到北地郡的义渠,再经安定郡的月氏、乌氏、泾阳、平林、高平,到武威郡的媪围、觻里、揟次、小张掖,再经删丹、日勒、钧耆、屋兰,最后到张掖郡氐池,总计20个置之间的里程。

其二是1990年甘肃省文物考古研究所在敦煌的汉代悬泉置遗址发掘到的一枚西汉末期的木牍,记武威郡仓松到敦煌郡渊泉间12个置之间的里程,文字如下:

仓松去鸾鸟六十五里,鸾鸟去小张掖六十里,

---

① 甘肃省文物考古研究所等编《居延新简——甲渠候官与第四燧》,文物出版社,1990年,第396页。

小张掖去姑臧六十七里,姑臧去显美七十五里。//

氐池去觻得五十四里,觻得去昭武六十二里,府下,

昭武去祁连置六十一里,祁连置去表是七十里。//

玉门去沙头九十九里,沙头去乾齐八十五里,

乾齐去渊泉五十八里。右酒泉郡县置十一,六百九十四里。①

经过今人考证,这里所记是越过今乌鞘岭进入河西走廊后的主要驿道:由苍松(今古浪县)、鸾鸟,转西北,经小张掖(今武威市黄羊镇西),到姑臧县(今武威市)。然后西行经显美,沿弱水(今山丹河)南岸,到氐池县。再渡张掖河转西北,经觻得至昭武,过祁连置到表是。西北行,经酒泉郡治禄福县(今酒泉市)到玉门(今玉门市赤金乡),渡石油河,经沙头、乾齐,渡籍端水到渊泉(今安西县四道沟堡子)。渊泉是敦煌郡下属的置,到了渊泉就等于进入了敦煌。

因为前人已经对这两件道里簿中的地名和路线都有很详细的考证,此不赘述。② 两件道里簿所记其中一段在同一区域,但路线不同,可见当时不止一条驿道。两相结合,可以复原西汉时期从首都长安到边境城市敦煌的驿道和驿站设置的情况。

这两件木牍是有关汉代从都城长安到边镇敦煌的珍贵记录,现在已经广为学界所知。我们这里要强调的是,这类木牍体制相同,都是分栏书写,有三栏或四栏的不同,但记录方法一致,写完一栏,再写下一栏。内容都是简单地写从一个置(驿站)到下一个置的里程数,如"长安至茂陵七十里,茂陵至茯置卅五里";"沙头去乾齐八十五里,乾齐去渊泉五十八里"。这说明此类木牍是全国统一的《传置道里簿》,每个在官道上设置的驿站,都掌握着这样的文书。我们从悬泉置出土的其他简牍文书可以知道,一个驿站要送往迎来,必须知道到来和去往之地的里程,这样才好提前准备,所以这类文书是日常行政运作必不可少的文案,因此两件木牍虽然保存状态较好,但文字都有磨损,大概就是时常检视的缘故。

由此可知,西汉官府,不论中央还是地方的传置,都有记录里程的文书在手。从两件记录不同地段的木牍推想,长安的中央官府中,必然有从长安直到敦煌的完整《道里

① 图见国家文物局编《丝绸之路》,文物出版社,2014 年,第 120 页。

② 李并成《居延汉简里程简地理调查与考释》,《西北史地》1993 年第 1 期,第 15—21 页;何双全《汉代西北驿道与传置——甲渠候官、悬泉汉简〈传置道里簿〉考述》,《中国历史博物馆馆刊》总 30 期,1998 年,第 62—69 页;胡平生、张德芳《敦煌悬泉汉简释粹》,上海古籍出版社,2001 年,第 56—59 页;郝树声《敦煌悬泉里程简地理考述》,《敦煌悬泉汉简释粹》,第 207—221 页;郝树声、张德芳《悬泉汉简研究》,甘肃文化出版社,2009 年,第 106—133 页。

簿》。这种《道里簿》,也就是西汉时期这一段“丝绸之路”的完整记录,这是不难确定的事实。

因为驿传制度从汉代一直延续下来,所以这类文书也应当一直存在,只不过有关魏晋南北朝时期的实物我们现在没有发现而已。

到了唐朝时期,留存的材料多了一些。德宗贞元时杜佑著《通典》,利用官府所存天宝时的档案,在《州郡典》中给出每个郡的“八到”,即由该郡郡治所在城市通向东、西、南、北、东南、西南、西北、东北八个方向下一城镇的里程,如卷一七四《州郡》四所记武威郡的八到:

> 武威郡东至会宁郡六百里。南至西平郡浩亹河二百六十里。西至张掖郡五百里。北至突厥界安盖泉五百八十里。东南到金城郡五百四十里。西南到张掖郡张掖县界陈北烽三百七十里。西北到张掖郡六百里。东北到会宁郡乌兰县界白鹿烽三百五十里。①

如果我们把凉州武威郡到西州高昌郡的东西道里联接起来,就可以得到一条当时“丝绸之路”的走向和里程:

> 武威郡,西至张掖郡五百里。张掖郡,西至酒泉县四百二十里。酒泉郡,西至晋昌郡五百二十六里。晋昌郡,西至燉煌郡二百八十里。燉煌郡,北至故咸泉戍三百三十六里与伊吾郡分界,东北到伊吾郡界三百八十六里。伊吾郡,南至燉煌郡界一百四十里;西至交河郡七百五十里;东南到燉煌郡碛,无行路马道,到晋昌郡界不知远近;西南到燉煌郡碛,无路马道。交河郡,东至伊吾郡七百五十里;东南到燉煌郡千一百里。②

其中敦煌与伊吾之间有两条路,南北方向的应当是稍竿道,敦煌向东北而伊吾向东南的路是第五道,伊吾还有向西南到敦煌的一路,则应当是和从西州来的大海道连接而到敦煌,后面两条路在史料生成的年代都是“无行路”的马道。

宪宗时宰相李吉甫所撰《元和郡县图志》,也保存了每州“八到”的记录,我们举原州(今固原)为例:

> 八到:东南至上都(长安)八百里,东南至泾州三百二十里,西至会州三百九十里,〔西〕南至秦州四百六十里,正西微南至临洮军六百二十里,北至灵州五百里。③

① 杜佑《通典》,中华书局,1988年,第4552页。

② 杜佑《通典》,第4552—4558页。

③ 《元和郡县图志》卷三,中华书局,1983年,第57—58页。“西”字据校勘记引《考证》补。

随着对道路、方位认识的进步,《元和志》对于道路的记录更加精细,有“正西微南”这样的调整,而没有直接对应道路的方向,如东、南、西北、东北,则不加记录。可见原州东南经泾州到长安,西至会州,北至灵州,西南到秦州,是丝绸之路上另一个十字路口,难怪这里北朝以来聚集了许多胡人,而且迄今发现的胡汉墓葬中都出土有精美的舶来品。①

把这些里程联结的城镇接起来,就是唐朝的交通道路,而把这些里程记录抽出来,我们就可以得到从长安经河西走廊直到最西面的直辖州——西州(吐鲁番)的完整道路记载,也就是这一段唐朝“丝绸之路”的全纪录了。严耕望先生著《唐代交通图考》,基本素材就是《通典》《元和志》的“八到”记录,再辅以其他材料,他其实早已经把长安到凉州、凉州到西州的“丝绸之路”圆满地勾画出来了。②

至于更为细致的记载,我们可以从敦煌发现的《沙州图经》来复原。法藏 P.2005《沙州图经》卷三保留有敦煌县所属“一十九所驿”的条目,我们摘录其中有关里程的记载:

> 州城驿,右在州东二百步,因州为名。东北去清泉驿卌里。
>
> 清泉驿,右在州东北卌里,去横涧驿廿里。
>
> 横涧驿,右在州东北六十里,北去白亭驿廿里。
>
> 白亭驿,右在州东北八十里,东北〔去〕长亭驿卌里。
>
> 长亭驿,右在州东北一百廿里,东去甘草驿廿五里。
>
> 甘草驿,右在州东北一百卌五里,东南去阶亭驿廿五里。
>
> 阶亭驿,右在州东北一百七十里,东去瓜州常乐驿卅里。
>
> 新井驿、广显驿、乌山驿,已上驿瓜州捉。右在州东北二百廿七里二百步,瓜州常乐界。第五道中,总置十驿,拟供客使等食,付王孝杰并瓜州、沙州审更检问,令瓜州捉三驿,沙州捉四驿。
>
> 双泉驿,右在州东北四百七十七里一百六十步,瓜州常乐县界。沙州百姓越界捉。南去瓜州常乐县界乌山驿六十九里二百六十步,北去第五驿六十〔四〕里八十步。
>
> 第五驿,右在州东北五百一十一里卌步,沙州百姓越界捉。南去双泉驿六十四

---

① 参看宁夏固原博物馆编著《固原历史文物》,科学出版社,2004 年。

② 详细考证见严耕望《唐代交通图考》第 2 卷《河陇碛西区》,台北:中研院史语所,1985 年。

里八十步,北去冷泉驿六十八里卅步。

冷泉驿,右在州东北五百七十九里一百七十步,沙州百姓越界捉。南去第五驿六十八里卅步,北去胡桐驿八十四里。

胡桐驿,右在州东北六百六十三里一百七十步,沙州百姓越界捉。南去冷泉驿八十四里,北去伊州柔远县界赤崖驿八十里。

东泉驿,右在州东卌里,东去其头驿廿五里。

其头驿,右在州东六十五里,西去东泉驿廿五里,东去悬泉驿八十里。

悬泉驿,右在州东一百卌五里,西去其头驿八十里,东去鱼泉驿卌里。

鱼泉驿,去州东一百八十五里,东去瓜州常乐卌五里,西去悬泉驿卌里。

无穷驿,右在州东一百里。西去其头驿卅五里,东去空谷驿卅里。

空谷驿,右去州东一百卅里,西去无穷驿卅里,东去黄谷驿卌里。

黄谷驿,右在州东一百七十里,东去鱼泉驿廿五里。①

《沙州图经》卷三"一十九所驿"条详细记载了沙州、瓜州、伊州三地之间的驿站设置与相互间的里程。根据条目中的相关记录和今人的研究,由于唐朝与南面的吐蕃征战的原因,高宗永淳二年(683)瓜沙之间的驿路从山南的道路移到山北;又因为"旧路石碛山险,迂曲近贼",武周天授二年(691)驿路更往北移。另外,由于"沙州遭贼少草,运转极难",证圣元年(695)停用沙州西北往伊州的稍竿道,改走瓜沙之间往伊州的第五道,万岁通天元年(697)增置此道上的驿站,总共十所,瓜州负责三所,沙州四所,伊州三所,保证过往客使的供给。②

这里记录了每个驿站的位置和距东西或南北驿站的里程,其中完整保留了瓜州和沙州之间、瓜沙与伊州之间的驿道情况,其中从瓜州常乐县界的新井驿,经广显驿、乌山驿、双泉驿、第五驿、冷泉驿、胡桐驿,到伊州柔远县界的赤崖驿的里程,就是贞观初年玄

① 图版见《法藏敦煌西域文献》第1册,上海古籍出版社,1995年,第50—51页。录文见池田温《沙州图经略考》,《榎博士还历记念东洋史论丛》,东京:山川出版社,1974年,第64—69页;李正宇《古本敦煌乡土志八种笺证》,甘肃人民出版社,2008年,第49—51页。

② 有关《沙州图经》卷三所记驿道的考证,见严耕望《唐代交通图考》第2卷,第442—448页;陈国灿《唐五代敦煌四出道路考》,原载段文杰等编《1990年敦煌学国际研讨会文集·史地语文编》,辽宁美术出版社,1995年;此据陈国灿《敦煌学史事新证》,甘肃教育出版社,2002年,第423—444页;李并成《唐代瓜沙二州间驿站考》,《1990年敦煌学国际研讨会文集:史地语文编》,第201—215页;又《唐代瓜沙二州间驿站考》,《历史地理》第13辑,1996年,第93—101页;又《瓜州新发现的几座古城址的调查与考证》,《敦煌研究》2017年第5期,第103—106页;李正宇《敦煌历史地理导论》,新文丰出版公司,1997年,第275—303页;李正宇《古本敦煌乡土志八种笺证》,第81—105页。

奘经过的莫贺延碛的那条道路。[①] 玄奘的时候有烽燧设施，未见驿站记载，而武周时都在烽燧所在设置了驿站。P.2862《唐天宝年间敦煌郡会计帐》第38—80行，有广明（避高宗讳改显为明）、乌山、双泉、第五、冷泉等五个戍的物资破除情况记录，[②]表明这些烽燧已经升格为戍，而且由此可以推想同名的五个驿，也应当由敦煌郡供给，与武周时略有变化，沙州原本负责四个驿，此时偏南的广明、乌山由瓜州常乐郡改由沙州敦煌郡供给，最北的胡桐驿大概归伊州伊吾郡负责。[③]《沙州图经》所记第五道上总共有十所驿，瓜沙二州负责七所驿，最北抵达的是伊州的赤崖驿，伊州的另外两所驿，学者已经根据敦煌写本S.367《沙州伊州地志》所记伊吾县下设有三戍，即罄亭、赤崖、稍竿，推测所余二驿即与戍同置的罄亭和稍竿。[④] 有关《沙州图经》所记驿道以及连带的相关文书，前人已经做了非常仔细的考证和分析，甚至做了具体里程与今天公里数的换算，这里只做概要介绍。[⑤]

笔者所要强调的是，按照唐朝的制度，每个州都要编造图经，三年一上兵部，所以在地方和中央官府都有保存。因为这是具有行政功能的图籍，三年改编一次，所以旧的就废弃了，因此我们现在很少见到存世的唐代图经。所幸敦煌藏经洞保存了不仅有《沙州图经》卷一（S.2593）、卷三（P.2005、P.2695）、卷五（P.5034），还有《西州图经》（P.2009），如果从行政运作的角度来看敦煌保存的《西州图经》，就可以知道，西州的情形也是沙州官府需要掌握的，特别是交通道路的情况。

唐朝的图经，是按政府规定的条目来编写的。《沙州图经》卷三是敦煌县部分，两个写本前部均残，保存有河、渠、泽、堰、池泊、驿、学校、祠庙、城塞、古迹、祥瑞、歌谣的部分，而本县没有的“监牧、羁縻州、江河淮济、海沟、陂、宫、郡县城、关鐽（键）津济、岳渎、铁、碑碣、名人、忠臣孝子、节妇烈女、营垒、陵墓、台榭邮亭矿窟、帝王游幸、名臣将所至、屯田”，也要特别说明“右当县并无前件色”，但标题还是要列出。卷五写本更残，保存

---

① 慧立、彦悰《大慈恩寺三藏法师传》，中华书局，1983年，第12—17页。具体行程考证，参看李正宇《玄奘瓜州、伊吾经行考》，《敦煌研究》2006年第6期，第82—91页；又《莫贺延碛道考》，《敦煌研究》2010年第2期，第67—74页。

② 池田温《中国古代籍帐研究》，东京大学东洋文化研究所，1979年，第481—484页。

③ 陈国灿《唐五代敦煌四出道路考》，《敦煌学史事新证》，第435—438页。

④ 李正宇《敦煌历史地理导论》，第292页。最近，孟宪实利用敦煌文书，对此道交通有更详细的论述，见所撰《论唐代敦煌与伊州的交通》，荣新江、朱玉麒主编《丝绸之路新探索：考古、文献与学术史》，凤凰出版社，2019年，第32—50页。

⑤ 对于前人研究成果的详细归纳和整理，见郑炳林、李军《敦煌历史地理》，甘肃教育出版社，2013年，第79—87、159—173页。徐学强最近利用GIS技术讨论沙州驿程，见所撰《唐代驿程的新解读——以沙州为中心的考察》，杜文玉主编《唐史论丛》第30辑，三秦出版社，2020年，第385—395页。

有寿昌县的栅堡、佛寺、学校、社稷、山、泽、泉湖、渠涧、关隘、城塞、古迹,以及寿昌县所属石城镇的山脉、城堡、寺院、道路、古城、湖泊,最后为播仙镇部分,仅存首部残文。[①] 寿昌县是正式的直辖县级单位,境内应当置有驿站,如前面提到证圣元年(695)废弃不用的沙州西北往伊州的稍竿道上的驿站,应当就在此处记录,但有关文字大概正好在"栅堡"前面而缺失掉了。

石城镇和播仙镇两地原为西域的鄯善和且末,高宗上元年间把它们划归沙州,改名石城镇和播仙镇。这里原本是关外西域之地,所以没有驿站的设置,《沙州图经》石城镇部分的"山脉"和"城堡"之间没有"驿道"的记录,即可证明。但《沙州图经》表明,在没有驿站的地方,应当有官方确定的"官道",所以 P.5034《沙州图经》卷五石城镇部分,有"六所道路"的珍贵记录:

一道□(北)路。其路〔东北去屯〕城一百八十里,从屯城取碛路,由西关向沙州一千四百里。总有泉七所,更无水草。其镇去沙州一千五百八十里。

一道南路,从镇东去沙州一千五百里。其路由古阳关向沙州,多缘险隘。泉有八所,皆有草。道险不得夜行。春秋二时雪深,道闭不通。

一道从镇西去新城二百卌里。从新城西出,取傍河路,向播仙镇六百一十里。从石城至播仙八百五十里,有水草。从新城西南向蒲桃城二百卌里,中间三处有水草,每所相去七十余里。从蒲桃城西北去播仙镇四百余里,并碛路不通。

一道南去山八十里,已南山险,即是吐谷浑及吐蕃境。

一道北去焉耆一千六百里,有水草,路当蒲昌海,西渡计戍河。

一道东南去萨毗城四百八十里。[②]

这里即汉代的鄯善国所在,在今新疆若羌。公元 5 世纪末鄯善国灭亡后,[③]这里曾经是以青海为中心的吐谷浑王国的领地。隋炀帝派军打败吐谷浑,曾在此设鄯善郡。隋末天下大乱,隋郡废弃。唐初贞观年中(627—649),康国大首领康艳典率众东来,占据此地,归顺唐朝。高宗上元二年(675)改为石城镇,隶属沙州。敦煌写本 S.367《沙州伊州地志》记康艳典时代的石城镇范围的情况:

石城镇,东去沙州一千五百八十里。本汉楼兰国。隋置鄯善镇,隋乱,其城遂

① 《沙州图经》残存文字全本的最好录文,见上引池田温《沙州图经略考》,第 55—97 页;李正宇《古本敦煌乡土志八种笺证》,第 1—210 页录文部分。

② 池田温《沙州图经略考》,第 95—96 页;李正宇《古本敦煌乡土志八种笺证》,第 164 页。

③ 有关楼兰鄯善王国的年代和考古遗存情况,参看陈晓露《楼兰考古》,兰州大学出版社,2014 年。

废。贞观中，康国大首领康艳典东来，居此城，胡人随之，因成聚落，亦曰典合城。上元二年改为石城镇，隶沙州。

屯城，西去石城镇一百八十里。胡以西有鄯善大城，遂为小鄯善，今屯城也。

新城，东去石城镇二百卌里。康艳典之居鄯善，先修此城，因名新城，汉为弩之城。

蒲桃城，南去石城镇四〔百八十〕里。康艳典所筑，种蒲桃于此城中，因号蒲桃城。

萨毗城，西北去石城镇四百八十里。康艳典所筑。其城近萨毗泽。[①]

其实，虽然《沙州伊州地志》是晚唐光启元年(885)抄写的文本，但我们对比一下《沙州图经》卷五残存的相应文字，就知道这段文字的原本就是唐前期成书的《沙州图经》。这里的每个城镇，都有距石城镇的里程，和《通典》《元和志》一样，都是唐朝记录州县城镇间里程的官文书“定样”，是唐朝官府行政运作必备的记录。

而上述专门记载道里的条目里，分别记录了从石城镇出发，前往东西南北方向的六条道路情况。其中两条通沙州的道路，北道经屯城去沙州，南道由阳关向沙州；一条往西经新城、蒲桃城到播仙镇道路；一条往南去吐谷浑、吐蕃境内的道路；一条向北去焉耆王国的道路；一条向东南去萨毗城的道路。其中石城至屯城、石城至新城、石城至萨毗城的距离，都和《沙州伊州地志》所存相应城镇距石城镇距离吻合，只有石城距蒲桃城的距离“四里”，对比道路条目的记载，恐怕在传抄中漏掉了“百八十”字样。总之，这些相符之处，表明来自严格的官府文书，是经过官方确认的数据。这些道路的记录，说明唐朝在不设驿站地区仍然有清晰的关于“丝绸之路”的记录。

另外，《西州图经》也保留了“道十一达”的条目，文字如下：

赤亭道。右道出蒲[　　]碛滷杂沙[　　]

新开道。右道出蒲[　　]观十六年[　　]有井泉[　　]之阸，今见阻贼不通。

花谷道。右道出蒲昌县界，西合柳中向庭州七百卅里，丰水草，通人马。

移摩道。右道出蒲昌县界移摩谷，西北合柳谷向庭州七百卌里，足水草，通人马车牛。

萨捍道。右道出蒲昌县界萨捍谷，西北合柳谷向庭州七百卅里，足水草，通人

① 池田温《沙州图经略考》，第91—93页；李正宇《古本敦煌乡土志八种笺证》，第241—242页。

马车牛。

突波道。右道出蒲昌县界突波谷,西北合柳谷向庭州七百卅里。足水草,通人马车牛。

大海道。右道出柳中县界,东南向沙州一千三百六十里,常流沙,人行迷误。有泉咸苦,无草,行旅负水担粮,履践沙石,往来困弊。

乌骨道。右道出高昌县界北乌骨山,向庭州四百里,足水草,峻险石阻,唯通人径,马行多损。

他地道。右道出交河县界,至西北向柳谷,通庭州四百五十里,足水草,唯通人马。

白水涧道。右道出交河县界,西北向处月已西诸蕃,足水草,通车马。

银山道。右道出天山县界,西南向焉耆国七百里,多沙碛滷,唯近烽足水草,通车马行。①

西州是唐朝贞观十四年(640)灭高昌国后建立的直辖州,下辖五县:州治为高昌县(今高昌故城),西边为交河县(今交河故城)、天山县(今托克逊),东南为柳中县(今鲁克逊),东部为蒲昌县(今鄯善,辟展)。这里的十一条道路,是从西州各县出发向周边地区的道路,前人已有详细的研究,此不赘述。② 其中赤亭道,是从蒲昌县经赤亭前往伊州的道路;新开道是贞观十六年新开通的从蒲昌县往伊州偏北的一条新道;花谷道、移摩道、萨捍道、突波道、乌骨道、他地道六条道路,都是向北穿越天山峡谷,前往庭州(今吉木萨尔北庭故城)的道路;大海道是东南不经伊州直至沙州的道路;白水涧道是从交河县向西北处月等西突厥部落地区的道路;银山道是从天山县往西南到焉耆国的道路。与《沙州图经》所记石城镇地区的道路不同之处,是每条道路都有自己的名称,十分规范。我们从吐鲁番出土文书中知道,高宗以后西州地区逐渐建立起发达的馆驿网络,今天看到的《西州图经》中有些条目应当编写于乾元以后,贞元以前,③原本应当有"馆驿"的条目,但可惜残本仅存十一条道路、二所山窟和一区古塔部分,"馆驿"的部

① 唐耕耦等《敦煌社会经济文献真迹释录》第1辑,书目文献出版社,1990年,第54—55页。

② 程喜霖《唐〈西州图经〉残卷道路考》,唐长孺主编《敦煌吐鲁番文书初探二编》,武汉大学出版社,1990年,第533—554页;巫新华《吐鲁番唐代交通路线的考察与研究》,青岛出版社,1999年,第122—162页;王素《高昌史稿·交通编》,文物出版社,2000年,第170—175页;P. Pelliot, *Les routes de la region de Turfan sous les T'ang suivi de l'histoire et la géographie anciennes de l'Asie Centrale dans Innermost Asia*, ed. by J.-P. Drège, Paris: Institut des Hautes Études Chinoises du Collège de France, 2002, pp.1-94;郑炳林、李军《敦煌历史地理》,第116—129页。

③ 罗振玉《敦煌石室遗书》,芬诵室,1909年。

分已经缺失，而可能形成于唐初的“道”的部分文字则保留下来，给我们提供了西州范围内“丝绸之路”走向的详细记录。

由此可见，在唐朝每个州都要不断编订的图经当中，都有详细的官方指定的驿路或道路的记载，从一个驿到下一个驿，一站接着一站，从一个城镇到另一个城镇，里数明确，而且还包括冬季是否通行，道路上有几处井泉，人马车牛哪类可以通行，以及是否有贼人出没等各种道路通行的情况。除了《沙州图经》《西州图经》残本外，唐朝其他地区这样的图经虽然都已经不存在了，但我们可以推想，如果把从长安到西州所有州的图经中有关驿道或道路的里程记录连接起来，那就是一个极其详细的唐朝“丝绸之路”的道路交通记录，而这些记录是保存在长安尚书省兵部的文案库房当中的。

二、从边关到异域的记录

在中原王朝的直辖领地之外，比如汉代的玉门关、阳关之外，唐朝的西州以西地区的交通路线情况，其实中央官府也是有所把握的。这些官府掌握的文书，包括出使西域的使臣回来所写的报告，驻扎在西域地区的军政官员所写的记录，以及从外国、外族使臣那里咨询来的情况。这类官府文书保存下来的也不多，幸运的是其中有相当多的内容在后代编纂史书时，改写编入各史的《西域传》了。

东汉初班固所撰《汉书・西域传》，利用官府保存的文书，按照交通路线的顺序，首次明确记录了通往西域的道路，此即《西域传》开篇所述：

> 自玉门、阳关出西域有两道。从鄯善傍南山北，波河西行至莎车，为南道；南道西逾葱岭则出大月氏、安息。自车师前王廷随北山，波河西行至疏勒，为北道；北道西逾葱岭则出大宛、康居、奄蔡焉。[①]

可见，西汉时的道路，从玉门关、阳关开始，分南北两道，最远到安息（波斯帕提亚王朝）和奄蔡（高加索）。

在这个提纲下面，基本按照从东到西，再由西到东的顺序，依次叙述每个国家的情况，首先是国名、都城、去阳关里数、去长安里数，然后是距西域都护府的里数，还有至紧邻国家的里数。阳关是西汉王朝直辖领地的西部边陲关城，而长安是都城，有了这两个数据，西汉王廷就可以知道出使要走多远，进贡要经过多少天到达。记载距西域都护府

① 班固《汉书》卷九六《西域传》，中华书局，1962年，第3872页。以下引《汉书・西域传》均据此版本，在第3875—3921页范围内，不一一出注。

所在的乌垒城的里数,是为了一旦有事,可估算西域都护的兵马几日能够到达。而至周边邻国的里程,则对交通往来至关重要。以下把《汉书·西域传》所记西域各国相互里程的内容摘录出来:

出阳关,自近者始,曰婼羌。去阳关千八百里,辟在西南,不当孔道。西与且末接。西北至鄯善,乃当道云。

鄯善国,本名楼兰,王治扜泥城,去阳关千六百里,至山国千三百六十五里,西北至车师千八百九十里。鄯善当汉道冲,西通且末七百二十里。

且末国,王治且末城,北接尉犁,南至小宛可三日行。西通精绝二千里。

小宛国,王治扜零城,东与婼羌接,辟南不当道。

精绝国,王治精绝城,南至戎卢国四日行,西通扜弥四百六十里。

戎卢国,王治卑品城,东与小宛、南与婼羌、西与渠勒接,辟南不当道。

扜弥国,王治扜弥城,南与渠勒、东北与龟兹、西北与姑墨接,西通于阗三百九十里。

渠勒国,王治鞬都城,东与戎卢、西与婼羌、北与扜弥接。

于阗国,王治西城,南与婼羌接,北与姑墨接。西通皮山三百八十里。

皮山国,王治皮山城,西南至乌秅国千三百四十里,南与天笃接,北至姑墨千四百五十里,西南当罽宾、乌弋山离道,西北通莎车三百八十里。

乌秅国,王治乌秅城,北与子合、蒲犁,西与难兜接。其西则有县度,县度者,石山也,溪谷不通,以绳索相引而度云。

西夜国,王号子合王,治呼犍谷,东与皮山、西南与乌秅、北与莎车、西与蒲犂接。

蒲犂国,王治蒲犂谷,东至莎车五百四十里,北至疏勒五百五十里,南与西夜子合接,西至无雷五百四十里。

依耐国,至莎车五百四十里,至无雷五百四十里,北至疏勒六百五十里,南与子合接。

无雷国,王治卢城,南至蒲犂五百四十里,南与乌秅、北与捐毒、西与大月氏接。

难兜国,西至无雷三百四十里,西南至罽宾三百三十里,南与婼羌、北与休循、西与大月氏接。

罽宾国,王治循鲜城,东至乌秅国二千二百五十里,东北至难兜国九日行,西北与大月氏、西南与乌弋山离接。

乌弋山离国，东与罽宾、北与扑挑、西与犂靬、条支接。行可百余日，乃至条支。自条支乘水西行，可百余日，近日所入云。自玉门、阳关出南道，历鄯善而南行，至乌弋山离，南道极矣。

安息国，王治番兜城，北与康居、东与乌弋山离、西与条支接。安息东则大月氏。

大月氏国，治监氏城，西至安息四十九日行，南与罽宾接。

康居国，王冬治乐越匿地。至越匿地马行七日。其康居西北可二千里，有奄蔡国。

大宛国，王治贵山城，北至康居卑阗城千五百一十里，西南至大月氏六百九十里。

休循国，王治鸟飞谷，至捐毒衍敦谷二百六十里，西北至大宛国九百二十里，西至大月氏千六百一十里。

捐毒国，王治衍敦谷，西北至大宛千三十里，北与乌孙接。

莎车国，王治莎车城，西至疏勒五百六十里，西南至蒲犂七百四十里。

疏勒国，王治疏勒城，南至莎车五百六十里。西当大月氏、大宛、康居道也。

尉头国，王治尉头谷，南与疏勒接，山道不通，西至捐毒千三百一十四里，径道马行二日。

乌孙国，大昆弥治赤谷城，西至康居蕃内地五千里。东与匈奴、西北与康居、西与大宛、南与城郭诸国相接。

姑墨国，王治南城，南至于阗马行十五日，北与乌孙接。东通龟兹六百七十里。

温宿国，王治温宿城，西至尉头三百里，北至乌孙赤谷六百一十里。东通姑墨二百七十里。

龟兹国，王治延城，南与精绝、东南与且末、西南与杅弥、北与乌孙、西与姑墨接。东至都护治所乌垒城三百五十里。

乌垒，其南三百三十里至渠犂。

渠犂，东北与尉犂、东南与且末、南与精绝接。西有河，至龟兹五百八十里。东通尉犂六百五十里。

尉犂国，王治尉犂城，西至都护治所三百里，南与鄯善、且末接。

危须国，王治危须城，西至都护治所五百里，至焉耆百里。

焉耆国，王治员渠城，西南至都护治所四百里，南至尉犂百里，北与乌孙接。

乌贪訾离国，王治于娄谷，东与单桓、南与且弥、西与乌孙接。

卑陆后国，王治番渠类谷，东与郁立师、北与匈奴、西与劫国、南与车师接。

郁立师国，王治内咄谷，东与车师后城长、西与卑陆、北与匈奴接。

狐胡国，王治车师柳谷，至焉耆七百七十里。

山国，西至尉犁二百四十里，西北至焉耆百六十里，西至危须二百六十里，东南与鄯善、且末接。

车师前国，王治交河城。至焉耆八百三十五里。

车师后(王)国，〔王〕治务涂谷。

因为总是有人怀疑古代没有关于"丝绸之路"的记录，那我们就不厌其烦地把《汉书·西域传》记载的西域各国间的里程全部摘录出来，看看西汉时的东西交通具体的情形是怎样的。这样更方便读者了解西汉时期西域交通路线的具体走向，就是先从西域南道从东往西记录，然后越葱岭到大月氏，再北上康居，东向到西域北道的尉头，一路则从天山北的乌孙到天山南的焉耆，最后是东天山的众多山谷小国，以车师后国结束。[①] 上述记录中，凡当道的国家，基本都有与相邻国家的里程记录，而不当道的山谷中国家，则有道路通往最近的当道国家，亦标有里程。这里给出的具体里数，说明是用记里鼓车测量过的数据。我们把这些东西相距的里程联结起来，就基本上可以得出汉朝通往西域的各条道路的具体里程，也包括这些西域国家之间的交通路线，这也就是汉代的"丝绸之路"了。

《汉书·西域传》这种基本上按照交通路线来依次记述西域国家的方式，为此后的《后汉书·西域传》、《魏略·西戎传》、《晋书·西戎传》、《魏书·西域传》、《周书·异域传》所继承。[②] 我们也可以用同样的方法，辑录出不同时代的"丝绸之路"，只不过因为各朝编纂西域、西戎、异域传时，材料已经不全，所以有些路线也是断断续续的，但原本材料齐全的时候，路线都可以如此复原。

东汉时的西域交通路线记录在《后汉书》卷八八《西域传》中，其主要道路走向的概括说明，见于开始部分：

① 余太山把全传的道路记载概括为五大段："自第一国婼羌至第二十国大月氏(大夏)为第一段，自第二十一国康居至第二十九国尉头为第二段，自第三十国乌孙至第三十八国焉耆为第三段，自第三十九国乌贪訾离至第四十八国劫国为第四段，第四十九国狐胡至第五十四国车师后城长国为第五段。"见所著《早期丝绸之路文献研究》，商务印书馆，2013 年，第 134 页。

② 参看余太山《两汉魏晋南北朝正史"西域传"的体例》，《两汉魏晋南北朝正史西域传研究》(上册)，商务印书馆，2013 年，第 127—134 页。

自敦煌西出玉门、阳关，涉鄯善，北通伊吾千余里，自伊吾北通车师前部高昌壁千二百里，自高昌壁北通后部金满城五百里。此其西域之门户也，故戊己校尉更互屯焉。……自鄯善逾葱领出西诸国，有两道。傍南山北，陂河西行至莎车，为南道。南道西逾葱领，则出大月氏、安息之国也。自车师前王庭随北山，陂河西行至疏勒，为北道。北道西逾葱领，出大宛、康居、奄蔡焉。①

这里首先是讲新开通的伊吾道，从敦煌经鄯善到伊吾，从伊吾到高昌。然后是和西汉相同的西域南北两道，越葱岭南北最远也是安息和奄蔡。

下面我们也把《后汉书·西域传》各国间道路交通的记录摘出，来看看东汉时的情况：

出玉门，经鄯善、且末、精绝三千余里至拘弥。

拘弥国居宁弥城，其国西接于窴三百九十里。

于窴国居西城，自于窴经皮山，至西夜、子合、德若焉。

西夜国一名漂沙，子合国居呼鞬谷，去疏勒千里。德若国与子合相接。

自皮山西南经乌秅，涉悬度，历罽宾，六十余日行至乌弋山离国。复西南马行百余日至条支。

条支国城在山上，三面路绝，唯西北隅通陆道。转北而东，复马行六十余日至安息。

安息国居和椟城，北与康居接，南与乌弋山离接。自安息西行三千四百里至阿蛮国。从阿蛮西行三千六百里至斯宾国。从斯宾南行度河，又西南至于罗国九百六十里，安息西界极矣。自此南乘海，乃通大秦。

大秦国或云其国西有弱水、流沙，近西王母所居处，几于日所入也。

大月氏国居蓝氏城，西接安息，四十九日行。

天竺国一名身毒，在月氏之东南数千里。

东离国居沙奇城，在天竺东南三千余里。

栗弋国属康居。严国在奄蔡北，属康居。奄蔡国改名阿兰聊国，居地城，属康居。

莎车国西经蒲犁、无雷至大月氏。莎车东北至疏勒。

疏勒国，东北经尉头、温宿、姑墨、龟兹至焉耆。

---

① 《后汉书》，中华书局，1965年，第2914页。下引具体各国材料，见第2915—2929页。

焉耆国王居南河城，其国四面有大山，与龟兹相连，道险阸易守。

蒲类国居天山西疏榆谷，南去车师后部马行九十余日。

车师前王居交河城，去长史所居柳中八十里。后王居务涂谷，去长史所居五百里。前后部及东且弥、卑陆、蒲类、移支，是为车师六国，北与匈奴接。前部西通焉耆北道，后部西通乌孙。

《后汉书·西域传》对西域诸国交通的记载顺序与《汉书·西域传》大致相同，也是从西域南道，由东向西依次记录，从玉门关开始，经鄯善、于阗，由皮山涉悬度，经罽宾、乌弋山离、条支、安息，最后到大秦；再把大月氏、天竺、康居、奄蔡作为一组叙述；最后是葱岭以东西域北道的莎车、疏勒、龟兹、焉耆到车师前王国；大体上分三组加以叙述。① 与《汉书·西域传》相比，条理没有那么谨严，记录没有那么丰富，特别是有关里程的记录不够全面，许多国与国之间的里程缺如。这或许是因为到南朝刘宋的范晔编写《后汉书》时，距东汉已经较远，有些文书没有保存下来；或许是因为《汉书·西域传》已有同样内容而被节略掉。但我们看到，大多数西域王国去东汉西域长史所居柳中城的里程和去东汉首都洛阳的里程都保存下来，而且内容更多的是各国与东汉的政治关系史，说明有关西域的里程材料很可能存在，而编者的兴趣在政治史，而不是在西域里程，因为在范晔所处的年代和地域，西域里程已经没有太大的意义了。总之，东汉官府应当还是掌握着陆路往西域的里程和方向，而且记录到比西汉所记更远的大秦，说明其时“丝绸之路”的记载更为宏远。

三国时期有关西域交通路线的记载见于三国时曹魏的魚豢撰《魏略·西戎传》，在记载西域部分的开头处，有关于道路的总序：

从燉煌玉门关入西域，前有二道，今有三道。从玉门关西出，经婼羌转西，越葱领，经县度，入大月氏，为南道。从玉门关西出，发都护井，回三陇沙北头，经居卢仓，从沙西井转西北，过龙堆，到故楼兰，转西诣龟兹，至葱领，为中道。从玉门关西北出，经横坑，辟三陇沙及龙堆，出五船北，到车师界戊己校尉所治高昌，转西与中道合龟兹，为新道。凡西域所出，有前史已具详，今故略说。②

然后是按照三条道路，对于西域国家的“略说”。我们整理只摘取了有关道路走向

① 余太山将全传所记道路分为四大段：“第一国拘弥至第十三国东离为第一段，第十四国乌弋至第十六国奄蔡为第二段，第十七国莎车至第十九国焉耆为第三段，第二十国蒲类至第二十四国车师后国为第四段。第一段是经由南道前往的各国，后三段是经由北道前往的各国。”见所著《早期丝绸之路文献研究》，第135页。

② 以下所引《魏略·西戎传》，均见《三国志》，中华书局，1959年，第859—862页。

和里程的内容：

南道西行，且志国、小宛国、精绝国、楼兰国皆并属鄯善也。戎卢国、扜弥国、渠勒国、(穴山国)〔皮山国〕皆并属于寘。罽宾国、大夏国、高附国、天竺国皆并属大月氏。车离国一名礼惟特，一名沛隶王，在天竺东南三千余里。盘越国一名汉越王，在天竺东南数千里……南道而西极转东南尽矣。

中道西行尉梨国、危须国、山王国皆并属焉耆，姑墨国、温宿国、尉头国皆并属龟兹也。桢中国、莎车国、竭石国、渠沙国、西夜国、依耐国、满犁国、亿若国、榆令国、捐毒国、休修国、琴国皆并属疏勒。自是以西，大宛、安息、条支、乌弋。

北新道西行，至东且弥国、西且弥国、单桓国、毕陆国、蒲陆国、乌贪国，皆并属车师后部王。转西北则乌孙、康居，本国无增损也。北乌伊别国在康居北，又有柳国，又有岩国，又有奄蔡国一名阿兰，皆与康居同俗。西与大秦东南与康居接。呼得国在葱岭北，乌孙西北，康居东北。坚昆国在康居西北。丁令国在康居北。此上三国，坚昆中央，俱去匈奴单于庭安习水七千里，南去车师六国五千里，西南去康居界三千里，西去康居王治八千里。

今天我们看到的《魏略·西戎传》是《三国志·魏志·乌丸鲜卑东夷传》注引的文本，也可能是"略说"的原文，也可能是摘要。其中没有像《汉书》那样的详细里程记录，主要是三条道路经过的国家，所述道路与总序略有不同，虽然没有道里记录，但一个国一个国排列下去，走向很清楚。南道上最后两个国家——车离国和盘越国，是作为天竺国延伸记录下来的，里程都是虚数，显然是不了解具体的交通状况的。新北道部分把天山北路草原地区的各国间的联系做了交代，包括康居北面的乌伊别国、柳国、岩国，以及更北面的丁令，西北的坚昆，都是前史所没有记载的。可见南道可以抵达天竺东南数千里，中道越过安息到条支、乌弋，北道则西抵大秦，北至丁令、坚昆，都比两汉的道路延伸得要远。

《魏略·西戎传》的一个特色，是在中道部分详细记录了大秦国的情况，现摘录有关道路、里程的情况：

大秦国一号犁靬，在安息、条支西大海之西，从安息界安谷城乘船，直截海西，遇风利二月到，风迟或一岁，无风或三岁。其国在海西，故俗谓之海西。……海西有迟散城，从国下直北至乌丹城，西南又渡一河，乘船一日乃过。凡有大都三，却从安谷城陆道直北行之海北，复直西行之海西，复直南行经之乌迟散城。……其制度，公私宫室为重屋，旌旗击鼓，白盖小车，邮驿亭置如中国。从安息绕海北到其国,人民相属,十里一亭,三十里一置,终无盗贼。……自葱领西,此国最大,置诸小王甚多,故录其属大者矣。泽散王属大秦,其治在海中央,北至驴分,水行半岁,风疾时一月到,最与安息安谷城相近,西南诣大秦都不知里数。驴分王属大秦,其治去大秦都二千里。从驴分城西之大秦渡海,飞桥长二百三十里,渡海道西南行,绕海直西行。且兰王属大秦。从思陶国直南渡河,乃直西行之且兰三千里。道出河南,乃西行,从且兰复直西行之汜复国六百里。南道会汜复,乃西南之贤督国。且兰、汜复直南,乃有积石,积石南乃有大海,出珊瑚、真珠。且兰、汜复、斯宾阿蛮北有一山,东西行。大秦、海西东各有一山,皆南北行。贤督王属大秦,其治东北去汜复六百里。汜复王属大秦,其治东北去于罗三百四十里渡海也。于罗属大秦,其治在汜复东北,渡河,从于罗东北又渡河,斯罗东北又渡河。斯罗国属安息,与大秦接也。

余太山认为《魏略·西戎传》有关交通路线记载中最有价值的,就是安息(帕提亚)通大秦(罗马)的陆海两道,他据相关研究整理如下:“陆道自安息和椟(Hecatompylos),经阿蛮(Ecbatana),抵斯宾(Ctesiphon),然后渡底格里斯河(经于罗)或幼发拉底河而上,至安谷城(叙利亚的 Antiochia),复北行至驴分(Propontis),西向跨越 Hellespont 海峡,经巴尔干等(所谓“海北”)地区,到达意大利半岛。海道分为南北:北道至安谷城后,截地中海而西,直达罗马。南道从于罗(Hatra)渡幼发拉底河,至汜复(Damascus),或从思陶(Sittake)经旦兰(Palmyra)至汜复,复自汜复经贤督(Jerusalem)、积石(Petra)抵泽散(亦作乌迟散丹,即亚历山大),然后西北向乘船过地中海,亦至罗马。南道以汜复为枢纽。”[①]由此可见,这段有关大秦国的记载,虽然有传说的色彩,但有关道路部分还是可以信任的,而且中间还特别提到“邮驿亭置如中国”的情形,或许中文资料就是编译自大秦的驿站道里簿之类的文书。

我们最关心的是,《魏略·西戎传》留下的有关大秦国的详细记载,说明其他比大秦距离更近的西域各国应当也有详细里程记录留存下来,只不过没有被魚豢采用,或者文本已经佚失,但可以推断三国时曹魏是拥有与西域各国之间交通里程的详细记录的。

北魏时的情况,今本《魏书》卷一〇二《西域传》开头部分也有概括:

其出西域本有二道,后更为四:出自玉门,渡流沙,西行二千里至鄯善为一道;自玉门渡流沙,北行二千二百里至车师为一道;从莎车西行一百里至葱岭,葱岭西

① 余太山《早期丝绸之路文献研究》,第136—137页。余太山对此段原文的详细考证,见所撰《条枝、黎轩、大秦和有关的西域地理》,《古代地中海和中国关系史研究》,商务印书馆,2012年,第28—35页。

一千三百里至伽倍为一道；自莎车西南五百里〔至〕葱岭，西南一千三百里至波路为一道焉。①

余太山指出：“前二道应即《汉书·西域传》所载的南北道。第三、四两道其实是南道的支线。”他还具体分析了这些道路的分段情况：“《魏书·西域传》编者实际上是按照董〔琬〕、高〔明〕所传当时出西域的‘四道’来排列所传诸国的。传文（罽宾以前）可分为四大段：自鄯善至渠莎七国为一段，可称为‘鄯善道’；自车师至者舌二十八国为一段，可称为‘车师道’；自伽倍至大秦八国为一段，可称为‘伽倍道’；自阿钩羌、波路至罽宾为一段，可称为‘波路道’。”②

《魏书·西域传》具体的西域王国条目中有关的里程情况如下（只摘取有关文字）：

于阗国，东去鄯善千五百里，南去女国二千里，西去朱俱波千里，北去龟兹千四百里。

焉耆国，东去高昌九百里；西去龟兹九百里，皆沙碛；东南去瓜州二千二百里。

龟兹国，东去焉耆九百里，南去于阗一千四百里，西去疏勒一千五百里，北去突厥牙帐六百余里，东南去瓜州三千一百里。

疏勒国，东去龟兹千五百里，西去䥽汗国千里，南去朱俱波八九百里，东北至突厥牙帐千余里，东南去瓜州四千六百里。

吐呼罗国，东至范阳（巴米扬）国，西至悉万斤（撒马尔干）国，中间相去二千里；南至连山，不知名；北至波斯国，中间相去一万里。

副货（布哈拉）国，东至阿副使且国，西至没谁国，中间相去一千里；南有连山，不知名；北至奇沙国，相去一千五百里。

嚈哒国，其国南去漕国千五百里，东去瓜州六千五百里。

《魏书·西域传》每一个西域国家的条目都有距离北魏都城代（平城，今大同）的里数，但不是每一条都有与周边国家的里程。可是在记载大的西域王国的时候，则记录其四至里程，这样就把没有的部分给连接起来了。

据《隋书》卷二九《地理志》，隋朝疆域“东西九千三百里，南北万四千八百一十五

① 《魏书》，中华书局，1974年，第2261页。以下具体国别引文在第2262—2279页。按今本《魏书·西域传》已佚，是据转录自《魏书·西域传》的《北史·西域传》复原出来的，相关情况见余太山《〈魏书·西域传〉原文考》，《两汉魏晋南北朝正史西域传研究》上册，第86—121页。

② 余太山《早期丝绸之路文献研究》，第135—136页。

里,东南皆至于海,西至且末,北至五原”。[①] 最西到且末郡,已经深入西域地区。但《隋书·地理志》每个郡条目下,不书四至,所以没有道路的具体记录。

《隋书》卷六七《裴矩传》保存的裴矩《西域图记序》记载了隋朝通西域的道路:

发自敦煌,至于西海,凡为三道,各有襟带。北道从伊吾,经蒲类海铁勒部,突厥可汗庭,度北流河水,至拂菻国,达于西海。其中道从高昌,焉耆,龟兹,疏勒,度葱岭,又经䥶汗,苏对萨那国,康国,曹国,何国,大、小安国,穆国,至波斯,达于西海。其南道从鄯善,于阗,朱俱波、喝盘陀,度葱岭,又经护密,吐火罗,挹怛,忛延,漕国,至北婆罗门,达于西海。其三道诸国,亦各自有路,南北交通。其东女国、南婆罗门国等,并随其所往,诸处得达。故知伊吾、高昌、鄯善,并西域之门户也。总凑敦煌,是其咽喉之地。[②]

《隋书》卷八三《西域传》关于材料来源及西域各国里程情况的记载如下:

帝(隋炀帝)复令闻喜公裴矩于武威、张掖间往来以引致之。其有君长者四十四国。矩因其使者入朝,啖以厚利,令其转相讽谕。大业年中,相率而来朝者三十余国,帝因置西域校尉以应接之。寻属中国大乱,朝贡遂绝。然事多亡失,今所存录者,二十国焉。

(开头记吐谷浑与党项)

高昌国者,则汉车师前王庭也,去敦煌十三日行。

安国,国之西百余里有毕国。

石国,南去䥶汗六百里,东南去瓜州六千里。

焉耆国,都白山之南七十里,东去高昌九百里,西去龟兹九百里,皆沙碛。东南去瓜州二千二百里。

龟兹国,都白山之南百七十里,东去焉耆九百里,南去于阗千四百里,西去疏勒千五百里,西北去突厥牙六百余里,东南去瓜州三千一百里。

疏勒国,都白山南百余里,东去龟兹千五百里,西去䥶汗国千里,南去朱俱波八九百里,东北去突厥牙千余里,东南去瓜州四千六百里。

于阗国,都葱岭之北二百余里。东去鄯善千五百里,南去女国三千里,西去朱

① 《隋书》,中华书局,1973年,第808页。

② 《隋书》,第1579—1580页。关于此三道的具体情况,余太山《裴矩〈西域图记〉所见敦煌至西海的“三道”》有详细考证,《早期丝绸之路文献研究》,第101—1120页。

俱波千里，北去龟兹千四百里，东北去瓜州二千八百里。

䥝汗国，都葱岭之西五百余里，东去疏勒千里，西去苏对萨那国五百里，西北去石国五百里，东北去突厥牙二千余里，东去瓜州五千五百里。

吐火罗国，都葱岭西五百里，南去漕国千七百里，东去瓜州五千八百里。

挹怛国，都乌浒水南二百余里，南去漕国千五百里，东去瓜州六千五百里。

米国，都那密水西，西北去康国百里，东去苏对沙那国五百里，西南去史国二百里，东去瓜州六千四百里。

史国，都独莫水南十里，北去康国二百四十里，南去吐火罗五百里，西去那色波国二百里，东北去米国二百里，东去瓜州六千五百里。

曹国，都那密水南数里，东南去康国百里，西去何国百五十里，东去瓜州六千六百里。

何国，都那密水南数里，东去曹国百五十里，西去小安国三百里，东去瓜州六千七百五十里。

乌那曷国，都乌浒水西，东北去安国四百里，西北去穆国二百余里，东去瓜州七千五百里。

穆国，都乌浒河之西，东北去安国五百里，东去乌那曷二百余里，西去波斯国四千余里，东去瓜州七千七百里。

波斯国，都达曷水之西苏蔺城，西去海数百里，东去穆国四千余里，西北去拂菻四千五百里，东去瓜州万一千七百里。

漕国，在葱岭之北，北去帆延七百里，东去刦国六百里，东北去瓜州六千六百里。

（最后记附国、薄缘夷）①

据考：中国古代正史关于西域的记载，《汉书·西域传》建立了一个编写格式，就是基本上按照交通路线来排序。此后的《后汉书·西域传》《魏略·西戎传》《魏书·西域传》《晋书·西戎传》《周书·异域传》都是如此。② 但到了《隋书·西域传》，改变此前做法，采用以西域国家与隋朝发生关系的年份先后，作为排列的顺序，③显得杂乱无章。

---

① 《隋书》，第1841—1857页。余太山《〈隋书·西域传〉的若干问题》对这些里程做了详细考述，见所著《两汉魏晋南北朝正史西域传研究》（下册），商务印书馆，2013年，第554—570页。

② 参看余太山《两汉魏晋南北朝正史“西域传”的体例》，《两汉魏晋南北朝正史西域传研究》（上册），第127—134页。

③ 李锦绣、余太山《〈通典〉西域文献要注》，上海人民出版社，2009年，第17—18页。

经过隋末动乱,到唐朝初年编纂《隋书·西域传》时,材料已经不够丰富,所存只有二十国的记录,比裴矩的四十四国,减少一半多。所记西域各国里程,也只有片段保留,如“龟兹国,都白山之南百七十里,东去焉耆九百里,南去于阗千四百里,西去疏勒千五百里,西北去突厥牙六百余里”,还是可以看出官府档案的原本样貌,也可以推断原本是有着系统的西域道里记录的。按照《西域图记序》,隋朝交通路线所记最远是“拂菻国”和“西海”,即拜占庭和地中海。

唐朝时国力强盛,统治区域广大,因此有关的记录应当更加详细。《新唐书·地理志》的西州、庭州和“安西入西域道”等条目下,保存了贞元年间(785—805)宰相贾耽所撰《皇华四达记》的片段记录。我们按照道路的顺序略做调整,就可以清楚地把这些道路区分为若干段落:① 西州至焉耆,② 焉耆至安西(龟兹),③ 安西至拨换,④ 拨换至碎叶,更西到怛罗斯城,⑤ 拨换至疏勒,⑥ 拨换至于阗,⑦ 于阗至疏勒,疏勒至葱岭,⑧ 于阗至兰城、且末,⑨ 沙州至兰城乃至于阗,⑩ 北庭至碎叶。[①] 具体记录如下:

① 自〔西〕州西南有南平、安昌两城,百二十里至天山西南入谷,经礌石碛,二百二十里至银山碛,又四十里至焉耆界吕光馆。又经磐石百里,有张三城守捉。又西南百四十五里经新城馆,渡淡河,至焉耆镇城。[②]

② 自焉耆西〔百〕五十里过铁门关,又二十里至于术守捉城,又二百里至榆林守捉,又五十里至龙泉守捉,又六十里至东夷僻守捉,又七十里至西夷僻守捉,又六十里至赤岸守捉,又百二十里至安西都护府。[③]

③ 安西西出柘厥关,渡白马河,百八十里西入俱毗罗碛。经苦井,百二十里至俱毗罗城。又六十里至阿悉言城。又六十里至拨换城,一曰威戎城,曰姑墨州,南临思浑河。

④ 乃西北渡拨换河、中河,距思浑河百二十里,至小石城。又二十里至于阗(祝之误)境之葫芦河。又六十里至大石城,一曰于祝,曰温肃州。又西北三十里至粟楼烽。又四十里度拔达岭。又五十里至顿多城,乌孙所治赤山城也。又三十里渡真珠河,又西北度乏驿岭,五十里渡雪海,又三十里至碎卜戍,傍碎卜水五十里至热海。又四十里至冻城,又百一十里至贺猎城,又三十里至叶支城,出谷至碎叶

① 荣新江《唐代安西都护府与丝绸之路——以吐鲁番出土文书为中心》,新疆龟兹学会编《龟兹学研究》第5辑,新疆大学出版社,2012年,第155—158页。

② 《新唐书》卷四〇《地理志》“西州”条,中华书局,1975年,第1046页。

③ 《新唐书》卷四三《地理志》“安西入西域道”条,第1151页。

川口，八十里至裴罗将军城。又西二十里至碎叶城，城北有碎叶水，水北四十里有羯丹山，十姓可汗每立君长于此。自碎叶西十里至米国城，又三十里至新城，又六十里至顿建城，又五十里至阿史不来城，又七十里至俱兰城，又十里至税建城，又五十里至怛罗斯城。

⑤ 自拨换碎叶（后二字衍文）西南渡〔思〕浑河，百八十里有济浊馆，故和平铺也。又经故达干城，百二十里至谒者馆。又六十里至据史德城，龟兹境也，一曰郁头州，在赤河北岸孤石山。渡赤河，经岐山，三百四十里至葭芦馆。又经达漫城，百四十里至疏勒镇。

⑥ 自拨换南而东，经昆岗，渡赤河，又西南经神山、睢阳、咸泊，又南经疏树，九百三十里至于阗镇城。

⑦ 于阗西五十里有苇关，又西经勃野，西北渡系馆河，六百二十里至郅支满城，一曰碛南州。又西北经苦井、黄渠，三百二十里至双渠，故羯饭馆也。又西北经半城，百六十里至演渡州，又北八十里至疏勒镇。自疏勒西南入剑末谷、青山岭、青岭、不忍岭，六百里至葱岭守捉，故羯盘陀国，开元中置守捉，安西极边之戍。

⑧ 于阗东三百里有坎城镇，东六百里有兰城镇。于阗东距且末镇千六百里。

⑨ 又一路自沙州寿昌县西十里至阳关故城，又西至蒲昌海南岸千里。自蒲昌海南岸，西经七屯城，汉伊修城也。又西八十里至石城镇，汉楼兰国也，亦名鄯善，在蒲昌海南三百里，康艳典为镇使以通西域者。又西二百里至新城，亦谓之弩支城，艳典所筑。又西经特勒井，渡且末河，五百里至播仙镇，故且末城也，高宗上元中更名。又西经悉利支井、祆井、勿遮水，五百里至于阗东兰城守捉。又西经移杜堡、彭怀堡、坎城守捉，三百里至于阗。[①]

⑩ 自庭州西延城西六十里有沙钵城守捉，又有冯洛守捉，又八十里有耶勒城守捉，又八十里有俱六城守捉，又百里至轮台县，又百五十里有张堡城守捉，又渡里移得建河，七十里有乌宰守捉，又渡白杨河，七十里有清镇军城，又渡叶叶河，七十里有叶河守捉，又渡黑水，七十里有黑水守捉，又七十里有东林守捉，又七十里有西林守捉。又经黄草泊、大漠、小碛，渡石漆河，逾车岭，至弓月城。过思浑川、蛰失蜜城，渡伊丽河，一名帝帝河，至碎叶界。又西行千里至碎叶城，水皆北流入碛及入夷播海。[②]

---

① 《新唐书》卷四三《地理志》“安西入西域道”条，第1149—1151页。
② 《新唐书》卷四〇《地理志》“北庭大都护府”条，第1047页。

贾耽《皇华四达记》依据的材料,应当是唐朝中央政府保存的文书档案,具体内容相当详细。这里记录了从西州、北庭、沙州三个唐朝直辖的边境州开始,向西的各条道路,最远到中亚的怛罗斯,一站接一站,都有具体的里程,中间基本没有中断。其中有两条路是前史所缺或记载不详的,一条是从拨换城向北,经温肃,越天山拔达岭,到碎叶城,最后抵怛罗斯;另一条是从北庭向西,经张堡城守捉、清镇军城、弓月城等,越伊丽河,直到碎叶城。前者是玄奘曾经走过的天山谷道;后者是所谓北方草原之路,此时沿线已经设有完备的军政设施,可以保障道路的畅通。①

在这些西域地区的道路上,除了西域地区原本已有的传统城堡之外,出现了一系列的馆驿、守捉、镇城、军城、羁縻州城等,这是唐朝显庆三年(658)灭掉西突厥汗国以后,在西域地区开通道路、设置馆驿的结果。而且,此后唐朝一直在维护这些道路,增强这些道路上的交通设施。据吐鲁番出土的《唐天宝十三载(754)礌石馆具七至闰十一月帖马食历上郡长行坊状》,从西州到安西都护府一段道路上有礌石馆、银山馆。② 由此来看,这些馆应当是天宝十三载之前,在翻越天山的道路上陆续增设的馆驿,比《皇华四达记》所依据的史料还要详细,说明唐朝在不断加强西域地区的交通设施。

因此,可以说,不论在长安,还是在边疆地区,唐朝人也拥有完整的西域地区"丝绸之路"的记录,而且更加细致。上述《皇华四达记》是唐安西、北庭两大都护府直接可以到达的地域,如果我们再看《新唐书·西域传》,我们就可以像前史那样,把一些西域各国间的里程连接起来,不过这些我们已经可以举一反三,不必重复了。

以上,我们不厌其烦地征引了大量的文献,特别是来自官府档案的正史中有关通往西域的交通路线及其里程的记载,这些记录表明,虽然古人没有今天的"丝绸之路"这样一个名称,但对于最初"丝绸之路"一名提出时所涵盖的道路,从汉代就有了详细的记载,而且在汉唐之间,这些有关"丝绸之路"的记录十分详细,甚至超过给"丝绸之路"命名的李希霍芬的认知。因此我们可以说,对于古代中国人来说,这样一条"西域之路"早就存在,只不过到了近代,被称作"丝绸之路"而已。

(作者单位:北京大学历史学系暨中国古代史研究中心)

① 关于唐朝时期丝路北道的交通设施建设,详参付马《丝绸之路上的西州回鹘王朝——9~13世纪中亚东部历史研究》第7章,社会科学文献出版社,2019年。

② 唐长孺主编《吐鲁番出土文书》肆,文物出版社,1996年,第447页。

《丝路文明》第五辑
2020年11月,65—81页

佛教的中土传播与梦境的使用

尚永琪

摘　要:释迦牟尼的人间诞生以“乘象入胎”之梦为起点,汉传佛教的扎根以“汉明感梦”传说为开始;梦作为一个人类大脑制造出来的普遍性存在,是宗教性逻辑体系得以展开的主要手段。与技术性含量很高的“幻”相比较,“梦”更具有“神—人沟通”的积极功能。尤其是对肉身传道的僧人而言,“梦”既是增加神圣力量的权威性证明,又是克服现实难题的关键性说辞。“梦”作为宗教权威性建立的利器之一,是充分利用了弥漫于人类社会中的“思”与“行”之间脱节的中间地带,这是人类总容易迷失方向的地方。人类对“梦”的态度,本能的反应是以自我为中心的前瞻后顾之联系,向前,试图建立“梦”与现实生活趋势之间的逻辑桥梁;向后,试图建立现实人生与神秘世界之间的沟通桥梁。

对佛教起源与传播发展脉络的认识与构建,事实上一直是在三条线索交织的境况下被叙述。一是思想发展的脉络,它包括神学的解释与哲学的研究两个分支;二是历史学与考古学脉络,它是以人类历史发展的求实求真精神探索宗教发展的轨迹;三是佛教僧团自我认知的脉络,它主要是以“神性思维”解释历史发展。正是因为佛教僧团在经典叙述中对佛教历史的“神性化”叙述,使得“梦”这样一种人类大脑的精神性活动被频频引入其历史的重要节点叙述中。从释迦牟尼出生的“乘象入胎”到东汉时期佛教传入中国之始的“汉明感梦”,直至其后佛教僧传文献中各类“梦孕”“感梦”等记载,都为佛教的传播和张大发挥着巨大的社会宣传效应。文章即以此为考察对象,略陈浅见。①

① 2016年12月,应孙英刚教授之邀,撰就此文,在浙江大学人文高等研究院和浙江大学东亚宗教文化研究中心主办的“中古宗教史研究的回顾与展望工作坊”提交讨论;随后,又在西北师范大学中亚研究院做了专题宣读讨论,得到各位先生的指教,特作说明并致谢忱。

一、梦所提供的神圣性起点：从“乘象入胎”到“汉明感梦”

“感梦”是凡俗生活跨入神圣性境遇的常用手段。在人类的族群脱俗、国家权威等“绝对合法性实体”的建立史上,此类实例不胜枚举。“感梦”“梦孕”,同“履大人迹”“吞卵”等传说同构,[①]都是为凡俗人生构建“神圣性起点”,寻找绝对的世俗合法性之“天国来源”。试举一例:

高祖,沛丰邑中阳里人,姓刘氏,字季。父曰太公,母曰刘媪。

其先刘媪尝息大泽之陂,梦与神遇。是时雷电晦冥,太公往视,则见蛟龙于其上。已而有身,遂产高祖。[②]

很明显,这个传说中“太公往视,则见蛟龙于其上”的写实性描述,既是其神圣性成立的“信而有征”的优点,也正是其道德伦理沦落的世俗性缺陷。如果把同类的描述换个场景,就发现这种“证据”描述,对于“神圣性”的世俗构建其实是有害的,如:

在朵奔·蔑儿干死后,阿兰·豁阿没有丈夫,却又生了三个儿子。他们的名字是:不忽·合塔吉、不合秃·撒勒只、孛端察儿·蒙合黑。

以前从朵奔·蔑儿干生的两个儿子,别勒古纳台和不古纳台,背着她们的母亲阿兰·豁阿互相说:“咱们这个母亲,没有兄弟一辈的亲人,又没有丈夫,可是生了这三个儿子。家里只有这个马阿里黑·伯牙兀歹氏的人。莫非这三个儿子就是他的?”背着自己母亲这样谈论,被他们的母亲阿兰·豁阿察觉了。

春季中有一天,阿兰·豁阿煮了腊羊肉,叫五个儿子坐一排……说:“每夜有黄白色的人,借着天窗和门额上露天地方的光,进来抚摸我的肚皮,光明渗透了我的腹中,出去的时候,借着日月的光,如同黄狗一般,摇摇摆摆飘升着出去了。你们怎敢造次胡说!这样看来,显然是上天的子息啊!你们怎么能比作凡人呢!等他们做了万众的可汗,那时候,愚下的凡人们才能明白啊。”[③]

可见,“感梦而孕”的精髓要义,在更为世俗化的背景下不应该被现实地看见,而应该是借助一种与“梦境”有着同质表象的媒介,譬如,阿兰·豁阿传说中的这个“日月的光”。

① 对于中国古代帝王的“梦日而生”、“梦与神遇”和“感龙而生”等神圣性构建,郑振铎先生有系统的考察。参见郑振铎《玄鸟篇》,载《郑振铎集》,中国社会科学出版社,2018年,第47—63页。

② 《史记》卷八《汉高祖本纪》。

③ 《蒙古秘史新译并注释》,札奇斯钦译注,台北:联经出版事业有限公司,1979年,第16—19页。

“梦”与“光”的结合，为世俗之人找到了一个神圣性的血缘起点，光作为一种介质，其神秘性与“梦”具有相通的性质；在古代文明体系中，光作为介质一直是同“神”相联系在一起的，而在当代，“光”作为介质不再属于宗教的神秘领域，而属于我们所说的“科学”和生活领域。此种推进，昭示着某些未知领域所蕴含的可能性认识谬误。

与“梦孕”类似，历史记载中乌孙民族的成于“狼乳”、突厥民族之“胎于狼腹”，[①]都是此类“神孕”的手段，但相较而言，“梦孕”是最具神圣性特征的手段，是最“洁净”的。

神圣性起点至少要解决两个问题：一是神授的权威性；二是神授人育的洁净性。对政治人物来讲，只要有了“君权神授”这样的源自天命或神系的合法性，所有的问题就都解决了，所以汉高祖刘邦的这个传说就没有注意到“洁净性”这个问题；但是宗教不同，他还有个洁净性问题。佛教神系的纯洁性观念，与其梵天文化背景极具关系，婆罗门攻击佛陀僧团之借口之一，就是认为僧人乃是卑微的“由梵足生的秃头沙门”。《知源经》列婆罗门之说：“惟有婆罗门是梵天之子，由其口生，为梵所生，为梵所幻化，是梵的继承者。”[②]佛经中对释迦菩萨之借梦而乘象入胎，且为肋入肋出、胎居宝座之描写，推测跟此种被攻击的心结有关。郭良鋆先生称之为“纯洁受胎”或“反常降生”，认为此种传说实质上是处理了人类文化史上的一个难题。[③] 所以对于释迦牟尼“乘象入胎”这个梦，佛经中花了大量笔墨来解释在人之血肉之胎中，佛之神圣“洁净”何以可能，“梦”当然是保证“洁净”[④]的第一步。地婆诃罗译《方广大庄严经》云：

> 佛告诸比丘：菩萨是时从兜率天宫没，入于母胎，为白象形，六牙具足，其牙金色，首有红光，形象诸根悉皆圆满，正念了知，于母右肋降神而入。圣后是时安隐睡眠，即于梦中见如斯事。尔时，世尊欲重宣此义，而说偈言：
>
> 胜人托生为白象，皎洁如雪具六牙。
>
> 鼻足殊妙首红光，支节相状皆圆满。
>
> 降生右肋如游戏，佛母因斯极欢喜。
>
> 未曾得见及未闻，身心安隐如禅定。
>
> 尔时，圣后身心遍喜，即于座上以众妙宝庄严其身，无数彩女恭敬围绕，下于胜

---

① 《周书》卷五〇《突厥传》；丹尼斯·塞诺《丹尼斯·塞诺内亚研究文选》，北京大学历史系民族史教研室译，中华书局，2006年，第67页。

② 《长部》，段晴译，中西书局，2012年，第434—443页。

③ 郭良鋆《佛陀和原始佛教思想》，中国社会科学出版社，2011年，第34—35页。

④ 《长部》，段晴译，第434—443页。

殿,诣无忧园。①

以六牙白象形而从肋入胎是“洁净”之始,它强调的重点是受孕者“未曾得见及未闻,身心安隐如禅定”,其“微言大义”如上举例中的“电”“日月之光”。而如何“洁净”地安住胎中,则是佛经中重点强调的进一步策略:

说是经时,会中有诸天子生如是念:“四天王天闻此人间污秽不净,况乎此上三十三天乃至兜率诸大天也?云何菩萨世间之宝,最胜清净殊妙香洁,乃舍兜率,处在人间,于母胎中经于十月?”

尔时,阿难承佛威神,长跪合掌,而白佛言:“世尊!女人之身多诸欲恶,云何如来为菩萨时,乃舍兜率,处于母胎右肋而住?”佛告阿难:“菩萨昔在母胎,不为不净之所污染,恒处宝殿,严净第一。如是宝殿为欲见不?当示于汝。”阿难白佛言:“世尊,愿垂显示,令诸见者皆生欢喜。”

……

是时,大梵天王先于诸梵捧菩萨殿置于佛前。其殿三重,周匝莹饰,皆以牛头旃檀天香所成。其香一分价值三千大千世界。光明照耀,以天众宝而严饰之。床座器物皆称菩萨,微妙绮丽人天所无,惟除菩萨旋螺之相。大梵天王所着天服至菩萨座,犹如水渍钦婆罗衣。其三殿内,周匝皆有净妙天花。其殿坚牢,不可沮坏。凡所触近,皆生妙乐,如迦隣陀衣。欲界一切诸天宫殿悉现菩萨宝殿之中。

佛告诸比丘:菩萨入胎之夜,下从水际涌出莲花,穿过地轮,上至梵世,纵广正等六十八落叉由旬。如此莲花,无能见者,除诸如来并诸菩萨及大梵天王。于三千大千世界之中,所有清净殊胜美味犹如甘露现此花中。大梵天王以毗琉璃器盛此净妙甘露之味,奉上菩萨……

阿难!一切菩萨将入胎时,于母右肋先有如是宝庄严殿,然后,从兜率天宫降神入胎,于此殿中结跏趺坐。阿难!十方世界一切摩耶圣后皆于梦中见白象来。

尔时,菩萨处母胎中,身相光明,犹如夜暗,于山顶上然大火炬,亦如真金在琉璃中,光明洞照普遍世界。②

对于佛陀作为历史人物而必须被赋予神圣性这一难题而言,此种“梦孕”情景之设置,可谓精细入微,正如郭良鋆先生所言,它成功地解决了人类文化史上的一个难题。

① 《梵汉对勘神通游戏》,黄宝生译注,中国社会科学出版社,2012年,第112—113页。

② 《梵汉对勘神通游戏》,黄宝生译注,第123—131页。

这种“梦孕”的方式对汉传佛教徒有着广泛的示范意义，所以有部分僧人在其出生传说中就模仿了这种模式。

佛教传播史上，与“梦”相关的另一个重大事项，就是“汉明感梦”。

佛教传入中国之后，所面临的难题是如何寻找一个足够有合法性的起点，由此，才有了“永平传法”或“汉明感梦”的故事制造。

汉传佛教之起点，被归之于“汉明感梦”，[①]这当然只是传说，但史书言之凿凿，僧传历代传颂，此传说之成立，自有其必然的逻辑。《后汉书》卷八八《西域列传》云：

> 世传明帝梦见金人，长大，顶有光明，以问群臣。或曰：“西方有神，名曰佛，其形长丈六尺而黄金色。”帝于是遣使天竺问佛道法，遂于中国图画形像焉。楚王英始信其术，中国因此颇有奉其道者。后桓帝好神，数祀浮图、老子，百姓稍有奉者，后遂转盛。

此传说的最早源头来自《四十二章经序》，[②]学界认为它一定出于汉之后。[③]则《后汉书》所云也采自该书。《后汉书・西域传》的内容主要来自班勇的记述，有很大一部分来自《魏略》等文献，[④]所以其关于“明帝感梦”的记载应该是比较晚的传说。这个记载很简单，基本上沿袭了《四十二章经序》所提供的那些要素，但是到了《魏书》撰写之时，史家的联想远远超出了这个记载。《魏书》卷一一四《释老志》：

> 大人有作，司牧生民；结绳以往，书契所绝，故靡得而知焉。自羲轩已还，至于三代，其神言秘策，蕴图纬之文；范世率民，垂坟典之迹。秦肆其毒，灭于灰烬；汉采遗籍，复若丘山。司马迁区别异同，有阴阳、儒、墨、名、法、道德六家之义。刘歆著《七略》，班固志《艺文》，释氏之学，所未曾纪。案汉武元狩中，遣霍去病讨匈奴，至皋兰，过居延，斩首大获。昆邪王杀休屠王，将其众五万来降。获其金人，帝以为大神，列于甘泉宫。金人率长丈余，不祭祀，但烧香礼拜而已。此则佛道流通之渐也。
>
> 及开西域，遣张骞使大夏还，传其旁有身毒国，一名天竺，始闻有浮屠之教。哀帝元寿元年，博士弟子秦景宪受大月氏王使伊存口授浮屠经。中土闻之，未之信了也。

---

① 许理和《佛教征服中国》，李四龙译，江苏人民出版社，2003 年，第 25 页。

② 释僧祐《出三藏记集》卷六《四十二章经序第一》，中华书局，1995 年，第 242 页。

③ 许理和《佛教征服中国》，李四龙译，第 25 页。

④ 余太山《〈后汉书・西域传〉与〈魏略・西戎传〉的关系》，载余太山《两汉魏晋南北朝正史西域传研究》，中华书局，2003 年，第 17—25 页。

> 后孝明帝夜梦金人,项有日光,飞行殿庭,乃访群臣,傅毅始以佛对。帝遣郎中蔡愔、博士弟子秦景等使于天竺,写浮屠遗范。愔仍与沙门摄摩腾、竺法兰东还洛阳。中国有沙门及跪拜之法,自此始也。愔又得佛经《四十二章》及释迦立像。明帝令画工图佛像,置清凉台及显节陵上,经缄于兰台石室。愔之还也,以白马负经而至,汉因立白马寺于洛城雍门西。

《魏书》之撰者注意到"金人"这个细节,创造性地做了前后连贯的梳理,值得玩味。从《史记》到《汉书》,都有"金人"的记载。从匈奴休屠王"金人"到汉明帝所梦"金人",《魏书》显然是将之归为佛像之传承。由此,汉明帝所梦的内容是如此地具有历史感。从《魏书》的这种记述中,我们是否也可以推测,彼时的佛教徒在为汉明帝设想梦境时,是否也确实注意到了匈奴王"金人"这个有历史传承的传说中物,并恰当地安排进他们期望的故事之中,构成了一个"金人"序列,虚实相间,最终进入梦乡,制造了一个神圣性的起点。

汤用彤先生在考察"汉明感梦"的诸端文献后,指出:"盖释迦在世,波斯匿王信奉三宝,经卷传为美谈。其后孔雀朝之阿输迦,贵霜朝之迦腻色伽,光大教化,释子推为盛事。东晋弥天释法师亦曾曰:不依国主,则法事难立。汉明为一代明君,当时远人附化,国内清宁。若谓大法滥觞于兹,大可为僧伽增色也。南北朝时,佛与道相争先后,佛徒谓释迦于周昭王二十四年出世,穆王五十二年涅槃,初视似无理由,但或亦与永平求法有关。查《周书异记》有'周昭王时有圣人出在西方。太史苏由对曰,所记一千年时,声教被及此土'。查自穆王五十二年至汉光武二十三年恰约一千岁。按晋慧睿《喻疑论》,'孝明之世,当是像法之初'。佛典传说,常谓正法五百年,但亦有为正法一千者。依次则明帝求法,正当像法之初。佛徒捏造事实,谓佛生于周昭王时,抑或因此种关系欤?"①

汤先生此说,是在时间点上最为恰当的周圆之论,东汉之后,佛教徒选择这个可以前后衔接的时间点,通过帝王之梦,为异质文明的合法性立足制造了一个权威性起点。更为重要的是,"梦"作为介质,为宗教神圣性的确立提供了人人足可接受的证据或说辞。

在佛教传播史上,类似这样"以梦为兆"的佛教进入异域之起点,有一些传说性史例可以与之相比较。如《高僧传》中关于罽宾僧人求那跋摩传佛教入爪哇、苏门答腊岛

① 汤用彤《汉魏两晋南北朝佛教史》,中华书局,1997年,第22页。

的一个传说：

(求那跋摩)后至阇婆国，初未至一日，阇婆王母夜梦见一道士飞舶入国，明旦，果是跋摩来至。王母敬以圣礼，从受五戒。

母因劝王曰："宿世因缘，得为母子。我已受戒，而汝不信。恐后生之因，永绝今果。"王迫以母敕，即奉命受戒。渐染既久，专精稍笃。

顷之，邻兵犯境，王谓跋摩曰："外贼恃力，欲见侵侮。若与斗战，伤杀必多。如其不拒，危亡将至。今唯归命师尊，不知何计？"跋摩曰："暴寇相攻，宜须御捍。但当起慈悲心，勿兴害念耳。"王自领兵拟之，旗鼓始交，贼便退散。王遇流矢伤脚，跋摩为咒水洗之，信宿平复。

王恭信稍殷，乃欲出家修道，因告群臣曰："吾欲躬栖法门，卿等可更择明主。"群臣皆拜伏劝请曰："王若舍国，则子民无依。且敌国凶强，恃险相对。如失恩覆，则黔首奚处。大王天慈，宁不愍念，敢以死请，申其悃愊。"王不忍固违，乃就群臣请三愿，若许者当留治国：一愿凡所王境，同奉和上；二愿尽所治内，一切断杀；三愿所有储财，赈给贫病。群臣欢喜佥然敬诺，于是一国皆从受戒。[①]

此梦中是"阇婆王母夜梦见一道士飞舶入国"，将佛教传入及张大的起点设置于王母之梦，且为乘"飞舶"而来。显然，这样的梦大概不会出自中国僧人的制造，应该是求那跋摩本人的知识背景，或者说是阇婆国这样四面汪洋的岛国知识背景下的梦，否则中原僧人是不会想到"飞舶"这样的奇异神物。

《高僧传》中的另一个事例，亦类似于此：

昙摩密多，此云法秀，罽宾人也……少好游方，誓志宣化。周历诸国，遂适龟兹。未至一日，王梦神告王曰："有大福德人明当入国，汝应供养。"明旦，即敕外司："若有异人入境，必驰奏闻。"俄而蜜多果至，王自出郊迎，延请入宫，遂从禀戒，尽四事之礼。蜜多安而能迁，不拘利养。居数载，密有去心。神又降梦曰："福德人舍王去矣。"王惕然惊觉。既而君臣固留，莫之能止。[②]

昙摩密多进入龟兹，亦以"王梦"为开场。这些王或王母之梦，同佛教高僧入境、教法之传播密切相关，是佛教得到"国主"支持的根本性起点。尤其是求那跋摩的这个事例，可能预示着在佛教早期传播的过程中，类似的传说应该不少，是一种轻车熟路的经

① 《高僧传》卷三《求那跋摩》，载《大正新修大藏经》第50册《史传部二》。
② 《高僧传》卷三《昙摩密多》，载《大正新修大藏经》第50册《史传部二》。

典策略,“汉明感梦”也仅仅是一种模式化的仿制品,正如汤用彤先生所揣度的,是“依止国主”的一个经验性手段。

二、梦的模仿:“梦孕”与“感梦”的示范效应

无论是“乘象入胎”的神圣性权威建立手段,还是“汉明感梦”的合法性起点构建传说,都对早期传教神僧的此类手段应用产生了强烈的示范效应。

在佛教的早期传播时期,神僧的地位显得非常重要,据纪赟的研究,释慧皎的《高僧传》中,《神异》篇的内容是《习禅》和《明律》的四倍,神通的事迹始终是慧皎极度关注的内容,《神异》的地位仅次于《译经》与《义解》。而到唐代释道宣撰著《续高僧传》,《神异》篇由第三的位置调到了第六。① 可见在佛教早期传播的阶段,神通技艺的施展确实发挥了巨大的作用,正如慧皎所云:“神道之为化也,盖以抑夸强,摧侮慢,挫凶锐,解尘纷。至若飞轮御宝,则善信归降,竦石参烟,则力士潜伏,当知至治无心,刚柔在化。”

不过,在慧皎《高僧传》所载人物中,其出生的神话还没有达到“乘象入胎”这个级别,最为神奇者,也仅仅是具有“前贤转世”这样的性质,我们可以找出来的有两例,一例是鸠摩罗什,一例是康居僧人昙谛,且后者为典型的“梦孕转世”。先看鸠摩罗什之例,其母亲并没有“梦孕”,但是其传说中却暗含着“舍利弗投胎或转世”之意。在《出三藏记集》和《高僧传》中,即拿舍利弗(Shariputra)来类比鸠摩罗什的智慧与善辩,此即所谓“舍利弗在胎之证”:

> 什在胎时,其母自觉神悟超解有倍常日。闻雀梨大寺名德既多,又有得道之僧。即与王族贵女德行诸尼,弥日设供请斋听法。什母忽自通天竺语,难问之辞必穷渊致,众咸叹之。有罗汉达摩瞿沙曰:“此必怀智子。”为说舍利弗在胎之证。②

因为鸠摩罗什的母亲怀了一个聪明的孩子,所以母亲在怀孕期间也变得聪明异常,最典型的表征是“自通天竺语,难问之辞必穷渊致”,就是善于辩论。由于身怀聪明的胎儿而增进了母亲的论辩能力,这个典故最早是来自舍利弗(Shariputra)。对此,佛经中有诸多记载:

> 舍利弗,此名身子。舍利弗外祖善相,见舍利弗父作国大相,妻女与之,孕舍利

① 纪赟《慧皎〈高僧传〉研究》,上海古籍出版社,2009年,第135页。

② 《高僧传》卷二《鸠摩罗什》,《大正新修大藏经》之《史传部二》。

弗,共弟拘绨罗论义,母胜于弟。弟窃思:“惟我姊未孕时不如我,今屡胜我,必怀聪明之子。我当入山学读,外甥长大共论。”则入山读十二违陀,无暇不揃爪,故呼其号名长爪梵志。后生身子,始年八岁,骋十六大国,论议无类。则外道法中,出家为沙门。①

《佛本行集经》和《增一阿含经》也有大量关于舍利弗的记载,关于舍利弗之“智慧第一”,《增一阿含经》中的说法比较经典:

世尊告曰:我昔亦有弟子名舍利弗,智慧之中最为第一。如大海水纵横八万四千由旬,水满其中。又须弥山高八万四千由旬,入水亦如是。然阎浮里地,南北二万一千由旬,东西七千由旬。今取较之,以四大海水为墨,以须弥山为树皮,现阎浮地草木作笔,复使三千大千刹土人民尽能书,欲写舍利弗比丘智慧之业。然童子当知,四大海水墨、笔、人之渐渐命终,不能使舍利弗比丘智慧竭尽。②

世尊譬喻“四大海水墨、笔、人之渐渐命终,不能使舍利弗比丘智慧竭尽”,可见舍利弗智慧之广大深厚。僧人传记家不惜以舍利弗这样一个在佛教发展史上被推崇到极致的智慧善辩的人物来类比鸠摩罗什,可见由胎里带来的这种非凡无比的智慧是佛教传记家给予鸠摩罗什的定位,“智慧第一”是鸠摩罗什佛学修养的人生底色。

鸠摩罗什的这个事例是否可以这样来揣度,在以龟兹为中心的早期西域佛教界,僧人所能达到的最高标准也不过就是“圣贤转世”,而不会上升到“乘象入胎”这个级别(这当然仅仅是一种测度)?释昙谛母亲的“梦孕”传说就比较典型:

释昙谛,姓康氏。其先康居国人,汉灵帝时移附中国。献帝末乱,移止吴兴。谛父肜尝为冀州别驾,母黄氏昼寝,梦见一僧,呼黄为母,寄一麈尾并铁镂书镇二枚。眠觉,见两物具存,因而怀孕生谛。谛年五岁,母以麈尾等示之。谛曰:“秦王所饷。”母曰:“汝置何处?”答云不忆。至年十岁出家,学不从师,悟自天发。

后随父之樊邓,遇见关中僧䂮道人,忽唤䂮名。䂮曰:“童子何以呼宿老名?”谛曰:“向者忽言,阿上是谛沙弥,为众僧采菜,被野猪所伤,不觉失声耳。”䂮经为弘觉法师弟子,为僧采菜,被野猪所伤。䂮初不忆,此乃诣谛父,谛父具说本末,并示书镇麈尾等。䂮乃悟而泣曰:“即先师弘觉法师也。师经为姚苌讲法华,贫道为都讲,姚苌饷师二物,今遂在此。”追计弘觉舍命,正是寄物之日。复忆采菜之事,

① 吉藏撰《无量寿经义疏》,《大正新修大藏经》第37册《经疏部五》。
② 《增一阿含经》卷三六,《大正新修大藏经》第2册《阿含部下》。

弥深悲仰。[①]

这种感梦而怀孕、借物而传信的贤圣隔代转世的传说,跟后世藏传佛教之活佛转世[②]有仿佛之处。《高僧传》中出现的此种感梦而孕,至少是一种比较谨慎的"僧人圣化"的制造方式。但是在唐代及其后的宗教文献中,"梦孕"的传说变得越来越大胆,几乎完全是对佛陀"乘象入胎"神话的复制和模仿,在《神僧传》《三国遗事》中有多例高僧母亲怀孕的神奇之梦的描写,典型者罗列如下:

释智顗,字德安,姓陈氏,颍川人也。母徐氏,梦香烟五彩萦回在怀,欲拂去之,闻人语曰:"宿世因缘,寄托生道。福德自至,何以去之。"又梦吞白鼠,如是再三,怪而卜之。师曰:"白龙之兆也。"及诞育之夜,室内洞明,信宿之间,其光乃止。忽有二僧扣门曰:"善哉!儿德所重,必出家矣。"言讫而隐。年十八,投湘州果愿寺沙门法绪而出家焉。[③]

释智旷,姓王氏。初母将孕,梦入流浴,童子乘宝船来投,便觉有娠。及生,长敏而重行,梁末为壮士。后离俗从道,学长生术。及值高僧授戒为佛弟子,德行动人,渐示潜迹。[④]

僧净梵,嘉禾人,姓笪氏。母梦光明满室,见神人似佛,因而怀娠。生甫十岁,依胜果寺出家,祝发,从湛、谦二法师学,教得其传。[⑤]

释道宣,姓钱氏,丹徒人也。初母妊而梦月贯其怀,复梦梵僧语云:"汝所妊者,即梁朝僧祐律师。"祐则南齐剡溪隐岳寺僧护也。宜从出家。既弱冠,极力护持,专精克念。[⑥]

释窥基,字洪道,姓尉迟氏,京兆长安人也。初,基之生母裴氏,梦掌月轮吞之,寤而有孕。及乎盈月,弥与群儿弗类。数方诵习,神晤精爽。至年十七,遂预缁林。及乎入法奉敕为奘弟子。[⑦]

释慧约,字德素,姓娄氏,东阳乌伤人也。祖世为东南仕族,有占其茔墓者云:"后世当有苦行得道者为帝王师焉。"母留氏梦长人擎金像令吞之,又见紫光绕身,

① 《神僧传》卷三《昙谛》,载《大正新修大藏经》第50册《史传部二》。
② 陈庆英、陈立健《活佛转世及其历史定制》,中国藏学出版社,2010年,第96—108页。
③ 《神僧传》卷五《智顗》,载《大正新修大藏经》第50册《史传部二》。
④ 《神僧传》卷五《智旷》,载《大正新修大藏经》第50册《史传部二》。
⑤ 《神僧传》卷九《净梵》,载《大正新修大藏经》第50册《史传部二》。
⑥ 《神僧传》卷六《道宣》,载《大正新修大藏经》第50册《史传部二》。
⑦ 《神僧传》卷六《窥基》,载《大正新修大藏经》第50册《史传部二》。

因而有孕。便觉精神爽发，思理明悟。及载诞之日，光香充满，身白如雪，俗因名为灵粲。儿童时聚沙为佛塔，垒石为高座。七岁便求入学，即诵《孝经》《论语》。乃至史传，披文见意。①

中土僧人出生神话照搬的跨度非常大，这让人想到佛教本身的"敬畏性"威慑力之减弱。释迦牟尼作为教主被毫无顾忌地模仿，这是一种圈层机制的颓败，经济学上有个名词叫边际效应递减。鸠摩罗什、释昙谛等人的出生神话仅仅是模仿佛之弟子或前代高僧，而中原僧人则完全模仿释迦牟尼之"乘象入胎"，这个差别是令人吃惊的。"梦月贯其怀"而孕、"梦掌月轮吞之"而孕、"梦长人擎金像令吞之"而孕，甚至有"白龙之兆"这样的说法。并且，既有"梦吞白鼠"这样的外来文化因素，又有"龙"这样的中华文化认同，其级别之高，令人咋舌。

"梦"不但是神下降为圣的手段，如释迦牟尼；也是先圣转世为现圣的法门，如鸠摩罗什、智顗、道宣等，其立意都在于树立传教之神圣性与权威性。当然僧人在传道过程中尚有通过梦来实现神与人的沟通，其中既有化身沟通，也有托梦沟通，可参见《神僧传》卷三《昙超》《法度》等记载。

对"梦"的使用，最值得我们注意的是昙无谶传记中所讲的一个"通梦"的事例，就是很多人同时进入一个梦的场景，做同一个梦：

初谶在姑臧，有张掖沙门道进，欲从谶受菩萨戒。谶云："且悔过。"乃竭诚七日七夜，至第八日诣谶求受。谶忽大怒，进更思惟："但是我业障未消耳？"乃戮力三年，且禅且忏。进即于定中见释迦文佛与诸大士授己戒法，其夕同止十余人，皆感梦如进所见。进欲诣谶说之，未及，至数十步，谶惊起唱言："善哉善哉，已感戒矣，吾当更为汝作证。"次第于佛像前为说戒相。时沙门道朗振誉关西。当进感戒之夕，朗亦通梦，乃自卑戒腊求为法弟。于是从进受者千有余人。传授此法迄至于今。②

这是神与人、人与人之间的一种交叉式同空间沟通，这当然只是一种构建或宣传性设置，而非事实。只能说，佛教传播对于梦境的使用是相当成功的。传教中出现的很多问题，有时候总是以"梦启"的方式加以解决，其功能相当于早期传教中的祈请"感应舍利"，既显示了佛之神力，又起到了"证信"的作用。③ 正是因为此类记载和传说之盛行，

① 《神僧传》卷四《慧约》，载《大正新修大藏经》第50册《史传部二》。

② 《高僧传》卷二《昙无谶》，载《大正新修大藏经》第50册《史传部二》。

③ 尚永琪《佛舍利崇拜的地理困境与感应舍利之起源》，《文史哲》2016年第4期。

所以很多僧人都期望能得到这样的来自佛或神的“梦启”瑞相,如《比丘尼传》所载尼姑明感专笃禅行,“脱有小犯,辄累晨忏悔,要见瑞相,然后乃休。或见雨花,或闻空声,或睹佛像,或夜善梦”。[①] 如此刻意苦求追寻,自然会产生奇奇怪怪之梦。《高僧传》记载的昙摩耶舍所做之梦,也是此类苦苦追寻所得到的梦境:

昙摩耶舍,此云法明,罽宾人。少而好学,年十四为弗若多罗所知。长而气干高爽,雅有神慧,该览经律,明悟出群。陶思八禅,游心七觉,时人方之浮头婆驮。孤行山泽不避豺虎,独处思念动移宵日。尝于树下每自克责:“年将三十尚未得果,何其懈哉!”于是累日不寝不食,专精苦到,以悔先罪,乃梦见博叉天王,语之曰:“沙门当观方弘化,旷济为怀。何守小节,独善而已。道假众缘,复须时熟,非分强求,死而无证。”觉,自思惟欲游方授道,既而逾历名邦,履践郡国。[②]

这种“累日不寝不食”的做法,当然非常容易产生精神上的恍惚或进入心之所往的梦境。释道安也曾有此例:

道安常注诸经,恐不合理,乃誓曰:“若所说不堪远理,愿见瑞相。”乃梦见胡道人,头白眉毛长,语安云:“君所注经,殊合道理。我不得入泥洹,住在西域,当相助弘通,可时时设食。”后《十诵律》至,远公乃知和上所梦宾头卢也,于是立座饭之,处处成则。[③]

因而,僧史文献中所记载的大量僧人传法过程中的梦,其实都是预先“感念”的产物,是一种不断进行心理暗示的结果。

三、梦幻泡影的理论性勘破与技术性使用

在现代学科体系背景下来审视,“梦”是一种客观的存在,形形色色的梦确实具有探索和研究的无限前景,对于古代文献中记载的一些“梦”,其研究的价值也是不言而喻的。古人即使是那些秉持神性思维的僧侣们,对于“梦”的探究和认识并不仅局限于宗教领域的宣传性神话制造,而是在一个相当具有思辨色彩的逻辑体系里面去认识这个问题的。至少,那些关涉佛教的精英阶层对于“梦”有着非常深刻的认识。

我们首先要列出的是萧琛《难神灭论》中关于“梦”的这段精彩论述:

子今据梦以验形神不得共体,当人寝时,其形是无知之物,而有见焉,此神游之

① 《比丘尼传》卷一《建福寺康明感尼传五》,载《大正新修大藏经》第50册《史传部二》。
② 《高僧传》卷一《昙摩耶舍》,载《大正新修大藏经》第50册《史传部二》。
③ 《高僧传》卷五《释道安》,载《大正新修大藏经》第50册《史传部二》。

所接也。

神不孤立，必凭形器，犹人不露处，须有居室。但形器是秽闇之质，居室是蔽塞之地。神反形内，则其识微惛惛，故以见为梦；人归室中，则其神暂壅壅，故以明为昧。

夫人或梦上腾玄虚，远适万里，若非神行，便是形往耶。形既不往，神又不离，复焉得如此？若谓是想所见者。及其安寐，身似僵木，气若寒灰，呼之不闻，抚之无觉，即云神与形均则是表里俱倦，既不外接声音，宁能内兴思想。此即形静神驰，断可知矣。①

又疑凡所梦者，或反中诡遇（赵简子梦童子裸歌可吴入郢，晋小臣梦负公登天而负公出诸厕是也），或理所不容（吕齮，梦射月中之，吴后梦肠出绕阊门之类是也），或先觉未兆（吕姜梦天，名其子曰虞；曹人梦众，君子谋欲士曹之类是），或假借象类（蔡茂禾失为秩，王浚梦三刀为州之类是也），或即事所无（胡人梦舟、越人梦骑之类是也），或乍验乍否（殷宗梦得传说，汉文梦获邓通验也。否事众多，不复具载也）。此皆神化茫眇，幽明不测。易以约通，难用理检。不许以神游，必宜求诸形内。恐块尔潜灵，外绝觐觌，虽复扶以六梦，济以想因理，亦不得然也。②

显然，萧琛对“梦”的理性而冷静的分析，至少在思考路径上同佛洛依德之《释梦》有仿佛之处。因而，身处古代理论中心的那些精英们，对于“梦”的理解与思考，可能并没有我们从世俗化宗教行为中所看到的那样混乱或蒙昧。在这方面，梁代僧人慧皎也是一个典型，他在记载了那么多神僧之后，其《义解》论中对“梦”的阐释也是深得物理之要：

（慧皎）论曰：夫至理无言，玄致幽寂……悠悠梦境，去理殊隔；蠢蠢之徒，非教孰启，是以圣人资灵妙以应物，体冥寂以通神，借微言以津道，托形传真。故曰：兵者不祥之器，不获已而用之；言者不真之物，不获已而陈之。故始自鹿苑，以四谛为言初；终至鹄林，以三点为圆极。其间散说流文，数过八亿，象驮负而弗穷，龙宫溢而未尽。将令乘蹄以得兔，藉指以知月。知月则废指，得兔则忘蹄。经云：依义莫依语，此之谓也。③

① 此种论述，可以参考佛洛依德之《梦的刺激和来源》，参见佛洛依德《释梦》，孙铭之译，商务印书馆，2016年，第20—40页。

② 萧琛《难神灭论》，载《广弘明集》卷九，载《大正新修大藏经》第52册《史传部四》。

③ 《高僧传》卷八《义解五·论》，载《大正新修大藏经》第50册《史传部二》。

慧皎所云的这种对于“梦”的真切认识及其运用作为传教手段的技术性权变,所反映的也正是佛教“思”与“行”游离于对梦幻的理论性勘破与技术性使用二者的实际状态。

人类对“梦”的态度,本能的反应是以自我为中心的前瞻后顾之联系,向前,试图建立“梦”与现实生活趋势之间的逻辑桥梁;向后,试图建立现实人生与神秘世界之间的沟通桥梁。佛教经典对于梦的反映,不外如此,如《阿育王传》中“阿阇世王眠中梦见其母姓灭,惊此梦,故怖畏起觉”[①]及“阿阇世王梦大梁折坏,觉,已心生惊怖”,[②]皆被解读为长老摩诃迦叶入涅槃之先兆。而《阿难七梦经》更是这样的典型文本:

> 阿难在舍卫国,有七种梦,来问于佛:一者陂池火炎滔天;二者梦日月没,星宿亦没;三者梦出家比丘转在于不净坑堑之中,在家白衣,登头而出;四者梦群猪来抵揬栴檀林怪之;五者梦头戴须弥山,不以为重;六者梦大象弃小象;七者梦师子王名华撒,头上有七毫毛,在地而死,一切禽兽,见故怖畏,后见身中虫出,然后食之。以此恶梦,来问于佛。佛时在舍卫国普会讲堂上,与波斯匿王说法苦习灭得道,为乐见。阿难忧色愁苦叵言,佛告阿难:“汝于梦者,皆为当来五浊恶世。不损汝也,何为忧色?第一梦陂池火炎滔天者,当来比丘,善心转少,恶逆炽盛,共相杀害,不可称计;第二梦者日月没星宿亦没,佛泥洹后,一切声闻,随佛泥洹不在世,众生眼灭;第三梦出家比丘转在于不净坑堑之中,在家白衣,登头出者,当来比丘怀毒嫉妒,至相杀害,道士斩头,白衣视之,谏诃不从,死入地狱,白衣精进,死生天上;第四梦者,群猪来抵揬栴檀林怪之者,当来白衣,来入塔寺,诽谤众僧,求其长短,破塔害僧;第五梦者头戴须弥山,不以为重者,佛泥洹后,阿难当为千阿罗汉,出经之师,一句不忘,受悟亦多,不以为重。第六梦者,大象弃小象,将来邪见炽盛,坏我佛法,有德之人,皆隐不现;第七梦师子死者,佛泥洹后一千四百七十岁,我诸弟子修德之心,一切恶魔不得娆乱,七毫者七百岁后事。[③]

“梦”被作为一种暗含的人类大脑的逻辑推理程序或联想思维结果,跟现实是有密切关联的,如何去解释梦,是一种技术性含量很高的技艺。可以测度,释迦牟尼在“梦”的解析方面是有一定传承的。作为一种传教的非常现实而有效的手段,形形色色的“梦”被诸色人等发问是传教者经常遇到的问题。之所以这样推测,是因为佛陀对于与

① 《阿育王传》卷七《佛弟子五人传授法藏因缘品第七》,载《大正新修大藏经》第50册《史传部二》。

② 《阿育王传》卷四《忧波毱多因缘之余》,载《大正新修大藏经》第50册《史传部二》。

③ (东晋)天竺三藏竺昙无兰译《阿难七梦经》,载《大正新修大藏经》第14册《经集部一》。

梦相关的“幻”之技术与手段有着相当的修养。

在释迦牟尼的早期僧团中，就有一些成员是当时著名的“幻师”。佛典中有大量的关于幻师的记录，其中著名的大幻师就有跋陀罗、阿夷邹、迦毗罗仙、斫迦罗仙、钵头摩诃萨多。跋陀罗是王舍城最著名的大幻师，在佛典中又被称作波陀、颰陀、仁贤，生活在释迦牟尼传道的时代，是同大医王耆婆同时代的人。涉及跋陀罗的佛经主要有《大宝积经》《佛说颰陀神咒经》《佛说幻士仁贤经》。据《大宝积经》卷八五《授幻师跋陀罗记会》所载，大幻师跋陀罗曾以幻术向释迦牟尼挑战，他运用幻术布置一个试图羞辱释迦牟尼的陷阱：

时彼幻师即于其夜，诣王舍城于最下劣秽恶之处，化作道场宽广平正。缯彩幡盖，种种庄严，散诸花香覆以宝帐。复现八千诸宝行树，其宝树下一一皆有师子之座，无量敷具，悉皆严好，为欲供养诸比丘故。而复化为百味饮食，并现五百给侍之人，服以白衣，饰以严具，作是化已。

当幻师跋陀罗在最肮脏的地方做好这个幻化陷阱准备羞辱佛陀时，“四天王”也以帮助跋陀罗的借口，在跋陀罗施展幻术的这个地方又大使幻法，让这个准备供养佛陀的法会场所更加富丽堂皇，跋陀罗非常吃惊，他发现他的幻术在这个时候失灵了，变出来的幻象不受自己的控制。第二天，佛陀和弟子们都来到跋陀罗的这个供养法会，王舍城的各色人等都来观看，结果什么尴尬的事情也没有发生，一切幻象都像真的一样华丽庄严。随后，佛陀以各种幻化的长者之身点化跋陀罗，终于使得跋陀罗认识到佛法无边，深深悔罪，最后心悦诚服地说：“我愿出家作于比丘。”大幻师跋陀罗成为佛陀僧团成员。

跋陀罗皈依佛陀后，并没有放弃他幻术的使用，在遇到有人被蛇咬伤等非常之事的时候，也想施展自己的魔法咒术，据《佛说玄师颰陀所说神咒经》所载：

闻如是，一时佛游于罗阅祇国中鹦鹉树间，是时，有一异比丘，于竹园去罗阅祇国，适在中间为蛇所啮，复为鬼神所着，复为贼所劫。佛尔时即往到是比丘所，时玄师颰陀随佛俱往。玄师颰陀即白佛言：“我有术甚神，今欲为咒。”佛言：“止！止！颰陀。汝所咒，莫令有伤害。”颰陀白佛言：“后当国国相攻伐，贼贼更相劫。相增者复为相劫，鬼神更劫，毒毒更相害。若有比丘在山中树下坐，被五纳衣若露地坐，四辈弟子当令无有害我者，皆令安隐，无有病痛如是。”①

① 《大正新修大藏经》第21册《密教部四》。

从佛经记载来看,佛陀对于幻术持贬斥的态度,在《佛说幻士仁贤经》中将跋陀罗的幻术称作“邪行之术”,所以就连皈依后的跋陀罗要运用咒术,佛陀也要制止。佛陀虽然本人就是一个以“幻术”战胜世俗之中最著名幻术的大幻师,但是他对“幻”是排斥的,佛陀要求他的信徒要“不幻不伪,贤善质直”,因而在追求最终智慧解脱的佛陀来看,幻术是一种邪行,是应该受到杜绝的技艺。

“梦”也是如此,在佛教理论中,梦、幻、露、泡影是经常使用的所破之虚妄之相、无明之代表,如《金刚经》之颂言:“一切有为法,如梦幻泡影,如露亦如电,应作如是观。”

“梦幻”之类是佛教在理论上必须要勘破的虚妄之相,但僧人在现实传教中却又不得不以之作为技术手段来应用,这是二者之间的一种矛盾,也可能慧皎所说的“悠悠梦境,去理殊隔;蠢蠢之徒,非教孰启,是以圣人资灵妙以应物,体冥寂以通神,借微言以津道,托形传真”,[①]确实是一种智者的肺腑之言。这种矛盾所昭示的问题在于,佛教以其传播言说体系证明了边际模糊、解说离谱的“梦”在人类社会结构中的强大诱导能力,梦多的地方蠢人多——这难道是慧皎要说的吗?

四、结　　语

在科学与宗教分离边界清晰的当下,撇开心理学家和动物神经系统研究的科学家之外,普通人总是把“梦”与现实变动的逻辑性联想当做一种“妄言”,我们要理解的问题并不是去辩证这些宗教性文献中的记载到底是一种什么样的“妄言”,而是要追寻他们为什么“妄言”,这些“妄言”建构了什么样的逻辑体系。

对于宗教传播或各类权威体系之建立——如王之诞生、圣贤之应化——梦境在更大程度上是一种“善意结构”,可能并不是“恶意宣传”,有其自然生发的一面。面对梦,讲述者是虔诚的,这是肉身在世之人通向“灵”、追寻“灵”的最直接渠道和接口。梦与幻是两个此消彼长的关系,神僧不但使用梦,也使用“幻”。从这个意义上来讲,同“幻”一样,“梦境”的使用具有技术意义的性质,可以认定为其带有一定的主观制造性质,也是一种技术手段。“梦”是自我构建的手段,“幻”是构建他人的利器;在“神性思维”作为意识形态的一个组成部分弥漫的社会中,技术成本很低、范畴界域模糊、有无存灭不明的“梦”,往往是一个既无法验证也无法戳破的存在,它构建于人类广泛的自身体验之上,如影随形,迷离莫测。

① 《高僧传》卷八《义解五·论》,载《大正新修大藏经》第50册《史传部二》。

宗教文献所钟情的以表象连接出发，而构建逻辑演说体系的做法，与科学的本质性归类完全是不一样的。[①] 然而，时至今日，"梦"归之于何？仍然是科学没有完全说明白的领域，宗教还是在兴致勃勃地"接着说"。在现代以前的西方，"宗教"这个词被使用时，它并非指一套套不同的信念和实践，而更像是"内心的虔诚"或"崇拜"。[②] 在宗教生活中，"梦"是在构建一种言说的"意境"，"梦"是用完全不用验证的方式突兀地构建神圣起点，不容反驳。

在现代历史学的求实求真体系里，佛教的起源、发展与传播有着一系列的事件序列探讨，如早期佛陀僧团之成立、佛像之造作、汉传佛教的渐进性传入考证，等等。这些都是我们目前从文献甄别、考古发掘等方面建立起来的学科体系，其确定性有着严密的实证逻辑链条。在这个逻辑链条体系里，"感梦"只是作为一种传说性的起点，而不会是我们认同的历史性起点。

（作者单位：宁波大学人文与传媒学院历史系）

① 彼得·哈里森《科学与宗教的领地》，张卜天译，商务印书馆，2016年，第5页。

② 彼得·哈里森《科学与宗教的领地》，张卜天译，第9页。

浙江大学中亚与丝路文明研究中心入选国家民委“一带一路”国别和区域研究中心

程　丽

2020年8月，国家民委办公厅发文公布了入选第三批国家民委“一带一路”国别和区域研究中心名单，浙江大学中亚与丝路文明研究中心成功入选。

“一带一路”国别和区域研究中心是由国家民委决定在“一带一路”建设沿线省区具备条件的院校设立的研究中心。按照《国家民委办公厅关于开展第三批“一带一路”国别和区域研究中心申报工作的通知》(以下简称“《通知》”)，由各有关院校根据自身实际情况和未来发展需要申报，经过专家评审、综合考虑各方面因素后，最终报国家民委批准确定入选名单。本次共有包括浙江大学中亚与丝路文明研究中心在内的30个中心获批为国家民委“一带一路”国别与区域研究中心，16个中心获批为(培育)中心。

按照《通知》要求，浙江大学中亚与丝路文明研究中心将着力推动浙江大学内涵式发展，切实发挥学科和平台等优势，积极开展学术交流与合作，努力建成我国在中亚与丝路文明研究领域的重要基地，为“一带一路”建设提供智力支持和服务，为国家有关西北的民族和宗教政策提供学术依据。中心将坚持基础研究和应用研究并重，注重研究成果的转化和利用，充分发挥中心在咨政服务、教学科研、人才培养、国际交流等方面的重要作用。

浙江大学中亚与丝路文明研究中心作为浙江大学亚洲文明学科会聚计划的组成部分，整合全校传统优势学科力量，主要依托中国古代史研究所组建。中心拥有一支专兼职相结合的研究队伍，主任由浙江大学文科领军人才、人文学院历史学系主任刘进宝教授担任。

浙江大学关于中亚等丝绸之路沿线区域的研究起步较早，从民国时期的方豪教授、向达教授等，到改革开放后的黄时鉴教授，都曾对丝路文明及其中外文化交流进行过深入探讨。近年来，浙江大学对中亚与丝路文明研究方面的工作高度重视，进一步加强了在中亚与丝路文明方面的研究工作，形成了颇具规模的丝绸之路中亚研究团队。2015年至今，团队已编辑出版了《浙江学者丝路敦煌学术书系》二十多本，其中4种已经重印，6种入选国家社科基金中华学术外译项目，实现了社会效益和经济效益的双丰收；在《中国社会科学》《历史研究》《中国史研究》《中华文史论丛》等刊物发表了多篇高水平学术论文；创办了《丝路文明》《佛教史研究》两种学术刊物；目前承担有国家社科基金重大项目《敦煌学学术史资料整理与研究》(刘进宝)，重点项目《中古粟特人与河西社会研究》(冯培红)、《转轮王信仰与中古政治研究》(孙英刚)，一般项目《元帝国统治下的外来移民研究》(马娟)，青年项目《汉-贵霜关系与丝绸之路的兴起研究》(罗帅)、《丝绸之路出土汉文刻本研究》(秦桦林)、《唐蕃关系视野下的“陇右”边防体制研究》(宋翔)等一批与丝路文明相关的国家项目；举办了多次与丝路文明相关的学术会议，每季一次的“丝路文明论坛”已连续举办多年。

正是因为浙江大学丝路文明研究团队的丰硕成果，得到了学术界的赞扬与好评，从而成功入选国家民委“一带一路”国别和区域研究中心名单。

《丝路文明》第五辑
2020 年 11 月,83—101 页

祆教"犬视"及其在丝绸之路上的传播*

张小贵

摘　要: 犬视仪式是古波斯宗教琐罗亚斯德教葬俗的核心环节,教义认为犬视可以祛除附着在人尸体上的恶魔,体现了该教善恶斗争的教旨。文章进而根据现存伊朗、印度两大琐罗亚斯德教仪式的考察,试图复原"犬视"仪式的具体仪节。中古时期琐罗亚斯德教经中亚传入中国,以祆教名之。文献记载和考古发现都证明了入华的祆教徒也遵循着"犬视"的传统。不过,就北朝隋唐诸胡裔墓葬所见的犬的形象,却不宜简单与"犬视"相比对。无论如何,"犬视"仪式都可作为丝绸之路上不同民族文化交流的一个重要例证。

祆教乃起源于波斯琐罗亚斯德教,经由中亚(尤其是粟特地区)传入中国,成为东西文化交流的奇观。近年来,考古发现屡见中古入华粟特后裔墓葬信息,也引起了人们对之前相关墓葬资料的关注,其中石刻图像不乏与犬相关者,多与祆教有涉,学者们也多将其比定为祆教"犬视"仪式的主角。"犬视"是琐罗亚斯德教葬仪的核心环节,但既往研究对"犬视"的来龙去脉多语焉不详,致使我们对于这些图像信息缺乏全面了解。本文拟在学界既往研究基础上,对琐罗亚斯德教葬仪中"犬视"的沿革与仪式特征进行考察,进而对诸胡裔墓葬所见相关图像进行解释。

一、"犬视"及其成因

动物在人类社会各种宗教中的地位与角色向来举足轻重,往往与宗教虔诚、奉献牺牲、神话传说、传统习俗等方面联系在一起,信徒对动物的态度也从一个侧面体现了宗教中的神人关系。琐罗亚斯德教从自身善恶二元斗争的角度出发,将诸种动物分为善恶两大类,其中犬是诸善端动物的突出代表,尤其在葬礼中承担重要角色。"犬视"一

* 本文为 2019 年国家社科基金冷门"绝学"和国别史等研究专项阶段性成果。

词中古波斯语写作 Sagdīd,由 sag①(一只狗)和 dīd(看、瞄准)组成,意思是让狗来看。② "犬视"即在教徒去世后至尸体被运到达克玛(Dakhma)期间所举行的一个重要仪节,其目的乃是通过犬凝视尸体,祛除附着在尸体上的恶魔,使尸体得以净化,灵魂能够安全通过"裁判之桥"(the Činvat Bridge),视其生前功过而升入天堂或者堕向地狱。犬之所以在琐罗亚斯德教葬礼中担当特殊角色,首先与该教有关善恶斗争的教义有关。

根据琐罗亚斯德教教义,在这个善与恶、生与死混同的世界里,最恶的污染之源是人类的尸体。人死后,尸魔(*Drug Nasu*)会幻化成丑陋的苍蝇,附于尸体之上。她会千方百计进入死者身体,进行肆意攻击。因此,死者的尸体变得极为不干净,不能够被埋葬、燃烧,也不能将其投入水中,否则会污染土地、火、水这些神圣的元素,为了降低潜在的危险,尸体应该放在远离人类和火的地方。教义认为,"不洁进入了人的身体就意味着死亡,死亡是恶魔的胜利",③因此教徒的职责是追随善神,与恶神作斗争,一个重要的做法是在尸体被曝在外之前,需要进行"犬视",因为据说犬的宗教力量可以驱除恶魔。在《辟邪经》中,阿胡拉·马兹达告诫信徒,人一去世,恶魔便会立即从北方袭来,附着在尸体上。而只有犬凝视尸体,才能驱走恶魔,保持尸体和灵魂的洁净。如经文第七章第一、二节记载:

琐罗亚斯德问阿胡拉·马兹达:啊,阿胡拉·马兹达,伟大的生命之神,现世万物的至善造物主!尸魔如何冲向死者尸体?

阿胡拉·马兹达回答道:啊,斯皮塔马·琐罗亚斯德,就在人死后,灵魂刚刚离开肉体,尸魔即从北方飞来,它幻化成丑陋的苍蝇,展翅……胡乱飞舞,就像最邪恶的爬虫。

直到犬凝视了尸体或者啃咬了尸肉,或者食肉鸟飞来,落在尸体上。当犬凝视了尸体或者吃掉了尸肉,或者食肉鸟飞向尸体,尸魔幻化成丑陋的苍蝇,展翅逃回北方,就像最邪恶的爬虫。④

① D. N. MacKenzie, *A Concise Pahlavi Dictionary*, London: Oxford University Press, 1971, p.26, 73.

② J. J. Modi, *The Religious Ceremonies and Customs of the Parsees*, Bombay, 2nd 1937. p.56.

③ J. Darmesteter transl., *The Zend-Avesta*, Part I, *The Vendīdād*, in F.Max Müller ed. *Sacred Books of the East*, Vol.IV, Oxford University Press, 1887; repr. Motilal Banarsidass, 1965, 1969, 1974, 1980, intro lxxxvi.

④ J. Darmesteter transl., *The Zend-Avesta*, Part I, *The Vendīdād*, pp.74-75. Prods Oktor Skjærvf, *Introduction to Zoroastrianism: Zoroastrian*. (For use in Early Iranian Civilizations 102; Divinity School no.3663a, 2007). *Texts Part Two*, p.136, at https://sites.fas.harvard.edu/~iranian/Zoroastrianism/Zoroastrianism3_Texts_II.pdf. 有关这段经文的帕拉维文翻译参阅 Moazami Mahnaz, *Wrestling with the Demons of the Pahlavi Widewdad: Transcription, Translation, and Commentary*, Boston: Brill, 2014, pp.184-185。

《辟邪经》第八章第三节的规定更为详细：

(琐罗亚斯德问：)伟大的造物主，至善的上神！凡经犬或人的尸体经过之路，羊群、畜群、男子、女子、阿胡拉·马兹达诸子——火、圣枝(barsom)以及普通信众，可以走吗？

(阿胡拉·马兹达答道：)羊群、畜群、男子、女子、阿胡拉·马兹达诸子——火、圣枝以及普通信众，不可以走。

你们应牵一条黄色的四眼狗或者黄耳朵的白狗在这条路上来回走三次。当黄色的四眼狗或黄耳朵的白狗到了那里之后，尸魔展翅狂舞，带着世上最肮脏的污秽从北方咆哮飞来，就像最邪恶的造物(Khrafstras)一样。

如果狗不愿意走这条路，他们应该牵着这条黄色的四眼狗或者黄耳朵的白狗在这条路上来回走六次。当黄色的四眼狗或黄耳朵的白狗到了那里之后，尸魔展翅狂舞，带着世上最肮脏的污秽从北方咆哮飞来，就像最邪恶的造物一样。

如果狗还是不愿意走，他们应该牵着这条黄色的四眼狗或者黄耳朵的白狗在这条路上来回走九次。当黄色的四眼狗或黄耳朵的白狗到了那里之后，尸魔展翅狂舞，带着世上最肮脏的污秽从北方咆哮飞来，就像最邪恶的造物一样。①

此处言及的黄色四眼狗或黄耳朵白狗即为承担"犬视"仪式之犬，由经文记载可知，经过这种犬凝视三、六、九遍之后，原来被犬或人的尸体污染的道路可降低污染。众所周知，犬在众多文化的末世论中都扮演着重要角色，如印欧神话中，它躯体的双重性或多重性是不断被重复的主题。这可能是由于它具有保护此岸世界与彼岸世界边界的功能，保护入口免受外界困扰，正如它在现实世界中经常承担护卫的角色一样。② 琐罗亚斯德教传说中守护灵魂必经的"裁判之桥"上的两只狗，即体现了这种文化观念。③ 琐罗亚斯德教认为人死后，灵魂要经过"裁判之桥"，有两只犬守护在桥头，帮助审判灵魂：当灵魂来到裁判桥时，"走来了一位美丽女子，身材健壮，容貌姣好，跟随着两只狗……她引导正直者的灵魂越过哈拉高山，引导他们度过裁判桥"。④ 这两只狗便是琐

① J. Darmesteter transl., *The Zend-Avesta*, Part I, *The Vendīdād*, pp.97–98.

② B. Schlerath, "Der Hund bei den Indogermanen", *Paideuma* 6, 1954, pp.25–40.

③ J. J. Modi, *The Religious Ceremonies and Customs of the Parsees*, pp.56–58.

④ Miguel Ángel Andrés-Toledo, "The Dog(s) of the Zoroastrian Afterlife", *Le sort des Gâthâs et autres études iraniennes in memoriam Jacques Duchesne-Guillemin*, Contributions rassemblées par Éric Pirart, Leuven-Paris-Walpole: Peeters, 2013, p.14; Mary Boyce ed. and transl., *Textual Sources for the Study of Zoroastrianism*, Manchester University Press, 1984. p.80.

罗亚斯德教灵狗"黄耳朵"(Zarrīngōš):"'黄耳朵'由奥尔马兹达专门饲养,以保护初人(Adam/Gayōmard)的肉身免受恶神阿里曼(Ahriman)伤害;它同时也坚守在'裁判之桥'附近,通过吠叫来吓跑附在正直人灵魂上的恶魔。而且,也帮助密赫尔制止那些妄图残害入狱灵魂的恶魔,并阻止生前曾残害过狗的人经过'裁判之桥'。"①

通过学者们对当代伊朗琐罗亚斯德教村落宗教仪式的田野调查,我们亦可见犬在该教驱邪仪式中的作用。在琐罗亚斯德教最高级别的净礼——九夜净礼巴勒什奴(Barashnūm)中,狗在"走石头"的环节中担任重要的宗教角色:"狗用铁链拴在小磨石上,牢牢地系在院子的东墙中间,即主角的左边。余下的链子的一端系着一把剪刀,链子足够长,当主角经过石头时可以抓着它,和狗结成完全的拍汪(两者之间宗教性的联系)。……(在第十堆石头上用水举行最后一次三重沐浴穿上圣衫后),她盯着狗(通过链子和其结成拍汪),随D.胡达特(村中祭司)念诵《斯罗什·巴吉》的结尾,在祷文的护佑下,整个仪式得以完成。然后,她用波斯语跟着他念诵三遍下列祷文:'祝愿祭司纯净,祝愿狗正直,使正直灵魂的躯体纯净,祝某某人成功。'……然后她重复三遍'愿正直的我们团结一致',每说一遍都要向狗鞠躬,这样就完成了整个仪式。……当一切结束时,就解开圣狗的链子,让它在月光下绕着空荡的院子转一会儿,完成最后一次净化。"②由此可见,狗在琐罗亚斯德教徒日常宗教生活中,即担负神圣使命。

狗缘何具有如此神秘的宗教力量?有人认为狗的眼睛具有某些磁力,"特殊的四眼狗(举行犬视仪式所使用的狗)具有检测人的生命之火是否熄灭的特性",如果此人已经死去,那么狗就会不停地盯着尸体;如果此人还未死去,那么狗就不会盯着。也有人认为,在所有的动物中,狗最忠实于它的主人,因此犬视表达了活着的狗与逝去的主人之间忠诚与感恩的情谊;犬视是为了追忆先祖所奉行的狗在人们生产生活中创造了巨大价值的信念。此外,也有人把狗看作是激情消亡的象征,死亡终结了激情,立于尸体旁的狗则强调了这一点。犬被认为能洞悉彼岸世界。③ 一个更为现代的解释为,当

① Manockji R. Unvala ed., *Dārāb Hormazyār's Rivāyat*, 2 vols., British India Press, Bombay, 1922, Vol. I, pp.256–257; B.N.Dhabhar, *The Persian Rivayat of Hormazyar Framarz and Others, Their Version with Introduction and Notes*, K. R. Cama Oriental Institute, Bombay, 1932, pp.259–260.

② Mary Boyce, *A Persian Stronghold of Zoroastrianism*, Oxford: Oxford University Press, 1977, repr. University Press of America, 1989, pp.128–130.〔英〕玛丽·博伊斯著,张小贵、殷小平译《伊朗琐罗亚斯德教村落》,中华书局,2005年,第137—139页。

③ 相关论点的整理可参阅 J. J. Modi, *The Religious Ceremonies and Customs of the Parsees*, pp.48–49。

缺乏能够胜任的专业医务人员时，狗比人类更能感知一个人是否真的生病。[①] 玛丽·博伊斯教授的论述，则更有助于我们从社会经济发展的角度分析犬受到如此重视的原因：

> 远古时代，当伊朗人的远祖游牧生活在亚洲草原的时候，一定和狗的关系密切；因为骑马的传统还不为人所知，他们一定徒步放牧牛群，因此非常依赖犬帮助放牧与保护畜群。牛和犬这两种动物，可能是原始伊朗人亲密接触的主要动物；它们不仅出现在人类的日常生活中，也参与到他们的信仰与习俗——这些信仰习俗后来就成为琐罗亚斯德教的一部分。[②]

也正如《阿维斯陀经》中所说"在阿胡拉创造的大地上，如果没有牧羊犬或护家犬，我将没有稳固的家园（*nōit̰ mē nmānəm vīδātō hištənti ząm paiti ahuraδā tąm yezi mē nōit̰ åŋhāt̰ spā pasuš.haurvō vā viš.haurvō vā*；*Vd*.13.49）。[③] 正因为犬在宗教生活中的特殊地位，琐罗亚斯德教的律典《辟邪经》对犬有详细的规定，见第十三章八—九节：[④]

> 无论谁杀死了这些犬，即牧羊犬、护家犬、猎犬和训练的犬，[⑤]他的灵魂在到达来世时将会因此而听到更多吠叫，受到比狼要多的追逐，被驱逐远离密林最深处。
>
> 当从此岸到彼岸的路上被呼喊和追逐时，没有其他的灵魂帮助他死去的灵魂；当从此岸到彼岸的路上被呼喊和追逐时，两只犬也不会在他死时守在关门帮助他。

《辟邪经》中甚至规定了若喂犬食不当，也要承担罪责。如第十三章二十节记载：[⑥]

> 现实世界的造物主，正直至善之主，无论谁若喂食牧羊犬不足，何种程度会获罪？
>
> 阿胡拉·马兹达回答道："正如在这个现实世界，他给少了最重要的屋主食物，他因而获罪。"

这段经文的帕拉维文注释则进一步解释，他的罪使得家里每个成员的营养配给（冬天

---

① R. Foltz, "Zoroastrian Attitudes towards Animals", *Society and Animals* 18, 2010, pp.370–371.

② Mary Boyce, *A Persian Stronghold of Zoroastrianism*, p.139. 中译本《伊朗琐罗亚斯德教村落》，第152页。

③ Miguel Ángel Andrés-Toledo, *The Zoroastrian Law to Expel the Demons: Wīdēwdād10–15*, Wiesbaden: Harrasowitz Verlag, 2016, p.305.

④ Miguel Ángel Andrés-Toledo, *The Zoroastrian Law to Expel the Demons: Wīdēwdād10–15*, pp.286–287.

⑤ 根据帕拉维文的注释，牧羊犬和护家犬是辅助者，而受训练的犬意味着，人们专门训练犬，犬因此行事。Miguel Ángel Andrés-Toledo, *The Zoroastrian Law to Expel the Demons: Wīdēwdād10–15*, p.286。

⑥ Miguel Ángel Andrés-Toledo, *The Zoroastrian Law to Expel the Demons: Wīdēwdād10–15*, p.291.

除外)被剥夺了。他应该更为正直,遵守法律。① 本章经文二十四节则详细说明了具体的刑罚:

现实世界的造物主,正直至善之主,无论谁若喂食牧羊犬不足,他将如何赎罪?

阿胡拉·马兹达回答道:“对于这一 *pəšō.tanū* 之罪,他应该被罚打 200 马鞭和 200 斯牢莎(Sraoša)鞭。”

这段经文的帕拉维文注释解释道,这是犯了大罪(*tanāpuhl*),是更严重的罪。② 经文的其他部分也规定了若喂食护家犬、猎犬、幼犬不足,将会获何罪,以及分别收到 90、70、50 马鞭和斯牢莎之鞭的惩罚。③ 而正确的喂食乃是喂给犬足够的牛奶、牛油、肉等。④ 这反映了典型的游牧社会的饮食特征。⑤

对于犬的尊重不仅体现于经文的规定,也体现在琐罗亚斯德教徒的日常生活中,犬在伊朗人的生产生活中仍然扮演着重要的角色:放牧捕猎、驱赶豺狼、看家护院、吓退盗匪。⑥ 因此,伊朗人对犬非常尊敬爱护,如果有人做了对犬不利的事,就会受到严厉惩罚。伊朗中部亚兹德地区沙里发巴特村至今还保有这些传统:生活在此地的琐罗亚斯德教徒不仅每天在家人吃饭前喂狗,且一天最少一次;而且也优待巷狗和流浪狗。⑦

二、“犬视”的仪式

《辟邪经》第八章第十六节记载,举行犬视仪式所使用的狗通常为四眼黄狗或者是黄耳朵的白狗(*zairitəmcaθru.cašməmspaētəmzairi.gaošəm*)。“四眼”通常被解释为眼睛上方有两个不同毛发形成的斑点。⑧ 根据帕尔西人的传说,在连接现世和另一个世界的裁判桥(Činvat)上,黄耳朵的狗蹲在桥头,通过吠叫驱赶附着在至善的人灵魂上的恶魔,以防恶魔将他们的灵魂拽向地狱。因此,许多人认为帕尔西的四眼狗与希腊神话中

---

① Miguel Ángel Andrés-Toledo, *The Zoroastrian Law to Expel the Demons: Wīdēwdād10–15*, p.292.

② Miguel Ángel Andrés-Toledo, *The Zoroastrian Law to Expel the Demons: Wīdēwdād10–15*, p.293.

③ Miguel Ángel Andrés-Toledo, *The Zoroastrian Law to Expel the Demons: Wīdēwdād10–15*, p.294.

④ Miguel Ángel Andrés-Toledo, *The Zoroastrian Law to Expel the Demons: Wīdēwdād10–15*, p.295.

⑤ Mary Boyce,“Dog ii. in Zoroastrianism”, http://www.iranicaonline.org/articles/dog#pt2.

⑥ Mary Boyce, *A Persian Stronghold of Zoroastrianism*, pp.139–140. 中译本《伊朗琐罗亚斯德教村落》,第 152—153 页。

⑦ Mary Boyce, *A Persian Stronghold of Zoroastrianism*, pp.140–144. 中译本《伊朗琐罗亚斯德教村落》,第 153—156 页。

⑧ E. B. N. Dhabhar, *The Persian Rivayats of Hormazyar Framarz*, pp.259–60.

的三头犬(Kerberos)和印度神话中阎摩(Yama)的狗类似。① 此外,牧羊犬、护家犬、猎犬、训练犬,甚至幼犬(四个月大)或盲犬都可以驱逐尸魔。②

现代伊朗琐罗亚斯德教徒举行犬视仪式所使用的犬可能并没有特别严格的限制,这一点从玛丽·博伊斯教授于20世纪60年代在伊朗琐罗亚斯德教村落所做的田野调查记录中可以看出:"沙里发巴特的狗大多是黑色,极为平常,虽然也有一些金棕色的狗,像猎犬一样。有些黑狗具有'四眼'的特征,可以代表《辟邪经》中所载的'四眼'狗,即狗的每一只眼睛上有一个淡棕色的斑点,但是村民并未将其甄选出来,或作特殊对待。沙里发巴特没有白狗,不过,D.胡达特自己养了一只雪白的狗,专门用于宗教仪式,因为白色是琐罗亚斯德教的颜色。可惜的是,它可能是伊朗祭司饲养的最后一只白狗了。"③

有关犬视的具体仪节,《辟邪经》的记载比较简略,主要涉及教义和教规方面的规定,至于何时何地怎样举行犬视仪式,现存的经文则并不见著录。如帕拉维文经文第七章第二节记录道:

> (阿胡拉·马兹达答道:)当生命逝去,将犬系于脚部附近,尸魔正冲向尸体。这时狗凝视着尸体,重击了尸魔。重击尸魔的犬包括牧羊犬、护家犬、猎犬、幼犬。④

经文接着说道:乌鸦也可以驱逐尸魔,当秃鹰、乌鸦、兀鹫的身影飞过尸体,皆可以驱逐尸魔。⑤ 从经文中我们可以看出,"犬视"仪式的执行主体并不一定必须是犬,在找不到犬的情况下,食肉鸟也可以代替狗来执行此仪式。通过学者对现代伊朗琐罗亚斯德教徒犬视仪式的调查,可以帮助我们了解有关这一仪式的更多细节。

根据玛丽·博伊斯教授的田野调查,伊朗琐罗亚斯德教徒举行的"犬视"仪式总共有三次,分别是人刚死后、葬礼用具准备妥当之后、将尸体放置在达克玛的铁棺中之后。当教徒家中有人刚刚死去,家人就请来祭司或平信徒,代替祭司的平信徒又一次把尼兰

---

① J. Darmesteter transl., *The Zend-Avesta*, Part I, *The Vendīdād*, intro lxxxvii.

② J. C. Tavadia ed., *Šāyast-nē-Šāyast*, Hamburg: Friederichsen, De Gruyter & Co, 1930, chap.2. 4; E. B. N. Dhabhar, *The Persian Rivayats of Hormazyar Framarz*, p.117; J. J. Modi, *The Religious Ceremonies and Customs of the Parsees*, p.58.

③ Mary Boyce, *A Persian Stronghold of Zoroastrianism*, pp. 140–141. 中译本《伊朗琐罗亚斯德教村落》,第153页。

④ Mahnaz Moazami, *Wrestling with the demons of the Pahlavi Widēwdād: transcription, translation, and commentary*, Boston: Brill, 2014, pp.184–185.

⑤ Mahnaz Moazami, *Wrestling with the demons of the Pahlavi Widēwdād: transcription, translation, and commentary*, pp.184–185.

(*nirang*,祭祀过的、从特殊的牛身上取出的牛尿)①倒在死者身上,进行最后一次净礼,然后举行犬视仪式,即在宗教意义上让尸体"被狗监视",以减少那些必须触摸尸体的人受到的污染。在这次"犬视"仪式时,要"让狗挨紧尸体,继续担任灵魂的守护者,人们相信灵魂就停留在尸体头部附近。为了增加保护力度,在离尸体三步远处点燃火(更为接近就会对火造成污染);在火上燃烧布德·那克什(*būδ-e nākōš*,一种植物,名字似乎起源于因为燃烧而产生的香味)根,其刺鼻的气味有抵抗邪恶力量的特殊效用(如祭司D.胡达特所言),就像发射子弹抵抗仇敌一样"。② 值得注意的是,为了引导狗直接爬上身体,教徒则是把传统应给狗的三块面包放在尸体胸部,以其仁慈的力量反抗尸魔。……葬礼使用的各种器用都准备好后,就把面包片放在裹尸布上,举行第二次犬视仪式。……(将尸体用铁棺抬至达克玛后)抬尸者把尸体放在石板上,祭司又一次为灵魂念诵忏悔文,并念诵其他一些祷文。然后抬尸者把尸体移放在达克玛较轻的铁棺里。这时,狗执行第三次也是最后一次犬视。③

此外,葬礼结束后,还要为死者举行各种纪念仪式,比如"第三日之仪""夜晚之仪""第四日之仪",在这些仪式中,犬都扮演着重要的角色。要将祭祀后的食物给狗,"每天在死者殁时喂给狗三块刚烤好的面包(或者至少是没有碎的'干净'面包),还有一个烤好的腌鸡蛋"。据说给狗投喂了食物,灵魂则免受在地狱中折磨。④ 之所以需放置"三块"面包在尸体上、喂给狗"三块"面包以及举行"三次"犬视仪式,是因为数字"三"在琐罗亚斯德教徒看来是神圣的数字,代表了琐罗亚斯德教所宣扬的"善思、善言、善行"的三原则。正因为如此,三片面包被看作是犬的一部分。⑤ 或许也是出于节俭的原因,伊朗琐罗亚斯德教徒用面包代替了肉来执行"犬视"仪式。

为死去的狗举行级别仅次于人去世的丧葬仪式,可以佐证狗对伊朗琐罗亚斯德教徒的重要性。教义认为,狗的尸体像正直的人一样,被认为受到了严重污染,看上一眼都会破坏宗教上的洁净,正统教徒必须立即沐浴。……(家狗)的死像人一样,代表了邪恶力量的胜利,也需要举行相应的仪式来限制污染的传播,来帮助狗的灵魂。……当

① 参阅张小贵《敦煌文书〈儿郎伟〉与祆教关系辨析》,《西域研究》2014年第3期,第88—90页。

② Mary Boyce, *A Persian Stronghold of Zoroastrianism*, p.149. 中译本《伊朗琐罗亚斯德教村落》,第160页。

③ Mary Boyce, *A Persian Stronghold of Zoroastrianism*, pp.148-152. 中译本《伊朗琐罗亚斯德教村落》,第159—162页。

④ Mary Boyce, *A Persian Stronghold of Zoroastrianism*, pp.143-145.中译本《伊朗琐罗亚斯德教村落》,第155—157页。

⑤ Mary Boyce, "Dog ii. in Zoroastrianism," http://www.iranicaonline.org/articles/dog#pt2.

它死时,就像人去世那样:家人拿着一枚鸡蛋到祭司那儿,传达传统的消息“灵魂正在上路”,祭司像为人的灵魂那样为其举行德罗·斯罗什(念诵经文),但是手里只拿三枝小树枝,而不像为了平信徒那样拿五枝,为了祭司那样拿七枝;然后狗尸被抬到空地上,用旧的色德拉(圣衫)做裹尸布,并系上一条圣带;此后分别在第四天黎明、第三十天、第一次周年纪念时为其举行简短的仪式。即使在其死后,教徒也用同样的真诚报答狗的忠诚。①

公元7—9世纪,一批虔诚而不愿改宗的琐罗亚斯德教徒从伊朗迁居印度,逐渐繁衍生息,发展成今天的帕尔西人。② 帕尔西人既遵循了祖先的传统,又因应时地变迁而有所变通,帕尔西人也执行犬视仪式,两地仪式的共同特征可视作古老的波斯琐罗亚斯德教延续至今的传统。

根据学者的研究,印度琐罗亚斯德教徒的犬视仪式是这样举行的:为死者穿寿衣时犬视两次,并且在尸体还停留在屋内期间,每间隔一个时辰(Gāh)即要重复举行一次。尸体在屋内停留的时间取决于死者于何时去世。如果在前半夜去世,第二天早上需将尸体移往达克玛;如果在后半夜或者早上时去世,那么下午将尸体移往达克玛。如果于冬天去世,那么需要在春天到来时将尸体移往达克玛。③ 如此做法,显然严格遵循了教律的有关规定:

> (阿胡拉·马兹达答道:)他们应该将尸体放在那里,两晚、三晚或者一个月,直到小鸟归来、植物发芽、河水流动、春风吹干大地上的雨水。
>
> 一旦小鸟归来、植物发芽、河水流动、春风吹干大地上的雨水,马兹达的信徒就应该将尸体放置于达克玛台上,让死者的眼睛朝向太阳。④

如果是意外去世,一般情况下允许较长时间的间隔。因为尸体的腐烂并不早于尸体被污染,而是开始于本时段结束后,所以在对生者的健康不构成危害的情况下,可以停留较长时间。

死者尸体被放入铁棺之中,由抬棺者抬往达克玛。当他们到达达克玛时,首先将铁

---

① Mary Boyce, *A Persian Stronghold of Zoroastrianism*, pp.151-163. 中译本《伊朗琐罗亚斯德教村落》,第162—172页。

② Alan Williams, *The Zoroastrian Myth of Migration from Iran and Settlement in the Indian Diaspora: Text, Translation and Analysis of the 16th Century Qesse-Ye Sanjān*, "*The Story of Sanjan*", Leiden · Boston: Brill, 2009, pp.23-52.

③ J. J. Modi, *The Religious Ceremonies and Customs of the Parsees*, p.58.

④ J. Darmesteter transl., *The Zend-Avesta*, Part I, *The Vendīdād*, p.52.

棺放在地上,抬尸者(Nasāsālārs)[1]揭开覆盖在死者面部的裹尸布。送葬的亲属在距离死者三步的地方为死者做最后的祈祷,并最后一次看望死者尊容。之后,举行最后一次犬视仪式。礼毕,由抬尸者将尸体抬进达克玛。[2]

印度帕尔西人"犬视"仪式尚有特殊的规定,如果是一个怀有五个月身孕、胎儿已经成型的孕妇去世,那么需要两只狗来举行犬视仪式,一只为孕妇,另一只为婴儿。[3] 与伊朗教徒相比,两地"犬视"仪式的差异首先表现在次数上,帕尔西人除了在死者穿寿衣时举行两次犬视仪式,还要根据死者去世时间的不同而举行次数不等的仪式。如果死者在前半夜(傍晚—午夜)去世,那么在早上将尸体运往达克玛之前,需要在午夜和破晓两个新时段到来时犬视两次,加上穿寿衣时的两次,以及到达克玛处的最后一次,总共需要举行五次犬视仪式;如果死者在后半夜去世,那么在下午将尸体运往达克玛之前,需要在破晓和正午两个新时段到来时犬视两次,加上之前的两次和最后一次,总共是五次犬视仪式;如果死者在早上去世,在下午将尸体运往达克玛之前,需要在正午这个新时段到来时犬视一次,加上穿寿衣时的两次和最后一次,总共是四次犬视仪式。意外致死的情况则有单独规定:在下一个时段到来时举行仪式。[4] 与伊朗人相似的是,最后一次"犬视"仪式都是在尸体被运至达克玛时举行。

玛丽·博伊斯教授曾指出:"宗教信仰体现在宗教仪式中,通过仪式才能为人所知;同时,由于仪式的代代相传而保持传统不辍。正是通过仪式,宗教才排除外界影响而保持正统。"正是基于这种观念,她主张"用沙里发巴特古老的正统,连同其他教内外文献去重建古老的信仰与仪式"。[5] 我们上文对伊朗、印度现代琐罗亚斯德教仪式的考察,庶几可以帮助复原"犬视"仪式的古老传统。

除了伊朗、印度之外,中古中亚特别是粟特地区一度曾是琐罗亚斯德教流行区,来往丝绸之路的粟特人将这种宗教传入中土,汉文史籍称其为袄教。那么粟特以及入华袄教是否遵循波斯本教的"犬视"仪式呢?

---

① 此处抬尸者即汉文史籍所记波斯"不净人",如《周书·异域传下》记载"死者多弃尸于山,一月治服。城外有人别居,唯知丧葬之事,号为不净人。若入城市,摇铃自别"(《周书》卷五〇,中华书局,1971年,第920页)。详细考证见张小贵《古波斯"不净人"考》,《中山大学学报》2002年第5期,第68—75页;收入其著《中古华化袄教考述》,文物出版社,2010年,第160—176页。

② J. J. Modi, *The Religious Ceremonies and Customs of the Parsees*, p.65.

③ J. J. Modi, *The Religious Ceremonies and Customs of the Parsees*, p.63.

④ 参阅李清波《中古袄教丧葬图像考辨——以若干考古发现为例》,暨南大学硕士学位论文,2016年。

⑤ H. W. Bailey etc. eds., *Papers in honour of professor Mary Boyce*, *Hommages et Opera Minora* vol.x, Leiden: E.J.Brill, 1985, p.XVII.

三、粟特及中土的“犬视”

根据中古波斯文献记载，大约830年，粟特的中心地区，即康国撒马尔干的琐罗亚斯德教徒，曾向波斯的宗教领袖法罗赫扎丹（Adurfarnbag Farrokhzadan）询问，当旧达克玛已损坏，新达克玛（dakhma，石制表面的塔，用来曝尸）建好后，应该如何举行仪式？法罗赫扎丹在回信中说道：“新达克玛完工后，如果有人死去，就在达克玛的角落里摆放一些石块，举行正确的仪式，然后把尸体放在上面。”①说明即便在伊斯兰化之后，粟特祆教徒也保持着向波斯本教求经取法的传统。考古发现表明，中古粟特地区建有祆教徒专门处理尸体的达克玛，其中希腊化时代厄库干（Erkurgan）地区发现的塔状建筑被认为是已知粟特地区最早的达克玛。② 另外，粟特杜尔曼（Durmen-tepe）地区也发现有7、8世纪时塔状达克玛遗址。③ 20世纪30年代发现的穆格山粟特文文书，时间在8世纪上半叶，其中编号V—8的契约文书，记录了买卖达克玛供家庭使用的情况。④ 2012春季乌兹别克考古学家在沙赫里夏勃兹（Shahrisabz）东南五公里（Yumalaktepa）发现了一批6—7世纪的有印章的纳骨瓮，现藏撒马尔罕考古所，其中一个纳骨瓮表面绘有天平称量灵魂过裁判桥的场景，反映了典型的祆教灵魂审判观念。⑤

以上所列文献记载和考古发现表明，当时的粟特祆教葬俗和古波斯琐罗亚斯德教葬俗存在着继承关系，⑥当然教徒们在葬礼中是否行犬视仪式则不得而知，所幸汉文史籍留下了珍贵的记载。7世纪初期受隋炀帝派遣出使西域的韦节撰有《西蕃记》，原文赖《通典》引录得以保留至今，⑦内有关于中亚粟特祆教徒“犬视”仪式的珍贵记录：

---

① B. N. Dhabhar, *The Persian Rivayats of Hormazyar Framarz and others, their version with introduction and notes*, K.R.Cama Oriental Institute, Bombay 1932, pp.104-105.

② F. Grenet, “Zoroastrian Funerary Practices in Sogdiana and Chorasmia and among Expatriate Sogdian Communities in China”, in S. Stewart ed., *The Everlasting Flame: Zoroastrianism in History and Imagination*, London: Tauris, 2013, pp.18-19.

③ F. Grenet, “Zoroastrianism in Central Asia”, in Michael Stausberg and Yuhan Sohrab-Dinshaw Vevaina eds., *The Wiley Blackwell Companion to Zoroastrianism*, John Wiely & Sons, Ltd., 2015, p.143.

④ B. A. Лившиц, *Согдийскаяэпиграфика средней азии и семиречья*, Санкт-Петербург, 2008, стр. 49-58. V. A. Livshits, *Sogdian epigraphy of Central Asia and Semirech'e*, translated from the Russian by Tom Stableford, ed. by Nicholas Sims-Williams, School of Oriental and African Studies, London, 2015, pp.41-42.

⑤ Amriddin E. Berdimuradov, Gennadii Bogomolov, “A New Discovery of Stamped Ossuaries near Shahr-i Sabz (Uzbekistan)”, *Bulletin of the Asia Institute*(BAI) 22, 2008(2012), pp.137-142.

⑥ 参阅张小贵《唐代九姓胡奉火祆教“诣波斯受法”考》，林中泽主编《华夏文明与西方世界》，香港博士苑出版社，2003年，第63—74页。

⑦ 余太山《隋书西域传的若干问题》，《新疆师范大学学报》2004年第3期，第54页。

国城外别有二百余户,专知丧事,别筑一院,院内养狗。每有人死,即往取尸,置此院内,令狗食之,肉尽收骸骨,埋殡无棺椁。①

此处的康国别院显然就是琐罗亚斯德教专门处理尸体的达克玛,康国别院的丧事专业户在院内养狗,应是为了举行类似的“犬视”仪式。② 若然,则中古粟特地区的确保持了波斯本教的犬视仪式。粟特地区对犬的尊崇可以从考古发现和文献记载中得到证实。1978年,饶宗颐先生在《敦煌白画》一书中,论及法国国立图书馆藏P.4518(24)号白画:“绘二女相向坐,带间略施浅绛,颜色微著赭色,颊涂两晕,余皆白描。一女手持蛇蝎,侧有一犬(狼)伸舌,舌设朱色。一女奉杯盘,盘中有犬。纸本已污损,悬挂之带尚存。”③(图1)姜伯勤、张广达先生相继对此图像进行考察。④ 尽管姜、张两位先生在具体神名的比对上意见有所不同,但界定为粟特祆神则无二致。吐鲁番阿斯塔那377号墓葬出土的《高昌乙酉、丙戌岁某寺条列月用斛斗帐历》记载:

15 ……粟参兜(斗),供苟(狗)。麦伍升,祀天。

37 祀天。糜粟拾斛肆升,供作使,并苟(狗)……

39 ……粟贰兜(斗)究(九)升,供苟(狗)……

45 ……粟参兜(斗),供苟(狗)。麦伍升,祀天。⑤

这则文书记录了该寺院每月都有固定支出用于“供犬”“祀天”。学者们认为此处祭祀的“天”与粟特人信仰的祆教大神Baga有关。⑥ 若考证得实,则可证明粟特祆教继承了波斯本教崇犬的传统,且将这一习俗带到了中国的西域地区。

---

① 杜佑撰,王文锦等点校《通典》卷一九三,中华书局,2003年,第5256页。

② 张小贵《康国别院“令狗食人肉”辨》,《西域研究》2007年第3期,第84页;此据其著《中古华化祆教考述》,第179—180页。

③ Jao Tsong-yi, *Peintures monochromes de Dunhuang* (DunhuangBaihua 敦煌白画), Paris, 1978. 参阅《饶宗颐二十世纪学术文集》第八卷《敦煌学(上)》,新文丰出版股份有限公司,2003年,第653、662页。

④ 姜伯勤《敦煌白画中的粟特神祇》,中国敦煌吐鲁番学会编《敦煌吐鲁番学研究论文集》,汉语大词典出版社,1991年,第296—309页;其著《中国祆教艺术史研究》,三联书店,2004年,第237—248页。Zhang Guangda, “Trois exemples d'influences mazdéennes dans la Chine des Tang,” *Etudes chinoises*, XIII.1-2, 1994, pp.203-219;中译本见张广达《祆教对唐代中国之影响三例》,《法国汉学》第1辑,清华大学出版社,1996年,第143—154页;*Sérinde. Terre de Bouddha-Dix siècle d'art sur la Route de la Soie*, Paris: Réunion de Musée Nationaux, 1995, pp.293-294, No.223 (F.Grenet解说)。F. Grenet& Zhang Guangda, “The Last Refuge of the Sogdian Religion: Dunhuang in the Ninth and Tenth Centuries,” *BAI*, new series, 10 (Studies in Honor of Vladimir A. Livshits), 1996, pp.175-186. 张广达《唐代祆教图像再考》,荣新江主编《唐研究》第三卷,北京大学出版社,1997年,第1—17页。姜伯勤《敦煌白画中粟特神祇图像的再考察》,《艺术史研究》第二辑,中山大学出版社,2000年,第263—291页;《中国祆教艺术史研究》,第249—270页。

⑤ 《吐鲁番出土文书》第三册,文物出版社,1981年,第226、229页。

⑥ 姜伯勤《敦煌吐鲁番文书与丝绸之路》,文物出版社,1992年,第235—237页。

图1 敦煌白画 P.4518(24)

除了文献记载以外,考古发现的图像资料也为我们提供了有关祆教"犬视"仪式的珍贵信息。在现今已知的北朝至隋诸入华胡裔墓葬资料中,不乏"犬"的形象,出现在描绘墓主人生前或死后活动的各个场景中,其中明显与丧葬有关的是青州北齐画像石、虞弘墓、史君墓和日本 Miho 博物馆藏北朝石棺床。

一、1971 年山东青州傅家画像石面世,益都博物馆征得残剩的 11 块石板,其中 2 块素面,9 块有线刻画像(包括 4 件残件)。有关这批画像石,夏名采先生曾于 1985 年、1995 年、2001 年三次著文介绍。① 其中第九石(新发现的一石)的线刻画像中出现了疑似丧葬的图像(图 2):"图中四马抬一房屋前行,房屋体量较小,应是一棺。……图案左侧两匹马前方有一犬。"郑岩先生根据图中房屋(棺床)形制及送葬场景中的"一犬"认为,图案所表达的是祆教丧葬主题。② 若然,这里所描绘的可能是死者尸体被运至丧葬地点的场景,或介于第二次与第三次"犬视"仪式之间。③ 此外,学者们也从祆教角度解读了这组画像石的第八石图像(图 3),该石图像为:

① 山东省益都县博物馆、夏名采《益都北齐石室墓线刻画像》,《文物》1985 年第 10 期,第 49—54 页;夏名采《丝路风雨——记北齐线刻画像》,夏名采主编《青州市文史资料选辑》第 11 辑(内部发行),青州,1995 年,第 144—149 页;《青州傅家北齐线刻画像补遗》,《文物》2001 年第 5 期,第 92—93 页。

② 郑岩《青州北齐画像石与入华粟特人美术》,巫鸿主编《汉唐之间文化艺术的互动与交融》,文物出版社,2001 年,第 90—91 页;后收入其著《逝者的面具——汉唐墓葬艺术研究》,北京大学出版社,2013 年,第 289—290 页。

③ Judith A. Lerner, *Aspects of Assimilation: The Funerary Practices and Furnishing of Central Asians in China*, Sino-Platonic Papers, 168, December, 2005, p.24.

图2　傅家画像石第九石

图3　傅家画像石第八石

图上、下用流云纹带装饰。画面中心为一大象,象的头部有用玉璧、花束组成的笼套饰件,象背上驮一大型方座基,座栏有六根柱饰,柱头呈火焰状,方座下为覆莲饰。象前有一仆人牵引,仆人头戴巾子,穿斜领窄袖长衫,束圆圈纹腰带,带上挂短剑。画面上远方群山中有一座方形盝顶舍利塔,塔正面辟一门。①

郑先生在姜伯勤先生提示下,将夏名采所命名的第八石“象戏图”主题定为祆教万灵节(Hamaspathmaedaya):“第八石描绘郊外景象,远处的房屋可能象征‘置座于中’的房屋。大象背上的台座应是《石国传》中的床,只是省略了盛烧骨的金瓮。床沿所装点的六个桃形物,应是火焰,说明这种游行的活动是在夜晚举行的。这些特征基本上可以与文献中关于万灵节的记载相符合。”②姜伯勤先生在《青州傅家北齐画像石祆教图像的象征意义——与粟特壁画的比较研究》一文中,除详细论证第八石“象戏图”为祆教万灵节外,更将整组画像石定性为祆教属性,指出“通过北齐青州傅家画像石诸图像象征意义的讨论,我们终于在北齐时期,即公元6世纪末的中国画像石中也找到了‘图像上

① 山东省益都县博物馆、夏名采《益都北齐石室墓线刻画像》,第53页。

② 郑岩《逝者的面具——汉唐墓葬艺术研究》,第288—289页。

的阿维斯陀’，找到了祆教入华对中国艺术史产生影响的一项确证”。[①] 不过这一观点也越来越得到学界的质疑，[②]所以我们在探讨第九石中犬的宗教属性时，可能要避免“孤证难立”的误区。

图 4　虞弘墓石椁浮雕所见犬

二、1999 年太原出土隋虞弘墓（开皇十二年，592 年），在该墓石椁壁第一块壁画上浮雕一人牵一马（图 4），马右侧立三人，“在画面中还有两条犬，尖耳细尾，吻部较尖较长，一条位于马前，作奔跑状，正扭头回望；一条位于马侧，作缓步小跑状，尾巴向上卷曲”。[③] 有学者认为“马下有二犬，暗示画像石的丧葬主题……此图象征以密特拉神为主审人员的‘最后审判’”。[④] 尽管有关墓主虞弘本人的族属，学界众说纷纭，[⑤]但从墓志所记来看，他的经历与中亚、波斯文化关系密切，而且石椁刻有典型的祆教半人半鸟护持火坛的图像，因此将图像中两只犬和祆教联系起来，自不会太离谱。不过，考诸前文所述“犬视”的教仪教规，若将这两只犬与葬仪联系起来，恐怕需要更多的证据支持。

三、2003 年西安出土北周史君墓（大象二年，580 年），史君墓石堂东部自北至南第

① 姜伯勤《青州傅家北齐画像石祆教图像的象征意义——与粟特壁画的比较研究》，原刊《艺术史研究》第 5 辑，中山大学出版社，2003 年，第 169—188 页；此据其著《中国祆教艺术史研究》，第 70—73 页。孙武军先生也赞同这一观点，见《入华粟特人墓葬图像的丧葬与宗教文化》，中国社会科学出版社，2014 年，第 45 页。

② 扬之水《象舆——兼论青州傅家北齐画像石中的“象戏图”》，《中国文化》第 33 期，第 35—43 页。张小贵《祆教“万灵节”的沿革与礼仪》，齐东方、沈睿文主编《两个世界的徘徊——中古时期丧葬观念风俗与礼仪制度学术研讨会论文集》，科学出版社，2016 年，第 385—398 页。

③ 山西省考古研究所、太原市文物考古研究所、太原市晋源区文物旅游局编《太原隋虞弘墓》，文物出版社，2005 年，第 101 页。

④ 姜伯勤《中国祆教艺术史研究》，第 149 页。

⑤ 张庆捷《〈虞弘墓志〉中的几个问题》，《文物》2001 年第 1 期，第 102—108 页。林梅村《稽胡史迹考——太原新出隋代虞弘墓志的几个问题》，《中国史研究》2002 年第 1 期，第 71—84 页。周伟洲《隋虞弘墓志释证》，荣新江、李孝聪主编《中外关系史：新史料和新问题》，北京科学出版社，2004 年，第 247—257 页。杨晓春《隋〈虞弘墓志〉所见“鱼国”、“尉纥驎城”考》，《西域研究》2007 年第 2 期，第 113—120、140 页。张金龙《隋代虞弘族属及其祆教信仰管窥》，《文史哲》2016 年第 2 期，第 91—113、167 页。

图5　史君墓石堂浮雕所见犬

一幅浮雕中出现了桥、犬以及神灵(图5),“上部正中为一坐于圆环中的神……男女主人跽坐于椭圆形地毯上……画面中间是起伏的山峦,山上用绿色点染树木。山坡上有两犬,面相对,平卧于地,颈下系铃。画面下部雕刻一座有护栏的拱桥,桥下为水波纹……桥头立柱前并排站立两祭司,短发,面微扬,阔耳垂肩,弯眉深目,高鼻,戴口罩。身穿圆领窄袖条纹长袍,右手叉腰,左臂前伸,手握双股火棍,腰束宽带,系挂方形袋,足蹬靴。祭司面前及拱桥右侧,各有一朵燃烧的红色火焰”。[①] 有关图像中出现的桥、两只犬、图画上方带有头光的神灵与祆教的关系,学界多认为其反映了墓主死后通过“裁判之桥”最终进入天国的场景。[②] 由此可见,若此幅图像表达的是有关祆教丧葬的主题,也应是发生在“犬视”之后、灵魂审判的内容,而并非严格意义上的“犬视”。

四、日本美秀美术馆(Miho Museum)在20世纪90年代所收藏的一套中国北朝石棺床,由三面屏风(12幅图像绘于11块石板上)、双阙和底座三部分组成。[③] 其中画像石后屏第三板块(从右至左)F图明显与丧葬有关。早在1995年,美国学者乐仲迪女史

① 西安市文物保护考古研究院编《北周史君墓》,文物出版社,2014年,第136—151页。

② 参阅杨军凯《北周史君墓石椁东壁浮雕图像初探》,《艺术史研究》第五辑,2003年,第189—198页。姜伯勤《隋天水“酒如绳”祆祭画像石图像研究》,《中国祆教艺术史研究》,第155—172页。F. Grenet, P. Riboud et YANG Junkai, “Zoroastrian Scenes on a newly discovered Sogdian Tomb in Xi’an, Northern China,” *Studia Iranica* (*StIr*), 33, 2004, pp. 273-284. Judith A. Lerner, “‘Les Sogdiens en Chine — Novelles décourertes historiques, archéologiques et linguistiques’ and Two Recently Discovered Sogdian Tombs in Xi’an”, *BAI*, 15, 2001, p.158. Frantz Grenet, “Religious Diversity among Sogdian Merchants in Sixth-Century China: Zoroastrianism, Buddhism, Manichaeism, and Hinduism”, *Comparative Studies of South Asia, Africa and the Middle East*, Volume 27.2, pp.472-473. 孙武军《北朝隋唐入华粟特人死亡观研究——以葬具图像的解读为主》,《考古与文物》2012年第2期,第89—97页;修订后刊氏著《入华粟特人墓葬图像的丧葬与宗教文化》,第132—143页。沈睿文《北周史君石堂W1、N5的图像内容》,《陕西历史博物馆馆刊》第22辑,三秦出版社,2015年,第5—31页。

③ 参阅荣新江《Miho美术馆粟特石棺屏风的图像及其组合》,《艺术史研究》第四辑,中山大学出版社,2002年,第199—221页,收入其著《中古中国与粟特文明》,三联书店,2014年,第333—356页。

(Judith Lerner)首先指出此画面描述了祆教犬视的场景(图6):"在(画面)上部中央,站着一位身着长袍者,面向正前方,身前立有火坛。祭司面戴白色口罩(padām),这是在祆教仪轨中用来防止玷污圣火的。后面有四人,二跪二立,均手持小刀剺面。再后面站着五人,垂手交叉注视着前方。火坛旁边有个大盘子,盛有团状物,似为食品。在祭司与火坛之间,有一个中间鼓起的圆花瓶。远处有两位女子,一人手持几个小包袱。栏中有三头骆驼的后腿。画面下部分,有二女三男。两位男子袖手而立,另一男子站在两女子旁边,面朝大树。第三个男子一手举胸前。妇女后有三匹马向前行。在石板中央,紧连着上下两部分场景的是一只小狗。狗站在祭司旁边,面朝着火。"①

图6 Miho藏品浮雕所见犬

有关这组图像的宗教内涵,学界多认为其富含祆教丧葬信息,但对具体内容却有不同解读。荣新江先生指出:"下面的图像可能是接着上面的,在经过'犬视'后,死者由马车驮向树林当中,有男女送行。"②姜伯勤先生认为,整幅图表现的是琐罗亚斯德教"阿夫利那甘仪式",其中图像上段中央,起中心作用的是一条狗,琐罗亚斯德教祭司在圣犬旁,身穿白色袍服,正举行"犬视"仪式。③ 郑岩先生认为这幅画像表现的是典型的特征祆教丧礼场面,"画面中的丧礼是在野外举行的,中部有一戴口罩的祭司照料一火坛,在他的背后四人手持尖刀'剺面截耳',其余的人低首肃立哀悼。几匹马所载应为丧葬所用物品。在祭司的下方也刻有一犬,应与傅家第九石中的犬含义相同(应是粟特人养犬食尸遗俗的反映)"。④ 孙武军先生认为,图案中出现的"犬"描绘了琐罗亚斯

① Judith A. Lerner, "Central Asians in Sixth-Century China: A Zoroastrian Funerary Rite", *Iranica Antiqua*, Vol.XXX, 1995, pp.179-190.

② 荣新江《北朝隋唐粟特聚落的内部形态》,《中古中国与外来文明》,三联书店,2014年,第147页。

③ 姜伯勤《中国祆教艺术史研究》,三联书店,2004年,第84—85页。

④ 郑岩《青州北齐画像石与入华粟特人美术》,巫鸿主编《汉唐之间文化艺术的互动与交融》,第91页;后收入其著《逝者的面具——汉唐墓葬艺术研究》,第290页。

德教"犬视"仪式,且是处在"犬视"三个阶段中"停尸处"阶段的仪式。① 腾磊也指出,"按照祆教经典,图中部祭司身边的犬,正是祆教葬俗中发挥'犬视'作用,驱逐尸毒的圣犬"。② 乐仲迪指出,Miho 石屏下半部出现的树木、山崖、人马,是描绘了墓主人的亲友家人前往山野送葬——也就是第二次犬视发生的场景。③ 无论如何,从 Miho 石棺床图像中我们可以看出,祆教"犬视"仪式所需的祭司和犬两大关键因素都出现在图案中,因此学者们将其定为祆教"犬视"仪式也最有说服力。④

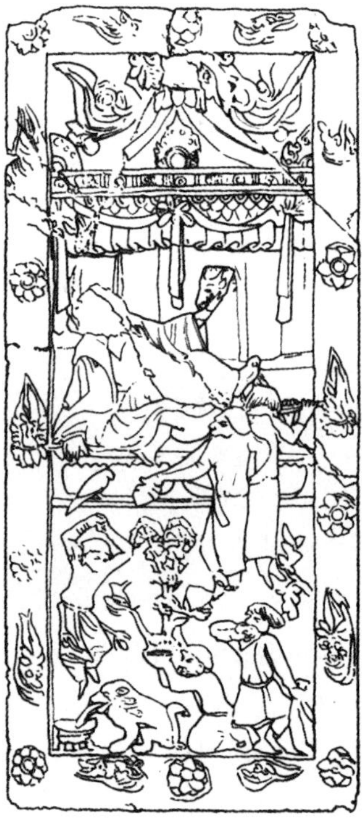

图7 吉美藏品浮雕所见犬

五、2004 年,法国吉美博物馆展出某收藏家的一石棺床。⑤ 美国学者詹姆斯·罗素(James R. Russell)曾认为其中所绘无人骑马场景的石板,上绘坐着的犬是执行"犬视"仪式(图 7),⑥黎北岚(Pénélope Riboud)则提出疑义,指出在中国传统葬俗的语境中,多见犬的形象。⑦ 沈睿文所论较为客观,"在吉美石重床背屏 6 上部墓主人手持来通做饮状,其左下角则有一犬在进食。我们知道,严格的正统要求琐罗亚斯德教信徒不仅应该喂食饿狗,而且每个家庭至少一天要喂一次,且应在家人吃饭前喂。其原因便是为家中的亡灵积德。由此视之,吉美石重床

① 孙武军《入华粟特人墓葬图像的丧葬与宗教文化》,第 135 页。

② 滕磊《中国祆教艺术中的犬神形象》,《故宫博物院院刊》2007 年第 1 期,第 104—105 页。

③ 乐仲迪著,毛铭译《从波斯波利斯到长安西市》,漓江出版社,2017 年,第 96—97、105—108 页。

④ 姚崇新《北朝晚期至隋入华粟特人葬俗再考察——以新发现的入华粟特人墓葬为中心》,原刊荣新江、罗丰主编《粟特人在中国:考古发现与出土文献的新印证》,科学出版社,2016 年;此据同作者《观音与神僧——中古宗教艺术与西域史论》,商务印书馆,2019 年,第 308—309 页。

⑤ Musée Guimet éd., *Lit de pierre, sommeilbarbare. Présentation après restauration et remontage, d'une banquette funéraire ayant appartenu à un aristocrate d'Asie centrale venu s'établir en Chine au VIe siècle*, Musée Guimet, 13 avril-24 mai 2004, Paris: MuséeGuimet, 2004.〔法〕德凯琳、〔法〕黎北岚著,施纯琳译《巴黎吉美博物馆展围屏石榻上刻绘的宴饮和宗教题材》,山西省北朝文化研究中心《4~6 世纪的北中国与欧亚大陆》,科学出版社,2006 年,第 108—125 页;黎北岚《祆神崇拜:中国境内的中亚聚落信仰何种宗教》,荣新江、华澜、张志清主编《法国汉学》第十辑"粟特人在中国——历史、考古、语言的新探索"专号,中华书局,2005 年,第 416—429 页。

⑥ James R. Russell, "Soteriology on the Silk Road", Lecture delivered at the University of Toronto at Mississauga, Special Lecture Series on Central Asian and Iranian Buddhism, October 7, 2005. 转引自 Judith A. Lerner, *Aspects of Assimilation: The Funerary Practices and Furnishing of Central Asians in China*, Sino-Platonic Papers, 168, December, 2005, p.24.

⑦ Musée Guimet éd., *Lit de pierre, sommeil barbare*, p.20, n. 5 and 44, n. 6.

背屏6该场景恐正是琐罗亚斯德教徒和狗之间的这种特殊关系的真实写照"。[1] 不过,即便证实此处的犬和琐罗亚斯德教有关,仅据图像所展示的内容,也很难将其定为"犬视"仪式。

荣新江先生曾以北朝隋唐诸胡裔墓葬资料为主,结合文献记载和考古发现,对北朝隋唐粟特聚落的内部形态进行了系统考察,指出粟特聚落当中,应以祆教为主要信仰。[2] 而正如前文所述,"犬视"是祆教葬俗的核心环节,尽管图像资料所见诸犬未必皆参与"犬视"仪式,但相关图像却无疑证明自粟特来入中土的祆教徒对本教传统的坚守。考虑到祆教并不刻意向外传教,具有相当程度的保守性,因而他们的实际生活一定比我们从传世文献和考古发现所能了解的更为丰富。当然,这些习俗是否对当时的汉人社会产生影响,则囿于资料所见,很难遽下结论。

(作者单位:暨南大学历史系)

① 沈睿文《吉美博物馆所藏石重床的几点思考》,张小贵主编《三夷教研究——林悟殊先生古稀纪念论文集》,兰州大学出版社,2014年,第426—483页。

② 荣新江《北朝隋唐粟特聚落的内部形态》,《中古中国与外来文明》,第106—159页。

向达敦煌考察身份的补充材料

刘进宝

向达参加的敦煌考察共有两次，第一次是1942年7月至1943年7月，第二次是1944年3月至1945年2月。第二次考察的组织单位是中央研究院历史语言研究所、中央博物院筹备处、中国地理研究所和北京大学文科研究所，向达代表北京大学参加。关于向达第一次参加考察的身份，即代表中央研究院史语所、北京大学，还是中央博物院筹备处？学术界一直存在争议。我在《向达敦煌考察的身份问题研究平议》(《中华文史论丛》2016年第2期)中提出，第一次的组织单位并没有北京大学，向达是受中研院史语所和中央博物院筹备处之聘参加，代表的是中央博物院筹备处，在北京大学只是“请假一年”，由北京大学“仍支原薪”。“其考察期间个人旅费及日常用度”则由考查团经费内支出。

最近赵大旺同志在中国第二历史档案馆查阅到北京大学和中央研究院史语所关于向达身份问题的来往函件，特作补充。

虽然向达在北大“请假一年”、代表中博院参加考察。但向达毕竟是北大的教授，而当时西北开发的热潮日盛，敦煌学又是新兴的学科，北大想对此有所贡献，所以北大的汤用彤、郑天挺等有远见的学者，也对向达参加的考察十分关心。郑天挺曾致函傅斯年询问向达的工作，傅斯年于1942年8月20日给郑天挺回信说，向达“系以北大薪而往”，如果北大要作为合作单位，就请北大来函提出要求，来函“上写敝所及中博院筹备处寄弟”。这样就有了1942年10月29日北大致中研院的函：

> 径启者：顷闻贵院主办并与中央博物院合作组织西北学术考察团，前往敦煌及其他一带地方实地考察，本校亟愿参加合作，兹特请本校教授向觉民先生前往参加，每月薪俸仍由本校支给，嗣后如有必要，本校并拟另派员生参加，旅费由校自任，相应函达，即希詧照，惠允为荷。此致
>
> 中央研究院
>
> 国立北京大学校长蒋梦麟
>
> 三十一年十月廿九日

当1941年组建西北史地考查团时，朱家骅是中研院代院长、叶企孙是总干事、傅斯年是史语所所长，李济是中央博物院筹备处主任，所以本函页眉有叶企孙的批语：“函覆表示同意，并将原函及覆函抄送史语所及中央博物院筹备处查照。企孙。十一、五。”

中央研究院给北大的复函曰：

> 顷准台函，以本院与国立中央博物院筹备处合组西北学术考察团赴敦煌及其他地带实地考察，贵校拟请向觉民教授前往参加，每月薪俸仍由贵校支给，嗣后如有必要，贵校并拟另派员生参加，薪、旅费由校自任一案，本院敬表同意。……
>
> 1942年11月5日①

西北考察的主事者是傅斯年和李济，傅斯年给郑天挺的信中也明确要求北大与史语所和中博院筹备处合作，并将函件直接寄他。但不知什么原因，北大直接致函中研院，所以由总干事叶企孙代表中研院同意了北大的请求，并将北大的来函和中研院的回复函一并抄送史语所和中央博物院筹备处。这可能就引起了傅斯年和李济内心的不满，所以考察的主办单位史语所和中博院筹备处并未就此事讨论，更没有告知向达及考查团其他成员，所以向达仍然是代表中央博物院筹备处，并非代表北京大学。

---

① 中国第二历史档案馆藏“中央研究院西北科学考察团追加经费及请予保护考察成员案等”，档号为：三九三-139(2)。北大致中研院函在本档第59页，中研院复函在本档第56、57页。

《丝路文明》第五辑
2020 年 11 月,103—121 页

中古东南海岛上的“外国人”*

鲁西奇

摘　要:《东征传》中振州别驾冯崇债所称之“丰田僧”,实当为“扶南僧”。唐时,一些来自南海诸蕃国的外国人以不同原因和不同身份居住在海南岛沿海地带,他们或作为奴婢,被安置在豪酋庄园里,从事生产经营;或被编入蕃坊,以捕鱼为业,并受差驾船。在珠江口外崖门水域的洲岛上,也曾有“外国人”居住,并且用自己的语言或其所崇奉的文化语言命名其居地,称为“谭波罗山”“乾闼婆城”等。在福建海坛岛及其周围岛屿和滨海地带,则有相当多来源不明的“夷人”移居,其中一部分被编入乡里版籍系统,另一部分则居于海坛岛上,基本上处于“自相孳育”的状态,其所居之地,则被当作“流球国”。

一、“丰 田”僧

(日)真人元开《唐大和上东征传》记天宝七载(748)鉴真和尚第五次东渡,在舟山群岛以东海域遭遇飓风,在海中漂流十四天后方得着岸,又经三日,乃到振州江口泊舟:

> 其经纪人往报郡,其别驾冯崇债遣兵四百余人来迎。引至州城,别驾来迎,乃云:“弟子早知和上来。昨夜梦有僧姓丰田,当是债舅。此间若有姓丰田者否?”
>
> 众僧皆云:“无也”。
>
> 债云:“此间虽无姓丰田人,而今和上即将当弟子之舅。”即迎入宅内,设斋供养。又于太守厅内,设会授戒,仍入州大云寺安置。其寺佛殿坏废,众僧各舍衣物造佛殿,住一年造了。别驾冯崇债自备甲兵八百余人送,经四十余日,至万安州。

汪向荣注云:

---

* 本文为国家社科基金重大项目“中国历史上的滨海地域研究”(14ZDB26)的阶段性成果之一。

> 《大日本佛教全书》本《东征传》校订者高楠顺次郎在校注中和所著 Le Voyage de Kanshin en Orient (742—754)(《鉴真在东洋的旅行》)一文中都说:"案,冯氏恐与纪州豪族丰田〔氏〕(丸)有血缘欤?"(校注中语)安藤更生批评了这种想当然的说法。但是,从另一个角度来看,丰田是日本姓,中国没有相似的姓氏。在当时比较落后而且远在海南岛的一角,已经知道有这样一个非中国人所用的日本姓氏看来,虽不能肯定当时已有血缘关系,但至少可以认为那里已经和日本人有过往来,否则是无从知道日本人姓氏的。①

今按:高楠顺次郎与汪向荣所说,皆为揣测之辞,乃是以"丰田"为日本姓而做出的推论。然冯崇债所称之舅姓的汉字,果为"丰田"二字否?若然,冯氏何以知其舅为"僧",又何以遽然以鉴真和尚当自身之"舅"耶?"舅"字果指"母舅"耶?

冯崇债显然信佛。当鉴真一行初着岸时,找到四个经纪人引道。四人对鉴真一行说:"和上大果报,遇于弟子,不然合死。此间人物吃人,火急去来。"则知其时振州之人有信佛之弟子与"吃人"之人,而信佛之人并不为众。经纪人前往州府报告,找到了州别驾冯崇债,后者"遣兵四百余人来迎"。后来,鉴真一行离开振州前往万安州,又是冯崇债"自备甲兵八百余人送"。凡此,均说明当时振州的社会环境,并不欢迎鉴真一行。《东征记》又说振州大云寺"佛殿坏毁",也说明当地土著人群并不信奉佛教。那么,冯崇债以及四经纪人等佛弟子在当地乃是"小众"。

冯崇债等所奉之佛教,当由外地传来,而传入佛教之人,则当与冯崇债所称姓"丰田"的僧人有关。冯崇债已获知并无姓"丰田"的僧人之后,遽然称"今和上即将当弟子之舅"。一般以为此处的"舅"即母舅之意,特指冯氏与姓丰田之僧存有血缘关系。若果如此,则冯氏此言,甚为冒失。揣冯氏所言之"和上",并非特指鉴真和尚,而竟是单纯指"和尚"身份,即"阇羯磨""邬波遮迦",亦即"吾师"。若然,则此段所记,乃是信佛的冯崇债听说来了一批僧人,赶来相见,没有见到自己梦见之可为"阇羯磨"(师傅)、姓"丰田"的僧人,遂将鉴真等僧人奉为"舅"(阇羯磨)。盖其时海南岛之佛教由海上传来,其对于德高修行出家人的称谓,发音更近于印度语言的"阇羯磨""邬波遮迦"(梵语 upâdhyâya 或巴利语 upajjhâya),而与经过中亚语言转译的"和上"(和尚、和阇,khosha)的发音迥不相同。

若冯崇债所言之"舅"当即指"阇羯磨"("邬波遮迦"),则其所说姓"丰田"的僧人,

① 〔日〕真人元开著,汪向荣校注《唐大和上东征传》,中华书局,2000 年,第 67—68 页。

就与日本没有关联。按：唐振州城即当在今崖州市西境崖城镇北之古崖州城（宋初改为崖州，崖城镇、崖州城，皆当因宋崖州而得名）。《旧唐书·地理志》谓振州“东南至大海二十七里”，故振州港口当在宁远水（今宁远河）入海之口，揣其地，应在今港门村附近。鉴真一行着岸的振州江口，当即在振州城南、宁远水入海之口。《旧唐书·地理志》又谓自振州东南海中“舟行十日”，可至一洲，即丹丹国。① 《梁书》卷五四《诸夷传》“海南诸国”记有丹丹国，谓中大通二年（530），其王遣使奉表曰：“伏承圣主至德仁治，信重三宝，佛法兴显，众僧殷集，法事日盛，威严整肃。朝望国执，慈愍苍生，八方六合，莫不归服，化邻诸天，非可言喻。不任庆善，若暂奉见尊足。谨奉送牙像及塔各二躯，并献火齐珠、古贝、杂香药等。”②此表之真实性虽值得怀疑，但丹丹国崇信佛法或深受印度文化之影响，当无疑问。《新唐书》卷二二二下《南蛮传》记作“单单”，谓：

> 单单，在振州东南，多罗磨之西，亦有州县。木多白檀。王姓刹利，名尸陵伽，日视事。有八大臣，号八坐。王以香涂身，冠杂宝璎，近行乘车，远乘象。战必吹蠡、击鼓。盗无轻重皆死。乾封、总章时，献方物。③

单单（丹丹）王姓刹利，名尸陵伽，显然出自印度语，故至少其王族来自印度，或受印度文化影响。义净《南海寄归内法传》卷一见有呾呾洲，为“南海诸洲”之一，谓其遵小乘佛法。④ 丹丹（单单）故地，或以为在今马来半岛东北岸吉兰丹（Kelantan），或以为在今马来半岛西岸之天定（Dindings），或以为在今新加坡附近，⑤此且不论。其与振州之间有航道相通，在中古时代当奉祀佛教或印度教，颇受印度文化影响。振州冯崇债所称姓“丰田”的僧人来自丹丹，是有可能的。

然就发音而言，“丹丹”（“单单”）与“丰田”或颇有距离。义净在叙述南海诸国所奉佛教之诸部流派时，曾说到：

> 驩州正南步行可余半月，若乘船才五六潮，即到匕景。南至占波，即是临邑。此国多是正量，少兼有部。西南一月至跋南国，旧云扶南。先是躶国，人多事天，后乃佛法盛流。恶王今并除灭迥无，僧众、外道杂居。斯乃赡部南隅，非海洲也。⑥

驩州，治九德县，在今越南荣市；匕景，即北景、比景，唐初尝置景州，在今越南横山以南。

① 《旧唐书》卷四一《地理志四》，中华书局，1975年，第1764—1765页。
② 《梁书》卷五四《诸夷传》，中华书局，1973年，第794页。
③ 《新唐书》卷二二二下《南蛮传》，中华书局，1975年，第6306页。
④ 义净著，王邦维校注《南海寄归内法传校注》卷一，中华书局，1995年，第13页。
⑤ 义净著，王邦维校注《南海寄归内法传校注》卷一，第16页。
⑥ 义净著，王邦维校注《南海寄归内法传校注》卷一，第17页。

驩州之南为占波(占婆)、临邑(林邑),西南即跋南(扶南)。扶南是印度支那半岛南部著名的古国,地域大致包括今柬埔寨和越南南部部分地区。“扶南”一词,一般认为是古代孟—高棉语 bnam(phnom)的音译,意为“山”。据《梁书·扶南传》,扶南初王,称为“混填”,《南齐书·扶南传》同,《晋书·扶南传》作“混溃”,一般以“混填”为是。其后王称为“混盘况”。以汉人称名惯例,“混”或“混填”当为其姓(若以“混填”为姓,其“混盘况”之“混”当为“混填”之略写)。混填之入据扶南为王,自伯希和以来,均定在公元1世纪或其下半叶;而伯希和、赛代斯诸氏,均已指出“混填”或来自印度,或来自马来半岛或马来群岛;伯希和更断定,“混填”之名,当出于印度语,即在南印度有着重要影响的著名氏族憍陈如(Kaundinya)。[①] 芬诺(Louis Finot)和赛代斯则分别根据传说和柬埔寨所出碑铭加以详细论证,[②]遂使之基本成为定说。据中文史籍记载,扶南国在唐初为其属国真腊所并。《隋书》卷五二《南蛮传》“真腊国”条:“其王姓刹利氏,名质多斯那。自其祖渐已强盛,至质多斯那,遂兼扶南而有之。死,子伊奢那先代立。居伊奢那城,郭下二万余家。”[③]上引义净《南海寄归内法传》中说“恶王今并除灭迥无”,也反映了扶南国政权的更迭。但扶南国似并未灭亡。义净《大唐西域求法高僧传》卷一序称:“孤漂铜柱之前,跨千江而遣命”,原注云:“跋南国有千江口。”此千江口,当即在今湄公河下游入海口一带。王邦维说:“古代取海路赴印,须先循今印度支那半岛东部海岸南行,经过湄公河河口。河口三角洲地区水道甚多,水流量极丰,今犹分九条汊道入南海。”[④]则扶南应当是南海航行最重要的参与者。

扶南(及真腊)特别是其统治者,受印度文化影响甚深,佛教、印度教均有较为广泛的传播,此点向无疑义。自三国以来,扶南即与中国有较为频繁的交往,论者亦早已指出。而振州位于海南岛西南角,正面对北部湾及南海西部海域。《舆地纪胜》卷一二七吉阳军(唐振州入宋后改为崖州,复改为朱崖军、吉阳军,其治所则一直在唐时振州治所宁远县,今崖城镇)《风俗形胜》下引《琼管志》曰:

---

① 伯希和(Paul Pelliot)《扶南考》,见冯承钧译《西域南海史地考证译丛七编》,中华书局,1957 年,第 75—119 页。此文最初发表于 1903 年。Paul Pelliot,“Le Fou-Nan”, *Bulletin de l'Ecole Française d'Extrême-Orient*, Tome 3, pp.248-303. 桑田六郎《南海东西交通史论考》,东京:汲古书院,1993 年,第 351—357 页。

② Louis Finot, “Sur Quelques Traditions Indochinaoises”, in *Mélanges d'indianisme offerts par ses élèves à M. Sylvain Levi*, Paris: Eenest Leroux, 1911, pp.193-212; Georges Cœdès, *Inscriptions du Cambodge*. Vol. Ⅳ, Paris: Editions de Boccard, 1952, p.88.

③ 《隋书》卷八二《南蛮传·真腊》,中华书局,1973 年,第 1836 页。

④ 义净著,王邦维校注《大唐西域求法高僧传》卷一,中华书局,1988 年,第 1、8—9 页。

其外则乌里、苏密、吉浪之洲，而与占城相对，西则真腊、交趾，东则千里长沙、万里石塘，上下渺茫，千里一色，舟船往来，飞鸟附其颠颈而不惊。①

则振州渡海西南行，即可到占城（占婆）、真腊（扶南为其所并）。因此，振州冯崇债所说可为己舅的僧“丰田”，更可能是“扶南”或其旧扶南国王姓“混填”（Kaundinya）的对音，而不会是日本姓“丰田”的音译。所谓“丰田僧”，应当是“扶南僧”。

鉴真和尚在振州别驾冯崇债所领甲兵的护送下，由陆路经万安州前往崖州。《东征传》说：

（万安）州大首领冯若芳请住其家，三日供养。若芳每年常劫取波斯舶二三艘，取物为己货，掠人为奴婢。其奴婢居处，南北三日行，东西五日行，村村相次，总是若芳奴婢之住处也。若芳会客，常用乳头香为灯烛，一烧一百余斤。其宅后，苏芳木露积如山，其余财物，亦称此焉。

行至崖州界，无贼，别驾乃回去。②

波斯舶，当是海船类型，非谓其船即来自波斯，或为波斯所造。《东征传》下文述广州城外“江中有婆罗门、波斯、昆仑等舶，不知其数，并载香药、珍宝，积载如山。其舶深六七丈”。③ 盖婆罗门舶、波斯舶、崑崙舶均较大，然三种海舶必然不同，远观即可分别。《太平御览》卷七七一《舟部》四“帆”引《南州异物志》曰：

外徼人随舟大小，或作四帆，前后沓载之。有卢头木叶，如牖形，长丈余，织以为帆。其四帆不正前向，皆使邪移，相聚以取风。吹风后者，激而相射，亦并得风力；若急，则随宜〔增〕（城）减之邪、张，相取风气，而无高危之虑。故行不避迅风激波，所以能疾。④

又引《吴时外国传》曰：

从加那调州，乘大伯舶，张七帆，时风一月余日，乃入秦。大秦国也。⑤

则外徼人之海舶盖以帆的数量、形状区分类型，并非由其所来自而定名。慧琳《一切经音义》卷六一“破舶”条：

司马彪注《庄子》云：海中大船曰舶。《广雅》：舶，海舟也。入水六十尺，駈使

① 《舆地纪胜》卷一二七“吉阳军”，中华书局，1992年，第3622页。
② 〔日〕真人元开著，汪向荣校注《唐大和上东征传》，第68页。
③ 〔日〕真人元开著，汪向荣校注《唐大和上东征传》，第74页。
④ 《太平御览》卷七七一《舟部四》，中华书局，1960年，第3419页。
⑤ 《太平御览》卷七七一《舟部四》，第3419页。

运载千余人,除货物,亦曰昆仑舶。运动此船,多骨论为水匠。用椰子皮为索连缚,葛览糖灌塞,令水不入。不用钉鍱,恐铁热火生。累木枋而作之,板薄恐破。长数里(?),前后三节。张帆使风,亦非人力能动也。①

则知昆仑舶载重量大,大抵为装载粗重货物的货船。而波斯舶则大抵装载贵重货物。《贞元新定释教目录》卷十四谓金刚智欲东来唐土,"却到师子国勃支利津口,逢波斯舶三十五只,其国市易珍宝",遂附波斯舶经佛逝国,到达广府。② 则波斯舶多运载珍宝轻货。万安州大首领冯若芳每年劫取波斯舶二三艘,"取物为己货,掠人为奴婢"。其所劫之波斯舶未必来自波斯,然其装载货物,则多为贵重珍宝,而其掠为奴婢的人,则当是波斯舶上的船主、水手和乘客,是"外徼人"。

《东征传》说冯若芳"会客,常用乳头香为灯烛,一烧一百余斤";其宅后的"苏芳木露积如山"。乳头香即乳香,"出大食之麻啰拔、施曷、奴发三国深山穷谷中。……以象辇之,至于大食,大食以舟载易他货于三佛齐,故香常聚于三佛齐。番商贸易至,舶司视香之多少为殿最"。③ 则知乳头香乃是贵重商品。冯氏所用,当即劫自波斯舶。苏芳木则是较为粗重的货物,主要产地在真腊(扶南)、林邑,应当是用崑崙舶运载而来的。《诸蕃志》卷下《志物》说"苏木出真腊国,树如松柏,叶如冬青,山谷郊野,在在有之,听民采取,去皮晒干,其色红赤,可染绯紫,俗号曰窊木"。苏方是马来语 sĕpang 的对音。④ 苏芳木之名,显然是当地人告知鉴真一行的。知悉苏芳木的人,或者即来自真腊(扶南)、林邑,或者受冯氏指挥,从事苏芳木的贸易。他们也很可能是冯氏掳掠而来的奴婢。

据上引《东征传》,冯若芳将掳掠来的奴婢安置在自己的村庄里。这些村庄,散布在万安州沿海各处,所谓"南北三日行,东西五日行,村村相次,总是若芳奴婢之住处也"。《太平寰宇记》谓万安州东至海三十里,南至海四十二里。⑤《舆地纪胜》卷一二六万安军《风俗形胜》引《图经·风俗门》谓:"此邦与黎、蜑杂居,其俗质野而畏法,不喜为盗,牛羊被野,无敢冒认。居多茅竹,绝少瓦屋。妇媪以织贝为业,不事文绣。"⑥这些

---

① 徐时仪校注《一切经音义三种校本合刊》,上海古籍出版社,2012 年,第 1588—1589 页。

② 圆照《贞元新定释教目录》卷一,《大正新修大藏经》,第 55 册,No. 2157,CBETA 电子佛典 Rev. 1.43(Big5)。

③ 赵汝适著,杨博文校释《诸蕃志校释》卷下《志物》,中华书局,2000 年,第 163 页。

④ 赵汝适著,杨博文校释《诸蕃志校释》卷下《志物》,第 191 页。

⑤《太平寰宇记》卷一六九"万安州",第 3240 页。

⑥《舆地纪胜》卷一二六"万安军",第 3610 页。

以织贝为业的妇媪，或即唐时冯氏村庄中奴婢的后裔。

据《东征传》，鉴真到达崖州后，被州游奕大使张云安置在开元寺。《东征记》描述鉴真及荣叡、普照等人在崖州所见到的风物：

彼处珍异口味，乃有益智子、槟榔子、〔椰子〕、荔支子、龙眼、甘蕉、拘莛。搂头大如缽盂，甘甜于蜜，花如七宝色；〔瞻〕唐香树，聚生成林，风至，香闻五里之外。又有波罗捺树，〔菓〕大如冬瓜，树似〔榠〕楂。毕钵〔菓〕，子同今见，叶似水葱，其根味似干柿。十月作田，正月收粟；养蚕八度，收稻再度。男着木笠，女着布絮。人皆彫蹄凿齿，绣面鼻饮，是其异也。①

其所述诸种植物名称，显然来自当地人之叙述，其中尤可注意者，乃是波罗捺树和毕钵菓。波罗捺本是地名（国名），又作波罗奈斯、婆罗痆斯、婆罗捺写，梵语作 Vāraṇasi，在今印度北部 Benares（Benaras）。波罗捺树，盖因产于波罗捺而得名。毕钵树（pippala, assattha），即著名的菩提树，原产于中印度与孟加拉，是一种常绿乔木；其果实称毕钵罗，即菩提子。鉴真一行此前显未见过菩提树，仅见过菩提子，故特别说明崖州毕钵的子和所见过的一样。崖州的波罗捺树和毕钵树是移种还是原产，不能确定，但其地之人用印度语言指称这些树木，说明印度文化在当地的影响是深刻的。《东征传》接着说：

大使已下，至于典正，作番供养众僧。大使自手行食，将优昙钵树叶以充生菜。复将优昙钵子供养众僧。乃云："和上知否？此是优昙钵树子。此树有子〔无〕花。弟子得遇大和上，如优昙钵花，甚难值遇。"其叶赤色，圆一尺余；子色紫丹，气味甜美。②

“大使”是指崖州游奕大使张云。张云显系佛弟子，且于佛教名物、仪轨颇为熟稔。优昙钵，又作乌昙、优昙婆罗、乌昙跋罗、邬昙钵罗，梵语作 Udumbara，即无花果。此种果木盖可肯定本非海南岛所原有，当是自印度移种而来。鉴真一行大约也不识此种果木，故张云特别加以介绍。慧琳《一切经音义》卷十三："乌昙跋罗，梵语花名。旧云优昙波罗花，或云优昙婆罗花。叶似梨，果大如拳，其味甜。无花而结子，亦有花而难值。故经中以喻希有者也。"③张云以优昙钵花开喻得见鉴真一行，也正是用其希有之意。

唐崖州治舍城县。《旧唐书·地理志》“舍城”县注云："州所治，隋旧县。其崖、儋、

① 〔日〕真人元开著，汪向荣校注《唐大和上东征传》，第 69 页。
② 〔日〕真人元开著，汪向荣校注《唐大和上东征传》，第 70 页。
③ 徐时仪校注《一切经音义三种校本合刊》，第 726 页。

振、琼、万安五州,都在海中洲之上,方千里,四面抵海。北渡海,扬帆一日一夜,至雷州也。"①则知崖州治所舍城县与海相通,临海。② 宋于唐崖州治所置琼州,改附郭县为琼山县。《太平寰宇记》卷一六九琼州"四至八到"栏谓琼州琼山县(当即唐崖州舍城县所改)"东至文昌县极大海一百二十里,西至儋州五百里,南至万安州五百里,北十五里极大海"。则唐崖州(宋琼州)治所北距海滨十五里,揣其地,当在今灵山镇附近。《太平寰宇记》并叙由琼州(唐崖州)"泛大海,使西风,帆三日三夜,到地名崖门,从崖山门入小江,一日至新会县,从新会县入;或便风,十日到广州。路经黎硐州,皆海之险路,约风水为程。如无西南风,无由渡海,却回船,本州石镬水口驻泊,候次年中夏西南风至,方可行船"。③ 石镬水口,当即舍城水入海之口(疑"镬"乃"城"字之讹)。所以,唐崖州、宋琼州城下的港口,应即在舍城水(石镬水)入海之口,距州治约十五里左右;而由崖州港口,则可通达广州诸处。

《太平寰宇记》在琼州"户"栏下称:"(琼州)又别管蕃、蜑二坊户,在符江口东岸,不耕田,以捕鱼为业,官司亦差为水工驾船。"符江口,亦当即舍城水之口。而在"风俗"栏下说:"有夷人,无城郭,殊异俗,非译语难辨其言。不知礼法,须以威伏,号曰生黎。"④蕃、蜑、夷是三种不同的人。蕃坊户已纳入版籍,并非夷(黎)人,也不是蜑户。又,《舆地纪胜》卷一二四琼州"景物"下"神应港"条:

> 琼州白沙津,蕃舶所聚之地,其港自海岸屈曲,不通大舟,而大舟泊海岸,又多风涛之虞。王帅光祖欲直开一港,以便商旅,已开而沙复合,人亦难之。忽飓风作,自冲一港,尤径于所开者。神物所相如此,遂名神应港。时淳熙戊申也。⑤

其所说的"蕃舶"当然是来自外国的海船。那么,琼州(唐崖州)城外符江口的蕃坊户,或者本是"外徼人"。

二、谭波罗山与乾陁婆城

《太平寰宇记》卷一五七记广州新会县有"谭波罗山",谓"在县南六十里。昔外国

---

① 《旧唐书》卷四一《地理志四》,第1762页。

② 《新唐书·地理志》"舍城"原注:"以舍城水名。西南有勤连镇兵。有颜城县,本颜卢,贞观元年更名,开元后省。"(《新唐书》卷四三上《地理志七上》,第1100页)舍城水即今之南渡江。则舍城、颜城(颜卢、颜罗)及勤连镇皆当在今南渡河流域。颜罗县后来改隶琼州(治所在崖州西南),则颜罗县当在舍城县之南。或将颜城县置于舍城水入海之口、今海口市东,不甚妥当。

③ 《太平寰宇记》卷一六九"琼州",第3235页。

④ 《太平寰宇记》卷一六九"琼州",第3235—3236页。

⑤ 《舆地纪胜》卷一二四,"琼州"景物下,第3570—3571页。

人曾居此山。其谭波罗者,番语也”。在此条之前,《太平寰宇记》另记有蜑户,谓其“生在江海,居于舟船,随潮往来,捕鱼为业”;又有卢亭户,“在海岛中,乘舟捕海族蠔蛎蛤蜊为业”。[①] 则“谭波罗山”条下的“外国人”并非蜑户、卢亭户之类“水上人群”;其所说之“番语”,更不会是汉语之岭南方言。鸠摩罗什译《大智度论》云:

问曰:云何名檀波罗蜜满?答曰:檀义如上说。波罗(秦言“彼岸”)蜜(秦言“到”)是名渡布施河得到彼岸。[②]

据本论上下文,知“檀”即檀那,意为布施,而布施主因勤修布施得渡彼岸,故引申“檀”义为“河中”。《太平寰宇记》所记“谭波罗山”之“谭”,当同于“檀”。然则,“谭(檀)波罗”之义,即当为“河中之彼岸”;而“谭波罗山”,当即“河中的山岛”。因此,珠江下游新会县境内的谭波罗山,或即因“昔”有一群操“番语”(印度语)的“外国人”来居于此,而得名。

与新会县相邻的信安县有一座“乾闼婆城”,《太平寰宇记》谓其地“多鵕鸃鸟,似山鸡,家鸡斗之则可擒。其翚有光,汉以饰侍中冠”。[③] “乾闼婆”一词,当出自印度语(梵语作 Gandharva,巴利语作 Gandhabba),又作健达婆、犍达缚、健闼婆、干沓和、干沓婆等,意译作香神、嗅香、香阴、寻香行等,为乐人、乐神之称。佛典中又有乾闼婆城(Gandharva-nagara),又作揵闼婆城、健达缚城、巘达缚城等,意译为寻香城,指无实体而出现于空中之楼阁、山川、林野,亦即海市蜃楼之谓。珠江口外信安县地域的这个“城”,以“乾闼婆”为称,或与谭波罗山一样,因昔有“外国人”所居,而以“番语”名之。

宋广州新会县、信安县,在唐前中期时均属冈州。《太平寰宇记》卷一五七广州“新会县”叙云:

东北〔至州〕水路二百三十里,无陆路。元四乡。汉南海郡地,晋置新会郡。隋改置封州,又改允州,又为冈州。隋末并入广州。唐武德四年复置冈州。旧治盆允城。贞观十三年废冈州,县属广州,其年复置州于今所。开元二十三年州废,县入广州,遂移县于废州城,前临大海,后抗群山。[④]

“信安县”叙云:

① 《太平寰宇记》卷一五七,广州“新会县”,第 3021 页。

② 龙树造,鸠摩罗什译《大智度论》卷一二《释初品中檀波罗蜜法施之余》,《大正新修大藏经》,第 25 册,No.1509,台北:中华电子佛典协会(CBETA),2007 年。

③ 《太平寰宇记》卷一五七,广州“信安县”,第 3022 页。

④ 《太平寰宇记》卷一五七,广州“新会县”,第 3020—3021 页。

东北〔至州〕水路七百三十里,无陆路。元五乡,今二乡。本宋元嘉二十七年置冈州县,又为义宁县,属新会郡。隋平陈,属冈州。大业三年废州,县隶南海郡。唐武德五年复置冈州,县依旧属。开元二十三年废州,县又隶广州。今迁理东溪。皇朝太平兴国二年改为信安县。

其"废冈州"条云:

今县理也。按《广州记》:四会有金冈,新会即冈州,在侧,因冈为州名也。晋末置新会郡,宋、齐、梁、陈并因之。隋平陈废,置封州,后改允州,寻又为冈州。今废为县。此州最边大海,晴少雨多,时遇大风,则林木悉拔。又俗织竹为釜,以蛎壳屑泥之,煮盐,转久弥密。①

《隋书·地理志》南海郡"新会"原注:"旧置新会郡。平陈,郡废,又并盆允、永昌、新建、熙潭、化召、怀集六县入,为封州。十一年改为允州,后又改为冈州。大业初州废,并废封乐县入,有社山。"其"义宁"原注:"开皇十年废新夷、初宾二县入。又有始康县,废入封平。大业初又废封平入焉。有茂山。"②则宋新会县、信安县在唐时为新会、义宁县,唐前期及隋时置有冈州。

上引《太平寰宇记》卷一六九琼州"四至八到"下谓自琼州"泛大船,使西风,帆三日三夜,到地名崖门,从崖山门入小江,一日至新会县,从新会县入"。《太平寰宇记》卷一五七则记新会县有崖山,"在县南八十里,临大海。出龙眼子、木威、橄榄之树"。③ 崖门,当即在今崖门镇。《太平寰宇记》所说由崖山门所入的"小江",当即崖门水道。其由崖门水道,到新会县治,还有一日路程。崖山在唐宋新会县南八十里,而谭波罗山在县南六十里,则谭波罗山当在由崖山门前往新会县治的水路上。《太平寰宇记》又记新会县有西熊洲、东熊洲,"俱在县南二十七里,海心有孤山,相对耸上"。④ 西、东熊洲之名,或用熊耳故事,此且不论;二洲在海中,是洲屿,则无疑问。然则崖山、谭波罗山也皆当是岛屿。《读史方舆纪要》卷一〇一广州新会县"厓山"条:"县南百里大海中,延袤八十余里,高四十二丈。与奇石山相对立,如两扉,潮汐所出入也。亦曰厓门山。故有镇戍。"又引《志》云:"厓山对峙有汤瓶嘴山,以形拟名,最高峻。文禽异木,多出其

① 《太平寰宇记》卷五七,广州"信安县",第3021—3022页。

② 《隋书》卷三一《地理志下》,第881页。

③ 《太平寰宇记》卷一五七,广州"新会县",第3021页。

④ 《太平寰宇记》卷一五七,广州"新会县",第3021页。

中。”[①]《(康熙)新会县志》卷五《地理志》“厓山”条:

> 一名厓门,在县南七十里。高四十余丈,绵亘约八十里。四面皆海,西与汤瓶嘴山对峙如门,门中有一小山,门以外汪洋浩淼,不知所际。遥望大小螺珠、虎跳、白浪诸岛,在空暝中,仅如苍烟数点。

其“汤瓶山”条:

> 在县南七十里泷水都,与厓山对峙如门。其山自新宁金鸡山北,沿海而来,至古兜,与烟管岭、甜水坑等山相接。以形似名。[②]

与崖山相对峙的汤瓶嘴山,或即谭波罗山变音所致。

乾闼婆城亦当为岛屿。《太平寰宇记》卷一五七于信安县下另记有金台冈,谓“在县东北九十里,在海中。形如覆船,因号覆船山,行人恶之,改为金台冈”。[③] 盖台、城均象岛屿之形。《太平寰宇记》又在信安县下记有“优昙钵”,谓其“似琵琶,无花而实”。又有金山,“见金人游焉”。[④] 如所周知,在佛教中,金人盖用以指称佛,或佛像。凡此,或皆可说明崖门海域诸岛屿上曾有操番语、信佛教的“外国人”居住活动。

《太平寰宇记》卷一五七又记新会县有上川洲、下川洲,“在县南二百六十里大海中。其洲带山,湾浦极广。出煎香。有盐田,土〔人〕煎盐为业”。[⑤] 上川洲、下川洲,当即今之上川岛、下川岛。煎香当即栈香、笺香,是沉香之一种(属质较次者)。上下川洲所出之煎香为本地所产,抑或转运而来,不能确知,然“土人煎盐为业”,则“出煎香”者即非“土人”。

上引《太平寰宇记》广州新会县“谭波罗山”条说“昔外国人曾居此”,则至迟到宋初,其地已无“外国人”居住。乾闼婆城盖亦如此。当外国人居于其地时,得以番语名其地,命其城,王朝国家(唐及南汉?)盖未得编排乡里,加以控制。换言之,居于谭波罗山、乾闼婆城等岛屿上的“外国人”,并未纳入或未完全纳入王朝国家之版籍。

三、“琉 球 国”

《(淳熙)三山志》卷六《地理类六 · 海道》记福州沿海航路甚悉,其第一潮是自迎仙

---

① 顾祖禹《读史方舆纪要》卷一〇一,广州“新会县”,中华书局,2004年,第4614—4615页。

② 《(康熙)新会县志》卷五《地理志》,《日本藏中国罕见地方志丛刊》本,书目文献出版社,1991年,第95—96页。

③ 《太平寰宇记》卷一五七,广州“信安县”,第3022页。

④ 《太平寰宇记》卷一五七,广州“信安县”,第3023页。

⑤ 《太平寰宇记》卷一五七,广州“新会县”,第3021页。

港(在今兴化湾内,今莆田市涵江区江口镇附近海域),乘退潮之时出发,到里碧头(在今福清市南境江阴半岛最南端的壁头)停泊。由里碧头向东,出兴化湾,可到南匿(当即今南日岛,今属莆田市涵江区)、草屿(当即今草屿岛,今属平潭县)、塘屿(即今唐屿岛,属平潭县)。《(淳熙)三山志》在"塘屿"下注称:

> 昭灵庙下光风霁日,穷目力而东,有碧拳然,乃琉球国也。每风暴作,钓船多为所漂,一日未至其界。其水东流而不返,莎蔓错织不容,谓花泽者必至而后已。其国人得之,以籐串其踵,令作山间。盖其国刳木为盂,乃能周旋莎蔓间。今海中大姨山,夜忌举火,虑其国望之而至也。①

这段文字,盖多有脱漏舛误,难以通解。《(弘治)八闽通志》卷五《地理·山川》福州府福清县"大姨山"条:

> 在县东大海中。每风色晴定,日未出之先,于山上东望,见一山如空青,微出海面,乃琉球国也。俗谓望见则三日中必有怒风。其下水深碧色,东流而不返,有浮莎错织水上,舟不容转舵,必刳木为盂,乃能旋开浮莎以行。或海上风暴作,渔船漂泊必至此而后止。人为其国所获,则以藤串其足,令耕作山间,故此山夜忌举火,虑其国人望之而至也。②

顾祖禹《读史方舆纪要》卷九六福州福清县"海坛山"条称:

> (海坛山)迤南有南匿里,亦曰南匿屿,旧产盐,宋于此设巡司。其北有沙澳,亦曰苏澳,又有沙溪,行一日皆沙,而澳当海口为寨。……又有草屿、唐屿,皆近于南匿。南匿阨陋,且风多,不宜树。一曰大姨山。当日未出时,极望有如空青微露水面,为小琉球国。海水深碧,东流不返,莎蔓如组,柁不容转,必刳木为盂,乃能旋开浮(沙)〔莎〕以济。暴风不夙避者,往往漂至于此。中国人为其所得,以藤贯其足,令之耕作,故此山昔忌夜火,恐其国望之而来也。③

三相比较,知其来源当大致相同,而《(弘治)八闽通志》所录最为全面。然《(淳熙)三山志》既得节录其文,则此段记录必来源更早。

《(淳熙)三山志》说在昭灵庙前可以远望琉球,而《(弘治)八闽通志》与《读史方舆纪要》所录则说是在大姨山(南匿屿),二者不同。据《三山志》卷六《地理类六·海道》"迎仙港"条记载,大溪(今荻芦溪)过迎仙市后为子鱼潭,历福清黄茅墩,合蒜溪(流经

---

① 《(淳熙)三山志》卷六《地理类六》,《宋元方志丛刊》本,中华书局,1991年,第7835—7836页。

② (明)黄仲昭修纂《(弘治)八闽通志》卷五《地理·山川》,福建人民出版社,1990年,第85页。

③ 《读史方舆纪要》卷九六,福州福清县"海坛山"条,第4397—4398页。

今福清县西南境的蒜溪）之后，东流，过浮山三里，合径江入海。而径江（又作径港）则源出渔溪，“南至棉亭，东出乌屿门，又南至双屿头，为二：东出白屿，西出后屿门，合于昭灵庙前，会迎仙港入海”。则径港后屿门当指今江阴半岛西侧水道。昭灵庙位于径港（径江）与迎仙港汇合处，则当位于今福清新厝镇东南的江兜村一带（这里现在仍有一座庙，仍名“昭灵庙”①）。《（淳熙）三山志》卷九《公廨三》“诸县祠庙”记福清县有昭灵庙：

> 县南六十里，号余坑，其山之阳，有神降焉。古老相传，昔张仙师乘铁舟抵浮山（海旁古舟痕犹存），舍舟而陆，憩于磐石（有住杖步履在），陟而北，留巨迹鹿踪于苍石之上。（《记》云：步石而成独迹，可尺有二许，今在庙中。许难诗：玉鹿带符来月苑，铁船拥旆下星河。）天禧元年，邑人高赟率众为立庙（皇祐中，陈良为《记》）。熙宁十年，封保禧真人（言其窒溪流，易平岗，捍涛致雨，护饷弭兵，有功在民，无德不报）。绍兴八年，赐额昭灵。三十年，加封妙应。乾道三年，又加普祐。有酿酒风（岁六月，社民集祠其下，时歊热，酒善酸败，辄旬日，比风以持之，号张公酿酒风。浙商常候以为便。）②

昭灵庙显然是航海人群奉祀的神庙，其初建于天禧元年（1017），至熙宁十年（1077）获得敕封。上引《三山志》关于在昭灵庙下可以望见琉球国的记载，显然来自庙中的记录或传说。其所谓“今海中大姨山”云云，也说明述说此事的地点并不在大姨山。《（弘治）八闽通志》与《读史方舆纪要》将其移至大姨山，盖以昭灵庙处于兴化湾内，绝无可能望见琉球国（无论琉球国为何）之故。

据上引《读史方舆纪要》，大姨山即南匿屿，今南日岛。《（淳熙）三山志》卷三《地理类三》记福清县孝义乡有南匿里。③ 同书卷十九《兵防类二・诸寨土军》记福清县置有南匿巡检，“元丰二年十月间丘提刑孝直奏添置巡检一员，初置连江官湾。转运钤辖司相度以逼西洋闽安，遂置南匿屿，以兵士七十人为额，管福清县海道。宣和二年颁下福建路格，土兵七十人。绍兴三十年拣七分水手六十三人。乾道七年，例增招土兵，元

① 2020年8月24日中午，我经江口镇，到江兜村，在海边见到了1984年重建的昭灵庙。庙门东南向，正面对兴化湾，隔着海湾，与江阴半岛相望。其时阳光直射，能见度不是很高，站在昭灵庙，隐约可以看到秀屿半岛与南日山。我们绕道江阴半岛，来到江阴半岛最南端的壁头，立在壁头的玉玺山顶，极目远望，也只是隐约可以见到南日岛，更远处则不可见。

② 《（淳熙）三山志》卷九《公廨三》“诸县祠庙”，第7876—7877页。

③ 《（淳熙）三山志》卷三《地理类三》，第7807页。

管九十三人,再招一十五人,今一百九人”。[①] 则知宋时南匿屿上已编排乡里,设置巡检,岛上“夜忌举火”云云,应当是可信的。

然在南日岛上,即使天晴海澄,仍没有可能望见琉球群岛;谓岛上举火,琉球国人即可能“望之而至”,更是匪夷所思。康熙五十八年(1719)五月二十二日中午,徐葆光使团乘潮出福州五虎门放洋,二十八日见到琉球诸岛,至六月初一晨,方进入那坝港,“行海中凡七昼八夜”。翌年二月十六日,使团自琉球那坝开洋,三十日进入五虎门,“行海中凡十四昼夜”。[②] 徐葆光引《指南广义》云:

> 福州往琉球,由闽安镇出五虎门东沙外开洋,用单(或作乙)辰针十更,取鸡笼头(见山,即从山北边过船。以下诸山皆同)、花瓶屿、彭家山。用乙卯并单卯针十更,取钓鱼台。用单卯针四更,取黄尾屿。用甲寅(或作卯)针十(或作一)更,取赤尾屿。用乙卯针六更,取姑米山(琉球西南方界上镇山)。用单卯针取马齿,甲卯及甲寅针收入琉球那霸港(福州五虎门至琉球姑米山,共四十更船)。
>
> 琉球归福州,由那霸港用申针放洋。辛酉针一更半,见姑米山并姑巴甚麻山。辛酉针四更,辛戌针十二更,乾戌针四更,单申针五更,辛酉针十六更,见南杞山(属浙江温州)。坤未针三更,取台山。丁未针三更,取里麻山(一名霜山)。单申针三更,收入福州定海所,进闽安镇(琉球姑米山至福州定海所,共五十更船)。[③]

以每更六十里计算,由福州到琉球那坝港去程约二千四百里,回程约三千里。南日岛更在福州闽安镇之南,其与琉球之间既不可能远望可及,更无可能举火便至。《(淳熙)三山志》所记由大姨山可望见的琉球国不会是指琉球群岛。

《(淳熙)三山志》描述“琉球国”海域多莎蔓,舟行甚为不便。“莎蔓”,《(弘治)八闽通志》作“浮莎”;《读史方舆纪要》一处作“莎蔓”,一处作“浮沙”,而后者当为“浮莎”之误。莎蔓或浮莎,当是漂浮在海面上的海藻、海带、紫菜等海洋植物。明清时期,自福建往还琉球的记录甚多,并无言及琉球海域多莎蔓、致不容转舵者。或以为其所述之“琉球国”指今台湾岛,然兴化湾至台湾间航道亦无多莎蔓的海域。《元史·瑠求传》云:

> 瑠求,在南海之东。漳、泉、兴、福四州界内彭湖诸岛,与瑠求相对,亦素不通。

① 《(淳熙)三山志》卷十九《兵防类二》,第 7941—7942 页。

② 徐葆光《中山传信录》卷一,《台湾文献丛刊》第 306 种,台湾大通书局,1987 年,第 12—18 页。

③ 徐葆光《中山传信录》卷一,《台湾文献丛刊》第 306 种,第 12 页。

> 天气清明时,望之隐约,若烟若雾,其远不知几千里也。西南北岸皆水,至彭湖渐低,近瑠求则谓之落漈,漈者,水趋下而不回也。凡西岸渔舟到彭湖已下,遇飓风发作,漂流落漈,回者百一。瑠求,在外夷最小而险者也。汉、唐以来,史所不载,近代诸蕃市舶不闻至其国。①

则知唐宋时期福建沿海地区与台湾、澎湖之间交往甚稀。南宋时赵汝适著《诸蕃志》,于海外诸国记载详悉,而其所述“琉求国”事,则主要抄录《隋书·流求传》,所补缀者,仅“曝海水为盐,酿米曲为酒。遇异味先进尊者。肉有熊羆豺狼,尤多猪鸡,无牛羊驴马。厥土沃壤,先用火烧,然后引水灌注,持锸仅数寸而垦之。无他奇货,尤好剽掠,故商贾不通。土人间以所产黄蜡、土金、氂尾、豹脯,往售于三屿。旁有毗舍耶、谈马颜等国”数句,②亦见出“琉求国”与福建沿海并无太多交往。所以,《(淳熙)三山志》所述“琉球国”,也不会是今台湾岛。

分析《(淳熙)三山志》及《(弘治)八闽通志》《读史方舆纪要》的叙述,“琉球国”与大姨山实相距不远。《三山志》在叙迎仙港出发,第一潮至里碧头停泊之后,第二潮过洛化洋牛头门(即今福清东南境牛头半岛与目屿之间的海道),泊寄沙(多水劫)。第三潮至燕锡,泊婆弄湾(当在今福清东南境在今万安码头或沃口码头一带),其东即为草屿(今草屿岛,属平潭县)。“四潮,半退,至银盏舷;乘半涨,取钱藏,出止马门”。原注云:“为过浅,溯朝不克,所以必待半涨也。元丰二年,尝移海口巡检于此。”其西有海口镇,其东有盐屿、苏屿、钟门。“五潮,半退,过帆洋(状如帆),泊大、小练”。原注:“二练门相去十里,无便风停留逾月。”其西北有松林寨。③

按:钱藏,当即今海坛岛西南角的钱便澳(属平潭县敖东镇)。《(弘治)八闽通志》卷五《地理·山川》福州府福清县“海坛山”条云:

> 在县东南大海中。南北长,东西狭,周遭七百里,居民布散,村落不一。南曰黄崎、紫兰牧、上砦头、小鳌网、大鳌网、沆头、大场、小场、浒头、钱藏;西曰水马山、霸前、金崎头;北曰苏澳、钟门、沙溪;东曰浚门、獭步、军山、流水、广州埕。山势远望如坛,故名。洪武二十年,以倭寇猝难备御,尽徙其民于县。至今尚有遗畜,自相(孕)〔孳〕育。④

---

① 《元史》卷二一〇《外夷传三》,中华书局,1976年,第4667页。

② 赵汝适著,杨博文校释《诸蕃志校释》卷上《志国》,第147页。

③ 《(淳熙)三山志》卷六《地理类六》,第7836页。

④ 《(弘治)八闽通志》卷五《地理·山川》,第83页。

则钱藏当在海坛岛之南端,而苏澳、钟门则在其北端;海坛岛西侧有水马山,“止马门”或即在水马山前。因此,《三山志》所记第四潮的航行,当即由南而北,穿过今海坛海峡。《读史方舆纪要》卷九六福州福清县“海坛山”条下说:

> 近坞有大小场、浒头及钱藏,皆为泊船澳。迤东高者为军山,王氏时谪戍多居此。其间曰浚门,曰獭步,曰广州埕,曰流水。隔东江曰小墙,小墙北曰十二蓝焦,东墙北曰白兵焦、大桑、小桑。两桑间曰桑门,而两墙间为鸬鹚门,是外极东之岛,而舟不可行矣。……其北有沙澳,亦曰苏澳。又有沙溪,行一日皆沙,而澳当海口为寨。又五里西抵钟门,亦曰钟山屿,玲珑如钟,菰蒲四围,海水盐卤,而此泉独淡。近屿石高二丈,状如媪,东南瞰石,方二十丈,其中井泉与潮候应,取水者集焉,亦船舶之都会也。半潮抵磁澳,则为长乐县界。①

流水即当在今平潭流水镇,东墙、小墙当即今平潭县东北境的东庠岛、小庠岛,则知今海坛岛以东海域航行不便(“舟不可行矣”)。苏澳,即当在今海坛岛西北角的苏澳镇;钟屿在其稍北处。苏澳又称沙澳,其附近水域得称为“沙溪”,“行一日皆沙”。这里的“沙”,亦当作“莎”。钟山屿四周又多菰蒲,船行亦不便。菰蒲,盖亦莎蔓之属。这种情形,正与上引《三山志》所描述的“琉球国”海域多浮莎、以独木舟(盂)方得旋开浮莎行其间的状况,非常相合。而海坛岛与南日岛中隔塘屿、草屿,正是举火可见的距离。因此,《(淳熙)三山志》所述在迎仙港昭灵庙前晴日可望见的“琉球国”,实际上就是今海坛岛,并非琉球群岛,也不是今台湾岛。

2020年8月26日,我们曾到平潭考察。在位于平原镇显美村南垄自然村的南岛语族博物馆内,有一组展览介绍平潭渔民的生计与习俗。其中介绍平潭的海产品,说平潭产紫菜,又称“坛紫菜”,“是平潭海珍,宋代贡品。多生长在海礁和竹挂上。暮秋起获,携竹篮、竹帚等,随潮采取”。其所产海蛎也非常著名,“平潭东、南两面海域多沙质,北方多礁,均适宜养殖。春季植石、挂养,秋季收获。待退潮后,携刀、凿、錾、篓等,凿下蛎房,或挂养采取”。我们在苏澳、钟门、芬尾、钱便澳海域,都看到大片的养殖水面。展览中还介绍平潭渔民使用的一种小船,名叫“腰子桶”,又称“碾桶”,是一种“以形而得名的小渔船。使用桨橹航行,可钓鱼撒网,亦可作为交通工具,可运载小量货物。该船现多见于本岛流水镇小庠岛、君山沿海一带,凝聚平潭渔民独特聪颖智慧和勇敢精神,也承载着海耕牧渔的共同记忆”。这种“腰子桶”,与上引《(淳熙)三山志》等文献

① 《读史方舆纪要》卷九六,福州福清县“海坛山”条,第4397页。

所描述的“盂”非常相近，很可能就是前者“盂”的遗存或变种。

那么，海坛岛何以被认为是“琉球国”呢？

《读史方舆纪要》卷九六福清县“海口镇”目下另记化南镇，谓在县东南六十里，“有民城，嘉靖中筑以御倭”。化南“镇北数里曰化北镇，泽朗巡司置此。相传隋时掠琉球五千户居此，因名”。[①]《(弘治)八闽通志》卷四〇《公署》谓福清县泽朗山巡检司“在县东化北里”。巡司本在练门，元至元间置，洪武十二年移置于泽朗山。[②]《(淳熙)三山志》卷三《地理类三》记福州福清县崇德乡(县东南五十里)有归化北里，孝义乡有归化南里(旧属崇德乡)。[③] 显然，明后期的化南、化北镇乃因袭明前期的化南里、化北里及宋代的归化南里、归化北里而来。泽朗山当即在今福清三山镇东北泽朗村，正位于海坛海峡西侧。隋大业五年所征之琉求，一般认为是今台湾岛。隋军所虏流求人口数量，《隋书》的《陈稜传》与《流求传》都说是“男女数千”，而《炀帝纪》则称有“万七千口”，当有较大夸张，盖以“数千”较为切实。[④] 唐中期人张鷟撰《朝野佥载》记载：

> 炀帝令朱宽征留仇国还，获男女口千余人，并杂物产，与中国多不同……朱宽还至南海郡，留仇中男夫壮者，多加以铁钳锁，恐其道逃叛。还至江都，将见，为解脱之……人形短小，似昆仑。[⑤]

“留仇”即流求。这里说隋军所掠琉求男女，仅有千余人，其中一部分，被朱宽带到江都去“献俘”；其余部分，当留在南海郡(广州)，很可能沦为奴隶。集体安置于建安郡闽县的可能性几乎没有，“五千户”云云，更无可能。海坛海峡西岸今福清三山镇泽朗村一带若果然有琉球人居住，则必另有来源。

除归化南里、归化北里外，福清县崇德乡另有钦唐里、安夷北里、安夷南里，[⑥]大抵最初亦为编排夷人而成的里，说明这一带曾多有“夷”人居住。而“钦唐”之名，说明这些里在唐时即已编成，“钦唐”、“归化”、受“安”的“夷”人在唐时或此前即已移居在这里。

《(淳熙)三山志》卷三《地理类三》于福清县太平乡下记有海坛里，原注称：“海中

① 《读史方舆纪要》卷九六，福州福清县“海口镇”条，第4400页。
② 《(弘治)八闽通志》卷五《地理·山川》，第848页。
③ 《(淳熙)三山志》卷三《地理类三》，第7807页。
④ 《隋书》卷六四《陈稜传》，第1519页；卷八一《东夷传·流求国》，第1528页；卷三《炀帝纪》，第74页。
⑤ 张鷟撰，赵守俨点校《朝野佥载》，补辑，中华书局，1979年，第169—170页。
⑥ 《(淳熙)三山志》卷三《地理类三》，第7807页。

间,八百里,三千户。”[①]“八百里”谓其周遭里程,“三千户”言其户口数。一里而领有三千户,知其并非正式版籍下的户口编排。《读史方舆纪要》卷九六福州福清县“海坛山”条称:

县东南七十里海中。周七百里,其山如坛,南北长而东西狭。上多云气,亦名东岚山。唐牧马地,后渐有寺宇。宋初置牧监,寻以驽骍罢。皇祐中许民耕垦,淳熙中有三千余户。

其下文又引《海防略》称:

海坛山盘踞耸峙,迥出海上,故元时民户尝满四万,多以鱼为业。中有西湖,相传尝产龙驹。湖之东群山环亘,不可胜纪。外隔小琉球三昼夜,内通海口至县,仅一潮。中间以村名者百有余处,陂湖潭澳,不一而足。其著者曰葫芦澳,多鱼;碧沙洋,产人参;其百花砦、钟门、三镇,街衢阛阓,景物繁多,真海表名区也。[②]

南宋时海坛岛上即已有民户三千余,至元时“民户尝满四万”,而岛上民户,一直仅编为一里,官府的控制是相当疏松的,海坛岛实际上长期处于“自相孳育”的状态。岛上人口之来源自然十分纷杂。大、小练岛位于海坛岛西北方,与苏澳隔海相望。《读史方舆纪要》卷九六福州福清县“海坛山”条下记有小练山,谓:

小练山,在县东海中,旁有大练、小练二门,五代以后居民环集,商贾辐至,号“小扬州”。洪武二十年与海坛同徙。《志》云:小练山周十里,旧多乔林。其大、小练二门相去仅十里许,无风逾月不能渡云。[③]

所说与上引《三山志》大致相同。大练门、小练门被称为“小扬州”,自是因为有诸多吴、越人移居。如果海坛海峡西侧的今福清县东南境自唐时就有诸多被认为可能来自琉球的“夷”人居住并被编排入归化、钦唐、安夷等里的话,那么,基本上处于“自然发展状态”的海坛岛上,有较多的“琉球国”人居住,自无足怪。而《(淳熙)三山志》(及《(弘治)八闽通志》、《读史方舆纪要》)将其地称为“琉球国”,以及“钦唐”“归化”“安夷”之称,均说明这些“夷”人并非当地未入版籍的土著蛮夷,而是来自“外徼”,是“外夷”“外国人”。

① 《(淳熙)三山志》卷三《地理类三》,第7807页。
② 《读史方舆纪要》卷九六,福州福清县“海坛山”条,第4397—4398页。
③ 《读史方舆纪要》卷九六,福州福清县“海坛山”条,第4398页。

四、结　语

《东征传》描述广州城外江中蕃舶集聚、宝货积载之状，已见上引。《东征传》又说其时居于广州的诸国商人甚众，“师子国、大石国、骨唐国、白蛮、赤蛮等往来居〔住〕，种类极多”；“又有婆罗门寺三所，并梵僧居住”；更有“胡人”在开元寺造白檀华严经九会，“率工匠六十人，三十年始毕”。① 中古时代广州等大都会控引海外诸国，胡贾杂居，巨舶奇货云集，乃是著名的国际化大都市。对此，学界已多有论列，无须再赘。

本文之意旨，则在描述天涯海角之僻远岛屿，在中古时代亦有“外徼之人”（外夷、外国人）因各种原因移入定居，以不同方式谋生共处，并与王朝国家形成不同的关系。在海南岛，被冯若芳等豪酋从波斯舶（以及昆仑舶等）上掳掠而来的南海诸国水手船夫，被作为奴婢散处于沿海地带的村庄里，从事不同方式的生产劳动或经营，其身份乃是奴婢。但波罗捺树、优昙钵树、毕钵树等，很可能是他们种植并以其固有语言命名的。一部分在崖州城外海口居住的蕃人被官府编入蕃坊，以捕鱼为业，并受差作为水工为官府驾船。他们被给予了特殊身份，编制在特别的管理体系中。珠江口外崖门水域的洲岛上，也曾有“外国人”居住，并且用自己的语言或其所崇奉的文化语言命名其居地，称为“谭波罗山”“乾闼婆城”等。他们很可能并未被纳入王朝国家的版籍系统。在海坛岛及其周围岛屿和滨海地带，则有相当多来源不明的“夷人”移居，其中一部分在唐代就已被编入乡里版籍系统，被认为是“钦唐”或受到安抚而“归化”的夷人；而其大部分则居于海坛岛上，基本上处于“自相孳育”的状态，其所居之地，则被当作“流球国”，从而特别凸显出其基本自治、相对独立的性质。

（作者单位：武汉大学历史学院）

① 真人元开著，汪向荣校注《唐大和上东征传》，第 73—74 页。

沈怡关于与向达同赴敦煌的回忆

赵大旺

沈怡(1901—1980),原名景清,字君怡,浙江嘉兴人。沈怡毕业于上海同济大学土木工程系,后留学德国德累斯顿工业大学,获工学博士学位。1926年回国,历任上海市工务局局长、上海市中心区域建设委员会主席、导淮委员会委员、黄河水利委员会委员、国防设计委员会委员等职,抗战胜利后曾任南京特别市市长。1941年4月,为了发展甘肃农业经济,支援抗战,甘肃省政府与中国银行组建了甘肃水利林牧公司,聘请沈怡担任总经理,副经理为郭铁梅、赵敦甫。

沈怡曾撰写《从事西北水利一页史》(载台北《传记文学》第15卷第3期,1969年9月),回忆自己从事西北水利开发建设的经历,其中谈到了在西北与向达的交往,“我第一次去河西走廊是在三十一年十月初。正将出发的前夕,向觉民(达)先生忽自重庆来,我和向君原不相识,但早知其对西北考古有研究,史坦因的《西域考古记》就是经他译成中文的。他此来西北,目的就是想去河西,因此我就邀他同行”。向达对西北地区历史地理情况的熟悉让沈怡很佩服,他在回忆中说,“这次因有向君同行,凡是河西的一草一木,他都道的出本源来。还有我手中一大叠(赵)敦甫替我做的卡片,使我对河西过去水利情形,虽不能说了如指掌,至少也得其大概。这次的河西之行,可谓‘考水’与‘考古’兼而有之,一路兴趣之浓,自不待言”。

向达在1942年11月5日致曾昭燏的信中,也谈到与沈怡同赴敦煌的具体情况,“九月三十日与甘肃水利林牧公司接洽妥当,附公司经理沈君怡先生车西行。十月一日晨八时发兰州,薄暮抵武威”。“五日发张掖,下午四时抵酒泉。君怡先生以须察看酒泉水文情形,遂在此留两日”。九日下午抵达敦煌后,“草草进餐,五时左右,即偕君怡先生及同来诸人策马赴千佛洞,八时始达,寄寓中寺”。“十日上午陪君怡先生诸人参观各窟”。“十一日,君怡先生及同来诸人东归,陪同进城,略购应用诸物。十二日独返千佛洞”。(见荣新江编《向达先生敦煌遗墨》,中华书局,2010年,第382页。)可知从10月1日至10月11日,向达与沈怡同行赴敦煌,并一起参观了敦煌千佛洞。

此行向达与沈怡结下了较好的友谊,后来考查团结束时,向达托请沈怡帮助解决考察标本运输的问题,1944年10月25日,夏鼐日记提到接沈怡致向达的电报:“电报局探转向达先生,嘱事已代洽,路局允照办。沈君怡,巧(18日)。”(《夏鼐日记》,华东师范大学出版社,2011年,下同。)同时接到向达来电:“运输事,何局长电允一吨内免费运兰。”当天,夏鼐就致信傅斯年:“所感最困难者为运输问题,过兰时,西北公路局何局长表示可以帮忙,最近已来电允免费代运一吨运兰,此问题亦告解决,凡此皆向先生之功也。”(史语所档案“李38-5-1”,转引自车守同《国立敦煌艺术研究所的时代背景与史事日志》,擎松图书出版有限公司,2013年,第352页。)1945年3月23日,夏鼐回到兰州后,还专门拜访沈怡:“顺便将汉简及照相呈阅,氏极喜悦,呼其妻儿一同来观,谈一会儿告辞而出。”

《丝路文明》第五辑
2020年11月,123—137页

“主流”之下的疑问
——关于敦煌初唐时期的“倚山立佛”及其定名*

张元林

摘　要： 本文通过回顾关于敦煌石窟初唐时期“倚山立佛像”前后两种不同定名成立的历史经纬，指出了作为主流观点的“凉州瑞像”说及其立论依据中存在的若干疑问，认为此一定名值得商榷。同时，也对另一种定名“灵鹫山说法图”说的立论依据做了进一步的分析，认为这一定名仍有其合理性。文中推测，敦煌初唐时期开始出现的这种倚山立佛像很可能受到玄奘从印度带回的表现释迦牟尼佛在灵鹫山说《法华经》佛像的影响。

一、问题的提出

敦煌石窟的初唐时期从唐初武德元年(618)至武周朝长安四年(704)止，前后长达86年。从初唐时期开始，敦煌石窟出现了一种造型独特的立佛形象。其基本造型为：身着袒右袈裟，右臂笔直下垂，右手五指向下伸直，左手于胸前执袈裟一角，呈后仰式站立于层峦叠嶂的山岩间，似依山而立。其两侧各有一身胁侍菩萨。这种立佛像既有塑像，也有壁画。对于它们的认识和定名，以上世纪八十年代初为界，有着截然不同的观点。八十年代之前，学界认为是表现释迦在印度王舍城外灵鹫山讲《法华经》的“灵鹫山说法图”。但从八十年代初起，学界注意到从吐蕃占领敦煌的中唐时期(781—848)起，敦煌壁画中的这种造型的立佛形象常与各种表现“于阗瑞像”的佛像一起出现，其旁有榜题标明其为“凉州番禾瑞像”。而且，其后的晚唐—五代时期更是出现了专门表现东晋末—南北朝时期名僧刘萨诃所预言的凉州番禾县所出的佛像的史迹画，故而学

* 本文为国家社会科学基金重大项目“敦煌中外关系史料的整理与研究”(项目编号：19ZDA198)的阶段性成果。

界又将敦煌石窟中所有这类的倚山立佛像统统定名为“凉州瑞像”,现已成为主流观点。但应注意到,这一定名仍存在以下疑问——首先,虽然中唐及以后的这类倚山立佛像定名为“凉州瑞像”有其合理之处,但是这并不能证明此前的此类立佛像也一定就是“凉州瑞像”。还需要拿出更有说服力的证据。其次,初唐时期敦煌的倚山立佛像均是由一佛、二胁侍菩萨组成的“一铺三身”组合,但迄今得以确认的“凉州瑞像”则均是单个的立佛像。对于图像上的这种不同,持“凉州瑞像”说者也没有给出合理的解释。第三,现有图例表明,即便在中唐及以后时期,“凉州瑞像”的图像模式也仍未固定,既有“身着袒右袈裟,右臂笔直下垂,右手五指向下伸直,左手于胸前执袈裟一角”的造型,又有“身着通肩袈裟,右臂曲于胸前,右手作说法印,左手于胸前执袈裟一角”等造型模式(详后)。既如此,那又怎么能确定前述初唐时期的那种立佛像就一定是“凉州瑞像”呢?第四,如果不考虑立佛身后的山峦,像“偏袒右肩、右臂垂下,右手伸五指,左手于胸前握袈裟一角”这样的造型更是笈多王朝时期(320—500)的西印度和中印度佛教雕刻中极为普遍的佛像样式。那它传入中国后怎么就只成为“凉州瑞像”的特定样式了呢?其间的演变轨迹又如何?诸如此类的问题,均没有较为明确、合理的解释。那么,在这些疑问之下,我们再回头看看曾经在学界存续达半个多世纪的“灵鹫山说法图”说,其立论的基础是否也有其合理的一面呢?故此,本文拟围绕上述这些问题,在回顾和分析此类立佛图像定名经过的基础上展开进一步的讨论。

二、初唐时期“倚山立佛”图像的定名经纬

1. 初唐时期敦煌石窟的三件“倚山立佛”作例

如上所述,初唐时期,敦煌石窟出现了一种新的佛像造型。其基本造型为:身着袒右袈裟,右臂贴体笔直下垂,右手五指向下伸直,左手于胸前执袈裟一角,立于作为背景的山岩间。1982 年出版的《敦煌莫高窟内容总录》将其描述为“倚山立佛”。初唐时期敦煌石窟的这种造型的立佛像共有三件,既有塑像,也有绘画。前者见于初唐前期开凿的第 203 窟西壁龛内主尊塑像,后者见于稍晚开凿的第 332 窟中心柱北向面和第 448 窟中心柱西向面所绘立佛像。

据敦煌研究院的分期排年,第 203 窟约开凿于武德—贞观初,是初唐时期最早的洞窟之一。[①] 洞窟主室西壁开一圆券形龛,龛内现存一立佛、二菩萨像以及作为背景的堆

① 史苇湘《关于莫高窟内容总录》,刊《敦煌石窟内容总录》,文物出版社,1996 年,第 230 页。

塑山峦。佛像头部为圆雕，佛身和背光为浮塑。佛面相方圆，腹部略突，佛像身着袒右肩袈裟，仍保留了较多的从隋代向初唐过渡的特征。与之前的立佛形象或笔直而立、或略向前倾的姿势不同的是，该身立佛像身躯连同其舟形背光一起明显后仰，而作为背景的浮塑山峦则呈圆弧形状向两侧前方突出。而且两臂的姿势也很有特征点：其右臂笔直下垂，右手五指向下伸开，右手掌向前方，掌心还塑有一朵莲华。其左臂曲于胸前，左手握袈裟一角。佛的袈裟贴体，衣纹呈明显的“U”形。但立佛双足下不见莲华座，而是直接站立于龛内台座上。两侧的各一身胁侍菩萨则立于莲华座上，身高均比佛低半个头的高度。

第 332 窟完工于武则天圣历元年(689)。在该窟前室原立有所立《李君莫高窟佛龛碑》，现碑已不存，所幸敦煌文书中存有此碑内容抄本《李君莫高窟佛龛碑并序》，叙述了敦煌大族李克让兄弟几人营造此窟的缘起和经过。[①] 此窟虽后经五代、元、清重修，但主室绘塑仍保留初唐原作。其主室前部为人字披顶，后部平顶，窟室中央为方形中心柱。“倚山立佛”即绘于中心柱北向面。壁面上绘出层叠的山峦作为背景，上下通壁绘出一立佛、二胁侍菩萨立于莲华座上。位于画面中央的立佛头顶华盖，身着红色袒右肩袈裟。其右臂笔直下垂，右手向下伸开五指；其左臂曲于胸前，左手执袈裟一角。佛的袈裟两侧褶襞呈明显的锯齿状(或称“鱼鳞状”)。佛两侧各侍立一身胁侍菩萨，身高均比佛低半个头的高度。其中佛右侧一身菩萨头戴化佛冠、左手执净瓶，右手拈莲枝，当是观音菩萨；佛左侧的菩萨头左戴日月冠，右手也执莲枝，左手于胸前，惜已经模糊，难以看出手中是否执物(图 1)。

图 1　倚山立佛(莫高窟第 332 窟，初唐)

第 448 窟也开凿于武则天时期，其形制也为前部人字披顶(但人字披顶现已毁)，后部平顶，中央为中心柱。中心柱西向面西向画面大部虽已很模糊，但可辨识

① 郑炳林《敦煌碑铭赞辑释》，甘肃教育出版社，1992 年，第 9—15 页；又见李永宁《敦煌莫高窟碑录文及有关问题(一)》，《敦煌研究》试刊第一期，1982 年。

出原绘有一立佛、二胁侍菩萨“一铺三身”形象,而且也以大幅的山峦作为背景。从上部残存画面看,主尊立佛头顶高肉髻,身着袒右肩袈裟,袈裟衣纹具有明显的犍陀罗佛像的装饰感。但与前述第332窟不同的是,两侧的胁侍菩萨的菩萨冠上并无明显标志物。遗憾的是,因中心柱与西壁间的空间十分狭窄,照相机无法拍摄到正面全景。

综上所述,初唐时期莫高窟所见的三件“倚山立佛”作品,除了具有“身着袒右袈裟,右臂笔直下垂,右手五指向下张开,左手于胸前执袈裟一角,站立于作为背景的山岩间”基本图像特征外,均为一佛二菩萨的“一铺三身”组合。值得注意的是,这种组合也仅见于初唐时期,而之后莫高窟出现的同类立佛图像则不见有胁侍菩萨或弟子,均为单体的立佛形象。

图2 倚山立佛(刺绣,藏经洞所出,唐代)

2. “灵鹫山说法图”说

早在20世纪初期,国际学术界就已经开始关注初唐时期敦煌石窟的“倚山立佛”图像了,而“灵鹫山说法图”即是国际学术界对敦煌石窟初唐时“倚山立佛”图像的最早定名。1937年,松本荣一在其所著《敦煌画的研究》(图像篇)中专设一节“灵山释迦说法图”,对敦煌石窟和藏经洞唐代绘画品中的此类图像作品进行了专门的研究。在他所列举的四件敦煌图像中就包括上述第203窟(伯编第67窟)的这身倚山立佛塑像。另外三件作品是斯坦因从敦煌掠走的一件唐代刺绣作品和两件唐代绢画作品残片。其中,刺绣作品现藏于大英博物馆,编号为ch.00260(图2)。[①] 另两件绢画作品残片原本属于同一件绢画作品。斯坦因将其分割成多块后,将其中最大的一

① 又见大英博物馆编《西域美术·3》(日文版),第三卷,东京:讲谈社,1984年11月,彩色图版第1-1。

块留在印度，现藏于印度新德里国家博物馆，[1]其他的残片均带往英国，现藏于大英博物馆。松本荣一书中所举，即是其中一件较大的残片，编号为 ch.0059。[2]

因为早在松本荣一之前，斯坦因等人已经把上述英藏绢残片和刺绣上的倚山立佛残像定名为表现释迦在印度王舍城外的灵鹫山说《法华经》等大乘经典的“释迦灵鹫山说法图”了，[3]所以松本先生也沿用这一定名，直接把莫高窟第 203 窟倚山立佛塑像也归入“灵山释迦说法”这类图像的范围内。他详细比较了该铺倚山立佛塑像与另外三件作品间的异同，并结合汉文文献中关于中国的求法僧在印度巡游佛教胜迹并携带回龛像的相关记载，指出它们的图像来自中印度灵鹫山寺院中曾经存在的释迦说法像形式，而很可能就是临摹灵鹫山当地精舍内的释迦说法像图而来的。[4] 同时，他还注意到第 203 窟西壁龛内的倚山立佛左右两侧的胁侍菩萨塑像与上述大英博物馆所藏刺绣上立佛两侧的胁侍菩萨的造型有共通之处。不过，他并没有提到前述莫高窟第 332 窟和 448 窟中心柱上的这两铺倚山立佛形象。[5] 1965 年，野村昌耀在《中國文化と法華鑽研史との法華鑽研史の連關—敦煌壁画及び敦煌文書を中心として》一文中继续沿用了松本的定名，并首次明确地把“灵鹫山说法图”也划入法华图像之中。[6] 之后，陈清香又将前述刺绣定名为“灵鹫山净土变相”，认为其表现的是《法华经・如来寿量品第十六》中所描述的灵鹫山释迦净土。[7] 20 世纪八十年代初敦煌研究院所编《敦煌莫高窟内容总录》及其后修订版的《敦煌石窟内容总录》（以下简称《内容总录》）虽然把第 203 窟的倚山立佛定名为“凉州瑞像”，但同时却又把前述第 332 窟中心柱北向面和第 448 窟中心柱西向面的所绘这两铺倚山立佛定名为“灵鹫山说法图。”[8]同时还把分别绘于第

---

① Lokesh Chandra and Nirmala Sharma：*BUDDHIST PAINTINGS OF TUN-HUANG IN THE NATIONAL MUSEUM，NEWDEHIL*，published by NIYOGI BOOKS，New Delhi，2012，p.78，fig 11.11.

② 前揭《西域美术》（日文版），第一卷，彩色图版第 22。但斯坦因、松本荣一等对于该件绢画残片的定名有误，当为表现刘萨诃与凉州瑞像。

③ 斯坦因于 1921 年出版的《千佛洞图录》（*The Thousamd Buddhas: Ancient Buddhist paintings fro the Cave-Temples of Tun-Huang on the Western Frontier of China*）的中译本见斯坦因著，郑涛译《千佛——敦煌石窟寺的古代古代佛教壁画》，浙江人民美术出版，2019 年。图版 13、图版 34 及相关说明。

④ 松本榮一《燉煌画の研究》，东京：同朋舍，1986 年再版，第 335 页；又见林保尧、赵声良、李梅译《敦煌画研究》（上册），浙江大学出版社，2019 年，第 194—199 页。

⑤ 这或许受限于他所依据的图像资料吧，因为他当时主要依据的是斯坦因和伯希和等人从敦煌所获文书和拍摄的照片，而在斯坦因和伯希和的图录不见上述两窟中心柱上所绘的倚山立佛的照片。

⑥ 坂本幸男编《法華經の思想と文化》，京都：平乐寺书店，第 97—127 页。

⑦ 陈清香《佛经变相美术创作之研究》，台北“中华丛书”编委会印，1977 年，第 48—51 页。

⑧ 史苇湘《关于莫高窟内容总录》，《敦煌石窟内容总录》（修订版），文物出版社，1996 年，第 252 页。

332 窟东壁门北和同时期的第 205 窟北壁的各一铺说法图也定名为“灵鹫山说法图”。这是松本荣一等之前的学者们没有提到的。而伯希和图录中就收录有第 332 窟东壁的这幅说法图,[①]1987 年由大英博物馆编、日本讲谈社出版的《西域美术》(共三卷)也把前述三件绘画品连同第 332 窟中心柱北侧的北侧的倚山立佛解释为“灵鹫山说法图”。[②] 1997 年,马德在《敦煌刺绣〈灵鹫山说法图〉的年代及相关问题》一文中据曾立于第 332 窟前室的前述《圣历碑》中的内容及前述大英博物馆所藏刺绣下方供养人榜题中的“崇教寺维那义明供养”等文字认为,第 332 窟所绘的“灵鹫山说法图”与刺绣“灵鹫山说法图”均表现释迦在灵鹫山讲《法华经》的,而且认为第 332 窟与这件刺绣之间存在一定的渊源关系。[③] 直到 2006 年,印度洛克什·钱德拉等著《新德里国家博物馆所藏敦煌绘画品》一书仍然认为该馆所藏的那件绢画残片和前述大英博物馆所藏的那刺绣表现的就是释迦在灵鹫山说《法华经》的场景。[④]

3. “凉州瑞像”说

此说最早由史苇湘先生于 20 世纪八十年代提出,现已经成为学界主流观点。如前所述,他在 1982 年首版的《敦煌莫高窟内容总录》所附《关于敦煌莫高窟内容总录》一文中,首次提出初唐第 203 窟龛内的倚山立佛塑像为“凉州瑞像”的观点。[⑤] 接着,他又于 1983 年《文物》第 6 期上发表了《刘萨诃与敦煌莫高窟》(以下简称“史文”)一文,再次明确将第 203 窟和盛唐时期的第 300 窟西壁龛内所塑倚山立像以及五代时期的第 61 窟和第 98 窟这两窟背屏西面所绘的有山峦背景的立佛像定名为“凉州瑞像”,并推翻了斯坦因关于上述英藏绢画残片和刺绣的定名,也将之重新定名为“凉州瑞像”。[⑥] 但是他并没有对第 332 窟中心柱北向面和第 448 窟中心柱西向面的这两铺倚山立佛像原有的“灵鹫山说法图”定名提出异议。1994 年,肥田路美发表了《凉州番禾县瑞像故事及造型》一文,不仅把第 332 窟中心柱北向面这铺倚山立佛像也定名为“凉州瑞像”,还进一步把包括日本在内的她所见五十多件“右臂笔直下垂,右手五指向下伸直似作‘与

---

① 参见甘肃五凉古籍整理研究中心整理《伯希和中亚之行敦煌石窟》(图录)图版第 319,甘肃文化出版社,1997 年。

② 大英博物馆编《西域美术》(日文版),第三卷,第 277—278 页。东京:讲谈社,1984 年 11 月。

③ 马德《敦煌刺绣〈灵鹫山说法图〉的年代及相关问题》,《东南文化》2008 年第 1 期(总第 208 期)。不过后来他又修正了自己的观点,认为这两幅画面皆表现的是凉州瑞像。

④ Lokesh Chandra and Nirmala Sharma: *BUDDHIST PAINTINGS OF TUN-HUANG IN THE NATIONAL MUSEUM, NEWDEHIL*, published by NIYOGI BOOKS, New Delhi, 2012, p.78, fig 11.11.

⑤ 敦煌文物研究所编《敦煌莫高窟内容总录》,文物出版社,1982 年,第 197 页。

⑥ 史苇湘《刘萨诃与敦煌莫高窟》,《文物》1983 年第 6 期。

愿印',左手于胸前执袈裟一角"这一类立佛像统统都定名为"凉州瑞像",而不管其时代早晚,以及是否立于山岩间。① 在她之后,学界陆续发表的与敦煌瑞像或刘萨诃事迹相关的研究论文,也几乎一边倒地采纳了"凉州瑞像"说,未见有直接商榷的文章。② 有的学者甚至进一步把敦煌唐宋时期敦煌洞窟内所绘的原定为接迎佛的"右手垂下作与愿印,左手握袈裟衣角"的立佛尊像均定名为凉州瑞像。③ 而颜娟英于 2013 年发表的《从凉州瑞像思考敦煌莫高窟 323、332 窟》一文更直接把前述肥田路美对于第 332 窟中心柱北向面的定名作为立论的前提之一,对第 332 窟的思想体系进行了研究。④ 这也是笔者所见的与初唐时期敦煌此类立佛像有关的最近的研究论文。

三、"凉州瑞像"说献疑

正如本文一开始所提出的那样,尽管"凉州瑞像"说几乎成为目前学界关于初唐时期倚山立佛图像的"共识",但笔者仍就此说提出以下几大疑问。

第一,史文最早提出初唐第 203 窟"一铺三身"组合的立佛像和盛唐第 300 窟的单体的倚山立佛塑像(图 3)为"凉州瑞像"说这一新定名的主要依据有二。一是莫高窟从中唐时期开始出现明确带有榜题的这类立佛像,以及晚唐—五代时期出现的直接表现刘萨诃本人预言凉州番禾县山中出佛像的史迹画。前者如中唐时期第 231 窟和第 237 窟西壁龛内顶所绘的"凉州瑞像",后者如第 72 窟窟南壁通壁所绘的"刘萨诃事迹"画面。二是僧史中有关刘萨诃相关记载和敦煌藏经洞所出的描述刘萨诃神异传奇的几件《刘萨诃因缘记》写卷。但是,就第一条依据来讲,首先,中唐及以后出现的这些图像和画面中的立佛都是单个的立佛像。而与这些晚出的图像并不完全一致的是,第 203 窟的倚山立佛是"一铺三身"组合,宋代在龛两侧又各加塑了一身力士像。前述英藏唐代刺绣更是"一铺五身"组合。而且,在相关的文献中也只记大佛,不记有弟子和胁侍菩萨相随。对于二者间的这些不同,史文并未提及;其次,史文在对第 203 窟"一铺三身"

---

① 原文发表于日本《佛教艺术》第 217 号(1994 年);牛源译《凉州番禾县瑞像故事及造型》,《敦煌学辑刊》2006 年第 2 期。

② 卢秀文《刘萨诃研究综述》,《敦煌研究》1991 年第 3 期;又,尚丽新《刘萨诃研究综述》,《敦煌学辑刊》2009 年第 1 期。

③ 参见张小刚《凉州瑞像在敦煌——体现地方性的一种瑞像实例》,载《魏晋南北朝隋唐史资料》(第 26 辑),2010 年 12 月,第 259—266 页;又,祝巍山《永昌圣容瑞像与敦煌莫高窟因缘》,《河西学院学报》2005 年第 4 期。

④ 颜娟英《从凉州瑞像思考敦煌莫高窟 323、332 窟》,刊《东亚考古学的再生——张光直先生逝世十周年论文集》,台北:中研院历史语言研究所,2013 年,第 443—471 页。

图3　倚山立佛(第300窟,盛唐)

的立佛塑像和前述唐代刺绣上“一铺五身”立佛图像重新定名的同时,却在其主笔的《内容总录》中将与第203窟同时期开凿的第332窟中心柱北面向所绘的同样为“一铺三身”组合的倚山立佛定名为“灵鹫山说法图”。对于这种相互矛盾的定名,他也没有给出任何解释。值得注意的是,孙修身、党寿山先生于稍后发表的《〈凉州御山石佛因缘记〉考释》一文中,也只明确提到了前述盛唐第300窟的单体倚山立佛,并没有提到第203窟和第332窟的“一铺三身”的倚山立佛像。[①] 笔者推测,他们或许也是注意到了二者在图像上的这种差异性,而采取了较为谨慎的处理方式吧。就第二条依据来讲,史文在文中并未对初唐道宣(596—667)所撰之《续高僧传》和敦煌藏经洞所出的几件《刘萨诃因缘记》中关于刘萨诃西游以及他同莫高窟开窟之间的记事加以甄别,而是直接拿来引用。但其后孙修身、饶宗颐等学者则对上述这些材料中的一些说法和它们之间相互矛盾之处做了辨伪。研究者们注意到,在南朝梁时期慧皎撰的《高僧传》里并不见记载刘萨诃前往凉州及其预言番禾县出佛像一事,相关的记载在道宣所撰的《续高僧传》等著述里才出现。而在《续高僧传》里同样也不见其曾到印度巡礼圣迹一事,相关的记载首见于敦煌所出的《刘萨诃因缘记》写卷中。而这些写卷的抄写年代不早于晚唐—五代时期。因而认为刘萨诃本人其实并未去过印度,也没有到过敦煌。敦煌写卷中有关他与敦煌石窟的“因缘”是后人添加的。[②] 虽然有学者推测其创作年代很可能早至初唐,但也仅止于推测而已。[③] 而敦煌壁画中明确表现刘萨诃“事迹”的壁画也最早出现于晚唐—五代时期。因此,以敦煌本《刘萨诃因缘记》作为此前敦煌倚山立

① 孙修身、党寿山《〈凉州御山石佛因缘记〉考释》,《敦煌研究》创刊号(总第三期),1983年。

② 饶宗颐《刘萨诃事迹与瑞像图》,敦煌研究院编《1987年敦煌石窟研究国际讨论会文集》(石窟考古编),辽宁美术出版社,1990年,第336—349页;尚丽新《敦煌本〈刘萨诃因缘记〉解读》一文,载《文献季刊》2007年1月第1期;丁得天、高倩《刘萨诃及番禾瑞像的几个问题》,《吕梁学院学报》,2011年第6期。

③ 前揭尚丽新文。

佛像的定名依据显然也是不可靠的。最后须注意到，史文不论在正文中还是在参考文献中均未提及松本荣一先生的《敦煌画の研究》及书中对灵鹫山说法图的论述。这说明，史苇湘先生至少在撰写此二文时，很可能尚不知悉松本先生上述关于“灵鹫山说法图”的研究，当然也没有看到他所引用的相关汉文史料和印度石窟中早已存在的此类造像。①

第二，如前所述，继史文之后，肥田路美先生进一步把她所见到的五十多件具有“身着袒右肩袈裟，右臂笔直下垂，右手五指向下张开，左手于胸前执袈裟一角”造型特点的立佛像和绘画统统定名为“番禾县瑞像”（也即“凉州瑞像”），而且把这些“番禾县瑞像”划分为四类（详后）。同时，她也注意到了上述史文在重新定名过程中的一些遗漏和学界围绕刘萨诃与敦煌关系的讨论，并在她的文章中做了一些补充和进一步的说明。但笔者认为，这非但没有解答“老问题”，而且还带出了“新问题”。首先，同史文一样，她仍然以莫高窟中唐时期第237窟西壁龛顶附有榜题的立佛像作为其定名的图像依据。且不说这样“以后代证前代”是否可信，仅就是她所举的这两例有着榜题明确标明是“凉州瑞像”的图像而言，也存在相当明显的差异。虽然第237窟西壁龛内顶的“盘和都督府仰容山番禾县北圣容瑞像”立佛像身着袒右肩袈裟，右臂沿身体一侧笔直下垂，右手向下展开似作与愿印，屈左臂握袈裟一角，但开凿于开成四年（839）的第231窟西壁龛内顶东披所绘这身“盘和都督付（府）仰容山番禾县北圣容瑞像”则身着通肩式袈裟，右臂也并未下垂，而是曲于胸前，右手并结说法印。其左臂也并未置于左肩处，而是于下腹部执袈裟一角。这种右手不下垂，而是在右胸前结印的“凉州瑞像”，还见于莫高窟晚唐第9窟甬道顶与莫高窟第340窟甬道顶晚唐时期所绘的瑞像图。如晚唐第9窟甬道顶中央所绘凉州瑞像，身着通肩袈裟，左手于腹部握袈裟一角，右手于胸前结印（图4）。② 虽然

图4　凉州瑞像（第9窟，晚唐）

① 参见前揭松本荣一《敦煌画研究》（文本篇），第334页。

② 参见张小刚《敦煌佛教感通画研究》，甘肃教育出版社，2015年，第215、282页。

张小刚先生将此类立佛形象归于“凉州瑞像”之“B 型”,但笔者以为,它们的出现恰恰表明,一直到晚唐时期,“凉州瑞像”的图像模式仍然没有固定下来,那又怎么可以仅以“身着袒右肩袈裟,右臂笔直下垂,右手五指向下张开,左手于胸前执袈裟一角”的造型作为“凉州瑞像”定名的标准呢?这实在是一个不应该被回避的关键问题!其次,肥田先生进一步把她定名的“番禾县瑞像”分为四类:“第一类　在构成图解瑞像故事的画面中画入许多情节;第二类　表现为一尊、三尊或五尊形式,且不伴有故事情节的雕刻或画像;第三类　与种种如来像或像并置的形式;第四类　与牛头山等佛教圣迹组合而构成一幅画面。”①而依其划分标准,上述初唐时期的这三件倚山立佛像自然归于其中的第二类。在这四类中,第一、三、四类因为有着明确的榜题或故事语境,有其合理性。关于第二类,虽然肥田先生及后来的研究者也举出了数例有题铭和年代较早的这样的单体立佛像雕塑,如其中一件制作于武周圣历元年(698),另一件制作于盛唐时期的开元二十五年(737),②但上面至多题名“圣容像”,并未题“凉州瑞像”。而我们知道,其他瑞像亦有称“圣容像”的。

如前述第 231 窟西壁龛内顶披就绘有一身右手均于胸前结印的立佛瑞像,其左侧榜题中有“于阗海眼寺瑞像”之名,其右侧榜题又存“圣容像”之名。可见,仅从“圣容像”并不能直推“凉州瑞像”。更重要的是,正如肥田先生在文中也提到的那样,在印度本土,特别是 5—7 世纪笈多时期的立佛像中,这种“右臂下垂,右手向下伸直似作与愿印,左手上曲执袈裟一角”的立佛像是最流行的样式之一。如在阿旃陀石窟开凿于公元 5 世纪的第 19 窟、开凿于公元 6—7 世纪间的第 16 窟、第 6 窟等窟均可见大量的这类立佛像浮雕。如阿旃陀石窟第 6 窟下层门道里的这身立佛浮雕。这些立佛形象,有的表现佛在经行,有的表现佛在施舍,还有的表现为释迦授记的过去佛定光佛。那么,这种在印度笈多佛教艺术中颇为流行的立佛像样式传入中国后,难道就仅仅只表现在中国佛像中并不占重要地位的“凉州瑞像”?同时,这类立佛图像又是如何演变为“凉州瑞像”的标准图像?肥田先生也没有给出明确的解释。此外,有研究者还注意到,持“凉州瑞像”说者没有清楚地解答其神格问题。③

第三,如前所述,在所有有关“凉州瑞像”的文本资料中均没有记载其具体形象。

① 引自前揭肥田路美中文稿,第 167—168 页。

② 参见文静、魏文斌《唐代石雕刘萨诃瑞像初步研究》,《华夏考古》2011 年第 2 期。又见前揭丁得天、高倩文。

③ 前揭丁得天、高倩文。

在最早明确记载刘萨诃预言成真的《续高僧传》中也只有"忽大风雨,雷震山裂,挺出石像。举身丈八,形相端严,惟无有首"几句,[①]更没有弟子或菩萨相伴的记载。而目前所见的有明确榜题或故事语境的造像或绘画图像中的"凉州瑞像"也几乎为单体立佛。这与莫高窟初唐时期第203窟、第332窟及前述英藏唐代刺绣倚山立佛像均为"一铺多身"的组合在图像上有着明显的差异。因此,在没有对二者在图像上的这种明显的不同做出合理解释的情况下就直接把它们归为"凉州瑞像"的第二类中,难免有"先入为主"之嫌。

综合以上三点疑问,笔者认为,把敦煌初唐时期的这类倚山立佛图像定名为"凉州瑞像"尚不能成为定论,仍然有待商榷。同样,这类立佛图像仍然有其他定名的可能性。

四、"灵鹫山说法图"说再识

如前所述,松本荣一先生关于初唐时期这类倚山立佛的"灵鹫山说法图"定名是受到斯坦因对于前述英藏绢画残片和英藏刺绣作品定名的启发。虽然如史苇湘和肥田路美先生已经指出的那样,斯坦因对于绢画残片的定名已经被证明是错误的,[②]但如前所论,上述二先生对英藏刺绣作品的"凉州瑞像"的定名也同样不能令人信服。相比之下,斯坦因认为这件刺绣作品上被刻意强调的山峦即代表灵鹫山的认知则有其合理性的一面。[③] 灵鹫山即耆阇崛山的汉译,位于中印度摩揭陀国都城王舍城外:"耆阇崛山,此翻灵鹫,亦云鹫头。……山峰似鹫,将峰名山",[④]因其山峰似大鹫而得名。在佛教史上,耆阇崛山是释迦最主要的两处讲法地之一,大乘佛教的几部重要的经典如《法华经》《大品般若经》《金光明最胜王经》和《无量寿经》等皆在此处宣讲。在印度和中国佛教中,尤其强调此山与《法华经》的关系,将释尊讲《法华经》的法会称为"灵鹫会"或"灵山会"。表现释尊在此说法的"灵鹫山说法图"类造像很早就在印度出现了。随着佛教东渐,这类造像也传入中国。在敦煌石窟三十多铺法华经变中,特别是中唐时期定型的单幅画式法华经变画面,其基本的构图即是以自下而上以"灵山会"+"虚空会"组

---

① 《大正藏》第50册,第644页。
② 参见前揭史苇湘、肥田路美文及文中脚注。
③ 前揭斯坦因《敦煌图录》中译本第95—98页,图版第34。
④ (隋)智顗《妙法莲华经文句》卷一,《大正藏》,第34册,第5页。

合作为画面中心,其他均围绕这一中心来表现。[①] 其中,"虚空会"以释迦、多宝二佛共坐于多宝塔中说法的画面来表现,"灵山会"以法会的画面来表现。而在法会的画面上,都有意识地在背景中描绘出层层山峦,以突出"释迦佛是在灵鹫山说法"这一意涵。而斯坦因之所以把前述英藏刺绣倚山立佛像定名为"灵鹫山说法图",很可能正是基于这些认识。之后的松本荣一之所以接受斯坦因对前述绢画残片和刺绣的定名并把莫高窟第203窟的倚山立佛像也定名为"灵鹫山说法图",恐怕也是基于意识深处有关灵鹫山的这种认知吧。

松本荣一在他的讨论中还引用了许多来自中唐时期(766—835)沙门惠祥所撰《弘赞法华传》中有关"灵鹫山说法图"的相关记载和唐贞观十年(636)玄奘从印度带回的表现释迦在灵鹫山说《法华经》佛像一事。据该书所载,早在南北朝时期,南方、北方就都出现了专门表现释迦在耆阇崛山讲《法华经》的造像。《弘赞法华传》所载,早在北魏开国皇帝拓跋珪时期,就曾于天兴元年(398)"造耆阇崛山图一所。加以缋饰。莫不严具焉"。[②] 该书还记载,南朝宋景平元年(423)南京瓦官寺沙门帛惠高就曾造灵鹫寺,沙门释惠豪在寺中绘制灵鹫山图:"瓦官寺沙门帛惠高造灵鹫寺,沙门释惠豪智见通敏,巧思绝伦,于中制灵鹫山图。奇变无方,郁似睹真。其山林禽兽之形,天龙八部之状。历代未有,自兹始出。龛成之后,倾国来观。后世造龛,皆以豪为式。其龛东西深三十八丈,南北四十四丈四尺"(同上)。而该书也讲,初唐时期玄奘从印度带回了一件表现释迦在灵鹫山说《法华经》的"鹫峰山说法花经金像一躯":"(玄奘)于彼中天竺国,请得拟摩揭陀国鹫峰山说法花经金像一躯。通光座高三尺,色相超挺,妙绝人功。顶戴瞻仰,实万恒倍。至止之后,摸(模)写无穷矣。"[③]这条记载当依据慧立本、彦悰笺的《大唐大慈恩寺三藏法师传》中"拟摩揭陀国鹫峰山说法花等经像金佛像一躯。通光座高三尺五寸"一句而来。[④] 但其最早的版本当是由玄奘述,辩机撰文,于贞观二十年(646)成书的《大唐西域记》所记:请得如来肉舍利一百五十粒。金佛像一躯,通光座高尺有六寸,拟摩揭陀国前正觉山龙窟影像。金佛像一躯,通光座高三尺三寸,拟婆罗痆斯国鹿野苑初转法轮像。刻檀佛像一躯,通光座高尺有五寸,拟憍赏弥国出爱王思慕如来。刻

① 关于敦煌法华经变的构图意涵,参见拙稿《营造画面语境——关于敦煌法华经变"灵山会+虚空会"场景定名再思考》,刊《敦煌研究》2018年第3期。

② 《大正藏》第51册,第13页。

③ 《大正藏》第51册,第13页。

④ 《大正藏》第50册,第252页。

檀写真像刻檀佛像一躯，通光座高二尺九寸，拟劫比他国如来自天宫降履宝阶像。银佛像一躯，通光座高四尺，拟摩揭陀国鹫峰山说法花等经像。金佛像一躯，通光座高三尺五寸，拟那揭罗曷国伏毒龙所留影像。刻檀佛像一躯，通光座高尺有三寸，拟吠舍厘国巡城行化像。大乘经二百二十四部。[1] 松本荣一根据《大唐西域记》这段记载，认为玄奘带来的这件“拟摩揭陀国鹫峰山说法花等经像”是“银佛像一躯。通光座高四尺”。这也与后来季羡林等著《大唐西域记校注》一书中的断句相同。[2] 由此来看，此灵鹫山峰说法华经像当为银像而非金像，此误读当始于《大唐大慈恩寺三藏法师传》。如前所述，松本荣一认为敦煌的灵鹫山说法图中“佛通体站立，左手于胸前执袈裟一角，右臂垂直下垂，右手五指伸开”的图式乃直接继承了来自中印度的释迦灵鹫山说法图的样式。但佛身后灵鹫山山岳的表现形式以及后来法华经变“灵山会”中的山岳形象则是根据佛经描述想象而成的艺术形式，与中印度灵鹫山实际存在的释迦说法像没有任何关系。[3] 的确，敦煌的这几幅初唐作品中，山峦形状各不相同，这也表明没有统一的粉本，是由不同的工匠或画家各自发挥想象力创作的。当然，笔者以为，突出灵鹫山山峦作为灵鹫山说法图画面重要特征之一的描绘手法，并不是初唐时期才出现的，而是自隋代以不断探索、定型的结果。早在隋代第420窟窟顶北披的法华经变画面上，灵鹫山山峰就被描绘成一个高高挺立的鸟头状，雄伟的山体以表现鸟身，整个山顶似一只昂首的巨鸟，以象征“法华会”。到了初唐时期，这种象征手法继续沿用，而且更趋丰富。在前述第335窟西壁龛壁北侧上部，先以青绿色绘出一座巨大的山峰，峰顶宛如鹫首。接着，在相对的龛壁南侧下部，绘出一只展翅欲飞的巨大的金翅鸟。两者成呼应之势，共同用来象征“灵鹫会”。而第332窟中心柱北向面所绘的这铺倚山立佛则更有可能与《法华经》相关。如前所述，第332窟完工于武周圣历元年(698)。其时，李克让兄弟还在该窟前室南侧勒石立碑，以记功德。从现藏于法国国家图书馆的该碑碑文抄卷(P.2551)《李君莫高窟佛龛碑并序》中的一些文句可以看出，李氏一族对《法华经》表达的“三乘归一”“一佛乘”思想极为推崇。如“驰心八解脱，缔想六神通”(源自《法华经·授记品》)；“法身常住，佛性难原。形色化应，迹显真权”(源自《法华经·方便品》)；“修七觉，门袭三归”(源自《法华经·方便品》)；“著如来之衣，入如来之室”(出自《法华经·法师品》)，等等。另外一些文句也反映出与《大般涅槃经》、《维摩诘经》

① 《大正藏》第51册，第946页。
② 季羡林等《大唐西域记校注》，中华书局，1985年，第1041页。
③ 前揭松本荣一《敦煌画研究》(图像篇)，第335页(中译本第197页)。

与《华严经》等经典之间的关联。这又与该窟绘有出自上述经典的涅槃经变、维摩诘经变和卢舍那佛形象是相呼应的。但是,该写卷中并不见或反映“凉州瑞像”信仰或与之相关的暗示性文句。尤其值得注意的是,该写卷在描绘莫高窟的“妙相庄严”时,还专门以灵鹫山作比——“如归鸡足之山,似赴鹫头之岭”。[①] 在佛教史上,位于古印度摩揭陀国境内的鸡足山地位非常高。相传释迦灭度后,大弟子迦叶就是在鸡足山的禅窟里守护着佛衣袈裟,等待未来佛弥勒的降临。而“鹫头之岭”,当然是指灵鹫山。《法华经》等大乘佛教的诸多重要经典,均由释迦在此开讲。在该窟中心柱窟正面上方的窟顶就绘出一铺释迦、多宝“二佛并坐”说法图。据此,笔者进一步推测,这铺“二佛并坐”说法图很可能就表现“虚空会”,而中心柱窟北向面通壁绘出的那铺“倚山立佛”则代表“灵山会”。我们知道,敦煌中唐时期法华经变画面方至定型的以“灵山会”+“虚空会”组合作为画面中心的构图形式,早在初唐开始时期就开始了探索之旅。这样看来,而第332窟亦当归于此旅程一员。

综上所述,笔者以为,初唐时期敦煌石窟“灵鹫山说法图”的这种表现图式很可能受到初唐时从印度传来的灵鹫山说法图的刺激,终至发展成前述第203窟、第332窟那样的“一铺多身”的倚山立佛式的“灵鹫山说法图”(这也与松本荣一的研究结论相符——如前所述,他认为其所列举的那四件敦煌灵鹫山均直接来自印度的粉本)。

此外,如上举《弘赞法华传》所述,当玄奘回到长安后,他从印度带回的那件“拟摩揭陀国鹫峰山说法花等经像”受到人们顶戴瞻仰,乃至被广为临摹、复制。而据《大唐大慈恩寺三藏法师传》载,玄奘在到达于阗后上表给唐太宗。唐太宗降敕,并“令敦煌官司于流沙迎接。鄯善于沮沫迎接”。[②] 在敦煌官员的接迎下,他从阳关进入敦煌。到达敦煌后,他又上表皇帝,报告行程:“既至沙州,又附表。时帝在洛阳宫,进知法师渐近,敕西京留守左仆射梁国公房玄龄。使有司迎待。”(同上)据此推算,玄奘到达敦煌的时间当在贞观十八年(644)年底。笔者推测,他在敦煌期间也会见一些高僧大德,巡礼重要佛迹。也不会吝于把所携经、像示于当地僧众。而第203窟大体开凿于初唐时期的武德—贞观年间,这与玄奘西行往返的时间大体相当。那么,有没有这种可能,即当地的僧人或大德或塑匠亲眼看到了玄奘从印度带回的那些佛像,并在第203窟里模仿此塑像,塑造了一铺带有二胁侍菩萨的具有浓厚笈多风格的倚山立佛像。其后,又在

① 参见郑炳林《敦煌碑铭赞辑释》,甘肃教育出版社,1992年,第9—15页。
② 《大正藏》第50册,第245页。

第 332 窟、第 448 窟的中心柱上绘出了同样带有二胁侍菩萨的“一铺三身”倚山立佛图像？这里，仅提出假说，以待有识者进一步考证。

以上，笔者围绕敦煌初时期的“倚山立佛”的两种定名及其成立的经纬，先后就目前占据主流的“凉州瑞像”说存在的疑问，就“灵山说法图”说的合理性提出自己的看法。笔者以为，关于初唐时期倚山说法图定名的不同观点其实与如何看待印度佛教艺术中国化过程中的“粉本传来”与“本土转化”这两个相关环节的关系密切相关。而在没有确凿、直接证据的情况下，最后的结论有各种可能。而我们不断质疑的目的，其实也就是要尽可能地寻找这些可能的选项。

（作者单位：敦煌研究院）

何谓“七河”

赵梦涵

七河地区，俄语 semirechye，哈萨克语 zhetisu（维吾尔语 yettisu，即七水、七河）。七河作为地理名称出现于 19 世纪四十年代，“七”是泛指，表示多。“七河”起初指发源于天山北麓、从东南流入巴尔喀什湖（Balqaš）的诸河流，即伊犁河、喀拉塔勒河（Qaratal）、阿克苏河（Aqsu）、巴斯坎河（Basqan）、列普斯河（Lepsi）、阿亚古兹河（Ayaguz）、萨尔坎德河（Sarkard）。但随着萨尔坎德河与巴斯坎河因环境变迁逐渐改道并干涸，流经此地但不汇入巴尔喀什湖的楚河（Chu）、塔拉斯河（Talas）旋即被列入“七河”范畴。后来七河的范围扩展至东起塔尔巴哈台（Tarbaghatay）西至伊犁河，北自巴尔喀什湖南岸南抵准噶尔阿拉套山（Zhungarskiy Alatau）之间的辽阔地带。1854 年后，七河地区范围西达阿雷斯河（Arys），东邻额尔齐斯河（Ertis），北接巴尔喀什湖，南抵天山，包括巴尔喀什湖以南伊犁河流域为核心的众多流域以及哈萨克斯坦和吉尔吉斯斯坦北部的楚河流域、塔拉斯河（Talas）流域。七河流域大致包括了今天哈萨克斯坦境内的阿拉木图州、江布尔州及吉尔吉斯斯坦北部，主要由巴尔喀什湖盆地和楚河盆地组成。这两个盆地的平均高度为海拔 300—400 米，最低点是楚河盆地。

七河地区位于中亚的东南部偏北方，不同于北部的草原、南部的沙漠戈壁、东部的高原，这一地区地势平坦开阔，水资源丰富，载畜量为全中亚最高，地理位置优越。20 世纪五十至七十年代，苏联考古学家对七河地区的古墓葬进行了大量的考古发掘工作，并建立了该地区早期铁器时代的考古学文化序列。《伊犁河流域塞人和乌孙的古代文明》一书建立了塞人（公元前 7 世纪—公元前 4 世纪）、乌孙（公元前 3 世纪—公元 3 世纪）两个考古学文化序列，为后人研究塞人、乌孙考古学文化树立了标尺。

作为古代丝绸之路中枢的七河地区在张骞“凿空”西域前就联系着中亚草原与中国北方地区。在公元前 5—前 3 世纪主要是七河地区对新疆的影响，公元前 3 世纪—1 世纪主要是新疆对七河地区的影响。这可能与匈奴西迁有关。其后，七河地区又经历了汉西域都护府统治时期、西突厥汗国统治时期、唐统治时期、突骑施汗国统治时期等时期。

参考文献：

〔俄〕巴透尔德著，赵俪生译《七河史》，中国国际广播出版社，2013 年。

〔俄〕阿奇舍夫、库沙耶夫著，孙危译《伊犁河流域塞人和乌孙的古代文明》，兰州大学出版社，2013 年。

努尔兰·肯加哈买提《碎叶》，上海古籍出版社，2017 年。

马天、王烁《中亚国家首都选址的影响因素及其变迁与展望——基于自然、历史、新丝路的分析》，《伊犁师范学院学报》2019 年第 1 期。

张盟《公元前一千纪欧亚草原东部地区与中国北方地区的文化互动——以图瓦、阿尔泰和天山七河地区为中心》，《辽宁师范大学学报》2019 年第 6 期。

《丝路文明》第五辑
2020 年 11 月,139—145 页

古突厥语的纺织品名称*

〔德〕茨　默(Peter Zieme)　著
尤小羽　译　王　丁　校

纺织品是古丝绸之路上物质交流的大宗货品,无论是有关历史记载还是考古发现文物都很丰富。在过往的两千年中,欧亚大陆东西两端之间城邦国度的人们走到一起,通过贸易互通有无。有关货品的名称,有多语种语言学证据,多半来源于近代欧洲国家派出的中亚探险队获得的古代文书。

西域出土的多语种文书性质有所不同。1936 年印度学家吕德斯(Heinrich Lüders)出版了一本篇幅不大的专著《西域纺织品丛考》,对当时发现的公元 3—4 世纪佉卢文写本中的纺织类词语进行了研究,考证细致,引人入胜。① 于阗语文书中的有关名词,现有于阗语专家贝利(Harold B. Bailey)纂辑的一个词汇表。② 此外似乎未见其他语言的类似汇总性研究。

古突厥语文书主要发现于吐鲁番盆地和其他几个古代遗址,其中的纺织品词汇是笔者注意追踪的研究课题。涉及的文书既有记录世俗事务的写本,也不乏宗教内容的著作,全面的研究亟待进行。迄今为止,哈密屯(James Hamilton)对 qars(褐子)、quanpo

---

* 本文为国家社科基金重大项目“北朝至隋唐民族碑志整理与研究(18ZDA177)”的阶段性成果。作者就此题目先后有两篇论文发表,彼此略有出入:Peter Zieme,“Philologische Bemerkungen zu einigen alttürkischen Stoffnamen.” *AOH*(茨默《几个突厥织物名词的考证》,《匈牙利科学院东方学报》)Vol.48, 1995, pp.487-494; idem, “‘Silk’ and ‘Wad’ in Old Turkish terminology. A case of exchange on the Silk Roads and beyond.” *Türk Dilleri Araştırmaları*(《古突厥语表“丝绸”、“棉絮”的词——丝路内外交流之一例》,《突厥语言研究学报》)Vol.7, 1997, pp.149-155。译文综合两篇而成,并经作者审阅。

① Heinrich Lüders, *Textilien im alten Turkistan*. APAW(吕德斯《西域纺织品名词丛考》,《柏林科学院研究丛刊》)1936, No.3。参见伯希和发表于《德国东方文献报》的书评:Paul Pelliot, *Orientalistische Literaturzeitung* 42 (1938), Sp.184-188。

② H. B. Bailey, “Vāsta.” *AOH*(贝利《Vāsta 考》,《匈牙利科学院东方学报》)Vol.30, 1966, pp.25-43.

(官布)陆续做了一些研究。① 有关 böz"棉花/棉布"与突厥语文书,拉施曼(S. Raschmann)现有穷尽式的研究。② 古代吐鲁番地区的主要纺织产品就是棉花、棉布,以往有所猜测,现在由这项研究得以证实。其他种类的纺织品也有流通、使用,不过文献中较少提及。比较有名的还是丝绸,突厥语中叫作 torqo、torqu,克劳森(Gerald Clauson)认为是"(表丝绸义的突厥词的)拼法之一,似为外来语"。③ 对此,德福(Gerhard Doerfer)也持类似看法,认为这个词是一个"文明词",④但对其源流未予回答。⑤ 不过,他指出,突厥语 torqu 这个词跟俄语的 torg"买卖、市场"以及芬兰语的 turku"集市"有关,很有道理。有人甚至更进一步,想把 türk 也纳入一并解说,这就过犹不及了,不能成立。嚈哒人的钱币上有一个词,郝石溪(H.-W. Haussig)曾经在容克释读的基础上当作 torko 引据,⑥但是现在一般都认为该读法不对,应该是 tagino,⑦也就是突厥人所谓的 tegin"特勤、可汗王子"。不过,tegin 这个词像其他一些突厥官称一样,远在突厥人使用它们以前就存在了。⑧

突厥语表示丝绸的另一个词是 mïndatu,收录于马合木·喀什噶里《突厥语大辞典》。此外回鹘语写本中还有一些书证:

1. bïndatu,见于回鹘语译本《三藏法师传》第七卷 11a 4-6(bïndatu qurtï,对译汉文本的"蚕"字);

---

① James Hamilton & Nicoara Beldiceanu, «Recherches autour de "qars", nom d'une etoffe de poil.» *BSOAS*(哈密屯《毛织品 qars 考》,《伦敦大学亚非学院学报》)31/2 (1968), pp.330-346. *James Hamilton, Les 1 manuscrits ouïgours du IX*^{e}*-X*^{e} *siècle de Touen-Houang. Texts établis, traduits, et commentés*(《9 至 10 世纪敦煌回鹘语文书译注研究》). Paris: Peeters 1986, pp.178 以下。

② S. Raschmann, *Baumwolle im türkischen Zentralasien: philologische und wirtschaftshistorische Untersuchungen anhand der vorislamischen uigurischen Texte*(拉施曼《中亚棉花:基于伊斯兰化前回鹘语文书的文献学与经济史研究》), Wiesbaden: Otto Harrassowitz Verlag, 1995.

③ Gerald Clauson, *An etymological dictionary of pre-thirteenth-century Turkish*(克劳森《13 世纪以前突厥语语源辞典 å》), Oxford: Clarendon Press, 1972, p.539a.

④ 译者按:文明词(Kulturwort)即在两种乃至多种语言文化中广泛传播的词语,尤其指物质文化词汇。

⑤ Gerhard Doerfer, *Türkische und mongolische Elemente im Neupersischen*(德福《近世波斯语中的突厥语与蒙古语因素》), Wiesbaden: Franz Steiner Verlag, 1963-1975, Nr. 848.

⑥ H.-W. Haussig, "Überlegungen zum Namen der Türken". *Turcica et Orientalia: Studies in honour of Gunnar Jarring on his eightieth birthday, 12 October 1987*(郝石溪《有关突厥族名的一些思考》,《突厥与东方——亚林八十寿辰纪念论文集》, Stockholm 1988, pp.45-50.

⑦ G. Djelany Davary, *Baktrisch. Ein Wörterbuch auf Grund der Inschriften, Handschriften, Münzen und Siegelsteine*(达瓦里《巴克特里亚语词典——基于铭文、写本、钱币和印章》), Heidelberg: J. Groos, 1982, p.281 f.

⑧ 本文关于古突厥语 twrkw"丝绸"的这段话是会议之前写出来的,会议中我方才得知哈密屯主张它与"市场"义有关,与我置之不论不同,他给出的"杂货"(drogue)语源,见解很有理致。

2. bïndatu，见于《金光明经》古突厥语译本 Suv 489_{21}，kök önglüg bïndatu ton，对译“青色野蚕衣”。梵语形式为：nīlakauśeyasaṃvītā。

3. bantatu，见于回鹘语《弥勒会见记》哈密本（Hami II，1614–1615 以及 XI 7a10）。

4. bntatu 以及 batatu，见于 KP II，4，[①]初刊于 Heilkunde II 2_2，另外柏林藏回鹘语残片 T II 895（U 5502）正面第 5 行也包含这个词，可惜写本上下文不明。

5. bïtatu，这个写法是一个构拟形式，由李盖提（L. Ligeti）根据明代《高昌馆译语》提出。[②]

以上第 1、2 两种拼法出现于古突厥语《天请问经》（Devatāsūtra）。[③] 与喀什噶里辞典收录的词形对照，我们可以断定 bïndatu（即第 2 种拼写方式）应该是本来的拼法，这也跟蒙语的 mindasun(n)“茧绸”、卡尔梅克语的 mindasᵉn̥“丝绵”[④]可以协调起来。

克劳森认为，mïndatu 是一个外来词。这不是没有可能，但是他想从梵语maṇḍita“装饰精严、受崇敬的”引申这个词，思路不对，不能信从，首先一个原因，是突厥语内部的 m-到 b-有音变。因此推测的外来语源目前还不得其解。蒙语里有这个词，但是现代土耳其语的方言中却不见其踪影。[⑤] 所以无法确定是哪种语言借用了这个词。我们可以试将之与梵语的 paṭa，paṭṭa“一种布”[⑥]等词，甚至达罗毗荼语 Kannaḍa 方言中的 tuppaṭa，tubaṭa“毛布”，或者tuppaṟu“毛布、精细猫绒”相比较。[⑦] 这个问题目前尚难决定，且留待继续研究。

在此，我想为欧洲现代语言中的常见词 wad“丝绵”的语源提供一个新说。以往的

---

① 铁兹江在为哈密屯 *Le conte bouddhique du bon et du mauvais prince en version ouïgoure*（《回鹘语本善恶王子传》，Paris：Editions du Centre national de la recherche scientifique，1971）一书所作的书评里对此表示了保留意见，见 S. Tezcan，*Türk Dili Araştırmaları Yıllığı Belleten*（《突厥语言研究年报》），1975–1976，p.241。

② L. Ligeti，“Un vocabulaire sino-ouigour des Ming：le Kao-tch'ang-kouan yi-chou du Bureau des Traducteurs.” *AOH*（李盖提《明高昌馆译语研究》，《匈牙利科学院东方学报》）Vol.19（1966），p.141.

③ Peter Zieme，“Alttürkische Fragmente aus dem Devatāsūtra.” *Religionsbegegnung und Kulturaustausch in Asien. Studien zum Gedenken an Hans-Joachim Klimkeit*（茨默《〈天请问经〉的古突厥语残片》，《亚洲的宗教交会与文化交流——克林姆凯特纪念文集》），Wiesbaden：Harrosowitz Verlag，2002，S. 226–244.

④ G. Ramstedt，*Kalmückisches Wörterbuch*（兰斯铁《卡尔梅克语词典》），Helsinki：Suomalais-Ugrilainen Seura，1935，263a.

⑤ 倘若不是现代维吾尔语 kalabaṭun 中的一个成分的话。就 kalabatun，亚林主张痕都斯坦语源，引乌尔都语 kala battu（以及 kala batun）“金线、银线”为证。S.E. Malov 的异写形式中如下两种值得特别注意：kalavatu、kalavatun“细布”。

⑥ M. Monier-Williams，*A Sanskrit-English dictionary*（墨尼尔–威廉姆斯《梵英辞典》），Oxford，1899，579；Lüders，*Textilien*，pp.24–30.

⑦ T. Burrow，*A Dravidian etymological dictionary*（巴罗《达罗毗荼语语源辞典》），Oxford，1961，p.222b.

解释推测 wad 来自阿拉伯语 bāṭin[①] 或 biṭāna。[②] 对此,罗曼语学者瓦特堡(Walther von Wartburg)提出了很多不好解释的词例,对这个语源解释深表怀疑。他使用了很长篇幅讨论法语词 ouate(最早书证出现于 1493 年),当中他举了大量的方言例证,在此我只想引其中两例,其一是普罗旺斯方言型 vouato,义为"放在两张布料之间的细棉",其二是意大利语的卡拉布里亚方言里的 ovatta,发音变成 vattu、vatta,也值得注意。在他的《法语辞源》中他为这个词条做了如此结语:"因此,ouate 的来源仍是悬而未决。"[③]

匈牙利语 vatta 提供了进一步的词例,与德语 Watte 一致,都有双写的辅音 t。在俄语里对应词是 vata,后来借入雅库特语(Yakut)成了 bāta。俄语的这个词在许多近代突厥语中被译为"棉布"(pamuk)。许多其他语言也是同样情形。

在《柏郎嘉宾蒙古行纪》的一些版本中出现了一个词 audato,这个词引发了讨论,其核心问题由 P. Daffinà 作出如下的概括:不仅 Risch(p.258),而且 Bequet-Hambis(p.128)都读为 audato,并且都释义为 ovatta"棉絮"。不过,其他诸如 audaco、andaco、andato 等释读也同样是有可能的。另一方面,ovatta(法语对应词 ouate,德语对应词 Watte,英语对应词 wad,瑞典语对应词 wadd,俄语对应词 vata)本身是一个语源不明的词。[④]

诚然,古突厥语的 batatu 和欧洲语言中最初记录的 vattu、ouate 等词形之间存在较大的距离,但是我仍然认为后者是由前者而来,演变过程大体是:古突厥语 batatu > *battu(当中的元音失落) > *vattu。[⑤] 下一步的发展就是一目了然的了,现代形式中甚

---

① K. Lokotsch, *Etymologisches Wörterbuch der europäischen (germanischen, romanischen und slavischen) Wörter orientalischen Ursprungs*(骆克实《欧洲日耳曼、罗曼和斯拉夫语中来自东方的借词语源辞典》), Heidelberg: Carl Winter, 1927, No.273.

② N. Osman, *Kleines Lexikon deutscher Wörter arabischer Herkunft*(奥斯曼《德语中来自阿拉伯借词语源的小辞典》), München: C.H. Beck, 1993, S. 126.

③ *Französisches etymologisches Wörterbuch*. Band 21, Basel: Zbinden, 1965, 442b–444a.

④ P. Daffinà, "Note to Giovanni di pian di Carpine", *Storia dei Mongoli* (达菲纳《柏郎嘉宾考》,《蒙古史》), a cura di P. Daffinà, C. Leonardi, M. C. Lungarotti, E. Menestò, L. Petech, Spoleto: Centro italiano di studi sull'alto Medioevo 1989, p.493.

⑤ 参 G. Doerfer, "Die 'vier Wörter' mit b->v-, Null", *Hungaro-Turcica. Studies in Hounour of Julius Németh*(德福《四个从 b-演变成 v-或 b-消失的词》,《纪念聂美特匈牙利突厥学文集》), Budapest: Loránd Eötvös University, 1976, pp.136–147. 一个绝佳的例证是 Dernschwarm 的 dulwend(tülbent),参见 Zs. Kakuk, "Türkisches aus Hans Dernschwams Tagebuch I", *AOH* (迦库克《汉斯 · 德恩施瓦姆日记中的突厥语(I)》,《匈牙利科学院东方学报》), Vol.32 (1978), p.144。

至有词尾带-u 的词例(如卡拉布里亚方言)。

科恩(M. Cohen)对 wad 这个词进行了比较彻底的讨论,涉及全世界的很多语言,就历史变迁提供了有用的信息。他指出,在公元 7 世纪的日本诗文里出现了 wata("wad/丝绵"),不过也是语源不明。他的结论是:"长话短说,我以前认为,尽管外观上看,ouate、Pakhta 两个词颇有区别,然而稳定的唇音+a+齿塞音组合对于一个总体说来来源有据的词义加上货物贸易本身的可能性似可允许推论,ouate 就是 Pakhta。"[①]他的解释整体而言尚有很多困难。

此外还有其他可能的来源吗?《巴利词典》最新分册收录了词条 kappāsa,对应梵语的 karpāsa,义为"棉花"。该词典还收录了其他几个复合词,如 kappāś-aṭṭhi"一粒棉籽(或一粒棉籽或棉铃)",kappāsa-vaṭṭi"棉絮"。[②] 在巴利文里,vaṭṭi 一词有如下这些意思:1. 蜡烛芯(wick);2. 外壳、里衬、薄膜、表皮;3. 边缘、轮边、圆圈;4. 绦带、滚边穗子;5. 鞘、囊、篋;6. 一块/张、球;7. 展开、一注(水)。这些义项都指向我们这个表示"棉絮"的词,音韵方面的勘同也完全没有问题。印度作为植棉的起源地之一,提供一个有关名词,也是题中应有之义。

总的说来,我认为上述的突厥语源说有很大的可能性。

马合木·喀什噶里将突厥语的 mïndatu 翻译为阿拉伯语的 al-qazzīna,这个词又回到阿拉伯语 قز qazz"丝绸",不过进一步追溯的话,就是波斯语源的 qaz/kaz"生丝"、[③] kaž"廉价生丝"。[④] 这个波斯词也进入到突厥语里,诚如克劳森所说,喀什噶里辞典中著录的 käz 是"一种中国织锦的名称"。[⑤] 梯策作过一篇讨论阿纳托利亚语中的波斯语借词的文章,他认为,中古波斯语(巴列维语)的 kač"粗丝"在后来的近世波斯语、库尔德语中分别以 kaj、käž 的形式继续存在。[⑥]

---

① M. Cohen, "Ouate", *JA*(寇恩《Ouate 考》,《亚洲学报》)Vol.255, 1967, pp.163-168.

② *A critical Pāli dictionary begun by V. Trenckner, Continuing the Work of Dines Andersen and Helmer Smith*(《巴利文考证辞典》), Vol.III, Copenhagen: The Department of Asian Studies, University of Copenhagen, 1994, p.180.

③ F. Steingass, *A comprehensive Persian-English dictionary*(斯丹嘉斯《波英词典》), New Delhi 1973, p.968a, 1017a.

④ F. Steingass, *A comprehensive Persian-English dictionary*, p.1017b.

⑤ Gerald Clauson, *An etymological dictionary of pre-thirteenth-century Turkish*. Oxford, 1972, p.756b.

⑥ A. Tietze, "Persian loanwords in Anatolian Turkish", *Oriens*(《阿纳托利亚突厥语中的波斯语借词》,《东方》)Vol.20, 1967, p.147.

此外还有一个词,与 qaz/kaz 及其借用形式有关:近世波斯语中的 گزی gazī“粗质棉布”。[①] 也是在近世波斯语里还有一个词kajǐ “粗丝”,[②]库尔德语 käži“绦带”。[③] 这个词后来进入了奥斯曼土耳其语。“有条纹图案的一种织物,由丝的经纬线和棉线混合织成。从纬线角度看,是丝的经线与棉线合成组织而成,织成后,丝的所有经线聚合在一起,在薄薄的纬线之间,经线显得很粗壮。在织入条纹之后,整个织品放入一个绷框加热压制”。[④] 在阿纳托利亚方言中还有诸如 keci 等词,[⑤]也属于这一来源。土库曼语的keǰi“蚕茧”[⑥]和花剌子模语的 kcynyk“丝布”[⑦]等词,也应归于此类。

波斯语中存在多种相近词形,但是语源不明。如果外语的来源是可能的,那或许指向梵语 kāśi,这是一个用来指称某种纺织品的词,即出现于古突厥语文献中的 kaš。纺织品同实异名是常有的事。

这样一来,这个词就成为一个文明词,经过阿拉伯语的中介进入多种语言:西班牙语 gasa,法语 gaze,英语 gauze,德语 Gaze。骆克实(K. Lokotsch)支持这一条传播之路,同时否决了这个词是来自巴勒斯坦加沙(Ġazza,希伯来语形式是‘Azzāh,希腊语形式是 Γάζα)的说法。他说明的理据是城里没有纺织业,也就不会推动“加沙布”这样一个文明词的传播。[⑧] 如同大马士革织锦缎(Damast)的道理,很多纺织品正是根据产地的地名来命名的。

值得一提的是,波斯语的 gazī 很可能通过回鹘语的中介进入了汉语,写作“尅”(以及缂丝、刻丝),表示一种丝绣方式。“中国人认识尅丝是在 12 世纪,正值北宋,所见到

---

① F. Steingass, *A comprehensive Persian-English dictionary*, p.1088b.

② F. Steingass, *A comprehensive Persian-English dictionary*, p.1017b.

③ A. Tietze, “Persian loanwords in Anatolian Turkish.” *Oriens* Vol.20, 1967, p.147.

④ M. S. Kütükoğlu, *Osmanlılarda narh müessesesi ve 1640 tarihli narh defteri*. Istanbul: Enderun Kitabevi, 1983, p.348, Çözgüsü ipek, atkısı ipek ve iplik karışığı sık dokunmuş hâreli kumaş. Çözgüye nazaran atkı birkaç kat ipek ve iplikle karışık ve bir arada dokunduğundan atkılar, ince çözgüler arasında kalın olarak fark edilmektedir. Hâresi dokunduktan sonra, iki kızgın mengene arasında ezmek ve sürtmek suretiyle yapılmaktadır.

⑤ *Derleme Sözlüğü*, p.2714.

⑥ *Turkmenskij-russkij slovar'*(《土库曼语俄语词典》), Moskva: Izdatel'stvo Sovetskaja Ènciklopedija, 1968, p.387a.

⑦ Johannes Benzing, *Chwaresmischer Wortindex*(《花剌子模语词汇索引》), Wiesbaden: Otto Harrassowitz, 1983, p.351. 铁兹江提示此条语料,谨致谢意。

⑧ 参见 J. Ibrahim, *Kulturgeschichtliche Wortforschung. Persisches Lehngut in europäischen Sprachen*(J.易卜拉欣《词汇的文化史研究——欧洲语言中的波斯语借词》. Wiesbaden: Otto Harrassowitz Verlag, 1991, pp.103-104.

的是回鹘人穿着的是这种锦袍”。①

汉语 kesi 剋丝(刻丝、缂丝)

↑

梵语 kāśi(?)→ ? →中古波斯语、近世波斯语 kaz, gaz→古突厥语 käz

(gazī→奥斯曼土耳其语、
现代土耳其语 gezi)

↓

阿拉伯语 qazz→西班牙语 gasa,法语 gaze,英语
gauze,德语 Gaze,俄语 gaz 等

(作者单位:德国柏林勃兰登堡科学院、柏林自由大学突厥学研究所;
译者单位:德国波恩大学汉学系;
校者单位:上海外国语大学全球文明史研究所)

① Schuyler Cammann, “Notes on the origin of Chinese *k'o-ssu* tapestry”, *Artibus Asiae*(迦曼《汉语“剋丝”语源考》,《亚洲艺术学报》)Vol.11, 1948, p.98. 译者按:宋人洪皓曾在游历金国时,记录回鹘人“以五色线织成袍,名曰剋丝,甚华丽”。(《松漠纪闻》,《宋元笔记小说大观》(三),上海古籍出版社,2001 年,第 2792 页)宋人庄绰对“刻丝”的制作工艺作了如下的描述:“定州织刻丝不用大机,以熟色丝经于木桦上,随所欲作花草禽兽状,以小梭织纬时,先留其处,方以杂色线缀于经纬之上,合以成文,若不相连,承空视之,如雕镂之象,故名刻丝。”(《鸡肋编》卷上,中华书局,1983 年,第 33 页)

《敦煌学史事编年》(1934 年)

宋　翔　执笔

编者按：为了给学术界提供比较系统的敦煌学学术史资料，我们在从事国家社科基金重大项目《敦煌学学术史资料整理与研究》的过程中，对所收集的资料进行了编年整理。为广泛听取广大读者的意见，现将 1934 年的编年资料先行发表。

2 月 12 日　刘复“终日忙于开发书帐，周叔迦来，出敦煌写本三种，云是天津方姓（即方尔谦。① 正文中，凡编者所作之注解、补充，一律加括号，并比原文小一字号，下同）物，嘱为卖去度岁，索价二百元，即为与老傅（即傅斯年）讲定，由中央研究院购入，价一百五十元”。[刘育敦《刘半农日记（一九三四年一月至六月）》，《新文学史料》1991 年第 1 期，第 27 页]

2 月 13 日　“昨日周叔迦送来敦煌卷子，孟真（即傅斯年）请森玉（即徐森玉）看过，断为赝鼎，即将原物送还叔迦，百忙中多此一忙，殊无谓也。”[刘育敦《刘半农日记（一九三四年一月至六月）》，《新文学史料》1991 年第 1 期，第 28 页]

4 月 9 日　徐乃昌②“次儿次媳二十岁，赐敦煌唐人徐孝德书十八罗汉六字真言长寿经卷、绿松石分书‘颛顼之裔嬴姓伯益之后封于徐子孙因氏’印章、磁蝙蝠海棠”。（《徐乃昌日记》第 9 册，国家图书馆出版社，2015 年，第 382 页）

4 月 15 日　黄侃“甫欲出游而离明（即黄建中③）至，因问彼所影钞敦煌《文心雕龙》（即英藏 S.5478）”。（黄侃著，黄延祖重辑《黄侃日记》，中华书局，2007 年，第 980 页）

4 月 19 日　黄侃“借离明敦煌本《文心雕龙》影片廿二纸”。（黄侃著，黄延祖重辑《黄侃日记》，第981 页）

4 月 21 日　黄侃“假资出游，过中央研究院之门，忽思买《敦煌掇琐》，遂买得上辑二册（三元五角）、中辑二册（二元）、《敦煌劫余录》六册（四元）”“夜观电影，归遇雨。看《敦煌掇琐》”。（黄侃著，黄延祖重辑《黄侃日记》，第 982 页）

5 月 7 日　黄侃得“颖民（即陆宗达④）寄来大本《敦煌掇琐》中辑”。（黄侃著，黄延祖重辑《黄侃日记》，第 985 页）

5 月 9 日　黄侃致信陆宗达，提及《敦煌掇琐》一书。⑤

（下转第 156 页）

---

① 方尔谦（1871—1936），字地山，江苏扬州人。曾与李盛铎、何震彝等盗取运抵学部之敦煌写卷。晚年经济拮据，大量出售所藏敦煌写卷。

② 徐乃昌（1869—1943），字积余，号随庵，安徽南陵人。著名藏书家、刻书家。著有《积学斋藏书记》《积学斋书目》等。

③ 黄建中（1889—1959），字尧卿，号离明，湖北随县人。曾于北京大学受教于黄侃。时任职于中央大学。

④ 陆宗达（1905—1988），字颖民，浙江慈溪人。1922 年考入北京大学国文系。1928 年由黄侃推荐，任上海暨南大学讲师。1929 年任教于北京大学。后又兼任辅仁大学、中国大学、东北大学三校讲师。抗战期间曾发表《音韵学概论》。

⑤ 本编各条目之条文撰写，内容简洁者直接引用原文，复杂者则由编者总结写出，并将原文附于条文下。

《丝路文明》第五辑
2020 年 11 月,147—155 页

慧思陶勒盖碑铭的历史背景*

〔法〕魏义天　著　敖特根　马纳琴　译

摘　要: 发现和出版慧思陶勒盖碑铭为我们更好地了解第一突厥汗国时期蒙古高原的政治形势迈出了重要的一步。碑石是从图拉河左岸一横向山谷中发现的,靠近鄂尔浑河分水岭。关于碑铭语言的一个重要事实是它属于蒙古语族语言,该语言是一种帝国语言,最有可能的是柔然或拓跋语。在这个远离中原的地区,柔然语的可能性更大。柔然语的选择与早期突厥汗国粟特—突厥语共生关系相对立。在没有任何精确考古资料的情况下,确定其年代的主要依据是在第 5 列和第 10 列中提到的突厥的泥利可汗,此人于 595—604 年在位。碑文中没有其他名字会让我们想起泥利的阿史那王朝成员,因此它可能是描述泥利的失败,而不是歌颂其王朝。泥利被铁勒击败。碑文开头提到的菩萨可汗可能就是铁勒部落首领、第一位有重大影响的回纥统治者菩萨。他的统治时间和卒年不详,在 7 世纪 20 年代末仍然活跃,可能在 20 年前击败泥利可汗时发挥了重要作用。最重要的是他在图拉河畔建立了牙帐,此碑又是出于图拉河谷。谨慎地看来,慧思陶勒盖碑标志着铁勒(其中或有回纥)在北方崛起的开端。蒙古语的选择与突厥可汗对碑铭语言的选择大不同,并且可以追溯到柔然帝国的声望。它可能叙述了回纥政权的缔造者菩萨可汗的生平,或者是稍早些的一位佚名铁勒可汗的生平,其记事始于西突厥泥利可汗势力的瓦解。

发现和出版慧思陶勒盖(Khüis Tolgoi)碑铭为我们更好地了解第一突厥汗国时期蒙古的政治局势迈出了重要的一步。① 我们应该意识到,虽然迪特尔·毛厄(Dieter Maue)、穆罕默德·厄尔梅兹(Mehmet Ölmez)和亚历山大·沃文(Alexander Vovin)的共

---

* 国家社科基金重大招标项目“俄藏蒙古文献目录译介与研究”(18ZDA323)成果。
① 该项目得到了巴黎法国社会科学高等研究院研究基金的资助。

同研究表明了碑铭是用一种蒙古语书写的,他们设法解释了其中的一部分文字,这也是一项重要的古文字学和语文学成果,但由于缺少在时间和空间上足够接近的蒙古语平行文本,所以对于碑文的理解还只是部分而已。如果将我们的结果与同时期其他草原碑铭进行比较的话,这一点显得尤为明显。为此应补充一个事实,那就是我们掌握的可能只是碑文的局部内容,因为其附近(?)发现了另外一通残碑,目前尚未解读。此二石或许来自同一座碑,或许也不是。对阐释这段历史,这些都是必备的严格条件。笔者将仅对碑文背后的政治力量提出一个可能的假设。这一假设是有条件的,那就是今后我们还需要做进一步的识读、确认和解释。

我们既有外部数据又有内部数据。外部数据包括发现地点、地形特征、文字和语言的选择等。内部数据来自碑文内容,主要是官衔、专有名称和部分短语以及孤立的词。

碑石是从图拉河左岸一横向山谷中发现的(北纬 48°08′14.8″,东经 103°09′49.4″,海拔 1 648 米)。[①] 实际上,该地点离图拉河较远,稍靠近鄂尔浑河,离分水岭不远。但它位于图拉河系和流域。在牧业经济背景下,对河谷的控制是权力的重要组成部分。碑铭背后的政治团体位于更广阔的图拉河谷,而不是在鄂尔浑河(尽管靠近该河)、色楞格河、塔米尔河或更西端的阿勒泰山谷。

有关该遗址的考古资料很少,先前此地已经被人洗劫一空。它位于一座小山北部中央带有凹陷的圆形石丘处。[②] 石丘直径为 18 米,中央部分直径为 14 米。在凹陷处的底部发现了一些石头,共有 8 块石板碎片,也许是石棺遗留。[③] 关于这两块碑石的发现地点有不同的说法,其中一个可能不是就地发现,而是在较远的地方发现的。

婆罗米文的使用令人震惊。[④] 大约从 5 世纪起,塔里木盆地就使用了婆罗米文,在那里它取代了较早的佉卢文(Kharoṣṭhī)。它与佛教息息相关。在蒙古草原,仅有的另

① 非常感谢大泽教授提供碑文发现地点精确的 GPS 坐标。见大泽孝(Takashi Ōsawa)、铃木宏节(Kosetsu Suzuki)、孟和图鲁嘎(R. Munkhtulga)《Bichees Ⅱ:2006—2008 年蒙古历史遗迹和突厥碑文研究报告—日蒙联合考察项目“Bichees Ⅱ”》(*Bichees Ⅱ: Report of Researches on Historical Sites and Turkic Inscriptions in Mongolia from 2006 to 2008. Japan-Mongolian Joint Expedition Project* “*Bichees Ⅱ*”),乌兰巴托:SOFEX Co.,2019 年,第 93 页。

② 参见穆罕默德·厄尔梅兹《慧思陶勒盖碑铭——关于碑铭的发现、保存地点、保存状况以及一次实地考察》(“The Khüis Tolgoi inscription: on the discovery, whereabouts, condition of the stones, and an on-the-spot visit”),载《亚洲学报》(*Journal Asiatique*)第 306 卷第 2 辑,2018 年,第 287—289 页。

③ 卓尔达斯别科夫(M. Zholdasbekov)、萨尔塔克扎乌里(K. Sartkozhauly)《鄂尔浑碑图集》(*Atlas Orxonskix pamjatnikov*),阿斯塔纳:阙特勤(Kultegin),2006 年,第 35 页。

④ 参见迪特尔·毛厄《符号与读音》(“Signs and Sounds”),载《亚洲学报》(*Journal Asiatique*)第 306 卷第 2 辑,2018 年,第 291—301 页。

外一个婆罗米文碑铭是布古特(Bugut)碑中的婆罗米文字部分,582 年为纪念突厥佗钵(Tatpar)可汗而立,位于慧思陶勒盖以西 145 公里处。在突厥第一汗国之后,草原上已知的碑铭只使用了粟特文、汉文和突厥鲁尼文,在那里不太可能出现后期复兴的婆罗米文。慧思陶勒盖碑很可能属于 5 至 7 世纪,也就是说,刻于柔然或早期突厥时期。

关于碑铭语言的一个重要事实是它属于蒙古语族语言。虽然人们普遍认为在 5 至 7 世纪应该在蒙古东部或中国东北地区寻找蒙古语族群,但在这里,却有一位统治者在蒙古中西部地区使用了蒙古语。该语言可能是:

— 通用语言:这是一个不太可能的假设,因为粟特语是该时期的通用语言;

— 一种皇室语言:柔然或拓跋是最有可能的选项;

— 政治团体本身的语言。

除了语言的附属关系和碑文内容外,所有这些数据都为大泽(Ōsawa)教授所掌握,当时他建议将碑文背后的统治者确认为 Umra 可汗(或 Umna),即汉文史料中的"庵罗"(早期中古汉语读音为'ʔəm-ra')。[①] 汉文资料显示,佗钵死后,Umra 立刻成为突厥汗位的竞争者,且定居于图拉河畔。他是布谷特碑铭(一面为婆罗米文)的发起人,或者是发起人之一。他的历史与两组重要数据相吻合,即碑铭的发现地点和对婆罗米文的使用。这是一个完全合理的推论,只有通过对碑文内容和内部数据的了解才能对其作出更正。[②]

关键是在第 5 列和第 10 列中提到了突厥的泥利可汗(ṇı$_1$ṛı qaγan türü̃g qaγan)。这毫无疑问指向了汉文史料中提到的泥利可汗,他于 595—604 年在位,是木杆可汗之孙,从天山北部的老营,宣称自己是整个突厥帝国的继承人。曾于 595 年派遣一名使者到拜占庭,与中国公主通信,与其敌人东突厥发生战事。603 年,他和他的继承人被铁勒击败,604 年与可敦一同去世。[③] 其墓志位于特克斯(Tekes)山谷,另有尚未刊布的昭苏

① 大泽孝《从于都斤山到天山地区的早期古突厥汗国语言、文化和异教信仰共存的历史意义》("Historical Significance on the Coexistence of Languags, Cultures and Cult-believes under the Early Old Turkic Kaghanate from the Ötükän yïš to the Tianshan Regions"),载《列·尼·古米列夫的遗产与现代欧亚一体化——第 9 届欧亚科学论坛论文集——列夫·尼古拉耶维奇·古米列夫诞辰 100 周年纪念文集》(*Nasledie L. N. Gumileva i sovrememnaja evrazijskaja integracija. Triudy IX Evrazijskogo nauchnogo foruma. posvjashchennogo 100-letiju so dnja rozhdenija Leva Nikolaevicha Gumileva*),阿斯塔纳:列·尼·古米列夫欧亚国立大学(Astana: ENU),2012 年。

② 参见亚历山大·沃文《慧思陶勒盖碑解读》("An Interpretation of Khüis Tolgoi Inscription"),载《亚洲学报》(*Journal Asiatique*)第 306 卷第 2 辑,2018 年,第 303—313 页。

③ 魏义天《莫里斯与可汗——泰奥菲拉克特·西摩卡塔所记突厥史料》("Maurice et le Qaghan: à propos de la digression de Théophylacte Simocatta sur les Turcs"),《拜占庭研究评论》(*Revue des Études Byzantines*)第 68 卷,2010 年,第 219—224 页。

县粟特文碑铭记录了他的生平及卒年。慧思陶勒盖碑铭中提到了泥利可汗,与581—582年事件相隔一代,因此,似乎很难认定碑铭中未提及的Umra为其发起人,此人应该与泥利同时代,或晚于泥利。

如果碑文中出现的"añakay"为人名而非普通词语的话,那么他又是一位著名人物,与最后一位柔然可汗"阿那瓌"同名。只可惜,碑文此处有裂缝,他的名字后面有无头衔,不得而知,即使有,我们也没有理由认为那就是"可汗"。其间,曾出现过若干个阿那瓌,例如,在一件拜占庭资料中提到了另一位阿那瓌。① 因此,"Añakay"一名无法为我们提供有关碑文年代的线索。与此相反,史上只有一位泥利可汗,说明碑文年代应大约为595—640年,即595年泥利获得可汗头衔之后或其后的一世之内。

但是,由于很多内部和外部的原因,这不可能是泥利可汗的碑铭。草原碑刻皆立于为之颂德的政治实体之中心,而天山北部泥利汗国的统治中心与此碑所在地相去1 800公里;保存完好的草原碑刻发起人姓名通常会出现在碑文开头,但泥利之名在第5列前未见;昭苏县泥利碑铭是用粟特文及粟特语写的,而非婆罗米文和蒙古语。慧思陶勒盖碑不可能是根据泥利的命令创建的,它提到了泥利,却非出于泥利。

如果我们相信草原同时期(即6—8世纪)碑铭间的相似性,我们将面临两种可能性。慧思陶勒盖碑可能是泥利家族中的一名成员所立或为泥利家族中的一名成员而立;也可能是击败泥利并自夸其胜利的敌人的碑铭。

泥利的祖父、父亲和儿子从汉文资料和昭苏碑铭中都可以得知:他是木杆可汗之孙、鞅素(早期中古汉语:ʔɨaŋʼ-sɔʰ)特勤之子(除了'鞅素'这个名字,关于此人,一无所知,甚至在昭苏碑铭中亦未见其名)、②达漫(早期中古汉语:dat-manʰ)可汗之父亲。在慧思陶勒盖碑铭中他们没有被提及。

如果这不是泥利朝代的碑铭,那么,它应该是他敌人的。这里有两种历史可能性,一种是无文献资料考证但具有可能性,另一种是有可考证的文献资料。

在解释这一点之前,笔者先对碑文中的一词提出拙见。第1列最后一词可以读作

① 梅南窦(Menander)关于575—576年出使突厥的拜占庭使节的叙述中所提到的乌提格尔人(Utigurs)部落首领"Anagai"(残卷19.1,布洛克利(R. C. Blockley)《卫兵梅南窦史》(*The History of Menander the Guardsman*),利物浦:F. Cairns,1985年,第173页)。

② 沙畹(É. Chavannes)《西突厥史料》(*Documents sur les Toukiue [Turcs] occidentaux*),圣彼得堡:科学委员会(Commissionaires de l'Académie des Sciences),1903年,第3页注2。参见魏义天《叔伯与兄弟:阿史那可汗和突厥人亲属关系词汇》("Oncles et frères: les qaghans Ashinas et le vocabulaire turc de la parenté"),载《Turcica》第42卷,2010年,第271—274页。

<to ro-3>,正如迪特尔·毛厄文章图 5 中所示。其中<3>为未知符号 n°3。迪特尔·毛厄在最近的一次建议中提到这个符号可以被解释为-g-,而亚历山大·沃文的文章则是以我们之前对该符号的理解(-ks-)为依据而撰写的。这个词对解读碑文历史极为重要:如果我们相信同时代碑铭的相似性,那么它应该是一个可汗或一个部落的名字。我将保留未知符号"3"的这个暧昧的转写。

关于第一种历史可能性,迪特尔·毛厄指出如果第 1 列中的<to ro-3>代表 torog,那么 torog qaɣan 可能是汉文史料中翻译成"都六"(早期中古汉语:tɔ-luwk)的可汗,即达头(Tardu)的儿子。① 我们对都六一无所知,但很明显,在 6 世纪 90 年代的某一时刻,泥利在西面确立了自己的地位,而达头(及其儿子?)被驱逐到东方,在那里他设法让人们承认他为突厥人的可汗。我们可以想象这个都六可能统治了图拉并在那里击败了泥利,当然,这是一个无法证明的假设。泥利在我们的碑铭中被授予突厥可汗头衔,这无疑是对上述假设有力的反驳。

最明显的可能性就是这是一座铁勒碑铭,其中叙述了泥利及其继承人在铁勒面前的惨败。远在中国的编年史中也有"是岁,泥利可汗及叶护俱被铁勒所败"②的记录,通常汉文史料对泥利的记载非常少,可见这是一个重大历史事件。碑文中的一个细节实际上可能也指向这一失败:在第 5 列中与泥利可汗一起提到了可敦和诸王。我们从汉文史料得知,泥利和其继承人叶护(yabghu)被打败;从昭苏碑铭中得知他的妻子和他一同去世。此细节可能反映在我们的碑文中,与新乌苏(Shine Usu)碑铭北侧的第 10 行文字直接对应:"我抓到了乌苏米施(Özmish)可汗和他的妻子(可敦),从那以后,突厥人已不复存在。"③

《隋书》中曾对铁勒部落有很长的描述,认为铁勒部落一直延伸到亚速海(Azov sea):"独洛河(图拉河)北有仆骨、同罗、韦纥、拔也古和覆罗;部落首领并号俟斤(erkin),再往西一点有蒙陈、吐如纥、斯结、浑、斛薛等诸姓,胜兵可二万。"④

① 据昭苏县碑铭得知,鞅素特勤为木扞之子、泥利之父,不可能为达头之子都六可汗之别名。

② 《隋书》卷八四,第 1874 页。

③ 碑文见森安孝夫(T. Moriyasu)、敖其尔(A. Ochir)《1996—1998 年蒙古国历史遗迹与碑铭研究临时报告》(*Provisional report of researches on historical sites and inscriptions in Mongolia from 1996 to 1998*),东京:中央欧亚研究会(Society of Central Eurasia Studies),1999 年,第 183 页。笔者很疑惑碑铭第 6 行的 Bargol 是否不是地名,即哈密附近的巴里坤(Barkul)。

④ 米哈利·多布罗维茨(Mihály Dobrovits)《拜占庭眼中的阿尔泰世界——蔡马库斯突厥之旅(公元 569—570 年)历史状况述评》("The Altaic World through Byzantine Eyes: Some Remarks on the Historical Circumstances of Zemarchus>Journey to the Turks (AD 569-570)"),载《匈牙利科学院东方学报》(*Acta Orientalia Academiae Scientarum Hungaricae*)第 64 卷第 4 辑,2011 年,第 375 页。

换句话说,发现碑铭的地区是铁勒部落的中心,当时他们对试图征服他们的泥利可汗发动了全面战争。的确,最近在图拉河北岸扎穆日苏木(Zaamar)附近,距离慧思陶勒盖以东大约80公里处发掘出一座公元7世纪下半叶的仆固墓及其汉文墓志铭。

可以肯定的是,这应该是603年之后泥利可汗的敌人立的碑,与铁勒部落有关。

那么,事情开始变得更加具有假设性。

如果这种假设成立,那么泥利对手的全名和头衔一定在碑文的开头出现,而且有两种可能:一是ḅɩṭı$_1$-ñ̤ạr qaɣan,亚历山大·沃文将其解释为某位未被确认的Bitiner qaghan;另一个是ş̆ı$_1$ñ̤ın bodısatva tọrọ3 qaɣan“新菩萨tọrọ3可汗”。我将在后面讨论这个Bitiner。

在突厥统治者中,Bodhisattva常被用作名号之一部分,这是一个公认的事实。事实上,第一位有重大影响的回纥统治者叫菩萨,即Bodhisattva惯用的汉字译名。在汉文史料中菩萨没有被称作“可汗”,而是被冠以“颉利发”。① 但是,汉文史料中所提到的都是些中国朝廷授予或认可的官衔。像这种虽然在官修史书中没有记载,但自称“可汗”的例子却很多。例如在640年,一名回纥首领,实际上是菩萨的继任者,汉文史料记此人为回纥颉利发吐迷度(Tumidu),被授予“怀化大将军”称号。但他已经自封为可汗。②

考虑到这种偏见,我们认为回纥的早期统治者菩萨似乎以正确的名字出现在正确的时间和地点,此碑有可能是为纪念菩萨而立的。他应该是碑文开头之处出现的新菩萨可汗,他已修成正果,即已故去。③ 当时,操突厥语的回纥人作为主要的部落正在铁勒部落联盟中崭露头角,他们与薛延陀达成协议并与之竞争。我们从《旧唐书》中可以得知铁勒诸部中回纥势力的兴起源于菩萨。他于7世纪20年代末仍然活跃,但我们却不知他的统治始于何时,卒于何年。他可能在20年前击败泥利可汗时发挥了重要作用。正如我们在《新唐书》中所了解到的那样,他的政治生涯很长,甚至在他父亲去世之前已经开始了。最为重要的是,他在图拉河畔建立了牙帐(“树牙独乐水上”),此碑

---

① 《旧唐书》卷一九五,第5195—5196页:“初,有特健俟斤死,有子曰菩萨,部落以为贤而立之。贞观初,菩萨与薛延陀侵突厥北边,突厥颉利可汗遣子欲谷设率十万骑讨之,菩萨领骑五千与战,破之于马鬣山,因逐北至于天山,又进击,大破之,俘其部众,回纥由是大振。因率其众附于薛延陀,号菩萨为‘活颉利发’,仍遣使朝贡。菩萨劲勇,有胆气,善筹策,每对敌临阵,必身先士卒,以少制众,常以战阵射猎为务。其母乌罗浑主知争讼之事,平反严明,部内齐肃。回纥之盛,由菩萨之兴焉。”译文见沙畹《西突厥史料》,第89—90页。

② 沙畹《西突厥史料》,第91页。

③ 关于10世纪于阗文中的相似记载,见E. G. 普利布兰克(E. G. Pulleyblank)《关于钢和泰卷子的年代》(“The Date of the Stael-Holstein Roll”),载《大亚洲》(*Asia Major*)第4卷第1辑,1954年,第92页。衷心感谢迪特尔·毛厄教授为笔者提供这份资料。

又是出于宽阔的图拉河谷。[①] 后来,回纥人向北扩张,出现在色楞格河流域。泥利的被击败与7世纪30年代初回纥菩萨可汗统治的结束,其间的时间跨度,与菩萨在泥利的去世中扮演重要角色这个事实是相吻合的。

然而,这种解释尚有盲点,第1列(bịṭı̣$_1$-ñạr qaγan dig*i$_1$*n *š*ı̣$_1$ñı̣n bodı-satva tọrọ3 qaγan bụdạ qaγanu uqa3 uqaǰu)的解释有必要进行修改,我们必须回到亚历山大·沃文的较早的解释,即bıṭīñạr为Bitig"碑文"的复数形式,而非Bitiner可汗。事实上,Bitiner可汗,不详其人其事,且其名于碑中不复出现,如果是他的墓志铭,那就非常奇怪了。——相比之下,佗钵在布谷特碑中至少被提及7次,以示对他的纪念之意——而šı̣$_1$ñı̣n bodı-satva tọrọ3 qaγan一语在第8列以相同的完整形式再次出现。总而言之,"Bitiner可汗死,当(新)可汗为一新菩萨重生时,悟入佛之知见",这似乎很难从历史角度解释。它既不提及相关的政治团体,亦不言未来新可汗之名。此外,这也是同时期草原碑铭中如此重视宗教的独特例子。这很大程度上取决于<to ro-3>的最后一个辅音(簇)的音值。如果该单词读作töröks(ä),那么它的确可以解释为"重生",这似乎与上下文很贴合,因为上下文中包括菩萨和佛。但是,这样的宗教宣言没有理由在第8列中重复出现,更为重要的是此处依然没有提到人名。因为这种重复,笔者无法理解为什么šı̣$_1$ñı̣n bodı-satva tọrọ3 qaγan不能是某种名号。这种解释得到了以下事实的证实:在第9列,我们有一个不是菩萨的toro-3 qaγan,即*tụwạ-ñạr* qaγan *tọ*rọ3 qaγanun。显然,šı̣$_1$ñı̣n bodı-satva tọrọ3 qaγan不仅是一个名字,而且其中的toro3 kagan,也就是说"某某政治集团的可汗"应该是一个常用的惯用语。如果它的读音是Torog qaγan("g"代表迄今未确定的软腭音),那么它显然会让人想起铁勒。辅音结构似乎与各种汉文转写一致,不管是过去的*tägräg,还是最近的*täräg。[②] 但元音系统则不同,在汉文中,应该用合口音节转写torog,但Tiele(铁勒)及其变体要用开口音节。但是,这或许是因为Tiele和torog均为同一个政治集团突厥语自称在两种不同语言中的不同转写形式。如果接受这一解释,那么该碑铭就是铁勒可汗新菩萨的碑铭。

---

① 《新唐书》卷二一七下,第6111—6112页:"回纥姓药罗葛氏,居薛延陀北娑陵水上,距京师七千里。众十万,胜兵半之。地碛卤,畜多大足羊。有时健俟斤者,众始推为君长。子曰菩萨,材勇有谋,嗜猎射,战必身先,所向辄摧破,故下皆畏附,为时健所逐。时健死,部人贤菩萨,立之。母曰乌罗浑,性严明,能决平部事。回纥繇是寖盛。与薛延陀共攻突厥北边,颉利遣欲谷设领骑十万讨之,菩萨身将五千骑破之马鬣山,追北至天山,大俘其部人,声震北方。繇是附薛延陀,相唇齿,号活颉利发,树牙独乐水上。"

② E. G. 普利布兰克《高车——突厥前的突厥语民族》("The <High Carts>: A Turkish-Speaking People Before the Türks"),载《大亚洲》(*Asia Major*)第3卷第1辑,1990年,第22页。

笔者对这种解释不是十分满意,不仅是因为文字和音韵的原因,而且是因为历史的原因。的确,人们不禁要问,为什么在7世纪20年代草原上扮演重要角色的菩萨墓志中两次提及20年前击败泥利之功,而未提及离当时的时间点最近的胜利呢?如果另有第二块碑石,其生平应当续刻在那块碑上,但这是非常值得怀疑的。我们现有碑文最后一词为 bɩtig,即"碑文",盖指向跋尾。而最后一列中的小字母(akśara)并不支持其后必有第二碑的假设,若有,勒石者不必用小字。

另一个问题是 Tuwa 的角色。此名有些神秘,在碑文中出现了三次,包括 *tụ̈wa-̤ñạ̈r* qaγan"Tuwa(复数?)的可汗"。笔者尚未弄清这些语句的意思。迪特尔·毛厄建议称 Tuwa 或为都播,早期中古汉语读音为 tɔpaʰ,是铁勒联盟中一群以狩猎和采集为生的人。但他们住在更远的北方,其政治作用难以捉摸。Tuwa 会不会是汉语呢?即"拓跋"(早期中古汉语 tʰak-bəɨt)的音写呢?如果是那样,这就能够充分证明碑铭语言不是拓跋语。Tuwa 可能是拓跋语中拓跋人的自称吗?那么它在汉文中不应该转写成"拓跋",因为拓跋魏于其国中总有办法和时间以更正其名称的误写。从历史的角度来看,碑文中出现汉语可以讲得通,因为菩萨作为盟友积极参与了中原王朝对最后一任东部可汗颉利的几次战役。但碑文文字中似乎没有提到颉利委派的将军欲谷(早期中古汉语 juawk-kəwk)设(shad)。他在一次重要战役中被菩萨击败。泥利可汗死后,政治局势变得极其复杂,突厥可汗们在与铁勒诸部的对峙中重新占据上风,之后又被击败。而薛延陀则扮演着重要角色,自封为可汗。① 这些对于我们的碑刻而言,是可有可无的。从逻辑上讲,它应该把重点放在菩萨的胜利上,而不是他的失败上。

然而,这个碑铭完全有可能是为一位不知名的、即汉文史料中未见记载的可汗而立的,譬如,为一不知姓名的铁勒可汗而立的,他曾于603—604年攻打达头和泥利。可能有一位叫 Torog 的可汗,被授予"新菩萨"封号,为某位 Bitiner 可汗之子。那么,汉文史料中的"图拉河上的菩萨(Pusa)"与我们碑铭中的"图拉河上的菩萨(Bodhisattva)"之间的对应关系,可能只是重复了汉文史料中未曾注意到的先前的一种情况。无论 Torog 为人名还是铁勒旧名之转录,都可能是正确的。

这两种解释都非常符合我们对草原历史的新认识。在最近的《离别于都斤》一文

---

① 沙畹《西突厥史料》,第91—96页。

中,笔者论证了在7世纪的大部分时间里,蒙古高原没有突厥势力存在。① 东突厥可汗的权力中心在戈壁以南,靠近阴山的河套地区。只是在7世纪90年代,暾欲谷(Tonyukuk)试图通过突袭重新征服北方。在7世纪的大部分时间里,蒙古高原主要是铁勒诸部的势力据点,其中回纥人的力量在不断扩大。最近在鄂尔浑河谷中发现的遗址可能就是7世纪回纥人的宫殿。② 正如塔里亚特碑文所记,③当8世纪的回鹘文碑铭告诉我们"我的祖先统治了80年"时,我们却忽略了它。突厥重新征服北部的时间尚不明确,可能是686年,也就是说687年在河北展开的东部战役之前。在暾欲谷碑中提到了对于都斤的征服,是在山东及沿海地区进行的一系列袭击之前。时间追溯到80年前,大致就是泥利被铁勒击败的时间,它还将我们引向碑文的内容。

慎观之,慧思陶勒盖碑标志着铁勒(其中或有回纥)在北方崛起的开端。蒙古语的选择与突厥可汗对碑铭语言的选择大不同,并且可以追溯到柔然帝国的声望。它可能叙述了回纥政权的缔造者菩萨可汗的生平,或者是稍早些的一位佚名铁勒可汗的生平,其记事始于西突厥泥利可汗势力的瓦解。镌刻于石头上的回纥或铁勒人的这个早期的光辉业绩,并没有被他们遥远的8世纪正统政权永久性构筑物上的那些后继者们所遗忘。由于和硕—柴达木碑气势恢宏,发现较早,而使得慧思陶勒盖碑铭远离了我们的视线。有了此碑,我们便拥有了对铁勒或更确切地说对回纥政权的考古学证据,并开始对草原政治历史有了更加客观平衡的认识。

(作者单位:法国社会科学高等研究院;
译者单位:西北民族大学社会科学研究院、外国语学院)

① 魏义天《离别于都斤——7世纪东突厥地缘政治学研究》("Away from the Ötüken: A Geopolitical Approach to the 7th c. Eastern Türks"),载扬·贝曼(Jan Bemmann)、迈克尔·施莫德(Michael Schmauder)编《公元第一个千年欧亚草原地带相互影响的复杂性——帝国、城市、游牧民和农民》(*The Complexity of Interaction along the Eurasian Steppe Zone in the First Millennium AD. Empires, Cities, Nomads and Farmers*),波恩,2015年,第453—461页。

② 朱迪思·科尔巴斯(Judith Kolbas)《青帐(Khukh Ordung)——7世纪回纥宫殿群》("Khukh Ordung, a Uighur Palace Complex of the Seventh Century"),载《皇家亚洲学会杂志》(*Journal of the Royal Asiatic Society*)第15卷第3辑,2005年,第303—327页。其定年仅基于一次碳14检测,并受到质疑。见沃夫(D. Waugh)《游牧与定居——蒙古考古学新视角》("Nomads and settlements. New perspectives on the archaeology of Mongolia"),载《丝绸之路》(*The Silk Road*)第8卷,2010年,第103页。

③ 森安孝夫、敖其尔《1996—1998年蒙古国历史遗迹与碑铭研究临时报告》,第171页。

（上接第 146 页）
颖弟如晤：

昨得寄来《敦煌掇琐》中辑，将来下辑出版时，烦即购致，以成全书。近人刊书往往自断其尾，甚可哂也。……

廿六日　侃白疏

（陆宗达《陆宗达语言学论文集》，北京师范大学出版社，1995 年，第 609 页）

按：[①]此信未标明年月。据上条日记可知，黄侃于 5 月 7 日收到陆宗达所寄《敦煌掇琐》中辑，而 5 月 7 日为农历 3 月 24 日。故此信落款“廿六日”当为农历 3 月 26 日，即公历 5 月 9 日。

5 月 10 日　鲁迅见铃木大拙，[②]得其所赠《六祖坛经》《神会禅师语录》。

上午内山夫人（即内山真野，为内山完造之夫人[③]）来邀晤铃木大拙师，见赠《六祖坛经》《神会禅师语录》（即铃木大拙编辑《敦煌出土菏泽神会禅师语录·敦煌出土六祖坛经·兴圣寺本六祖坛经》，森江书店，1934 年）合刻一帙四本。（《鲁迅日记》，人民文学出版社，1976 年第 2 版，第 886 页）

参见资料：

《六祖坛经》及《神会禅师语录》一帙四本　铃木大拙师赠　五月十日（《鲁迅日记》“1934 年书帐”，第 926 页）

5 月 26 日　杨树达“到团城参观西北文物展览会。陈列品有汉居延笔及西北燧上物品报告簿木简凡三四十简”。（杨树达《积微翁回忆录》，北京大学出版社，2007 年，第 57 页）

参见资料：

1934 年 5 月 24 日《大公报》载：

［北平通信］北平学术团体为赞助燕大百万基金运动，定明日起至二十七日止，联合举行西北文物展览会，开放团城（北海前门）陈览西北文物三日，每日由上午九时至下午五时，当场不另募捐。北平文化机关均各出珍品陈列，兹将该会陈列品择要志次：

北平图书馆

北平图书馆出品敦煌石室六朝盛唐写经（该馆珍藏敦煌写经八千余卷，兹选择最精美者数卷陈览），及西夏文籍。

历史博物馆

历史博物馆出品……甘肃敦煌泥佛、甘肃敦煌千佛洞壁画影帧……

西北考查团

西北科学考查团出品，本届展览以该团为主体，故出品即多且精，古色古香，美不胜书，略录概要以见一斑。（一）汉代简册（该团黄仲良、贝克曼二君，先后在罗布淖尔古址采得万件，悉为汉人书画文籍，兹择要陈列，精品多种，计有永元兵物籍，永光文书，汉历、汉符等。）（二）墓室神像（吐鲁番二堡出土，绢本设色，人首蛇身，唐代作品）。

（下转第 174 页）

---

① 本编各条目根据实际需要，另有按语、参见资料两项。按语是针对条文内容编者或其他研究者所作之相关考证。参见资料则是与条文内容有关之记述，列于条文后，使二者可以互见。

② 铃木大拙（1870—1966），本名贞太郎，日本人。毕业于东京帝国大学哲学科选科，长期在美国一家东方学出版社工作。1909 年回国后，先后在东京帝国大学和大谷大学任教，研究净土宗和禅宗。

③ 内山完造（1885—1959），日本冈山人。1916—1947 年间居住于中国，经营内山书店，为鲁迅挚友。内山真野，即加藤真野，内山完造之夫人。

《丝路文明》第五辑
2020 年 11 月,157—173 页

郑和时代的海上丝绸之路与多元文化的世界网络[*]

〔加〕陈忠平

郑和七下西洋(1405—1433)与海上丝绸之路的关系极为密切,其海外活动对于明初江南地区丝绸等产品有关的农业和手工业发展以及明清帝国外交和外贸关系的影响也在笔者此前的研究中作了初步探讨。① 通过综合笔者及其他学者以往的有关研究,本文将进一步就郑和下西洋对于海上丝绸之路的演变及其对于全球化历史的发展、特别是多元文化世界网络形成的影响进行理论分析,并对目前全球史中反映西方中心论或华夏中心论影响的理论模式提出批评意见和改进建议。

关于海上丝绸之路的史学论著通常都将郑和七下西洋及其从事的朝贡贸易作为重要的内容之一加以讨论。② 但是,郑和所领导的大规模海外活动对于海上丝绸之路历史演变所产生的重要影响尚未得到系统研究。③ 据笔者看来,在郑和下西洋影响之下,海上丝绸之路在明初及此后所出现的以下四个方面的历史性变化值得特别注意:

第一,尽管陆上丝绸之路以中国的丝绸等商品交换而知名,但如学者熟知,参与其中长途贸易活动的商人大多来自中亚、西亚等地,来自中国本土的相对不多。海上丝绸之路与此不同,来自中国与其他国家的海上商人、外交官员、求法僧侣、水手海盗等不同

---

* 本文为作者应北京大学邀请参加 2019 年 11 月 1—3 日北京论坛的讲演稿,并曾在此前后以同样或类似主题在浙江大学、湖南师范大学、河南大学及北京外国语大学的专题讲座作学术报告。谨此敬谢所有安排、莅临讲座的师生及其提出的宝贵建议。

① 陈忠平《郑和下西洋与明初江南经济的发展》,载于纪念伟大航海家郑和下西洋 580 周年筹备委员会、中国航海史研究会编《郑和下西洋论文集》第二集,南京大学出版社,1985 年,第 1—14 页;陈忠平《走向全球性网络革命:郑和下西洋及中国与印度洋世界的朝贡—贸易关系》,收于陈忠平编《走向多元文化的全球史》,北京三联书店,2016 年,第 22—73 页。

② 如陈高华、吴泰、郭松义《海上丝绸之路》,北京海洋出版社,1991 年;刘迎胜《丝路文化:海上卷》,浙江人民出版社,1995 年;李庆新著《海上丝绸之路》,黄山书社,2016 年。

③ 就此问题作简短论述的论著之一是李金明《中国古代海上丝绸之路的发展与变迁》,载《新东方》2015 年第 1 期,第 10—15 页,特别是第 13 页。

人物同样活跃。[①] 但是,在郑和七下西洋的活动中,仅1405年随之首航出海、访问东南亚等数十国家的明朝官兵水手等参与者就达27 000人以上,而且这种大规模航行多达七次,其船队远航归来时也常载有来访中国的大批外国使节。另外,郑和船队也包括号为"番火长"的领航员等外籍人士。从1405年开始到1433年结束的郑和航海活动实际在此期间仅仅进行了约17年左右,[②]但就中外双方参与外交、贸易和文化交流的人员规模而言,这是海上丝绸之路数千年历史上空前的壮举,也导致了其中物质、文化交流的内容和形式发生更为长期、重要的历史性变化。

第二,众所周知,海上丝绸之路也称为陶瓷之路及香料之路。在这三类通过海上进行交换的最为大宗物品之中,前两类物品主要从中国输往海外,而后一类物品包括植物性和动物性香料,主要从东南亚、南亚、西亚等地区输入中国。中国丝绸与陶瓷对海外的大规模畅销在唐、宋、元时代就已经相当发达,香料从海外的输入也在明代之前得到一定程度发展。[③] 但是,从东南亚、南亚、西亚等地大规模收集植物性和动物性香料,并直接将其转运中国的海上活动无疑始于郑和船队。以往学者对于郑和船队从事的海外香料贸易的研究基本限于植物性香料输入的分析,但有关论著已经指出其活动为明政府所带来的利润高达二十至一百倍,以其为主的中外贸易收益超过宋元时期市舶司管理下的海外贸易收入的十余倍。[④] 因此,郑和下西洋的活动极大地改变了海上丝绸之路的物质文化交流内容。

第三,海上丝绸之路也带来宗教信仰、文学艺术等非物质、多元化文明的跨洋和跨国传播。郑和于1371年出生于云南的一个穆斯林贵族家庭,他在1417年下西洋前后曾在泉州回教先贤墓行香,显然保持了伊斯兰教信仰。他的船队随行人员如太监洪宝、译员马欢等人也是伊斯兰教信徒,洪宝在1430年随郑和第七次下西洋期间曾率人亲自前往伊斯兰教圣地麦加进行朝拜、贸易等活动。特别重要的是,郑和通过扶持地处马六

---

① 刘迎胜《丝路文化:海上卷》,第12—15、28—39、151—178页。

② 郑鹤声、郑一钧编《郑和下西洋资料汇编》(增编本),北京海洋出版社,2005年,第一册,第60—61、64、558—607页。

③ 刘迎胜《丝路文化:海上卷》,第5—7、132—137、184—194页。

④ 关于国内学者田培栋、何平立和陈亚昌等就郑和船队香料贸易的研究综述见范金民《20世纪的郑和下西洋研究》,载于朱鉴秋主编《百年郑和研究资料索引:1904—2003》,上海书店出版社,2005年,第347页。其他有关研究见:T'ien Ju-kang, "Chêng Ho's Voyages and the Distribution of Pepper in China", *Journal of the Royal Asiatic Society of Great Britain and Ireland*, no.2, 1981, pp.186-97;严小青、惠富平《郑和下西洋与明代香料朝贡贸易》,《江海学刊》2008年第1期,第180—85页;万明《郑和下西洋终止相关史实考辨》,载于万明《明代中外关系史论稿》,中国社会科学出版社,2011年,第355—359页。

甲海峡交通要道的满剌加穆斯林王国，帮助推动了伊斯兰教在其周边的苏门答腊东海岸、婆罗洲、爪哇岛等地的传播。他不仅负责修复南京静觉（清真）寺、西安清修（清真）寺和清静（清真）寺，而且在爪哇等地的华人回民社区建造了许多具有中国建筑风格的清真寺，并有可能进而在印度建立多座风格类似的伊斯兰教堂。[①] 同时，郑和又是虔诚的佛教徒，并有福善、福吉祥的法名。他曾受明成祖朱棣之命负责著名佛教建筑群南京大报恩寺及其琉璃塔的建造工程，并在1409年下西洋期间布施、资助锡兰山佛寺。此外，他崇奉道教神灵天妃，曾负责修复崇奉天妃的湄洲妈祖庙，并曾在1431年第七次下西洋之前在太仓刘家港、福建长乐立碑，祈求天妃保佑。在郑和船队的影响之下，天妃宫、妈祖庙及其有关的民间道教崇拜信仰也传播到南洋各地。[②] 现存《太上老君说天妃救苦灵应经》为1416年受命跟随郑和下西洋的达胜慧在1420年逝世之前出资刻印，其卷首的插图是关于郑和船队的最早图像，而图中所绘的船队保护神中佛教神灵观音与道教神灵天妃共同出现，即是郑和下西洋所推动的海上丝绸之路多元文化传播的有力证明和典型表现。[③]

第四，郑和下西洋对于海上丝绸之路历史最为重要的影响在于它推动了与数千年丝路文明同步发展的朝贡贸易关系发生历史性变化。虽然古代中国朝贡制度的起源可以追溯到先秦时期，但其制度的确立、特别是朝贡外交与中外贸易相结合的制度则始于汉代张骞打通西域通道，开启陆上丝绸之路之后，并在后来扩展到海上丝绸之路的活动之中。[④] 费正清的有关研究曾指出以华夏文化为中心的朝贡体制在中国文明影响的区域之外具有根本性的缺陷，缺乏对该区域之外国家在文化上的吸引力，只能以对华贸易的实际利益吸引这些国家加入朝贡关系。[⑤] 从汉代以来，中华帝国为此目的发展了以往论著所称的“朝贡贸易”—即在朝贡体制之下实行以“怀柔远人”为主旨、并以“厚往

① 陈达生《郑和与东南亚伊斯兰》，北京海洋出版社，2008年，第91—98、116—121页；郑鹤声、郑一钧编《郑和下西洋资料汇编》（增编本），第一册，第13—14页。

② 郑鹤声、郑一钧编《郑和下西洋资料汇编》（增编本），第一册，第15—20页；陈达生《郑和与东南亚伊斯兰》，第116、122页。

③ 北京国家图书馆藏《太上老君说天妃救苦灵应经》，永乐十八年（1420）刻本卷首。

④ 李云泉《朝贡制度史论》，北京新华出版社，2004年，第1—21页；Ying-shih Yü, *Trade and Expansion in Han China: A Study in the Structure of Sino-Barbarian Economic Relations* (Berkeley, CA: University of California Press, 1967), pp.138-140。

⑤ John King Fairbank, “A Preliminary Framework”, in Fairbank ed., *The Chinese World Order: Traditional China's Foreign Relations* (Cambridge, MA: Harvard University Press, 1974), pp.3-4.

薄来”为原则、不计成本利润的中外礼品及其他物品的交换。[①] 但笔者最近的研究揭示了这种中外朝贡贸易关系在郑和下西洋期间及其之后发生了极其重要、但长期受到忽视的历史性变化。

笔者对此问题的研究使用了此前本人关于近代中国历史的专著中发展的新型网络理论分析方法。在笔者于 2011 年出版的《近代中国的网络革命》一书中,我曾就人文和社会科学中,特别是中国研究领域中的传统网络理论提出批评,发展了一些适用于中国史的新的分析概念。我的上述专著突破了以往学者通过所谓个人“关系”的研究而在人际性和制度化关系之间制造的鸿沟,指出网络发展和变化的真正动力和意义在于其中的人际性关系的逐渐制度化(即关系的规范化、组织化及正式化等)、由此实现超越个人层次的关系扩大化、卷入不同人物和组织等因素而达到的多元化,并导致网络成员之间互动强化、产生推动社会和历史发展的互动力量。[②] 从这一新型网络理论出发,笔者关于郑和下西洋的长篇论文针对有关研究中就其基本目的、主要活动及其历史遗产这三大长期争论、悬而未决的问题,提出了新的看法。该文指出:在海外发展朝贡—贸易并行、并重的关系是郑和下西洋的基本目的、主要活动和长期历史遗产。[③]

总之,“郑和船队在印度洋国家建立的‘官厂’等基地利用了明朝与朝贡国的外交关系发展了新的海外贸易制度,是在明代传统朝贡体制之外重要的制度化创新,但却为以往的论著忽视。郑和在印度洋的远航虽然如一些学者所称并未发现新的航线或土地,但他却利用上述海外基地将制度化的航行和朝贡—贸易网络”达到空前扩大化,“推进到了西亚、甚至东非等前代华人使臣和商人偶尔涉足或从未到达的国家。郑和逝世后,他发展的朝贡外交和官方外贸网络因缺乏明政府的继续赞助和民间海外贸易的多样化活力而部分解体。但是,郑和船队的沿海基地、远洋航线和香料市场等航海和贸易网络在后来成为早期欧洲人在印度洋活动的基础之一,帮助了后者发起全球性网

① 李云泉《朝贡制度史论》,第 17—22、43—50 页。

② Zhongping Chen, *Modern China's Network Revolution: Chambers of Commerce and Sociopolitical Change in the Early Twentieth Century* (Stanford, CA: Stanford University Press, 2011), xi-xv, 6-8。制度分析理论、特别是历史制度化理论指出“‘制度化现象’包括规范人类行为的正式组织及非正式的规定、程序等,见 Kathleen Thelen and Sven Steinmo, “Historical Institutionalism in Comparative Politics”, in Sven Steinmo, Kathleen Thelen, and Frank Longstreth, eds. *Structuring Politics: Historical Institutionalism in Comparative Analysis* (New York: Cambridge University Press, 1992), p.2。本文使用“关系制度化”一词来概指正式和非正式的组织、规定、程序等的发展,以及它们对人类行为和关系的规范和组织,特别是非正式关系转向正式化的过程。

③ 陈忠平《走向全球性网络革命:郑和下西洋及中国与印度洋世界的朝贡—贸易关系》,第 34—48 页。

络革命,即建立穿越大西洋、印度洋和太平洋及新、旧大陆之间的联系”。[①] 同时,在郑和下西洋的影响之下,朝贡—贸易网络内的中外各国的互动强化提供了它们之间外交、外贸发展的动力。除了明初与中国建立朝贡关系的印度洋国家及其前来朝贡的使臣数量大为增加之外,郑和船队在海外的航海基地所进行的长时期朝贡外交活动、大规模的官方贸易及附带的民间贸易活动也刺激了明初江南等地区的农业、手工业发展,并导致满剌加等国的兴起与发展,帮助它们成为印度洋世界航海与贸易网络的枢纽。郑和时代的朝贡—贸易关系不仅通过明代市舶司之下的朝贡外交和官营外贸活动长期延续,还形成中外“互市体制”,进而影响了直到清代中期的中西交往。在1685年后出现的“广州体系”即是原来与朝贡制度并行的“互市体制”的进一步发展,形成清朝官员监督之下由商人牙行或行商与欧美国家商人、公司进行直接贸易的关系。[②]

就郑和下西洋和相关的明清中外朝贡—贸易关系进行的网络分析对于全球史的研究也有实证和理论意义。从网络理论的观点看来,世界上所有的自然、社会及历史现象都是相互联系和保持互动的网络。从微观角度来看,作为物质基本元素的原子实际是由无限可分的粒子组成,并存在于后者的相互、持续运动之中。在最为宏观的自然世界,太阳系和其他宇宙中的星系也是由各类星球及万有引力等互动关系所组成。在社会中,一个“单独”的人不仅由复杂的生物系统组成,而且其个人的或社会的身份“认同”(identity),即姓、名、职称、体格特点等,总是反映了他(她)与某一家庭、文化、组织、族群之间可以识别的关系。在政治领域,权力的本质是人与人之间的支配性关系。在经济领域,个人财富也只能在交换关系中才能真正体现其价值。[③] 这种普遍的网络观点当然可以用来推进全球史的实证和理论研究。

在近数十年来,新兴的全球史突破了以单一民族国家为中心的国别史限制、或对国别史进行简单综合的世界史传统,强调人类社会历史的共同趋势,特别是其现代化的趋向,及其相互之间的联系,或所谓世界体系。但从20世纪中期发源于美国的现代化理论片面强调以近代西方历史为普遍发展模式,过分夸大非西方社会内传统文化与现代文明的矛盾,并鼓吹抛弃这种非西方本土文化传统和全盘接受西化。这一理论不仅反

① 陈忠平《走向全球性网络革命:郑和下西洋及中国与印度洋世界的朝贡—贸易关系》,第60页。

② 陈忠平《走向全球性网络革命:郑和下西洋及中国与印度洋世界的朝贡—贸易关系》,第41—48、56—58页。

③ 这一段落的分析主要来自陈忠平《走向全球性网络革命:郑和下西洋及中国与印度洋世界的朝贡—贸易关系》,第26—28页。

映了典型的西方中心论倾向，也无法解释近代西方文明兴起之前人类社会的长期历史发展趋势和联系及近代全球史中西方和非西方社会的互动过程。[①]

即便是目前全球史中盛行的世界体系理论，实际也没有摆脱西方现代化理论及其他西方中心论观点的影响和局限性。作为世界体系理论出现的前奏，安德烈·冈德·弗兰克（Andre Gunder Frank）等受马克思主义影响的西方学者在20世纪50至70年代与现代化理论针锋相对，倡导和发展依附理论（dependency theory），意在揭露资本主义经济体系之下拉丁美洲等地的卫星或边缘国家对于美国等西方核心国家的不平等依赖关系，以及前者受到剥削和限制的落后根源与后果。[②] 此后，沃勒斯坦（Immanuel Wallerstein）等学者在20世纪70年代进而在此基础之上提出世界体系理论，认为从15世纪中期开始，由于西欧和北美国家的先后兴起、扩张及相应的区域性不平等劳动分工、商品交换和剩余价值的不公平分配，世界各地已经转变为一个相互联系的资本主义经济体系。这一世界经济体系包括三个不同等级的部分，即在其中占支配地位的西欧和北美核心国家；处于被支配地位的边缘地区或被西方剥削的发展中国家；处于这二者之间的半边缘地区。[③]

虽然沃勒斯坦的世界体系理论受到新马克思主义影响，意在抨击以西方为核心的资本主义经济体系对近代世界和非西方各国的支配、控制和剥削，但它过分强调西方国家对于世界体系的支配，仍然忽视了非西方地区、社会和文化对于全球历史的重要性，未能脱离西方中心论的窠臼。[④] 特别值得注意的是，沃勒斯坦以《近代世界体系》为题的四卷系列著作仅从近代西方在15世纪中期之后发生的资本主义经济体系展开论述，其中前两卷极少涉及中国历史，直到第三、四卷才偶尔提及西方列强支配之下、世界体系之中的中国地位。[⑤] 因此，沃勒斯坦的世界体系理论无法也无意包容近代之前的郑

---

① 关于现代化理论及西方学术界对这一理论的批评，见 Alvin Y. So, *Social Change and Development: Modernization, Dependency, and World-System Theories* (London, UK: Sage Publications, 1990), pp.23–37, 53–59。

② B. N. Ghosh, *Dependency Theory Revisited* (Aldershot, UK: Ashgate, 2001), esp.1–2.

③ Immanuel Wallerstein, *The Modern World-System, I: Capitalist Agriculture and the Origins of the European World-Economy in the Sixteenth Century* (New York: Academic Press, 1974), esp.pp.38, 349–50。中文版见沃勒斯坦著，郭方、刘新成、张文刚译《现代世界体系》第1—4卷，社会科学文献出版社，2013年。关于世界体系理论在二十世纪后期的修正和发展，见 So, *Social Change and Development*, pp.187–192。

④ 参见 M. N. Pearson, *Before Colonialism: Theories on Asian-European Relations, 1500–1750* (Delhi: Oxford University Press, 1988), p.7, 31.

⑤ Immanuel Wallerstein, *The Modern World-System Ⅲ: The Second Era of Great Expansion of the Capitalist World-economy, 1730–1840s* (New York: Academic Press, 1989), pp.167–168; and *The Modern World-System IV: Centrist Liberalism Triumphant, 1789–1914* (Berkeley, CA: University of California Press, 2011), p.270.

和下西洋之类的对于旧世界影响巨大的非西方历史事件,或反映陆上丝绸之路、海上丝绸之路以及其他近代西方兴起之前的跨国、跨洋或其他具有全球化趋向的联系。即使在近代时期,他的世界体系也仅包括资本主义经济体系内的国家和地区,并不真正包括全球社会的历史。

当然,在全球史研究之中,也有学者试图对这种以近代西方为中心的世界体系在理论上进行修正,将其历史发展上溯到近代之前,并包括非西方社会。在这些著作当中,珍妮特·L. 阿布-卢格霍德(Janet L. Abu-Lughod)的《欧洲霸权之前:1250—1350 年之间的世界体系》一书指出从 13 世纪中叶到 14 世纪中叶的世界贸易体系涵盖了欧、亚大陆大部分区域与非洲部分地区。此一世界贸易体系主要由八个相互联接的亚体系或贸易圈组成,并可以分为西欧、中东与远东三个较大的贸易圈。这个世界体系延续约一个世纪左右,其中以中国为主的蒙元帝国通过促进陆路和海上的交通和贸易,起了关键性的连接和整合作用。但是,到了 14 世纪后半期,因为黑死病的流行与蒙古帝国的崩溃,这个广袤的世界体系迅速解体,并在后来为近代西方主导的世界体系所取代。由于郑和在 1405 到 1433 年间的下西洋活动发生在这一所谓的世界体系解体之后,他所领导的航海和贸易活动只是作为明初帝国试图重新称霸这一世界体系的短暂努力及其退出之前的最后举动而受到了极为有限的注意。该书对于丝绸之路等方面的中外联系也仅仅限于寥寥数语的讨论。[①] 因此,这一更为早期的、但仍是当时唯一存在的世界体系与沃勒斯坦的理论体系相似,仍然无法反映十三世纪中叶之前的世界各国之间长期跨国、跨洋联系。作者也否认其构建的世界体系与沃勒斯坦专注的近代世界体系之间的历史联系。但是,阿布-卢格霍德倾向于使用网络来描述她所构建的世界体系内部的不同地区之间相互联系,而不是支配与等级的关系,与沃勒斯坦以西方为核心的世界体系理论仍有重大区别。[②]

作为早期依附理论的主要倡导者之一,弗兰克也试图突破沃勒斯坦的全球史理论

---

① Janet L. Abu-Lughod, *Before European Hegemony: The World System, A.D. 1250-1350* (New York: Oxford University Press, 1989), 33-36, 144, 153-183, 303, 346-347。中文版见珍妮特·L. 阿布-卢格霍德著,杜宪兵、何美兰、武逸天译《欧洲霸权之前:1250—1350 年之间的世界体系》,商务印书馆,2015 年。关于该书内容的更详细讨论,见江华《十三世纪世界体系论述评》,载《历史教学问题》2004 年第 5 期,第 64—67 页。江华将此八个亚体系称为西欧圈、地中海圈、欧亚大草原圈、埃及红海圈、中东波斯湾圈、阿拉伯海西印度洋圈、东印度洋南亚圈以及中国南洋圈。

② Janet L. Abu-Lughod, "Discontinuities and Persistence: One World System or a Succession of Systems?" in Andre Gunder Frank and Barry K. Gills eds., *The World System: Five Hundred Years or Five Thousand?* (London, UK: Routledge, 1993), pp.278-291, esp.p13, 284, 288.

中仅仅关注近代时期及其以西方为中心的局限性。他与英国学者吉尔斯(Barry K. Gills)合编的一本论文集大胆提出重建历时5 000年之久、真正包括全球人类社会的世界体系理论,但他们承认美洲等新世界仍在1492年之后才加入其中。他们认为这一纵贯古今全球的世界体系与沃勒斯坦的近代资本主义经济体系在结构上基本一致,也由中心与边缘构成,以资本积累作为其发展动力,并由此产生地区性支配权力、相互竞争以及经济上升和衰退的周期循环。弗兰克和吉尔斯将古代埃及到元、明王朝等东方帝国作为这一世界体系中相继出现的"核心",并指出直到15世纪中期之后的近代欧洲国家才取得这种核心支配地位。但弗兰克和吉尔斯以丝绸之路等长途贸易关系作为其世界体系的"脊骨"来证明这些东方"核心"帝国确立了支配其余"边缘"地区和国家,形成全球范围的"等级性"体系的推论却难以令人信服。在该书结论中,弗兰克和吉尔斯也承认他们所建构的世界体系是通过另一全球史权威学者威廉·H.麦克尼尔(William H. McNeill)所谓的"交往网络"得以发展的。①

在弗兰克于1998年出版的《白银资本》一书中,他进而使用近代欧洲国家在1400—1800年之间以其在美洲殖民地等处所产的大量白银输入亚洲、换取该地产品的事实来推论亚洲,特别是明代中国作为当时世界经济体系的中心。这一说法并未考虑到当时的中国和亚洲主要是自给自足的低消费农业社会,而欧洲则利用了其美洲殖民地的白银作为货币购买亚洲产品,提高自身社会消费水平的事实。② 这一说法与他和吉尔斯所编上述论文集中的关于欧洲称霸近代全球经济的观点相矛盾。他在当年为该书中文版所写的序言进而断言在1400至1800年之间的全球经济没有什么中心,不仅与该书主体中强调明代中国为世界经济中心的结论相矛盾,而且推翻了他此前建构的具有核心和边缘的世界体系。在该书英文版《前言》中,弗兰克再次重申赞同使用威廉·H.麦克尼尔的"交往网络"概念来描绘世界体系的内部联系。③

尽管弗兰克所构建的纵贯古今全球、强调亚洲或中国中心论的单一世界体系理论难以自圆其说,但他探索人类社会从古至今及其相互之间世界性联系的研究却显示了全球史领域的重大进步,超越了沃勒斯坦、阿布-卢格霍德的世界体系理论在这种关系

---

① 以上观点来自弗兰克与吉尔斯合作的前言、结论及其他数篇论文,均收于 Frank and Gills, *The World System: Five Hundred Years or Five Thousand?*特别是第3—4、86、152—186、298、306页。

② 弗兰克著,刘北成译《白银资本》,中央编译出版社,2008年,特别是第104—10,118—119页。

③ 弗兰克《中文版前言》,见弗兰克著,刘北成译《白银资本》,第2—3、7页;英文版《前言》,见同书第7—8页。

分析中所暴露的时间与空间上的局限性。正因如此，威廉·麦克尼尔在为前述弗兰克和吉尔斯所主编的论文集引言中，提出使用"交流网络"的概念来澄清或代替以上三位全球史学者提出的世界体系理论，描述穿越经济、政治、文明、语言等界限的关系，特别是为不同阶级和时代接受的规范性关系。①

威廉·H.麦克尼尔后来与其长子约翰·R.麦克尼尔（John Robert McNeill）合作，在2003年出版《人类之网：鸟瞰世界历史》一书，即以人类之间的联系与互动的网络作为研究焦点。该书所关注的人类之网包括偶然接触、亲属关系、朋友之情、共同崇拜、互相竞争、互相仇恨、经济交换、生态关联、政治合作、军事冲突等。这种人类之网从远古人类的松散、疏远的交往及其地方、地区的网络开始，在约6 000年的西亚苏美尔城市形成最早的世界化网络；在约2 000年前发展为跨越亚、非、欧洲的旧世界网络；在约500年前通过海上航运的发达扩大为统一的世界网络；并在近150年因电报等电力交往技术的发明而最终将全人类带入唯一的全球性网络。②

在麦克尼尔父子合作的著作出版之后，全球史的主要期刊《世界史》前任主编本特利（Jerry H. Bentley）曾发表长篇书评，赞扬该书使用网络作为一个灵活与开放的概念来描述40 000年来的全球史，但又批评该书忽视历史人物活动和缺乏理论分析。尽管如此，本特利认为该书将全球人类历史置于广袤的环境历史之中，超越了专注近代世界政治经济的现行理论，显示了进行宏观历史分析的可能性和必要性。③ 由此可见，在沃勒斯坦构建了15世纪中期以来的世界资本主义体系理论之后，阿布-卢格霍德、弗兰克、麦克尼尔父子等已经先后将全球史的整体研究推向13世纪中叶、5 000年之久，甚至于40 000年前后，从人类社会扩大到生态社会，并愈来愈倾向于使用网络来代替体系的概念来描述其中长期、普遍的世界性关系。

但是，笔者认为正是在麦克尼尔父子著作所关注的人类与环境的关系方面，"人类之网"的概念显示了其内涵和外延上的局限。它所囊括的巨细无遗、杂乱无章的各种人类交往关系也难以用来理解长时段、整体性的全球史演变。相对而言，笔者关于郑和

① William H. McNeill, "Foreword," in Frank and Gills, *The World System: Five Hundred Years or Five Thousand?* ix－xii. 类似的观点亦见于 Patrick Manning, *Navigating World History: Historians Create a Global Past* (New York: Palgrave Macmillan, 2003), p.3。

② J. R. McNeill and William H. McNeill, *The Human Web: A Bird's Eye View of World History* (New York: W. W. Norton & Co., 2003), pp.3-5, 13, 18, 94-103, 157-178, 315-318. 该书的中文版见王晋新、宋保军等译《人类之网：鸟瞰世界历史》，北京大学出版社，2011年。

③ Jerry H. Bentley, "Web Browsing", in *History and Theory* 44, no.1 (2005): pp.106-111.

下西洋及其影响下的朝贡—贸易关系变化的网络分析可以填补该书及其他全球史著作在宏观研究中忽视历史人物活动的一个空白,并提供更为宽泛、实用的概念来揭示威廉·麦克尼尔所强调的规范化的社会交往关系。当然,由于笔者所作郑和研究在时间和空间上的局限,本文只能将其与以上关于明初海上丝绸之路的简略讨论相结合,为全球史的研究提供一些推测性的看法。

从郑和下西洋及朝贡—贸易关系变化的网络分析中可以进而发展、提炼多元文化的"世界网络"概念,并用这一灵活、宽泛、开放的概念来描述和揭示从古至今、从地区到全球的多层和多面关系。很显然,郑和七下西洋活动直接影响下的海上丝绸之路既未超越印度洋世界,也未将其整合为单一的、由核心和边缘构成的严密等级体系,更不要说整合、统一当时的整个亚、非、欧旧世界以及尚待发现的美洲与澳洲等新世界。虽然郑和在印度洋世界扩展的朝贡关系以明帝国为政治中心,但其推动的中国丝绸、陶瓷等产品与东南亚、南亚、西亚及东非的植物性、动物性香料之间进行交换的大规模国际贸易则是相对平等互利的关系。就郑和时代海上丝绸之路的非物质文化关系而言,尽管以天妃或妈祖为对象的民间道教崇拜起源于中国东南沿海,佛教与伊斯兰教则分别起源于南亚和西亚,其中后者的中心也仍在西亚。由此可见,郑和时代的多元文化的世界网络是由海上丝绸之路、陆上丝绸之路以及相关联的朝贡、贸易等跨国政治、经济、生态等方面多重交织的关系而形成的松散集合体。尽管其中海上丝绸之路等类特定关系仅覆盖了东亚至印度洋等个别地区,但它们互相交织、连接了当时的旧世界。除了其中的朝贡外交之类的等级关系,这种多元、多文化的世界网络并无亚、非、欧洲之间核心与边缘的分别或由其合成的全球性等级体系。就中外关系的研究而言,多元文化"世界网络"的概念特别适用于解释近代交通发达之前中华帝国与其他的主要人类文明社会通过丝绸之路等关系保持时而紧密、时而疏远的联系,但从未整合为纵贯古今、囊括全球的单一世界体系的历史现实。

围绕郑和下西洋及朝贡—贸易关系变化进行的网络分析也说明对于全球史中世界网络的研究应该以人类活动为中心,并可以从历史人物的个人背景、活动和关系开始,但其归宿应该聚焦于超越个人生存、活动的时间和空间的长时段、整体性的生态、社会关系的制度化、扩大化及互动强化的历史过程。如上所述,笔者对于郑和下西洋的研究证明他的伟大之处并不仅仅在于带领当时世界上最大的船队在1405—1433年之间的二十八年中访问了印度洋世界的三十多个国家和地区,而在于他所发展的朝贡—贸易并行、并重的外交、外贸关系影响了此后明清时期的中外关系,带来海上丝绸之路上的参与人员、商品交换以至组织制度的变化。他在东南亚、南亚和西亚开拓的航海和贸易基地也奠定了后来欧洲人建立全球性航运、贸易、殖民体系的前提之一。这种跨国关系制度化、扩大化及互动强化的程度也可以部分解释为何郑和时代前后的元、明帝国和印度等地的亚洲帝国，而非当时分崩离析的欧洲封建国家居于世界经济文化发展前列的原因。在此之后，西欧国家通过从个人、家族专制的封建王国和商业帝国转向宪政政体、合股公司等方面的制度化创新，实现了从欧洲到美洲、亚洲的航海、贸易等方面的扩张，并在与非西方社会、文化的互动中产生了推进近代世界历史发展的强大动力，或笔者所谓的"全球性网络革命"。这种多元文化世界之内关系的制度化、扩大化及其互动强化的长期过程也可以反映全球社会从早期个人、地方的交往开始，到蒙元帝国时期亚欧大陆直接联系，直到近代欧洲带领的资本主义体系全球扩张的历史演变。

就郑和下西洋及相关中外朝贡—贸易关系变化进行的上述网络分析已经揭示他通过建立"官厂"等海外基地及有关的组织制度创新，将其船队航海、朝贡、贸易活动逐步扩大，从而将东南亚、南亚、西亚及东非各地的越来越多样的民族和国家带入这一关系进行互动的过程。他的成功原因并非仅是以往学者所强调的和平友好的外交政策，而是在推广明帝国主宰之下的朝贡外交之外，又适应了中外各国和多种民族物质和精神需求，通过与他们的互动而共同推行了多边国际贸易及多元宗教文化。但是，由明朝政府官方垄断的官方海外贸易仍然缺乏私人海上贸易带来的多样化活力，最后导致其朝贡—贸易关系在郑和下西洋结束之后的收缩和衰落。[①] 由此看来，多元文化世界网络的历史发展动力存在于其中日益众多和多样的民族和国家成员之间的互动，[②]而不是弗兰克和沃勒斯坦在其不同的世界体系理论中强调的核心国家和地区对于资本积累的追求及其对于全球支配权力的追逐和竞争。笔者在一篇评述近代中国大众文化研究的文章中曾倡导进行这种文化现象之中精英与大众关系的网络分析，并指出："历史并非仅由人民或英雄单方面创造，或简单地由他们的合力所创造，而是通过他们互动所产生的波澜壮阔的史诗。"[③]同样，多元文化世界网络之内各个国家和民族之间的互动所产生的历史动力也决定了全球史的不断发展和演变。

---

① 陈忠平《前言：从多视角的郑和研究到多元文化的全球史》，《走向全球性网络革命：郑和下西洋及中国与印度洋世界的朝贡—贸易关系》，均见陈忠平编《走向多元文化的全球史》，第10—13、35—38、54—56页。

② 参见刘新成《互动：全球史观的核心理念》，载《全球史评论》2009年第2辑，第3—12页。

③ 陈忠平《近代中国大众文化历史研究的回顾与反思》，载《江南社会历史评论》2018年第13期，第326页。

附记 网络分析与历史研究
——作者对于审稿人批评意见的回应

本文的最后修改得益于两位匿名审稿人的建设性意见,在此深表感谢。由于两位审稿专家(以下简称A与B)所提出的一些批评意见比较重要,在中国历史学界也有代表性,无法在本文的框架内详细答复。因此,笔者在此增写附记作为回应。从理论上对于这些批评意见进行反思也可以进而说明网络分析的方法对于中国史和全球史研究的重要性。

审稿专家A认为:"文章从反思历史与理论重构高度重新审视郑和远航对'海上丝绸之路'发展及早期全球化的影响,对郑和下西洋、海上丝路研究、早期全球化等一系列问题研究有一定理论启示和借鉴作用。然而文章涉及问题相当复杂,有些论述在认识论、方法论上颇有问题。"但是,该审稿专家又称"文稿似乎很高深,反复拜读,不易读懂"。所以,该学者批评意见中所提出的"认识论、方法论"问题并非是本文所关注的全球史理论和方法问题。实际上,两位审稿人所提出的批评意见都仅涉及明初对外政策的争议、有关郑和下西洋的不同评价,以及明初朝贡贸易政策与明中后期对外贸易中的"广中事例""月港体制"以及清代"广州体制"之间关系等具体历史问题。就本文涉及的一些理论问题进行进一步解释,将有助于回答两位审稿专家对于这些具体历史问题提出的批评意见,并进一步就中国史和全球史的研究提出改进看法。

在本文所讨论的全球史理论当中,除了现代化理论早已为国内学者所熟悉之外,其中涉及的数种世界体系理论从20世纪七十年代起就先后出现于西方学术界,有关著作也大多已经通过翻译被介绍到中国学术界。如本文注解所列,沃勒斯坦关于15世纪中期之后的"现代世界体系"的四卷系列专著,珍妮特·L.卢格霍德关于1250—1350年之间世界体系的著作,以及倡导5 000年之久世界体系的弗兰克所著《白银资本》一书都有中文译本。本文仅就这些世界体系理论进行了简要介绍和批评,并未进行深奥的解读和分析。总的说来,这些世界体系理论或者仅仅涵盖近代西方为核心的资本主义经济体系,或者聚焦于1250—1350年之间亚、非、欧旧世界内的百年左右联系,或者过分强调以明代中国等东方帝国为中心、纵贯古今全球的唯一世界体系。因此,它们均无法反映多元文化世界历史所展示的多中心、多维度的跨国关系及其长期发展与演变。

正因如此,全球史的权威学者威廉·H.麦克尼尔提出了以前述"交流网络"的灵活、开放概念来修正单一、等级性的世界体系理论,本文所倡导的"世界网络"及其关系制度化、扩大化、多样化以及网络成员之间互动强化的一系列概念也与麦克尼尔的提法基本一致,但又试图将这一笼统提法进一步理论化,并提供必要分析术语。作为本文"世界网络"概念基础的网络理论实际所强调的是在自然界和人类社会普遍存在的从随机到制度化、从微观到宏观、从单一到多样的互动关系。使用这一系列简明、宽泛、能动的网络理论及其分析概念和术语,也可以帮助揭示中国史及全球史当中普遍存在的横向跨国关系及其纵向历史时代之间关系,包括两位审稿专家提出的上述具体历史问题之内的关系。

为了方便讨论起见,两位审稿专家的主要批评意见将分为三点罗列于下,笔者然后将从网络理论的角度分析有关原始资料或学术论著,逐一解答相关问题。

首先,审稿专家 B 指出:"文章涉及对明前期对外制度与政策(含郑和下西洋)的基本评价,相对于唐宋,学者对明前期对外政策与贸易早有'变态'评价。一般认为早期全球化是从 15、16 世纪前后也就是明中叶以后[开始],明中后期的政策出现一系列调适,相对而言是适应了当时的世界局势和发展潮流,所以某种程度上有利于中外交往和社会经济发展,中国出现以往所谓的资本主义萌芽,这种趋势与世界历史合拍,并为清代所沿袭。明前期官方对外制度与政策可能完全相反,一系列政策对社会经济发展是起反作用的,不能与后来的全球化相对接。"

这一意见正确地指出了明初朱元璋从洪武年间开始推行的以农为本、厉行海禁等政策与此前唐宋时期及明中叶之后某些鼓励或开放民间海外贸易措施的不同之处,也代表了中国史学界一种流行的观点。例如,近来一本有关英文专著就简单地将宋朝作为一个追求市场经济(market economy)的政府,但将明初政策一概作为推行统制经济(command economy)的反市场措施。该书并使用了相当一批并不可靠的历史统计资料证明宋代的市场经济、人均收入、国民总收入都比 1368—1500 年间的明代更高。实际上,该书使用的宋代统计资料大多来自宋神宗熙宁十年(1077)前后宋朝中央政府通过王安石变法来对市场经济加强统制的时期,其中宋明经济比较主要使用了宋代雇佣兵与明代世袭军户的收入资料。除了此类缺乏可比性和可靠性的计量分析之外,该书的统计分析并未对宋代与明初的海外贸易进行详细比较,更未讨论郑和下西洋时期大规模香料进口贸易带来的中外贸易结构的变化。[①]

① William Guanglin Liu, *The Chinese Market Economy, 1000-1500* (Albany, NY: State University of New York Press, 2015), esp.7, 133, 246-247。对于该书的最为系统的批评,包括对其统计资料和方法的质疑,见 Richard von Glahn 的书评,载于 *T'oung Pao* 通报,Vol.102, Fasc. 4-5 (2016): 566-70。

从网络分析的角度来看,除了上述论著所强调的唐宋与明初国策的不同之外,这些农业帝国政权统治政策之间的连续性也应该受到重视,而永乐年间或郑和时代的明朝外交、外贸政策对于明中叶到清代的对外政策和措施的影响同样需要得到注意。实际上,明初的海禁对象仅是民间海上活动,包括私人海外贸易,其官营对外贸易在郑和时代是得到空前发展的。如明史专家万明所指出:"中国自秦汉大一统王朝建立起,对外贸易便一直以官营贸易的指导为主体,私营贸易只是官营贸易的补充。对于海外贸易的官方控制与垄断,从宋朝的不断加强管理措施,到元朝的官本船制度,以及海外贸易管理条例的增强,都反映出一种强化管理的趋势。明代鉴于海上不平静与加强管理的需要,……强化与完善对海外贸易的管理,民间商人参与其间,是宋元招徕远人的扩展。"根据万明对于宋代和明初宁波市舶司及其管理下的沿海贸易所进行的更为可信的研究,其商品数量、交易规模等方面在明初的发展程度都远远超过宋元时期。永乐年间和郑和时代开始的明朝外交、外贸政策的变革也"奠定了明后期民间海外贸易的繁盛发展的基础",[①]此一观点将在以下进行详细论述。

其次,审稿专家A认为:郑和下西洋导致"苏木之类的植物性香料过度输入,造成市场过量供应,对社会经济发展无丝毫好处,而且官吏薪俸一度也以之折支,苦不堪言。……不待郑和远航,伊斯兰教等已经在东南亚强势传播;至于妈祖等中国民间信仰的传播,郑和固然有助推作用,但更重要的力量来自中国民间,特别是海路移居到东南亚等地区的福建商民。……郑和船队与早期欧洲人在印度洋的活动都是在以往开辟的航线基础上进行的。大航海时代编织出来的穿越大西洋、太平洋及新旧大陆的全球海洋交通网络,更是欧洲人为主导,与郑和下西洋有何关系?将两者挂上因果关系,显然也有点牵强。"

实际上,笔者就郑和下西洋进行的网络分析以及其他相关论著,已经对上述问题大多作出回答。郑和船队通过对于海外植物性香料的大规模收集、进口,一方面将其在明朝国内市场的价格大幅度降低,使其从统治集团独享的奢侈品变为普通民众可以消费的大宗医疗药品和烹饪调料,另一方面也帮助发展了东南亚、南亚等地区的香料生产、销售的基地和海上商路,为后来欧洲人在印度洋世界与中国之间以及亚洲与欧洲之间进行的香料贸易创造了一个前提。[②] 至于郑和下西洋导致的国内市场上的香料贸易是

① 万明《明初"贡市"新证》,《明代中外关系史论稿》,第214—242页,特别是第222、240—41页。

② 陈忠平《走向全球性网络革命:郑和下西洋及中国与印度洋世界的朝贡—贸易关系》,第39、42、44—46页。

否对于明初社会经济产生了积极作用,本文所引用的多位学者的有关中英文论著已经作出肯定的回答,勿需在此重复。当然,郑和下西洋时代的明朝官吏被迫接受过度输入的香料作为薪俸,是明初政府为了解决宝钞贬值的措施,似为弊政之一。但这与他们被迫接受急剧贬值的明初宝钞相比,显然稍胜一筹。至于伊斯兰教与天妃信仰在东南亚的传播,本文所强调的是郑和对于这些多元宗教、包括佛教在内的同时赞助和推广,确是前无古人之举,堪称建立多元文化世界网络的先驱行动。

郑和船队与早期欧洲人在印度洋的活动确实沿袭了前人开辟的航线。"但是,郑和时代之前的华人在印度洋,特别是西印度洋的航海通商大多是个别使臣或私人海商偶发、不连续的活动,与郑和船队连续的大规模航行和以上述[官厂]海上基地为基础的地区性朝贡—贸易网络扩张仍然相差甚远"。尤其值得注意的是,"这种制度化的航海和贸易网络并未因为郑和下西洋活动在1433年的突然中止而消失,而是为后来的欧洲航海家所利用,建立了从印度洋到全球范围的海上联系"。[①] 确实,据印度学者研究,郑和船队在印度次大陆海岸进行香料贸易的主要港口通常成为葡萄牙人在1503—1510年间建立商站和城堡之地。作为郑和在印度洋地区航海和互市主要基地的满剌加、忽鲁谟斯也先后为葡萄牙人在1511和1515年夺取并建立城堡。[②] 正因如此,笔者就郑和下西洋进行网络分析的长篇论文强调他为后来欧洲航海家所领导的"全球性网络革命,"或评审专家A所谓"大航海时代编织出来的穿越大西洋、太平洋及新旧大陆的全球海洋交通网络"奠定了一个前提。[③]

第三,审稿专家A又认为:"郑和时代的朝贡贸易关系,经过明中叶制度调整转型,已经转变成为商舶贸易管理体制,这是一种与郑和时代朝贡贸易体制完全不同的新制度,是对郑和时代贸易制度的颠覆性转变和反拨,在广东谓之'广中事例',在福建则为'月港体制',明亡后为清朝所继承沿用,谓之'广州制度'。清代'广州制度'继承的是明中后期的商舶贸易制度,而不是郑和时代的朝贡贸易制度。"这一看法与上述审稿专家B的意见部分重合,确实反映了明中叶之后到清代前期外贸政策和制度的重要变化。

---

① 陈忠平《走向全球性网络革命:郑和下西洋及中国与印度洋世界的朝贡—贸易关系》,第53、58页。

② Pius Malekandathil, "From the Trails of the Chinese to the Dominance of the Portuguese: An Overview of the Patterns of Their Naval Voyages and the Maritime Policies in India", in Malekandathil, *Maritime India: Trade, Religion and Polity in the Indian Ocean* (New Delhi: Primus Books, 2010), pp.68-69, 75.

③ 陈忠平《走向全球性网络革命:郑和下西洋及中国与印度洋世界的朝贡—贸易关系》,第44—46、62页。

但需要说明的是，笔者对于郑和下西洋所作网络分析的长篇论文认为他已将传统的“朝贡贸易”或单纯为朝贡外交服务的官营外贸改变为“朝贡—贸易”并行、并重的中外关系。特别重要的是，他的船队与印度洋国家不仅进行了在朝贡形式下的礼品交换，也涉及与当地民众的大规模贸易。他在印度次大陆古里等航海贸易基地使用当地的首领、商人、牙人建立了一整套朝贡、互市制度，负责郑和船队与当地土产的按物、按质定价和等价交换。[①] 在郑和下西洋开始前后，永乐帝朱棣继续实行海禁，但对洪武时期的朝贡贸易政策和制度进行了调整，扩大了“对海外朝贡国家的开放”。这种官方外交、外贸政策的“开放”和变革对于明中、后期以至于清代的有关制度的变化都有影响。自明初洪武四年（1371）实行海禁之后，管理朝贡贸易的市舶司曾被废除，但在永乐元年（1403）又复设于宁波、泉州、广州。此外，朱棣又对外国朝贡使者与明朝百姓的交易施行减免商税等优惠政策。[②] 特别值得注意的是，永乐时期市舶司在管理、招待朝贡使臣的宦官及其他官员之外，并专设名为“行人”的官方牙人，承销外国使臣所带来的货物于国内市场。这种官方牙人在泉州市舶司原设 24 名，在宁波市舶司达到百人之多，其中并有通过“博买”外国贡使所带货物，从“贫民”而“致富”的人物。[③]

在明代中后期，与朝贡外交相伴的官方外贸确实经历了衰落，以至于宁波、泉州、广州的市舶司时开时闭或完全关闭，而以广东的“广中事例”为代表的商舶贸易管理体制开始出现。据李庆新的研究，所谓“广中事例”，出现于 16 世纪中期之后广东官员默许葡萄牙人居留澳门，开始与欧洲非朝贡国家进行贸易之后，并通过“与代表朝廷的市舶宦官争夺市舶之利，最终罢撤宦官，形成一套新的运作机制”。但李氏的研究又证明在明末万历年间（1573—1620），代表朝廷的宦官控制之下的市舶司又重新在广州、澳门构建其职权，将广东官员通过“广中事例”取得的权力收回，并利用“揽头”“铺行”或所谓“三十六行”来从事评估物价、代纳饷税等类牙行活动，垄断对外贸易，成为清代“广州体制”之下十三行的先声。此外，李氏并发现明末广州、澳门都曾允许广东商民出海贸易，但他认为这与隆庆元年（1567）之后兴起于福建的“月港体制”不同之处在于后者“只准许本国商人出海贸易，而不允许外国商人入境通商”。[④]

---

① 陈忠平《走向全球性网络革命：郑和下西洋及中国与印度洋世界的朝贡—贸易关系》，第 42—44、51 页。

② 李金明《明代海外贸易史》，中国社会科学出版社，1990 年，第 7、35—38 页。

③ 万明《明初“贡市”新证》，第 232—236 页。

④ 李庆新《明代海外贸易制度》，北京中国社会科学出版社，2007 年，第 164—165、253—267、343—345、367—386 页。

尽管如此，李庆新的研究指出清初康熙二十四年(1685)开放海禁时，曾"依粤、闽事例"于浙江、江苏设两海关"，并颁布清代第一个海关法例，[①]可见明末以来"广中事例""月港体制"等对外贸易制度都曾对于清朝所设海关制度，包括粤海关下的"广州体系"产生影响。同年设立的粤海关也直接参考了明末当地"市舶司"的税收等制度，并如李氏所述，继承了后者利用商人牙行办理外贸的制度。因此，从永乐时期或郑和下西洋时代开始实行的朝贡—贸易制度，包括市舶司制度与清代"广州体系"之间的关系仍然清晰可见。确实，粤海关也兼管"贡舶"和"市舶"名义之下的海外贸易，即欧、美和亚洲朝贡国家贡使和商人在广州的贸易及其之外的清朝与海外各国贸易，[②]反映了郑和时代朝贡—贸易并行的关系在"贡舶"和"市舶"形式下的进一步发展和演变。特别重要的是，清代粤海关大多由皇室内务府满人包衣担任的监督管理，并通过号称十三行的行商办理海外贸易和征收关税。[③] 这种体制显然是直接来源于从永乐到明末时期皇帝所派宦官管理之下，使用"行人"或"三十六行"作为牙人、牙行办理外贸的市舶司制度，而不仅是受明末广东"广中事例"与福建"月港体制"的影响。

总之，使用网络理论可以帮助回复上述评审专家提出的问题，发现宋元明清王朝对外政策的连续性、郑和下西洋及欧洲航海家在印度洋活动的前后联系、以及他在明初推动的中外朝贡—贸易关系对明中后期以至于清代外交、外贸制度的影响。这一理论也可以促使我们突破断代史、国别史及其他专门史的限制，使用注重普遍联系的分析方法克服目前中国历史研究碎片化的倾向，[④]推动这一学科的更为整体化研究及其与全球史的结合。

（作者单位：加拿大维多利亚大学历史系）

① 李庆新《明代海外贸易制度》，第 389 页。

② （清）梁廷枏总纂，袁钟仁校注《粤海关志》，广东人民出版社，2002 年，第 152、417—466、467—488 页。

③ 黄启臣、邓开颂《略论粤海关的若干特殊制度及其影响》，载于明清广东省社会经济研究会编《明清广东社会经济研究》，广东人民出版社，1987 年，第 238—243 页。

④ 《中国近代史》2012 年第 5 期曾有专栏讨论中国历史学界研究碎片化的问题。

（上接第156页）

（三）壁画［彩绘佛像多种，拜城和色尔佛洞（即克孜尔石窟）采得六朝盛唐佛教艺术精品，且有铭文，弥足珍贵］，佛像佛范多种［焉耆明威古堡（疑即明屋南遗址，位于焉耆县七个星镇南约12公里）及库车苏巴什古址，各地出土，多希腊古式，可窥西方文化东渐之迹］。（四）高昌墓表墓志多种，关系古代西域文化甚巨。（五）冢墓遗物陶鼎陶瓯等多件，千数百年来，先民之所遗留，至堪宝贵。（六）汉代毛笔（居延海出土）。（七）汉代木器。（八）古代麻鞋。（九）铜矢镞。（十）铜残器。（十一）骨器。关于风俗展览物品，计有金银饰品、铜器、衣帽、发饰、缠文经、项珠、念珠、首饰、刀、马鞭、腰包等件附陈。有汉代西北故迹影帧及额济纳河附近古迹图等。

北大研究院

北大研究院考古学会出品……甘肃镇番等处出土远古陶瓮十三件，又汉画砖二件，汉封泥百七十五件，及西北古迹古物影片多帧。

个人陈列品

个人以西北文物出品参加陈列者，计有苗长惠氏在甘肃敦煌玉门等处搜集所得唐代泥佛澄泥比丘造像，①梵、藏、印度、畏兀儿文各种写经，及大夏碑等各项拓本。北平古玩巨商黄、张诸氏，并拟各出历年所藏陕甘古物参预陈列云。

5月27日　朱自清至团城观西北文物展览，其中有高昌墓碑砖等。

上午至团城看西北文物展览。计玉翁、玉佛，乃久欲一观者。然玉佛实无可观，似不如昭庆（即昭庆寺）也。其余佳品颇多，如高昌墓碑砖、兵物簿（竹简）、居延笔、楚篚、罍、勺等，楚鼎（有漏）影片，莽衡、莽权，新疆出土殉葬之伏羲女娲画，皆极可观，楚器花纹、文字均异。［朱乔森编《朱自清全集》第9卷《日记（上）》，江苏教育出版社，1998年，第294页］

6月9日　胡适见铃木大拙，得赠敦煌本《神会语录》《坛经》等。

铃木大拙（贞太郎）来访，赠我：

敦煌本《神会语录》
敦煌本《坛经》
兴圣寺《坛经》（以上三部之出版情况可参本年度5月10日条）
佛光国师年表塔铭　以上各三部
Essays in Zen Buddhism（Third Series）

敦煌本《神会语录》的一本流入日本，由石井光雄影印（即《敦煌出土神会录》，1932年）；此次又由铃木校点排印。此本大体同于我校印的神会长卷（即胡适《神会和尚遗集》，亚东图书馆，1930年），但首幅比我的少，末幅比我的多。其所多者甚可供研究。

此卷尾有题记：

唐贞元八年岁在未，沙门宝珍共判官赵看琳于北庭奉张大夫处分令勘讫。其年冬十月廿二日记。

唐癸巳年十月廿三日比丘记。

（下转第198页）

① 该造像照片曾刊于《天津商报画刊》第9卷第29期，1933年，第1页。

《丝路文明》第五辑
2020 年 11 月，175—182 页

李希霍芬的中国考察与其学术再造

唐晓峰

摘　要：李希霍芬在欧美商会提供的经费支持下，在中国考察 4 年，涉及十余省，撰写了 11 份考察报告。这些报告内容包括各地区的地质、地貌、物产、人口、交通、商贸等。李希霍芬本人原来是地质学家，但其应商会要求所做的考察报告大大超过地质学范围，实为地理学综合记录。基于这些报告，李希霍芬从一个单纯的地质学家转变为一个地质地理学家。李希霍芬由此形成的地理学理念，曾在西方现代地理学发展中产生过重大影响。他的“丝绸之路”概念，也正是在这种考察实践中形成的。

近年，由于对“丝绸之路”的重视，此概念的提出者李希霍芬也成为颇受关注的人物。在以往对李氏的评论中，话题主要在其考察研究对中国有何影响这一方。在积极贡献方面，他向中国引进了现代地质科学，他解释了地层系统、黄土成因、华北煤储等重大地质议题。翁文灏说：“吾中国地质学者无不叹服李氏于数年之间而造成中国地质学之主要纲领。因李氏之成就，而节省吾人 10 年之工作时间。”①刘东生也说：李希霍芬“是外国地质学家中，对早期中国地质学有重要贡献的一位学者。他对中国黄土成因的风成学说，不仅广为人知，而且影响深远，直至今天”。② 在负面影响方面，主要是为德国殖民者占领青岛预设了依据，鲁迅说：“一文弱之地质家，而眼光足迹间，实涵有无量刚劲善战之军队。盖自利氏游历以来，胶州早非我有矣。”③总之，各种评论都在李氏对中国的影响这一方面。本文要讨论的是另一方面，即在中国的考察实践对李希霍

① 翁文灏《李希霍芬与中国地质工作》，原载《中国地质学会会志》1933 年第 3 期；收入李希霍芬著，刘东生、张英骏编译《黄土与中亚环境》，地质出版社，2009 年。引文见第 XI 页。

② 刘东生《李希霍芬和“中亚人与环境”》，收入《黄土与中亚环境》，地质出版社，2009 年。引文见第Ⅲ页。

③ 鲁迅《中国地质略论》，载氏著《集外集拾遗补编》，人民文学出版社，2006 年。

芬本人有什么影响。当然,他的地质学研究给他带来崇高的学术成就与荣誉,但这只是其中的一项,况且这一项,也只是在他原有的发展路线上获取意料之中的成果而已。本文要谈的是另一项预料之外的成果,由于中国的实践,使他在学术发展上出现重大转折,或称再造,而这个转折再造给他带来的成就与荣耀,并不亚于在地质学方面。而今天闻名世界的"丝绸之路"概念,也只不过是这个转折中的一束灵光,其中折射着他在中国经历的特殊收获。

中亚,是一块所有的航海家所不能达到的神秘地带,当航海大发现的时代基本过去之后,中亚则成为地球上最后一块吸引人探索的目的地。青年李希霍芬就曾经产生考察中亚的理想,他在学生时期便开始着手准备,希望能够早日进入中亚。1856 年,他在柏林大学毕业获博士学位,论文是《论斑岩》,随后到维也纳地质局工作了一段时间。然而其后的命运并没有给他去中亚的机会,反而把他带到了新世界。1862 年夏,他去了美国,在加州和内华达州工作,参与了加州金矿的勘探,也做了一些新闻报道的事情。他在北美一共考察了 6 年,或者说徘徊了 6 年,因为在他的回忆中,那不是一个激动人心富于成果的时光,真正富于成果的考察实践是在中国。在美国尽管有金矿的发现,但他仍然感到"假如从加利福尼亚回国,我将不满且真的不快"。[①]

1868 年,李希霍芬提交了一份去中国考察的计划,由于美国商界对中国开发的迫切性,这个计划很快得到批准,商界同意提供其前往中国考察的经费,但条件是要按期向有关商会提交关于各地资源与商业机会的英文报告。李希霍芬是地质学家,研究的对象是地球的质地,并不需要关注人类的活动。但商会的合同要求他务必考察每个地区人类的经济活动,李氏的感受是:"我本人的立场是,这些实用性的文章都不在我的科学工作范围之内。"[②]但之所以要撰写这些内容,"都是些我从道德上感到有义务要写的文稿"。[③]

1868 年 9 月,李希霍芬自旧金山来到上海。开始了在中国的七次考察。李氏的考察当然会坚守地质学家的本职,对东亚大地的构成进行探索。"李希霍芬早年对中国地质研究的最大贡献是初步建立了中国南、北方大致的地层系统"。[④] 他将山东泰山一

① 《李希霍芬中国旅行日记》(下册)(费迪南德·冯·李希霍芬著,E.蒂森选编,李岩、王彦会译),商务印书馆,2017 年。第 296 页。

② 《李希霍芬中国旅行日记》(下册),第 292 页。

③ 《李希霍芬中国旅行日记》(下册),第 287 页。

④ 潘云唐《李希霍芬在中国地质科学上的卓越贡献》,《地质评论》2005 年第 5 期,第 606—607 页。引文见第 607 页。

带的片麻岩命名为“泰山系”，把山西东北部桑干河与河北省西北部洋河一带的云母片麻岩等命名为“桑干片麻岩”，将五台山区出露的绿泥石片岩命名为“五台层绿泥片岩”，“这些就是今天中太古界桑干杂岩、新太古界泰山群和新太古界至古元古界五台群的最初雏型”。[①]

在地质考察之外，为履行与商会签订的合同，李希霍芬开始了另一种独特的考察模式：从每个地区的地质特征的观察开始，确定地下可利用资源，再转到地表土壤、气候、物产，考察地区可利用的资源，最后依据地形特点，评述对外交通路线，与此同时，进行历史回顾，揭示当地经济贸易传统。每个地区考察结束，便撰写英文报告（以书信的形式），交给商会。[②] 如果阅读李希霍芬撰写的英文报告会发现，那其实是一份系统、细致的区域地理叙述。以下节录几段李希霍芬在四川的考察报告：

关于地质基础：“四川东部可以被描述为一个由群山所围绕的巨大的三角形盆地。周围的山里有些要高于永久雪线，而且全部难以逾越。构成这些山脉的岩层基本上都非常古老，大部分可追溯至志留纪与泥盆纪；随后一些地质时代产生的沉积物慢慢覆盖了整个盆地。在所有参与了地貌形成过程的堆积中，只有两种尤其令人感兴趣，即一层薄薄的煤炭层，以及在地层学发育方面极为丰富的红色黏土质砂岩和砂质黏土的堆积。当这些占据主导地位的砂岩露出地表时，也将其典型的砖红色特征赋予了后者；因此，将几乎整个四川东部地区称为‘红层盆地’也并没有什么不妥。”

关于地貌特征：“构成红色盆地的大部分岩石既软又易碎，导致流经该地区的江河——包括它们分布广泛的支流以及小溪——在地表侵蚀出了一条又一条深深的河道，最终把整个盆地改造成了现在这个完完全全的‘丘陵之国’。除了成都府所在的大平原之外，四川只有一些零碎的小块平地，既稀少又彼此相距甚远。”

关于区域划分：“东南边界几乎为一条直线，从夔州府开始，途径重庆府南边的綦江县、泸州南边的仁怀县、叙州府东南的永宁县，从那儿再回到长江沿岸的屏山县。盆地的西侧边界等于从屏山到雅州府的那条连线，再从那儿开始延伸，经灌县到陇南府。至于盆地东北侧的边界，就我所知要复杂得多；但如果在陇南府与夔州府之间画一条直线，也差不多能将其大致表示出来。在这块三角形的区域内，有着人们的生活、工业、繁荣、财富，彼此靠水路联通。”

---

① 潘云唐《李希霍芬在中国地质科学上的卓越贡献》，第607页。

② 这些报告后汇编为《给上海总商会的书信集》（*Letters to the Shanghai General Chamber of Commerce*，1872）。

关于乡村与城镇:“在四川,乡村是散落在各处的,紧邻着一块块的农田。农民及其人口众多的家庭成员们,一起生活在属于他们的农田之中。那些从事工业或商业活动的人生活在市镇或城市,但是几乎难以见到中国式的‘市镇式村庄’。换言之,城市就是彻头彻尾的城市,乡村也是彻头彻尾的乡村。人们只有在期待安稳和睦的情况下才能生活在这种分离和孤立的状态中,而‘极度和睦’也确实是四川清晰地传达给人们的印象。”

关于交通状况(这是考察的重点):“作为一条法则,除了长江之外,四川省所有在这块三角形区域之外的河流都不能通航。向西或是向南,都会立刻进入‘野人’(即野蛮人)的领地,而且无论沿哪个方向向外走,都会从红色盆地的高海拔区域进入环绕四周的崎岖不平的山峦地带。近年来,正是源于这个盆地的那些丰富而有价值的产品引起了人们的注意。”

“长江通过它极为发达的支流水系覆盖红色盆地的广大区域。屏山县作为省内航道的起点,坐落于盆地的边界上。从那儿到重庆府,甚至到下游的涪州,长江在一年四季都可以比较方便地通航。从涪州以下,或者说在夔州府以下,长江在夏季有一到两个月是无法通航的。在屏山县的下游,长江右岸的所有支流里,人们都可以乘小船直达红色盆地的边界——这些水路的长度都很短。只有在湔江(它在涪州汇入涪江),中国人以拉纤的方式,成功突破了一系列急流的限制,使他们的船可以从中通行。”

“在长江的左岸,有三条大江汇入,分别是岷江、沱江和嘉陵江,交汇处分别坐落着叙州府、泸州和重庆府三座巨大的商业城市。这三条江及其主要支流都可以通航,直达盆地边界;有些航道较短,有些则很长。”

“省内所有地区的陆路交通都很艰难,只有成都府平原除外。北京路,或大北路(Ta-pe-lu),是本地区最高等级的大路。还有一条连接成都府和重庆府(途经资州)的大路也是商旅繁忙。从重庆府出发,有一条大路通往东川府和保宁府;另一条大路则通往雅州府,并与进一步前往西藏和宁远府的大路衔接。还有一条大路连接重庆府和夔州府,并继续延伸至湖北省的宜昌;贵重的商品都走这条道,以规避长江上急流所带来的危险。”

“上面提到的这些大路(还应该再加上另外几条),都用石板铺得很好,其宽度足以让驮畜队交错同时通过,而且得到了状况极佳的维护。但几乎没人考虑过如何使官道的坡度变得缓和的问题:在陡峭的地方往往设有一段段的台阶,有时甚至一连几百级,中间几乎没有停顿休息之处。”

在“物产”一节中，李氏谈到丝绸、鸦片、白蜡、烟草、茶、糖、桐油、盐、煤、铁及其他矿产。关于丝绸：“就生产量而言，四川省或许在全中国能排到第一；但就质量而言，本地居民都承认其产品在柔软程度、光泽和优雅外观方面都要比浙江的货差。但是，它在强度和耐用性上的优势却令其可以在某些市场（主要是北方诸省）与产自浙江的丝绸竞争。四川丝绸的生产集中于红色盆地里：几乎处处都出产丝绸，但利润最高的地区都在北部和西部。在保宁府、顺庆府、东川府、成都府和绵州等五地的46个州县中，有35个都出产丝绸。除此之外，还必须加上雅州府、眉州、嘉定府和资州境内的一些重要的丝绸生产地点。”

关于煤：“如果之前的计算足够精确，那么四川的含煤地层在面积上超过中国其他所有省份之和。但若是只比较其中可供开采的部分，则四川要逊于其他好几个省份，如山西和湖南，或许还有甘肃。如果把煤床的总厚度以及煤炭的质量都纳入计算之中，那么四川的排名也还是会在其他含煤省份之下。”①

李希霍芬在报告中还介绍了人口问题和传统的四川商业，这里不可能抄录太多。

李希霍芬一共向商会提交了11份类似的报告，涉及湖南、湖北、河南、山西、浙江、安徽、江苏、甘肃、四川、直隶、陕西等省区。这些报告，对于商会来说，当然都是“情报”。但可以看到，在李希霍芬的叙述中，含有大量商会并不需要的学术性观察与分析，特别是在整体内容上，包含着一套地理学考察的逻辑体系。从这个意义来讲，这些报告可以看作是最早的以西方现代学术眼光对中国所做的直接、系统、细致的地理观察与记录，它比美国地理学家葛德石（G. B. Cressey）的考察早半个世纪。②

李希霍芬在中国各地的考察内容大大超出了地质学家所关心的东西。在考察单元上，也不是按照地质学的系统，而是按照地表区域，这是地质学与地理学的本质差别之一。可以说，在无意识中，李氏走出了一条日后被称为“地质地理学”的综合性学术道路。地质地理学的出现，扭转了地理学与历史学联手即“史地学”的传统。史地传统不仅在中国，在欧洲也是十分深远，早可追溯到希罗多德的《历史》。地质地理学更强调了一种自然科学属性的“地学”，在此基础上，新型的学术机构也随之出现，即地质地理系。哈佛大学曾设立地质地理系，北京大学也曾设立地质地理系，正反映了当时开启的这 趋势。

① 以上译文由贾长宝（柏林自由大学历史与文化学院博士生）帮助译出，特此致谢。

② 美国地理学家葛德石在20世纪二十年代曾在中国做大范围地理科学考察，著有《中国的地理基础》（*China's Geographical Foundations*）一书。

正是以这种地理学的模式在关中地区进行考察,并对交通问题的思考中,李希霍芬发现了丝绸之路的存在。1872 年 1 月,李希霍芬在西安,对于由此向西的交通有了相当程度的了解,他确认有南北两条道路。“中国经北路跟俄国、经南路跟土耳其有着重要的贸易往来。主要的贸易品是苏州的丝绸,湖北、湖南等地的茶叶,还有糖。西安府是这些商品的堆货场”。①

经过四年的实践,李希霍芬的大地观被重塑,当他回国的时候,中国考察模式已经在他的思想中生根并有机地生成一种新的基本研究范式。《中国》一书的写作,没有商会的干扰,完全是一种纯粹的学术研究,但他仍然把综合性地质地理学思路运用到关于中亚的章节中。中亚是一个地理区域,在欧亚商业大交流中具有重要地位,在这一论述中,李氏正式采用了“silk road”这个词。李希霍芬的中亚研究是《中国》第一卷的主要内容,其学术价值是多方面的和长远的。通过《中国》第一卷的写作,地理学的研究范式已经成为李氏自觉的理论认识,他可以就地理学的基本理论问题发表重要见解。

19 世纪后半叶,殖民活动、战争、商业发展使欧洲人对于地理知识的需求十分急迫,而在教育界,中学地理教师的质量十分堪忧。于是在 1874 年,即李希霍芬回国后的两年,普鲁士政府率先决定在每个大学都设置地理教席,由具有教授头衔的学者担任。这就必然出现一个问题,当时具有教授头衔的学者未必真正懂得地理学。正是在这样的关键时期,李希霍芬的一场学术演讲,对地理学的问题做了纲领性的讲解。这就是 1883 年 4 月 27 日在莱比锡大学的就职演说。②

美国地理学史学者詹姆斯写道:“把新地理学引进德国大学的主要人物是地质学家费迪南·冯·李希霍芬。”③“李希霍芬对于什么是地理学这一问题的答案,在德国国内和国外都有巨大的影响。他对新地理学的范畴与方法作了初步说明,他的思想最初是在他的研究中国的第一卷里表达的。”④

普鲁士决定在大学普遍设立地理学教席这件事,被学术史家认为是作为正规学科的现代地理学诞生的标志。由此可见李希霍芬历史地位之重。而在承受这个“之重”的时候,李氏竟还被称作“地质学家”,这是学术史上很有意思的一桩大事。它也暴露

① 《李希霍芬中国旅行日记》(下册),第 172—173 页。

② 李希霍芬被聘为莱比锡大学地理系教授。

③ 〔美〕普雷斯顿·詹姆斯著,李旭旦译《地理学思想史》,商务印书馆,1982 年,第 204 页。

④ 〔美〕普雷斯顿·詹姆斯著,李旭旦译《地理学思想史》,第 205 页。

出地理学发展的一个命运特征，即相关学科的引入与结合。李希霍芬结合的是地质学，后来的拉采尔、索尔都是结合人类学，达比结合的是历史学，段义孚结合的是心理学，这样的例子一直伴随地理学的学术史。

"地质学家"李希霍芬关于地理学的理解是这样的："地理学的特殊目的是集中研究地球表面上相互联系的各种现象。为了要取得有益和可靠的结论，地球表面上任何部分的地理研究都必须以详细描述自然现象开始，然后推进到考察地球表面的其他现象与基本的自然结构的关系。他把形成地表形态的过程的研究（地质学）和地表形态本身的描述区别开来，后者是与其他地面要素（包括人类的作用）有关的参照构架。地理学的最高目标在于发掘人类和物质的地球以及与自然现象也有联系的生物现象之间的关系。这就是当时在德国和世界其他地方地理研究的基本模式。"①由于他的重要贡献，李希霍芬多次被选为柏林地理学会会长。

可以说，李希霍芬赶上了中国近代史中一个难得的平静期，即所谓"同治中兴"，那个时期对外国学者是善待的。而在西方，19 世纪欧洲知识界发生了很大的变化，传统大学曾是传播社团宗教和政治信仰的地方，旨在集中学习希腊和拉丁经典著作。而随着科学专业或学科的纷纷出现，大学不得不开始担任新的责任，与此同时，学者的自由社团开始成立。李希霍芬这一代来华的"洋人"，代表了一种变化，他们不再是教会派遣的传教士，而是真正科学家，他们将科学意识摆在最前面，而不是作为传教的手段。当然，他们更属于一个大时代，即西方殖民主义盛行的时代，他们不可能脱离殖民主义的背景，他们的研究结果会被殖民者尽行利用，而他们主观上的爱国主义也很难与殖民主义政府摆脱干系。

关于中国考察，李希霍芬自觉也有遗憾，那是一个重要目标即青年时期的理想——到中亚（包括中国新疆）去，因西部社会局势动乱，未能成行。他写下这样的感受："当我已然到了西安府这个开启这样一次旅行的门户之时，便为因受阻而不能实现我的旅行计划而感到倍加难过。"②李希霍芬与中亚失之交臂，在今天看来，的确是一份遗憾。因为李希霍芬与后来因西域探险而暴得大名的斯文赫定、斯坦因不同，李希霍芬有更严谨的科学探索精神，而不是为探险而探险。他曾批评自己的学生斯文赫定没有做好充分的学术准备就急于出发。可以设想，如果李希霍芬来到中亚做实地考察，一定会拿出

① 〔美〕普雷斯顿·詹姆斯著，李旭旦译《地理学思想史》，第 205—206 页。

② 《李希霍芬中国旅行日记》（下册），第 185—186 页。

一份学术水准高、内容丰富、系统性强的科学报告,那么,他们那一辈人所建立的中亚概念,将不是一个只有古墓、废墟和风沙的区域。

2020年6月27日于五道口嘉园

(作者单位:北京大学城市与环境学院)

《丝路文明》第五辑
2020 年 11 月,183—197 页

C.Ф.奥登堡院士未公布的科学遗产

——纪念俄罗斯新疆探险考察队工作结束100周年*

〔苏〕И.В.童金娜 〔苏〕M.Д.布哈林 著 杨军涛 译

摘 要: 本文描述了1904—1929年科学院常任秘书C.Ф.奥登堡院士未公布的科学遗产,他于1909—1910年和1914—1915年领导了两次俄罗斯新疆探险考察队。现在,已开始将俄罗斯科学院档案馆奥登堡全宗号中的材料引入科学应用,在总结这项工作时概述了未来工作的前景。文章指出,公布奥登堡的档案材料是俄罗斯现代东方学研究中最重要的科学任务之一。

"俄罗斯从事科学史研究的人都会经历一种可怕的感受:勇敢的开始,深刻的思想,罕见的才能,聪明的头脑,甚至细致耐心的努力工作——所有这一切都已习以为常;但这里必须注意,一切是如何中断的:长系列的'第一卷''第一期',从未延续下去;广泛的想法,似乎话说一半就卡住了,一大堆未出版的、完成一半的手稿。未竟事业、未实现梦想的巨大坟墓。实质上,对年轻的俄罗斯科学来说只有短短的两个世纪,但其殉难史却很长……"①俄罗斯科学院常任秘书、俄罗斯最伟大的东方学家C.Ф.奥登堡(1863—1934)②所说的这些痛苦的话语竟成为预言性的预兆,完全适用于他自己的科学遗产。

* 本研究得到俄罗斯人文科学基金会的资助(项目编号№15-01-00096)。本译文系2014年度国家哲学社科基金重大项目《新疆石窟寺研究》(项目编号:14ZDB054)阶段性研究成果。

① C.Ф.奥登堡《纪念瓦西里·帕夫洛维奇·瓦西里耶夫及其佛教著作——1818—1918年》[1918年3月5日(2月20日)俄罗斯科学院公开会议上的讲话],载《俄罗斯科学院通报》,系列6,卷12,第7期(《亚洲文集》),第531—548页。

② Б.C.卡甘诺维奇《谢尔盖·费多罗维奇·奥登堡:生平经历》,圣彼得堡:凤凰城,2006年;第2版修订版,圣彼得堡,2013年。维加辛《俄罗斯的印度研究(综述与材料)》,莫斯科,2008年,第205—236页。

尽管担负大量的行政管理工作,但奥登堡一生中发表了542部(篇)著作。① 然而,奥登堡未公布的科学材料,仍保存在俄罗斯科学院档案馆圣彼得堡分馆的其个人全宗号中(全宗号208,目录号1—5,存储单元1572),②几乎超过了它们的价值。奥登堡是一位专业很广泛的东方学家,虽然其科学工作的基础是研究古代印度文明,但他的科学兴趣领域并不仅仅局限于古代印度的历史和文化。奥登堡为研究中国新疆的文物古迹留下了明显的印迹,新疆是具有独特历史的各民族的影响在历史中交汇融合之地。他成为了新的科学分支——中央亚细亚语言学和古文字学的先驱之一。③ 俄罗斯驻喀什的总领事H.Ф.彼得罗夫斯基(1837—1908)于1887年开始向圣彼得堡给B.P.罗津(1849—1908)寄送文物和写本残页,以便对它们进行科学鉴定,后者是俄罗斯帝国考古学会东方分会主席。对它们的研究,罗津男爵正是托付给了奥登堡,当时28岁的奥登堡是圣彼得堡大学东方语言系编外副教授。④

1891年11月28日,在奥登堡的倡议下,俄罗斯考古学会东方分会向彼得罗夫斯基提出请求,向学会寄送"关于库车或喀什噶尔其他地方的古代遗迹"的信息,并首次提出了关于组织俄罗斯考古探险考察队到该地区的问题。⑤ 奥登堡写了几篇关于彼得

---

① П.Е.斯卡奇科夫、К.Л.奇日科娃《С.Ф.奥登堡著作书目》,载《谢尔盖·费多罗维奇·奥登堡》(文集),莫斯科,1986年,第122—158页。

② И.В.童金娜《俄罗斯科学院档案馆圣彼得堡分馆藏文件中的奥登堡新疆探险考察队(19010—1910、1914—1915)》,载《基础科学:文件遗产的研究、保存和修复问题——莫斯科俄罗斯科学院档案馆2013年6月4—7日国际科学大会的材料》,莫斯科,2013年,第36—42页;И.В.童金娜《关于С.Ф.奥登堡未公布的科学遗产的命运》,载《科学与技术:俄罗斯科学院科学与技术历史、哲学国家委员会圣彼得堡分会国际大会第34届年会的材料——历史科学的圣彼得堡:纪念俄罗斯科学院以С.И.瓦维洛夫命名的自然科学史和技术史研究所圣彼得堡分所60周年、第一批科学史研究机构100周年、弗拉基米尔·伊万诺维奇·维尔纳茨基诞辰150周年及尼古拉·伊万诺维奇·布哈林诞辰125周年》(2013年11月25—29日),卷29,2013年,第55—61页;И.В.童金娜《С.Ф.奥登堡未公布的科学遗产(纪念诞辰150周年)》,载《人道主义问题和历史文化遗产联合科学委员会文集》(2014年),圣彼得堡,2015年,第19—33页。

③ Г.М.邦加尔特-列文、М.И.沃罗比耶娃-捷夏托夫斯卡娅、Э.Н.杰姆金《С.Ф.奥登堡院士——中亚古代文化的研究者》,载《中亚印度语文字遗存》,邦加尔特-列文、沃罗比耶娃-捷夏托夫斯卡娅、杰姆金公布的文本、研究和注解,莫斯科,卷3,第14—33页。

④ 详见:И.В.童金娜《新疆古代文字文物收集者H.Ф.彼得罗夫斯基》(根据写给B.P.罗津和С.Ф.奥登堡的书信材料),载《东方—西方:文明对话——历史文献年鉴(2011—2012年)》。H.Ф.彼得罗夫斯基写给B.P.罗津的部分信件和写给С.Ф.奥登堡的所有信件及其著作目录公布于书中:彼得罗夫斯基《新疆的书信》,莫斯科,2010年。

⑤ 《俄罗斯考古学会东方分会1891年11月28日会议纪要》,载《俄罗斯考古学会东方分会会刊》(1891年,卷6),1892年第1—4期,第9—11页。

罗夫斯基收集品的文章,[①]主要是关于其写本收集品,[②]其中包含梵语文本和当时科学"未知"语言的文本。

正是奥登堡促进了国际合作和各国建立研究新疆文化的科学家团队。1893 年秋季到 1894 年夏季在巴黎出差时,奥登堡请法国同行来解读彼得罗夫斯基写本收集品中的一件文本。奥登堡在写给老师罗津的信中报告说:"这里无人理解这些题记。他们想要传真并分发它们,以便每个人都发挥自己的智慧。我在这里展示了彼得罗夫斯基写本残页的照片——每个人都因它们而欣喜若狂。"[③]

奥登堡公布了彼得罗夫斯基寄来的文本的传真件,其公布为吐火罗学作为一个独立的科学分支奠定了基础。到 1908 年,已经死亡的公元 5—8 世纪的印欧语言被解读了,并被德国学者西格(E.zig)和西格林(V.zigling)称为吐火罗语 A 种(文本发现于新疆东北部——吐鲁番和焉耆地区)和吐火罗语 B 种[或龟兹语,文件发现于整个新疆,如东北部(吐鲁番和焉耆)以及西南部,库车及其周围地区]。[④]

25 年间,奥登堡关于新疆遗存的大部分著作都发表于《俄罗斯考古学会东方分会会刊》。正如根据档案文件得出的结论,一收到彼得罗夫斯基的写本,就为圣彼得堡最有价值的文本制作了珂罗版印刷图版,其中许多图版尚未公布。[⑤] 奥登堡将彼得罗夫斯基收集的梵文文本分为几部分公布,给每片残页一个编号,但只发布了前三部分。第

① C.Φ.奥登堡《H.Φ.彼得罗夫斯基收集品的科学价值》,载《俄罗斯考古学会东方分会会刊》(1909 年,卷 19),1910 年第 4 期,第 22—28 页;《纪念尼古拉·费多罗维奇·彼得罗夫斯基(1837—1908)》,载《俄罗斯考古学会东方分会会刊》(1910 年,卷 20),1912 年第 1 期,第 01—08 页。

② C.Φ.奥登堡《H.Φ.彼得罗夫斯基的喀什写本》,载《俄罗斯考古学会东方分会会刊》(1892 年,卷 7),1893 年,第 1—4 期,第 81—82 页,图版 1(单行本:圣彼得堡,1892 年);C.Φ.奥登堡,《H.Φ.彼得罗夫斯基收集的喀什梵文写本片段》(I),载《俄罗斯考古学会东方分会会刊》(1893—1894 年,卷 8),1894 年第 1—2 期,第 47—67 页;C.Φ.奥登堡《论喀什的佛教文书》,载《俄罗斯考古学会东方分会会刊》(1893—1894 年,卷 8),1894 年第 1—2 期,第 151—153 页;C.Φ.奥登堡《关于佉卢文佛教写本初探》,帝国圣彼得堡大学东方语言系为巴黎第 11 届国际东方学家大会开幕日公布,圣彼得堡,1897 年;C.Φ.奥登堡《H.Φ.彼得罗夫斯基收集的喀什梵文写本片段》(Ⅱ),载《俄罗斯考古学会东方分会会刊》(1897—1898 年,卷 11),1899 年第 1—4 期,第 207—264 页(Ⅰ—Ⅱ部分的单行本,参见:俄罗斯科学院档案馆圣彼得堡分馆,全宗号 208,目录号 1,案卷号 132);C.Φ.奥登堡《H.Φ.彼得罗夫斯基收集的喀什梵文写本片段》(Ⅲ),载《俄罗斯考古学会东方分会会刊》(1902—1903 年,卷 15),1904 年第 4 期,第 113—114 页。

③ 俄罗斯科学院档案馆圣彼得堡分馆,全宗号 777,目录号 2,案卷号 320,第 1—3 页背面。参见《往来书信》,2004 年,第 280—281 页。

④ 克拉乌泽《吐火罗语》,载 B.B.伊万诺娃编辑的《吐火罗语言》,莫斯科,外国文学出版社,1959 年,第39 页。

⑤ 俄罗斯科学院档案馆圣彼得堡分馆,全宗号 208,目录号 1,案卷号 131,第 42—46、55 页(写本的珂罗版印刷品)、第 127—129、141、155—157 页(古代写本的转写和文章残页);案卷号 217,第 104、106—110、117 页(写本的珂罗版印刷品);案卷号 224,第 10、18、62 页和后续页(仿制品的照片和珂罗版印刷品);全宗号 725,目录号 4,案卷号 54,第 62—75 页(关于 H.Φ.彼得罗夫斯基收集的喀什噶尔梵文写本的文章第四部分的排版和图版)。

四部分仍未公布,但保存为1917—1918年的校样和珂罗版印刷图版,第五部分准备好了部分文本的转写和图版。

《Н.Ф.彼得罗夫斯基收集的喀什噶尔梵文写本片断》(Отрывки кашгарских санскритских рукописей из собрания Н.Ф.Петровского)研究的第四、五部分未印刷出版,[①]分散在俄罗斯科学院档案馆圣彼得堡分馆奥登堡和Ф.И.谢尔巴茨基院士的个人全宗号的各种卷宗中。我们还找到了奥登堡关于彼得罗夫斯基收集的梵文写本的一份综合工作计划,[②]以及文章《Н.Ф.彼得罗夫斯基收集并捐赠给俄罗斯考古学会的新疆文物》(Собрание предметов древности из Восточного Туркестана, принадлежавшее Н.Ф.Петровскому и принесенное им в дар Русскому археологическому обществу)、[③]《Н.Ф.彼得罗夫斯基收集的一些和田小型艺术品简述》(Заметка о некоторых хотанских миниатюрах собрания Н.Ф.Петровского)[④]的片段,关于驻喀什领事馆秘书М.И.拉夫罗夫(Лавров)收集品[⑤]以及中央亚细亚写本古文字、[⑥]佛教艺术肖像画等未公布的研究著述计划。

彼得罗夫斯基和罗津没有活着看到奥登堡的第一次和第二次俄罗斯新疆探险考察队(1909—1910年、1914—1915年),他们强烈支持并努力实施组织这些探险考察。这两次探险考察都是以"俄罗斯中亚和东亚历史、考古、语言和人种学研究委员会"(1903—1923)的资金组织的,其主席是人类学及人种志学博物馆馆长、著名的突厥学家В.В.拉德洛夫院士。奥登堡为这些考察旅行做了精心准备——研究了文献[⑦]和关于

① 俄罗斯科学院档案馆圣彼得堡分馆,全宗号208,目录号1,案卷号356,第5—6页,文章的开头,作者手稿;全宗号725,目录号4,案卷号54,第62—65页(第四部分校样)。第66—75页(写本珂罗版印刷品的图版)。

② 俄罗斯科学院档案馆圣彼得堡分馆,全宗号208,目录号1,案卷号356,第1页;全宗号725,目录号4,案卷号54,第45、48、51页。

③ 俄罗斯科学院档案馆圣彼得堡分馆,全宗号208,目录号1,案卷号188,第48页,文章的开头,作者手稿。

④ 俄罗斯科学院档案馆圣彼得堡分馆,全宗号208,目录号1,案卷号216,第6页,文章的开头,作者手稿;案卷号217,第104页(有插图的写本珂罗版印刷图版)。

⑤ 俄罗斯科学院档案馆圣彼得堡分馆,全宗号208,目录号1,案卷号131,第131页。在奥登堡的全宗号中,保存下来了驻喀什领事馆秘书М.И.拉夫罗夫对新疆所做的未公布的记录,提到了地区的考古遗址,М.Д.布哈林现在准备出版公布其记录(俄罗斯科学院档案馆圣彼得堡分馆,全宗号208,目录号4,案卷号34,第1—124页。打字稿。第125页——库车县中国地图拷贝。还参见М.И.拉夫罗夫描绘的№1和№2库车县中国地图:俄罗斯科学院档案馆圣彼得堡分馆,全宗号208,目录号1,案卷号178,第14—15页)。奥登堡在第一次俄罗斯新疆探险考察中使用了М.И.拉夫罗夫的记录,并在其探险考察日记中多次提到(俄罗斯科学院档案馆圣彼得堡分馆,全宗号208,目录号1,案卷号162)。

⑥ 俄罗斯科学院档案馆圣彼得堡分馆,全宗号208,目录号1,案卷号134,第1页。

⑦ С.Ф.奥登堡《中国新疆古代文化遗存研究(I):中国新疆南部》(关于书:М.А.斯坦因《沙埋和田废墟记》,伦敦,1893年),载《国民教育部杂志》1904年第6期,第366—397页。

喀什噶尔的未发表的报告和记录,收集了中文、英文和俄文地图(图 1-3)。

奥登堡的第一次俄罗斯新疆探险考察队是调查性的,其探险考察队到过焉耆、吐鲁番和库车。1909 年 6 月 29 日—8 月 4 日(8 月 12 日至 17 日),探险考察队从塔城到达乌鲁木齐,在那里拜访了 H.H.克罗特科夫领事,他陪同探险考察队在吐峪沟麻扎(吐鲁番)和乌拉泊(乌鲁木齐)进行发掘。显然,这位领事向奥登堡赠送了吐鲁番的绢帛佛教神像画残片作为礼物,神像画保存在其个人全宗号中。

中国新疆给旅行者们留下了"消失的佛教寺庙王国"[①]的印象。面对在喀什各地遇见的大量的挖掘痕迹,奥登堡对其大多数欧洲前辈的工作进行了批判性评价,认为其发掘更像是搜寻古董,而不是科学的综合考察研究,并将其结果评价为:以填充西欧博物馆为目的对遗址进行的野蛮抢劫。[②] 相反,如果文物古迹没有受到直接破坏的威胁,奥登堡在现场就不触碰它们。所以,在胜金口,第一次俄罗斯新疆探险考察队沿着 Д. A.克列门兹、A.格伦威德尔和 A.冯・勒柯克的考察遗迹进行工作。奥登堡研究了第 1 号寺庙内部装饰的"残余极少的题记",并将它们确定为有佛陀名称以及佛教书库图像中的书籍名称和教理问答手册名录性质的文本的榜题。

第一次俄罗斯新疆探险考察队走马观花地察看了吐峪沟麻扎的洞窟,得到了一片中古波斯语摩尼教文书残页,保存在奥登堡全宗号的文件中,直到现在为止专家们仍不知道。[③] 1909 年 11 月 9 日在吐峪沟麻扎,奥登堡在日记中写道:"吉萨(джиса)带来了他的挖掘结果;一堆小片的写本和一些碎片。"[④]1909 年 11 月 25 日,奥登堡在连木沁峡谷的上部发现了另一处未引入科学应用的遗存,在色尔克甫的西北,位于沿着大车道路流过的河左岸。这是一块"有像所有权标记符号的岩石"。岩石位于保存得很差的遗址附近,当地居民称遗址为卡尔梅克-乔克。

---

① 俄罗斯科学院档案馆圣彼得堡分馆,全宗号 208,目录号 1,案卷号 163,第 37、44 页。

② 参见 1909 年 C.Ф.奥登堡在记录七个星(锡克沁)附近明屋洞窟的日记中对 1906 年 A.格伦威德尔和 A.勒柯克的德国探险考察队考察方法错误和肤浅的典型评论,他们未挖掘至底土:"所有这些在很大程度上都被德国人翻挖遍了……德国人也挖了,——查明了,他们挖掘到一定深度<...>。清楚的是,这里的一切都被挖掘过并被抛弃了。也无法谈及有关任何地层的问题";关于壁画和雕塑:"被无耻地切割和损坏",俄罗斯科学院档案馆圣彼得堡分馆,全宗号 208,目录号 1,案卷号 162,第 166、196、206 页。

③ 俄罗斯科学院档案馆圣彼得堡分馆,全宗号 208,目录号 1,案卷号 130,第 31—32 页。不久前首次公布:O.M.秋娜科娃《俄罗斯科学院档案馆中的中古波斯语摩尼教残页》,载纪念 B.Ф.米诺尔斯基(1877—1966)的读物,《近东和中东国家的文献学和历史学——2013 年 10 月 8—9 日圣彼得堡国际科学会议:摘要和文章》,圣彼得堡,2013 年,第 158—163 页。

④ 俄罗斯科学院档案馆圣彼得堡分馆,全宗号 208,目录号 1,案卷号 162,第 30 页背面。

第一次俄罗斯新疆探险考察队主要只将需要抢救和修复的东西运往彼得堡,如在洞窟地面上发现的写本残页、壁画碎片和雕塑像碎块。其余的被清除,然后修复加固,如果可能的话就保护起来。第一次俄罗斯新疆探险考察队带回来了30多箱收集品(壁画、木雕像和青铜像及其他艺术品),近百件写本残页,主要是在发掘时发现的,还有1 500余张寺院、洞窟、寺庙等的照片。①

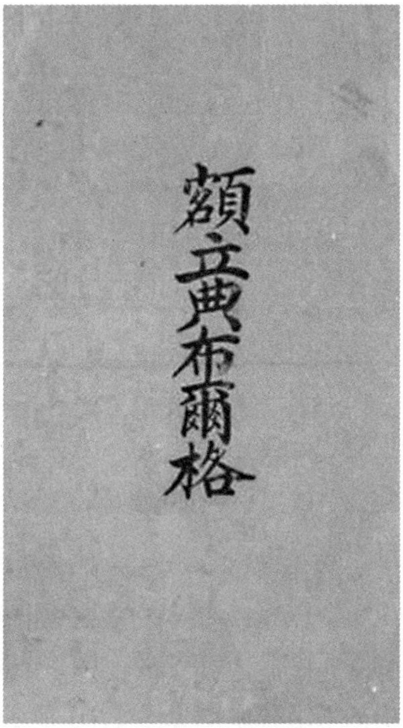

图1　第二次俄罗斯新疆探险考察队,奥登堡的汉文名片(额立典布尔格),俄罗斯科学院档案馆圣彼得堡分馆,全宗号208,目录号1,案卷号179,第18页

第二次俄罗斯新疆探险考察队的主要任务是搜寻确定佛教艺术遗存年代的材料,并为描述和鉴定新疆境内佛教艺术的独立风格收集信息(图1–5)。正因为如此,探险考察队有目的地研究了敦煌的莫高窟,奥登堡称其为“中国佛教艺术的博物馆”。在这里的山地峡谷中,探险考察队详细研究并记录了数百个凿刻在岩石中的石窟寺庙,其中最古老的寺庙建于约1 500年前(图6)。洞窟的墙壁和龛均装饰着壁画(图7)和雕塑像,而且许多中亚死亡语言的榜题解释说明了图像的场景,使学者们能够确定其创作的年代。在返回的途中,探险考察队考察了С.Ф.奥登堡于1909年末—1910年初首次察看过的吐鲁番绿洲的遗址。

第二次俄罗斯新疆探险考察被第一次世界大战打断,他们向彼得格勒运送了29包重量超过89普特(译者注:1普特=16.38千克)的材料②——中国和印度风格的雕塑、绘画和应用艺术遗存搜集品(2 500件),约2 000张底片、照片(图8),壁画的素描和描摹图,洞窟的平面图和图纸,榜题拷贝,壁画的记录。奥登堡对450个洞窟做了详细的记录,详细列出了所有特征(壁画、雕塑像等的)并对其色谱和风格做了描述。第二次俄罗斯新疆探险考察队为科学院亚洲博物馆的写本收藏品补充了约19 000个存储单

① И.Ф.波波娃《С.Ф.奥登堡的第一次俄罗斯新疆探险考察(1909—1910)》,载《19—20世纪之交的俄罗斯中央亚细亚探险考察》,圣彼得堡,2008年,第148—157页。

② 俄罗斯科学院档案馆圣彼得堡分馆,全宗号208,目录号1,案卷号192,第67页。

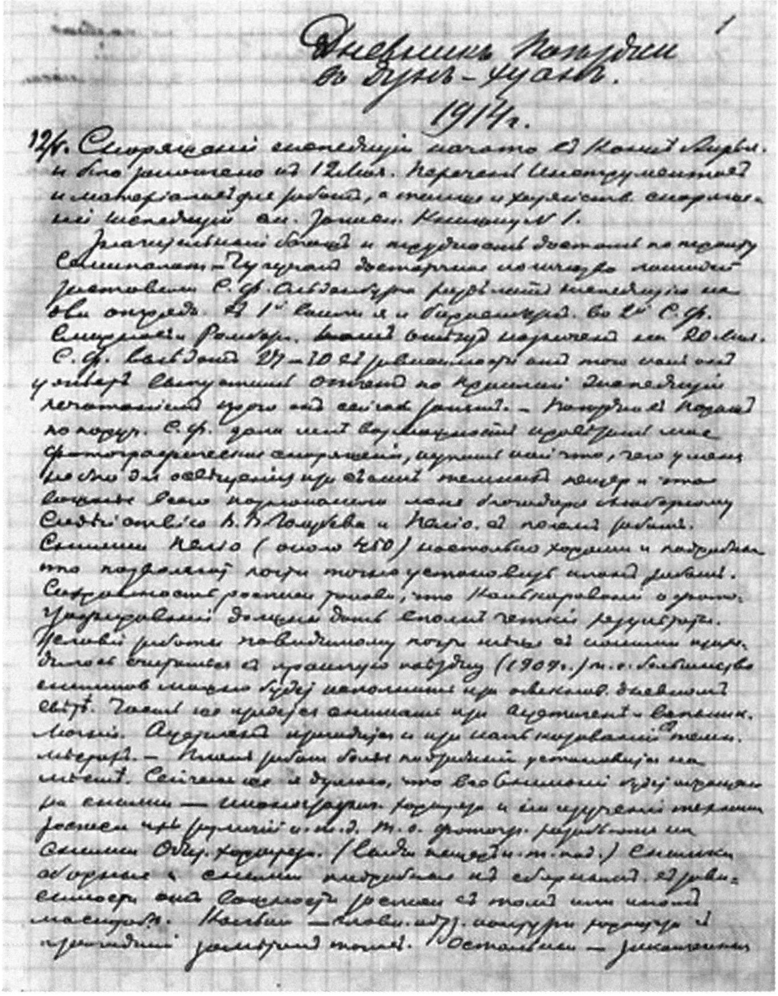
Дневникъ поездки
въ Дунь-хуанъ.
1914 г.

图 2　第二次俄罗斯新疆探险考察队，C.M.杜金《1914 年 5 月 12 日敦煌之旅日记》，作者手稿，俄罗斯科学院档案馆圣彼得堡分馆，全宗号 208，目录号 1，案卷号 183，第 1 页

元——汉文、回鹘文和藏文文件及刊本。① 收集的考古和人种学遗存都藏入苏联科学院的人类学及人种志学博物馆，1930 年至 1934 年在奥登堡本人的坚持下，从那里转移

① И.Ф.波波娃《С.Ф.奥登堡的第二次俄罗斯新疆探险考察（1914—1915 年）》，载《19—20 世纪之交的俄罗斯中央亚细亚探险考察》，圣彼得堡，2008 年，第 158—175 页。俄罗斯科学院东方文献研究所藏敦煌写本于 1994 年至 2000 年在上海真迹复制出版了 17 卷本，并在国际敦煌项目的框架内在互联网上以电子方式呈现：http://idp.orientalstudies.ru/idp.a4d。详见 И.Ф.波波娃编辑的《敦煌学：第二个世纪研究的前景与问题》，圣彼得堡：斯拉维亚，2012 年。

到了国立艾尔米塔什博物馆东方部(包括搜集品清单和最丰富的探险考察照片档案、平面图、描摹图及其他有图例说明的材料)。

遗憾的是,奥登堡只出版了关于1909年至1910年探险考察的初步简报①(1915年被俄罗斯考古学会授予金质奖章),发表了关于1914—1915年探险考察的几篇简短综述文章。② 然而,直到去世,奥登堡都在继续研究探险考察带回来的材料,力求在国内出版公布它们。1923年在国外出差期间,奥登堡拒绝了德国出版公司提出的以6卷本出版第二次俄罗斯新疆探险考察材料的建议。1926年,他又收到了出版商Van Oest以英文和法文8卷本出版第二次俄罗斯新疆探险考察材料的提议,“亚洲艺术”系列的小对开本,有400张珂罗版印刷品、10张彩色图版、平面图和图纸。③ 结果,由于20世纪初俄罗斯遭受了军事和社会政治灾难的打击,以及科学院繁重的行政管理负担,奥登堡关于中亚语言和文化的大部分研究仍然只是项目计划——在苏联时代,科学家将他所有的组织才能都用于拯救俄罗斯科学和文化免遭毁灭。

在院士去世7年后,他的东方学家同事们确认,“C.Ф.奥登堡的中国佛教艺术的……材料现在是独一无二的收藏品,这也解释说明了法国、英国、德国的西欧各出版社的众多提议——在国外出版公布这些材料的原因。但C.Ф.奥登堡表达了明确的愿望,要在苏联国内出版1914—1915年俄罗斯新疆探险考察的著作,这就是他拒绝外国出版社所有提议的原因”。④

奥登堡两次新疆探险考察获得的野外考察材料均未公布,都存放在俄罗斯科学院档案馆圣彼得堡分馆其个人全宗号中。很遗憾,全宗号的第一份目录,其中包括有奥登堡领导的两次新疆探险考察材料的数十份卷宗(目录号1,案卷号162—196),记录得极不令人满意。一次探险考察的材料经常分散在不同的卷宗中。许多文件在1924年列宁格勒的灾难性洪水期间蒙受损失——它们粘在一起,洇湿了,并需要修复。科学家的

① C.Ф.奥登堡《1909—1910年对中国新疆的调查性考古探险考察》,载《俄罗斯考古学会东方分会会刊》(1911—1912年,卷21),1913年,第20—21页;C.Ф.奥登堡《1909—1910年俄罗斯新疆探险考察——由在沙皇陛下庇护下成立的俄罗斯中亚与东亚研究委员会奉最高指示装备派遣:初步简报》,圣彼得堡,1914年。

② C.Ф.奥登堡《俄罗斯在中国新疆的考古考察研究》,载《喀山博物馆通报》,1921年,第1—2期,第25—30页;C.Ф.奥登堡《千佛洞》,载《东方》,1922年,卷1,第57—66页;C.Ф.奥登堡《沙漠中的艺术》,载《30天》,1925年第1期,第47—52页。

③ 俄罗斯科学院档案馆圣彼得堡分馆,全宗号208,目录号1,案卷号82,第143页;И.В.童金娜《关于C.Ф.奥登堡未公布的科学遗产的命运》,2013年,参见注释4;И.В童金娜《C.Ф.奥登堡未公布的科学遗产(纪念诞辰150周年)》,2013年,参见注释4。

④ 俄罗斯科学院档案馆圣彼得堡分馆,全宗号208,目录号1,案卷号175,第1006页。

个别文件也存储在俄罗斯科学院档案馆圣彼得堡分馆的其他全宗号中,包括在各机构——人类学及人种志学博物馆、东方学研究所、俄罗斯中亚和东亚研究委员会的全宗号中,在东方学家——科学院院士等的个人全宗号中。奥登堡、[①]地形测量师和土地测量师 Н.А.斯米尔诺夫、艺术家杜金、[②]第二次俄罗斯新疆探险考察队的艺术家和摄影师 Б.Ф.罗姆伯格(Ромберг)[③]的野外日记手稿,探险考察队绘制的地图和建筑考古遗址的平面图,古城遗址、寺庙、洞窟的记录,壁画轮廓复制品、简短的综述、部分总结报告、单独的照片、完整的目录和照片与底片的卡片目录(图 15)都具有重要价值。第一次和第二次俄罗斯新疆探险考察队的部分野外日记和文件保存在国立艾尔米塔什博物馆档案馆的俄罗斯新疆探险考察队的全宗号中[④]和东方部,而摄影材料则存放在艾尔米塔什博物馆、俄罗斯科学院人类学及人种志学博物馆和俄罗斯科学院东方文献研究所。

仅在 1947 年和 1995 年,才将第一次和第二次俄罗斯新疆探险考察队收集的关于七个星(锡克沁)和敦煌遗址的部分材料投入科学应用。[⑤] 2005 年,上海古籍出版社出版了《俄藏敦煌艺术品》(译者注: 后又出版了《俄藏锡克沁艺术品》、《俄藏龟兹艺术品》),是奥登堡的著作《千佛洞的记录》(Описание пещер Чан Фо Дуня)打字稿的汉译本,现保存在国立艾尔米塔什博物馆东方部,标题为《保存在国立艾尔米塔什博物馆的敦煌艺术遗存》(Памятники искусства из Дуньхуана, хранящиеся в Государственном Эрмитаже.)(卷 6),但不包括保存在俄罗斯科学院档案馆圣彼得堡分馆、俄罗斯科学院东方文献研究所、俄罗斯科学院人类学及人种志学博物馆的第二次俄罗斯新疆探险考察队有图例说明的材料和其他材料。

---

① 俄罗斯科学院档案馆圣彼得堡分馆,全宗号 208,目录号 1,案卷号 162,第 86 页(第一次俄罗斯新疆探险考察队);案卷号 167—177(第二次俄罗斯新疆探险考察队);案卷号 179(第二次俄罗斯新疆探险考察队);案卷号 180(第一、二次俄罗斯新疆探险考察队);案卷号 181—182(第二次俄罗斯新疆探险考察队);案卷号 185(第二次俄罗斯新疆探险考察队照片的卡片索引);案卷号 186—188(第一、二次俄罗斯新疆探险考察队);案卷号 193,15 本笔记本,第 537 页(第一、二次俄罗斯新疆探险考察队);案卷号 194(第一、二次俄罗斯新疆探险考察队)。

② С.М.杜金的日记,参见俄罗斯科学院档案馆圣彼得堡分馆,全宗号 208,目录号 1,案卷号 164(第一次俄罗斯新疆探险考察队);案卷号 183(第二次俄罗斯新疆探险考察队)。

③ 俄罗斯科学院档案馆圣彼得堡分馆,全宗号 208,目录号 1,案卷号 180。

④ 国立艾尔米塔什博物馆档案馆,俄罗斯新疆探险考察队的全宗号,目录号 1,案卷号 4、7、8、12—16 等。

⑤ Н.В.佳科诺娃《敦煌的佛教古迹》,载《国立艾尔米塔什博物馆东方部文集》,1947 年,卷 4,第 445—470 页;Н.В.佳科诺娃《锡克沁: 1909—1910 年 С.Ф.奥登堡院士第一次俄罗斯新疆探险考察的材料》,莫斯科,1995 年。

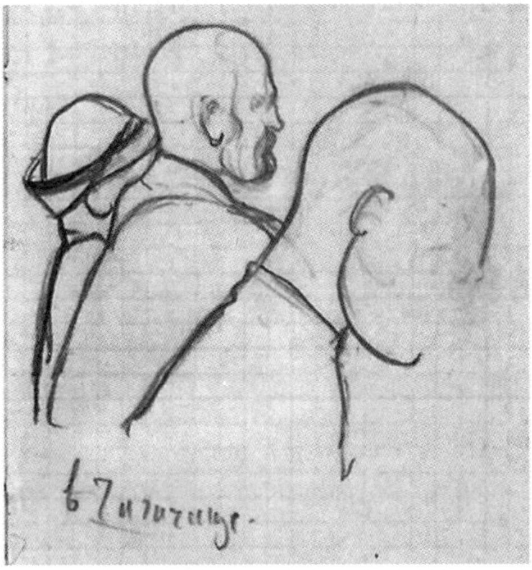

图 3　第二次俄罗斯新疆探险考察队，Б.Ф.罗姆伯格《在塔城》。第二次俄罗斯新疆探险考察队的成员，中间是 С.Ф.奥登堡，[1914 年 6 月 17 日]，旅行日记中的素描，俄罗斯科学院档案馆圣彼得堡分馆，全宗号 208，目录号 1，案卷号 180，第 38 页

图 4　第二次俄罗斯新疆探险考察队，Б.Ф.罗姆伯格，第二次俄罗斯新疆探险考察队的成员，右上是 С.Ф.奥登堡。旅行日记中的素描，俄罗斯科学院档案馆圣彼得堡分馆，全宗号 208，目录号 1，案卷号 180，第 52 页背面第 53 页

用原文语言全部出版公布奥登堡领导的两次俄罗斯新疆探险考察队的野外材料是 20 世纪—21 世纪初俄罗斯东方学的主要任务之一，但至今尚未解决。基于此，科学院的历史专家、俄罗斯科学院档案馆圣彼得堡分馆(历史学博士 И.В.童金娜)、俄罗斯科学院东方文献研究所(所长、历史学博士 И.Ф.波波娃，摄影师 С.Л.舍维尔琴斯卡娅)、俄罗斯科学院世界史研究所(历史学博士 М.Д.布哈林)的印度、中国历史专家和语文学专家组成的研究团队，共同努力恢复对奥登堡院士档案遗产的整理研究工作，并将第一次和第二次俄罗斯新疆探险考察队的材料引入科学应用。

最近几年，在准备出版俄罗斯科学院档案馆圣彼得堡分馆、俄罗斯科学院东方文献研究所的两次俄罗斯新疆探险考察队的材料以及“吐鲁番收集品”(柏林)的材料方面取得了重大进展。已准备好出版和公布奥登堡与外国同行 М.А.斯坦因(英国)、А.格伦威德尔、А.冯·勒柯克(德国)，与俄罗斯同事 М.М.别列佐夫斯基、С.М.杜金、外交使团的代表 Н.Н.克罗特科夫、А.А.佳科夫的往来通信，А.格伦威德尔与俄罗斯委员会主席 В.В.拉德洛夫、М.М.别列佐夫斯基、Д.А.克列门兹的往来通信，拉德洛夫与其同行——

图5　第二次俄罗斯新疆探险考察队，Б.Ф.罗姆伯格《我们在骑行》。第二次俄罗斯新疆探险考察队的成员，最右边是 C.Ф.奥登堡。旅行日记中的素描，俄罗斯科学院档案馆圣彼得堡分馆，全宗号 208，目录号 1，案卷号 180，第 54 页背面第 55 页

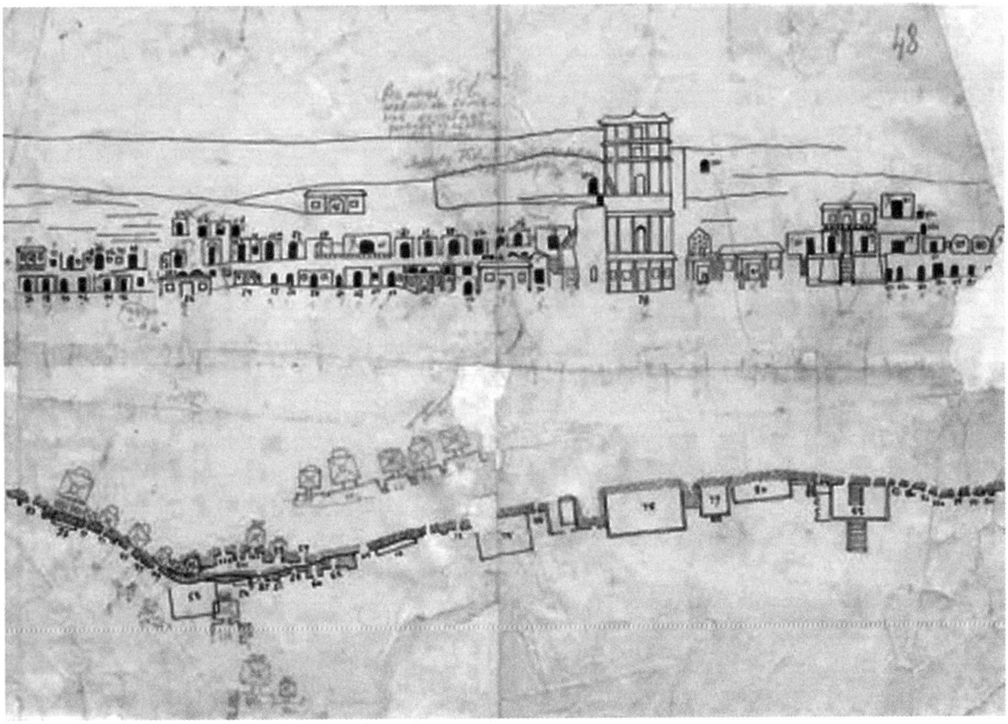

图6　第二次俄罗斯新疆探险考察队，B.C.毕尔肯伯格《敦煌石窟分布平面草图》，第 1 页，俄罗斯科学院档案馆圣彼得堡分馆，全宗号 208，目录号 1，案卷号 178，第 48 页

柏林吐鲁番委员会主席R.皮歇尔的往来通信,以及其他许多文件。[①] 所有这些总体上都对奥登堡领导的俄罗斯新疆考古探险考察队的准备历史做出了全新的说明。另一方面,这些文件也阐明了考察的准备、过程和结果,但不是其实际结果。如上所述,在俄罗斯科学院档案馆藏的全宗号中保存有大量须要尽快投入科学应用的材料。

目前,正在研究整理奥登堡的以下工作,它们与第一次俄罗斯新疆探险考察队的工作有直接关系:《俄罗斯中亚和东亚研究委员会奉沙皇陛下的旨意装备派遣的新疆探险考察队日记》(俄罗斯科学院档案馆圣彼得堡分馆,全宗号208,目录号1,案卷号162,第1—86页)、《科学探险考察》(俄罗斯科学院档案馆圣彼得堡分馆,全宗号208,目录号1,案卷号196a)、《1909—1910年新疆探险考察》(俄罗斯科学院档案馆圣彼得堡分馆,全宗号208,目录号1,案卷号188,第11—28页)、《各探险考察队工作的粗略年表》(全宗号208,目录号1,案卷号188,第36页)、《地理学会对第一次俄罗斯新疆探险考察队的总结报告计划》(全宗号208,目录号1,案卷号188,第29页)、《对工作的简要分析》(全宗号209,目录号1,案卷号188,第9—10页)。此外,在奥登堡的全宗号中还保存有探险考察队艺术家和摄影师杜金的《日记摘录:1909年》(全宗号208,目录号1,案卷号164)。

这些文件的保存状况是不同的,因为它们是在不同时间和不同条件下创作的。一些——如最重要的《新疆探险考察队……日记》——直接写于"野外"。因此,奥登堡的笔迹往往不好读,有些纸页不是用墨水书写的,而是用铅笔,已经大大褪色,因此这些残页读起来也很困难。

---

① М.Д.布哈林《俄罗斯科学院档案馆圣彼得堡分馆收藏的П.К.科兹洛夫写给С.Ф.奥登堡的信》(М.Д.布哈林的引文、公布和注释),载《历史、语言学和文化问题》2012年第4期,《纪念Б.А.利特文斯基》,莫斯科;马格尼托哥尔斯克,第288—304页;М.Д.布哈林《我在杳无音信中疲惫不堪……——俄罗斯科学院档案馆圣彼得堡分馆收藏的М.М.别列佐夫斯基写给С.Ф.奥登堡的信》(М.Д.布哈林的引文、公布和注释),载В.С.米亚斯尼科夫编辑的《东方—西方:2011—2012年历史文献年鉴》,莫斯科,2013年,第77—104页;М.Д.布哈林《俄罗斯科学院档案馆圣彼得堡分馆收藏的А.А.佳科夫写给С.Ф.奥登堡的信》,载《历史、文学、艺术通报》2013年第9期,第440—448页;М.Д.布哈林《俄罗斯科学院档案馆圣彼得堡分馆收藏的А.格伦威德尔写给С.Ф.奥登堡的信》,载《Πολύτροπος:纪念阿尔卡季·安纳托利耶维奇·莫尔恰诺夫(1947—2010)科学论文集》,莫斯科,2014年,第363—400页;М.Д.布哈林《俄罗斯科学院档案馆圣彼得堡分馆收藏的С.科诺夫写给С.Ф.奥登堡和Ф.И.谢尔巴茨基的信》,载《历史、文学、艺术通报》2014年第10期,第430—437页;М.Д.布哈林《新疆研究史:俄罗斯科学院档案馆圣彼得堡分馆收藏的М.М.别列佐夫斯基写给Д.А克列门兹的信》,载《东方》2014年第3期,第138—145页;М.Д.布哈林《现在我与您的处境相同……——摘自俄罗斯和柏林吐鲁番委员会主席之间的往来通信》,载《东方》2015年第3期,第195—208页;М.Д.布哈林《纪念俄罗斯新疆探险考察队考察结束100周年》(俄罗斯科学院档案馆圣彼得堡分馆收藏的А.格伦威德尔写给Д.А.克列门兹的信),载《俄罗斯档案馆》2015年第3期,第151—162页;М.Д.布哈林《科学只是人类的另一种表达方式……》(俄罗斯科学院档案馆圣彼得堡分馆收藏的А.格伦威德尔写给В.В.拉德洛夫的信),载《历史、语言学、文化问题》2015年第4期,第275—326页;М.Д.布哈林、И.В.童金娜《俄罗斯科学院档案馆圣彼得堡分馆收藏的С.М.杜金写给С.Ф.奥登堡的信》,载《东方》2015年第3期,第107—128页。

图 7　第二次俄罗斯新疆探险考察队，Б.Ф.罗姆伯格，敦煌其中一个洞窟的壁画摹本，有莲花宝座上的佛像和在祈祷的女性供养人。绘图纸，墨水，俄罗斯科学院档案馆圣彼得堡分馆，全宗号 208，目录号 1，案卷号 186，第 49 页

研究需要有关探险考察队组织的文件，因为没有这些文件，俄罗斯研究人员对新疆的考察研究历史将是不完整的：写给考察队成员的信件（C.麦耶梅罗夫；全宗号 208，目录号 1，案卷号 165，第 18—18 页背面。总参谋部军务总局军务处处长 1914 年 5 月 28 日写给奥登堡的第 7892 号信，全宗号 208，目录号 1，案卷号 192，第 5—5 页背面）；探险考察队员翻译成德文和法文的护照（全宗号 208，目录号 1，案卷号 162，第 2 页）；总参谋长 H.H.亚努什科维奇（Yanushkevich）1914 年 4 月 9 日写给俄罗斯委员会主席拉德洛夫的第 5087 号信（全宗号 208，目录号 1，案卷号 192，第 71—72 页）；1915 年 4 月 2 日签发给扈从探险考察队的哥萨克人的差旅证（全宗号 208，目录号 1，案卷号 192，第 69 页）等。

图8　第二次俄罗斯探险考察队的照片卡片索引,俄罗斯科学院档案馆圣彼得堡分馆,全宗号208,目录号1,案卷号185,И.В.童金娜摄

只有在根据俄罗斯科学院档案馆圣彼得堡分馆的奥登堡、谢尔巴茨基、俄罗斯中亚和东亚研究委员会的全宗号对第一次俄罗斯探险考察队的文件进行全面识别之后,才能开始研究使用这些文件的工作。许多文件分散在各种卷宗中:一份文件的各个部分常常不仅在不同的卷宗中,甚至在奥登堡庞大的全宗号的不同目录中。在奥登堡的全宗号中,第一次俄罗斯新疆探险考察队的文件与部分地沿第一次考察足迹走过的第二次俄罗斯新疆探险考察队的文件混合在一起(全宗号208,目录号1,案卷号130、162、163—166、178、180、186—188、192—194、196a),因此,识别文件需要花费相当长的时间。

在整理研究文本的同时,正在进行整理研究非常丰富的有图例说明的材料:对俄罗斯科学院东方文献研究所东方学家档案馆的材料进行编号,它们与第一次俄罗斯新疆探险考察队有关:3本相册——C8/6(186张照片)、C8/7(139张照片)、C8/8(171张照片),已准备好的玻璃透明胶片(350个),2062件收藏品(文物)的37张照片,开始以俄罗斯科学院东方文献研究所、人类学及人种志学博物馆和国立艾尔米塔什博物馆的收藏品及其目录为基础创建第一次俄罗斯新疆探险考察队的照相材料汇总表。

第一次俄罗斯新疆探险考察文件的独特之处不仅仅在于其自身的科学价值。奥登堡全宗号的文件清楚地展现了两次探险队的成员,尤其是奥登堡自己,为开展野外工作所付出的巨大努力。

考察工作是在极其困难的条件下进行的:资金不足,缺少必要的设备,极其不精确的地图(实际上他在总结第一次俄罗斯新疆探险考察的所有著作中都指出了这一状况），生活条件非常艰苦——持续的严寒，经常挨饿。同时，奥登堡没带同胞助手就迅速果断地一个人留下了（此外，他遗失了——或者他被偷走了左轮手枪，这使他在无限辽阔的新疆完全没有防御能力），他在探险考察期间忍受了沉痛的个人悲剧——他非常依恋的母亲去世了。我们仅引用一些典型的引文："……无法得到任何食物"（全宗号 208，目录号 1，存储单元 162，第 4 页），"萨尔特人（译者注：自古定居的乌兹别克人）工人极差……又是大量的蚊子……洗衣服很难，长时间洗涤且令人作呕，撕扯掉了衬衣"（第 17 页），"早上六点。帐篷里零下 1 度，外面零下 4 度"（第 27 页），"外面很寒冷。在我的房间里，即使是再加一块毛毯，我也达不到零上 4—5 度"（第 31 页背面），"寒冷，尽管包在棉花里，但墨水再次冻结。苹果在这里冻僵了"（第 42 页），"房间里很冷，很脏，有烟……"（第 43 页）尽管生活条件艰难，但科学院的常任秘书表现出非凡的韧性、真正的男人本色，在处理和建立与当地政府、居民关系的过程中，巧妙地将"大棒"和"胡萝卜"结合起来，并能单独（当地居民萨尔特人 Б.Т.霍霍是他唯一不变的陪伴者）完成最复杂的科学事业。

值得注意的是奥登堡关于 D.G.梅塞施密特（Messerschmidt，1719-1726）西伯利亚探险考察队的话，是他在未发表的《科学探险考察》讲座的手稿中说的："……最宝贵的材料，包含在精心编写的系列卷本中，过了近两百年仍未公布且几乎未被使用过；俄罗斯科学考察历史的典型图景：广泛的任务，热情的科学家所做的工作，几乎没有助手，探险考察期间的无尽困难，而到探险考察结束时——将考察结果交到档案馆，并几乎完全被遗忘。真正的悲剧性命运！"（俄罗斯科学院档案馆圣彼得堡分馆，全宗号 208，目录号 1，案卷号文件 196a，第 4—4 页背面）。很难摆脱一种感觉，即奥登堡在很大程度上是指两次探险考察的命运。自两次探险考察结束，已经过去了一百多年，但事实上它们的命运几乎还是那样：一个几乎没有助手的热情科学家在资金非常匮乏的情况下收集的材料散落在各档案馆中……

尽管考察结束后已经过了一百多年，但公布两次俄罗斯新疆探险队的材料不仅很重要，是对现代东方学的实际贡献，而且也是对杰出的科学家和行政管理者谢尔盖·费多罗维奇·奥登堡院士的纪念。

（作者单位：俄罗斯科学院档案馆圣彼得堡分馆、俄罗斯科学院世界历史研究所；
译者单位：新疆师范大学西域文史研究中心）

（上接第174页）

贞元八年为壬申（792），未年当为七年（791），八字误也。其后之第一癸巳为元和八年（813），第二癸巳为咸通十四年（873）。

此卷为八世纪末叶之本，可以推知我的长卷比这本当稍早，近于神会生时了。

铃木此本曾用"胡适本"校对，功力甚好，但仍有误字可校。我当重校一本。（曹伯言整理《胡适日记全集》第7册"1934—1939"，联经出版事业股份有限公司，2004年，第128页）

7月27日　黄侃"闻《敦煌掇琐》发行者死，①其下辑终不出矣"。（黄侃著，黄延祖重辑《黄侃日记》，第1006页）

按：《敦煌掇琐》下辑于1935年出版，具体可参宋翔《〈敦煌掇琐〉出版史事考辨》（载《敦煌研究》2019年第3期）一文。

7月　傅振伦离开北大，居延汉简整理人员发生变动。

北平图书馆及北大初任向达、贺昌群和我共同研究汉简，迨1934年7月，北大改组，我到故宫工作，胡适则以研究工作由助教余逊②及"中央"研究院助理研究员劳榦任之。其时实物即将装箱南运，即以北大文史研究院常惠、③侯印卿所摄照片为据，文字已有不清楚的了。（傅振伦《回忆西陲简牍的发现及研究》，载西北师范大学历史系、甘肃省文物考古研究所编《简牍学研究》第1辑，甘肃人民出版社，1997年，第237页）

参见资料：

傅振伦《二三十年代在北京大学——〈九十年的回顾〉之一》一文中载：

1934年北大改组，马先生（即马衡）改聘为名誉教授，我也被解聘而去故宫博物院了。我抄的释文副本，今仅存了三分之一。研究论文仅存廿余篇。发表的仅十篇。所编分区、分类索引，也早不见了。

我们离职之后，把考古室工作交给新任助教罗尔纲，把居延简原物和侯印卿、常惠摄制的照片与登记册、释文、释文卡片嘱傅明德转交北大文学院秘书卢逮曾，卢逮曾仍交傅明德管理。以后由北大史学系助教途逊（"途逊"应为"余逊"之误），北平图书馆编纂向达、罗昌群（"罗昌群"应为"贺昌群"之误）和"中央"研究院助理研究员劳榦等就照片从事研究。……

1934年蒋梦麟担任了北大校长，以胡适为文学院长，解聘了全体原有教授、讲师、以至助教。七月份我工作了一个月，到会计课领取薪金，才知道已被解聘。新派代替我的工作的是罗尔纲。不几天，院秘书卢逮曾来找我交代工作，我愤然地说："我已经不是北大的教职员了，没有交代的义务！"还说："请你问问你的上司，这个曾向清朝废帝溥仪屈膝称臣作奴才的胡适，你嫌我这个小小的助教没有工作能力呢？还是没有工作成绩呢？他植党营私为了什么？"我抗不交代。后来卢逮曾托人解释、和解，在八面槽淮阳春饭馆请了一次客，我才把考古学会的钥匙和藏品册、文件交给他。他还请我一一点交，我回答说，"故宫博物院院长正等我报到上班呢！没时间和你多说"。我就到故宫博物院报到去了。（傅振伦《二三十年代在北京大学——〈九十年的回顾〉之一》，《史学理论研究》1995年第3期，第152、153页）

（下转第242页）

① 指刘复于1934年7月14日去世。

② 余逊（1905—1974），字让之，湖南常德人。1930年北京大学历史系毕业后留校任助教。

③ 常惠（1894—1985），字维钧，北京人。1920年考入北京大学法文系，1924年毕业后留校任助教。1927年到古物保管会、北平研究院史学研究会工作。

《丝路文明》第五辑
2020 年 11 月，199—226 页

大漠观风起　天山测云高
——《刘衍淮西北考察日记》的学术价值*

朱玉麒

摘　要：1927—1935 年的“中国西北科学考查团”是中国学者第一次参与西北地区科学考察的学术团体，在中国现代科学发展史上意义深远。气象观测作为西北科学考查团得以组建的最核心内容，北京大学学生 4 人被选拔加入了这次考察行列，其中刘衍淮、李宪之二人从此踏上气象学的漫漫征程，成为我国气象事业的开拓者、气象教育的奠基人。由于各种各样的原因，气象组成员只有刘衍淮的考察日记得以保存下来，并在近年由其后人将已流传到大洋彼岸的珍贵文献无偿捐赠给新疆师范大学黄文弼中心。在对 11 册近 600 页、35 万字的珍贵日记进行了整理、分析的基础上，本文从西北考察的观测实录、流动大学的进步足迹、五四青年的精神风貌、西北地区的世态人情、考查团队的人事细节等方面，探讨了《刘衍淮西北考察日记》的学术价值。本文还通过刘衍淮日记与徐炳昶、袁复礼、黄文弼三部行程纪的对比，生动表述了任何一部亲历记录都具有其不可替代的时代意义。

1927 年春天，在北京大学三院的布告栏里，理预科二年级学生刘衍淮（1908—1982）看到一则西北科学考查团招聘气象生的告示。这个时候，新文化运动以来民主与科学的影响早已深入人心；就刘衍淮个人而言，对大西北的向往曾经形诸儿时的梦寐，梦里的他从山海关一路西行，沿着长城走到了嘉峪关外。他踊跃报名，在严格的考试之后，和他的同学崔鹤峰、马叶谦、李宪之（1904—2001）胜出侪辈，以 19 岁风华正茂的年龄，获得了西出阳关的机会，成为考查团中最年轻的成员。此后三年，他不仅梦想成真，

* 本文系 2019 年度国家社会科学基金重大项目“中国西北科学考查团文献史料整理与研究”（批准号：19ZDA215）阶段性成果。

经行大漠、天山,也从此一去不返,在结束气象观测工作后,继续西行,和李宪之同往德国留学,奠定了他走向中国气象学、气象教育学的人生征途。

一、刘衍淮与中国西北科学考查团

1. 刘衍淮与中国气象事业

刘衍淮字春舫,1908 年 7 月 18 日出生于山东平阴一个世代务农的家庭,先后就读于平阴县城模范小学、济南私立育英中学。1925 年,考取国立北京大学理预科,赴京求学。1927 年,参加西北科学考查团,并在考察结束后,于 1930 年 4 月经由苏联到达德国,在地理学家斯文赫定(Sven Hedin,1865-1952)、气象学家郝德(Waldemar Haude)推荐下,进入柏林大学(今柏林洪堡大学)攻读气象、地理与海洋等学科。1934 年,以德文论文 *Studien über Klima und Witterung des Südchinesischen Küstengebietes*(《中国东南沿海气候与天气之研究》)获得哲学博士学位。[①] 学成归来后,他受聘北平师范大学地理系教授及研究院研究员,兼任清华大学地学系讲师,并担任该系气象台台长工作。1936 年,由竺可桢推荐,赴杭州中央航空学校担任气象教官,兼任气象台台长,成为中国空军航空气象学的泰斗。其后播迁昆明、成都,为中国空军在抗战期间以少胜多、获得最后的胜利,谱写了气贯长虹的凯歌。1949 年 12 月,他迁往台湾,服役于冈山空军气象训练班。1960 年 7 月,受聘担任台湾师范大学史地系(后改地理系)主任兼教授,其后创立地理研究所硕士班,任创所主任兼教授。1978 年退休后,改为兼任教授,并担任台湾地区"中国地理学会"理事长,仍笔耕不辍。1982 年 10 月 5 日,病逝于台北荣民总医院,享年 74 岁。[②]

刘衍淮是我国从事西北科学考察的先行者,更是我国气象事业的开拓者、气象教育的奠基人。刘衍淮一生在相关学术领域开设过气象学、气候学、地理学、地形学、海洋学、数理地理、地图学、区域地理、地球科学、地球物理等课程,其气象和地理研究的领域也主要集中在中国的西北和台湾两个地区,这与他早年的西北考察和晚年在台湾从事教学科研相关。[③] 从 1931 年发表《天山南路的雨水》开始,[④]一直到晚年,他写了大量关

---

① Dr. Yen Huai Liu, *Studien über Klima und Witterung des Südchinesischen Küstengebietes*, Berin, 1934.中文本作《中国之气候与天气》,《地理学报》第 3 卷第 2 期,南京,1936 年,第 285—347 页。

② 相关报刊记载,多以享年 75 虚岁纪年。

③ 刘衍淮学术论著,参《刘衍淮先生著作一览表》,《气象预报与分析》第 92 期,台北,1982 年,第 13—15 页;《大气科学》第十期"纪念刘故教授衍淮博士特刊",台北,1983 年,第 9—11 页。

④ 刘衍淮《天山南路的雨水》,《女师大学术季刊》第 2 卷第 1 期,北平,1931 年,第 1—9 页。

于西北科学考察和考查团学术史的文章，包括去世当年发表的《斯文赫定最后一次在我国西北的考察 1933—1935》《中国与瑞典合组之中国西北科学考查团（1927—1933）》等，①体现了他对于一生气象事业开端时期的遥远怀念（图 1）。

图 1　额济纳河畔考察中的刘衍淮

作为西北科学考查团的气象生，中年以后的刘衍淮和李宪之分别执教于台湾与大陆的高校，成为海峡两岸中国气象学和气象教育的一代宗师。

2. 中国西北科学考查团及其考察记

影响刘衍淮一生事业的起点，是加入中国西北科学考查团。

“中国西北科学考查团”又称“中瑞西北科学考查团”（The Sino-Swedish Scientific Expedition to the North-Western Provinces of China），是一个由中外科学工作者平等合作、在世界范围都享有盛誉的科学考察团体。19 世纪以来，包括新疆在内的中亚腹地成为人类征服全球地理盲点最后的探险地带，世界各国的探险队蜂拥而至。在这一标志着人类认识世界的现代化进程中，中国一直缺席。直到 1926 年，当瑞典地理学家、探险家斯文赫定带着汉莎航空公司（Luft Hansa）为开辟欧亚空中航线而进行气象考察的任务前来北京时，中国学术界对于无视中国主权的协议群起反对；经过激烈的谈判，一个由中外团员平等合作而共同组成的考查团终于成立，并于 1927 年 5 月 9 日首途，奔赴茫茫的大西北。

历时八年之久的考察，是世界探险史上的奇迹；组织如此庞大的考察团体，也是斯文赫定历次个人探险史上唯一的一次。其涉及的学科众多，包括气象、地质、古生物、地理、植物学、人类学、考古学等；考查的地域也非常广泛，涵盖了内蒙古、宁夏、甘肃、新疆、青海和西藏等多个省份。在自然条件恶劣、西北政局动荡的环境下，考查团的成员

① 刘衍淮《斯文赫定最后一次在我国西北的考察 1933—1935》，《师大学报》第 27 期，台北，1982 年，第 531—541 页；《中国与瑞典合组之中国西北科学考查团（1927—1933）》，《地理学研究》第六期，台北，1982 年，第 9—47 页。

们克服重重困难,以严谨的态度开展科学工作,取得了众多令人瞩目的成就。

对于中国而言,这一次史无前例的科学考察也为我们留下了协力创新、走向世界的重要经验,增进了我们自身对中国西北的人文、地理环境更为全面和科学的认识,为引进西方近代先进的科技知识与科学思想做出了贡献,也为中国新旧交替的转折期培养了优秀的专业人才,在中国现代科学发展史上意义深远。

九十年前,中国西北科学考查团的考察活动还处于"正在进行时"的状态,斯文赫定撰写的一系列图文并茂的游记就吸引了世界的眼球。他的《长征记》《戈壁沙漠之谜》《丝绸之路》《游移的湖》《热河》和《大马逃亡记》,都根据当时的日记、书信等素材,在考察8年中不失时机地结集出版,赢得了万众关注。此次考察的第一部游记是德文版的*Auf Grosser Fahrt*(直译"长途旅行"),[①]在1931年作为"中国西北科学考查团丛刊"之一在中国翻译出版时,套用了中国古诗中"万里长征"的语境,而译为《长征记》,[②]也引起了中国知识界的普遍关注。但不久,因为中国工农红军的"二万五千里长征",使得该书也横遭忌讳。斯文赫定后来还对八年考察做过全景式的记录,即英文版的*History of the Expedition in Asia 1927-1935*。[③] 它在1990年代被翻译为中文版的《亚洲腹地探险八年(1927—1935)》,[④]和其他"西域探险考察大系"的著作一起,在西北科学考查团的影响沉寂六十多年后,在中国再度引起了轰动。

考查团外方成员的科学考察成果,从1937年起,至20世纪90年代,陆续成书,先后出版了11大类56卷报告——《斯文·赫定博士领导的中国西北科学考查报告集》(Reports from the Scientific Expedition to the North-Western Provinces of China under the Leadership of Dr. Sven Hedin),其中也包括了《亚洲腹地探险八年》。一系列的报告,充分体现了这次考察在中亚探险史上的终极成果。

参加中国西北科学考查团的中方团员第一批10人、第二批5人,因为随之而来的战乱,他们的成果大多未能结集出版,而是以各学科专著或论文的方式分散发表。以日记的形式对考察行程做出全景式记录的,当时只有中方团长徐炳昶(1888—1976)在考察归来不久的1930年,在鲁迅的敦促下,出版了《徐旭生西游日记》。[⑤] 作为"西北科学

① Sven Hedin, *Auf Grosser Fahrt*, Leipzig: F. A. Brockhaus, 1929.

② 斯文赫定著,李述礼译《长征记》,北平:西北科学考查团,1931年。

③ Sven Hedin, *History of the Expedition in Asia 1927-1935*, Stockholm, 1943.

④ 斯文赫定著,徐十周等译《亚洲腹地探险八年(1927—1935)》,新疆人民出版社,1992年。

⑤ 徐炳昶《徐旭生西游日记》,北平:中国学术团体协会西北科学考查团理事会,1930年。

考查团丛刊之一”，这部三卷本的日记记录了他在1927年5月至1928年冬总计二十个月的考察全程。

此后公布考察记录的，有袁复礼（1893—1987）和黄文弼（1893—1966）两位先生。中方代理团长袁复礼是杰出的地学家，也是在西北连续考察时间最长、获得采集品最多的工作者。他在归来后的1937年就撰写了《蒙新五年行程纪》三卷，却被杂志社将新疆考察的第二卷丢失了，只留下往返行程的记载，正式发表的又只有抗战期间在《地学集刊》上的第一卷，是1927年5月至1928年3月从北京前往迪化的部分。[①] 1931年11月至1932年5月的返程部分，有1937年的油印本，直到2005年才收入《高尚者的墓志铭：首批中国科学家大西北考察实录（1927—1935）》中正式发表。[②] 袁复礼晚年还撰写了《三十年代中瑞合作的西北科学考察团》的长文，对丢失了的新疆考察行程纪略作弥补。[③]

黄文弼先生是杰出的考古学家，他凭借坚韧不拔的毅力，在抗战前后，完成了代表着新疆考古里程碑式的“三记两集”（《罗布淖尔考古记》《塔里木盆地考古记》《吐鲁番考古记》《高昌砖集》《高昌陶集》），成就了他“新疆考古第一人”的荣誉。他在西北科考团期间撰写的完整日记，历经浩劫之后，于1990年由其哲嗣黄烈先生整理出版。[④] 这部日记为我们打开了一扇通向中国西北科学考查团特别是西北考古筚路蓝缕时期的窗户，西北科考团期间中国团员艰苦卓绝的考察情景，得以历历在目。

以上三位中方成员的行程日记，对我们了解20世纪前期这一次重要的西北科学考察活动和进行考查团学术史的研究，都具有重要的史料价值。唯一的遗憾，是考查团中占有很大比重的北大气象组四人，却没有见到相关的考察实录公布。

3.《刘衍淮西北考察日记》的问世

气象观测作为西北科学考查团得以组建的最核心项目，也是考查团中成员最庞大的组合：德国方面派出了优秀的气象专家郝德博士主持各种气象测量，并在第一批考察中，汉莎航空公司派出了8名优秀的飞行人员协助测量，北京大学学生4人也从踊跃报名的济济百人中出类拔萃（图2），获得了随团担任气象观测生的工作。李宪之先生回忆他们

① 袁复礼《蒙新五年行程纪——西北科学考查团报告之一》卷一“十六年及十七年西行纪程”，《地学集刊》第2卷第3、4合期，1944年，第49—86页。

② 袁复礼《蒙新五年行程纪》卷二“二十年及二十一年东归纪程”，王忱编《高尚者的墓志铭：首批中国科学家大西北考察实录（1927—1935）》，中国文联出版社，2005年，279—331页。

③ 袁复礼《三十年代中瑞合作的西北科学考察团》，《中国科技史料》1983年第3期，第12—25页；1983年第4期，第53—61页；1984年第1期，第67—72页；1984年第2期，第54—58页；1984年第3期，第64—69页。

④ 黄文弼著，黄烈整理《黄文弼蒙新考察日记（1927—1930）》，文物出版社，1990年。

在被录取之后,作为中国西北科学考查团常务理事的刘半农先生(1891—1934)亲自找他们四人几次促膝长谈,关怀备至,寄予厚望:“他嘱咐我们出去以后,要把所见所闻都要详细记录下来,有些事当时看可能没什么用处,以后却可能有大用处。”①九十年后的今天,当中国西北科学考查团越来越体现出其在人类文明史上的重要意义时,这些经由刘半农先生殷殷嘱托的日记,无论是对于探寻西北科考团的踪迹,还是了解新文化运动以来的北大学生面貌,都将是一份珍贵的遗产,因而也让我们充满了阅读的期待。

图 2　西北科学考查团中的 4 位中国气象生

左起:崔鹤峰、刘衍淮、马叶谦、李宪之

不过,四位气象生中的崔鹤峰在额济纳的葱都尔气象站就被派回北平,等候成立包头气象观测站,终以经费无着而未果,成为最早离开考查团的成员。马叶谦在 1929 年的葱都尔气象站坚守 18 个月之后,不幸殉职。只有李宪之和刘衍淮二人完成了近三年的考察工作,在新疆结束气象观测任务后,留学德国,开始了他们的气象研究生涯,最终成为中国气象学的大家。他们的学术著作确实为气象学和气象教学留下了重要的成果;而当年的日记能够保存下来,更足以弥补我们从“人才培养”的角度充分认识西北

① 李宪之《回忆与前瞻》,王忱编《高尚者的墓志铭:首批中国科学家大西北考察实录(1927—1935)》,第 399 页。

科考团的历程，丰富我们对于这一支考察队伍在丝路跋涉中的认知。

李宪之先生的哲嗣李曾中先生也是一位气象学家，他告诉笔者：文化大革命的浩劫和历次运动，他父亲的这些记录都已经无法追踪，连在德国出版的博士论文也没有保存下来。最后一位有希望保存日记的刘衍淮先生，是考查团中方成员中唯一一位离开了大陆的学者，海峡分隔多年以后，刘衍淮先生也因故去世，我们还有机会获睹这一份珍贵的遗产吗？

2017 年年底，“北京大学与丝绸之路——中国西北科学考查团九十周年”高峰论坛和同题展览在北京大学举行。我们得以与从海外赶来参加庆祝活动的刘衍淮先生的女儿安妮女士相遇，后来的通信让我们知道：刘衍淮先生的子女一直有心要捐赠父亲生前的学术资料给从事中国西北科学考查团研究的机构。就在这样的机缘下，2018 年 4 月 18 日，刘衍淮先生的女儿美丽、安妮姐妹代表全家专程前来北京，将这批已经流传到大洋彼岸的珍贵文物和文献，无偿捐赠给了新疆师范大学黄文弼中心。11 册完整记录近三年考察历程的日记手稿，在九十年后赫然呈现在我们眼前。

刘衍淮的西北科学考察日记书写在 11 册已经泛黄的空白笔记本上（图 3），有的笔记本印有纵栏线，高宽均为 15 厘米×20.5 厘米。除了第 6 册将近 100 页、第 11 册仅有 30 多页外，其余每册在 50 页上下。日记单面书写，每页用蓝黑墨水竖书 20 行左右，[1]每行 27—35 字不等。将近 600 页、35 万字的日记，记录了刘衍淮 1927 年 5 月 9 日从北京出发，到 1930 年 4 月 19 日抵达柏林的行程。几近三年的考察岁月，无一日间断。据其日记内容，在这些工整的汉语文本之外，他还另外有作为练习外文而撰写的德

图 3　《刘衍淮西北考察日记》书影

① 每册第一页空白，有圆珠笔书写起讫年月日，疑为后来补笔。

语日记(参 1929.2.20、4.26、4.29、5.3、7.23、7.24、7.27 记录),可惜未能保存下来。在繁忙的旅行和考察工作之外,能够如此有恒心地勤奋写作,足见其非凡毅力。

二、刘衍淮西北考察日记的学术价值

笔者等受黄文弼中心的委托,从事这部日记的整理出版工作,因此获得了对这份珍贵的史料先睹为快的机会,而为其巨大的信息容量和丰富的旧闻新知所叹服。刘半农先生在考查团出发之前对气象生要求"把所见所闻都要详细记录下来"的名言,被李宪之先生记住一辈子,现在也从刘衍淮的日记里得到了充分的印证。"有些事当时看可能没什么用处,以后却可能有大用处"的教导,确实在九十多年后得以应验。

从我们有限的识见里,至少可以从以下几个方面来一窥日记丰富内容的学术价值。

1. 气象考察的观测实录

刘衍淮承担了西北科学考察中气象观测生的角色,因此这部日记首先是一份工作日志,为我们展示了西北科学考察中气象观测的方方面面。

刘衍淮在 5 月 10 日到达包头,并从 5 月 14 日开始接触气压表、寒暑表,也翻出之前北大的德文讲义开始攻读德语。科考团在包头汇集并凑齐运输的骆驼后,5 月 20 日开始了西征的长途。5 月 21 日第二天宿营,他"就帮着豪德安置仪器,测量气象"。5 月 25 日,开始记录沿途气候。5 月 29 日起,中国气象生 4 人被安排在包头北边的呼加尔图河畔,由郝德教授观测方法、指导阅读德文气象书籍、考验实测记录本等,开始了气象测量的实战训练(图 4)。他们轮流值班,每个小时要记录一次气象。他的日记本也不再抄袭郝德的记录,而是记下了自己参与观测到的数据。同时,每天的日记也形成了必然记录当天气象状况的程式。中国气象生的工作显然获得了郝德的好评,7 月 22 日大部队开拔,刘衍淮被留在这里开始独立作业,直到 8 月 2 日结束这里的工作。

之后,刘衍淮又在天山博格达的福寿山观测点完成了一个多月的高山气象观测,最终被派驻库车建立气象站和喀拉古尔高山观测点,在那里持续了一年多的观测任务,并培养了新疆本地的气象生张广福接续他的工作。他的日记记录了每天从事气象"例事"的情况。如在库车,每天晨 7 时、午后 2 时、晚 9 时,是必定的观测时间;每个月末、月初,则完成月表寄往迪化和南京;外出活动,必定要在中午 2 时以后(如 1929.1.1:"二时,观测毕,吃饭。饭后同赴朱寓,阅《教育杂志》。"),外出归来,则要赶在晚 9 时以前(如 1928.12.24:"又稍坐,以九时观测故,急归。");有时错过观测的时间,则懊悔不已

图 4　呼加尔图河畔的集训

左起：马叶谦、郝德、刘衍淮、崔鹤峰、李宪之

(如 1928.6.29);填错了月表,也要到邮局将信件追回(如 1929.1.6)。总之,每日枯燥而寂寞的坚守,使他逐渐成为一个合格的气象人。

刘衍淮后来发表的《天山南路的雨水》《迪化与博克达山春季天气之比较》,[①]不仅是他在天山博格达和库车气象工作最重要的成果,也是他一生从事气象研究最早的一批成果。日记的发表,可以看到他获取这些成果的工作过程和成长为气象学家最早的训练实录。

这些西北科学考察日记跟随刘衍淮一生,也意想不到地部分弥补了西北科考气象资料的丢失。西北科考团完成气象观测任务后,所有的气象资料都由郝德带回德国整理,他只来得及发表 1931 再次来华考察的部分成果,[②]其他的资料都在二战中毁于战火。刘衍淮曾经沉痛地记载:"中国西北科学考查团数十人跋涉万里,辛劳累年,耗金巨万,所换来的完整气象观测成果,遭遇了空前的浩劫,从此胎死腹中,永无问世希

① 刘衍淮《天山南路的雨水》。刘衍淮《迪化与博克达山春季大气之比较》,《气象杂志》第 13 卷第 7 期,南京,1937 年,第 453—464 页;后改写为《迪化与天山中福寿山四月天气之比较》,《地理研究报告》第 3 期,台北,1977 年,第 105—142 页。

② Waldemar Haude, *Ergebnisse der allgemeinen meteorologischen beobachtungen und der drachenau-fstiege und den beiden standlagern bei Ikengüng und am Edsen-gol 1931/32*(郝德《1931—1932 年在额济纳河葱都尔和益诚公的普通气象学和风筝探空观测成果》), Stockholm: Bokförlags aktiebolaget Thule, 1940.

望。”但是,他又说:“所幸作者参加西北科学考查团时期所作的日记,完整无缺,其中不同西北地方的气象观测记载,可以摘录整理,公诸于世。”[①]因此,当1965年郝德来信,说起西北科考团成员诺林(E. Norin)正在从事中亚地质图的制作而需要沿途气压观测记录时,刘衍淮整理日记中记录的气象资料,发表了《中国西北气象考查与旅途部分观测资料》。[②]

这些日记也成为他晚年继续从事西北科考研究的重要史料。如前所揭,刘衍淮在西北科考结束后,即赴德攻读气象学专业的博士学位,气象科学成为他一生的职业追求。在1937年前,他发表过前述《天山南路的雨水》《迪化与博克达山春季天气之比较》及《西北科学考查团之气象工作》等反映西北科考期间的研究成果。[③] 之后很长一段时间,他的精力专注于中国航空气象的建设领域。1960年,他再度回到台湾师范大学气象教育的岗位上。从那以后,在东南海域气象的研究领域之外,西北气象、西北科考团学术史的研究也成为重要的方面。他撰写了西北科学考察方面的论文多达13篇,当年日记材料的使用,在文中非常频繁。1982年,他撰写《我服膺气象学五十五年(1927—1982)》这一绝笔之作,[④]将一生从事气象学的55年分为11个小节来叙述,西北科学考察占了其中6个小节,可见他对奠定一生事业的最早三年科考经历的怀念。而其中任何一个节点的工作,都精确到了某年某月的某一天——这些准确的时间点,都得益于他一生持有了这份完整的考察日记,得以随时查阅。

此外,作者在天山福寿山、库车、迪化等地的逗留,每天都会写到测量之外当地“风花雪月”的日常变化,这些春夏秋冬四季的描写,在今天看来,也都是这些地区百年物候变迁绝好的对照。

据其子女介绍,刘衍淮先生写日记的习惯后来持续终生。正如西北科考团开启了他人生的风云事业一样,在西北科学考查团期间养成的每日记事,也开启了他记录丰富人生经历的baseline——刘衍淮在考察日记中经常提到的制作路线图的基准线。

---

① 刘衍淮《西北科学考查团的气象观测结果》,《中国气象学会会刊》第7期(台北,1966年),第20—26页;上引文见第26页。相关论述亦见刘衍淮《中国西北气象考查与旅途部分观测资料》,《师大学报》第11期,台北,1966年,第7页。

② 刘衍淮《中国西北气象考查与旅途部分观测资料》,《师大学报》第11期,第1—12页;资料部分见第8—12页。

③ 刘衍淮《西北科学考查团之气象工作》,《师大月刊》第19期,北平,1935年,第13—22页。

④ 刘衍淮《我服膺气象学五十五年(1927—1982)》,原刊《气象预报与分析》第92期,台北,1982年,第1—6页。其后转载于《地理学研究》第六期,台北,1982年,第1—8页;《大气科学》第十期“纪念刘故教授衍淮博士特刊”,台北,1983年,第3—8页。

2. 流动大学的进步足迹

中国西北科学考查团曾被斯文赫定称之为“流动的大学(A wandering university)”。[①] 从刘衍淮的日记里,也确实展现了他在三年不断移动的考察时空中勤奋学习的情景,成为流动大学的精彩文本。

对于北京大学预科班的刘衍淮而言,气象学的专攻以外,考查团的中外成员中,多的是学有专长的老师。

外方团长斯文赫定是享誉中外的著名探险家,他在中亚探险中积累的丰富知识,成为刘衍淮受惠无穷的源泉。如通过计算骆驼行走的步伐来画出当日行程路线的方式,就是斯文赫定亲自传授的技术(1927.8.29),作者此后痴迷于此,在途中不断与赫定交换记录,从每天相差两公里,到只差几十米(1927.9.19)、10米(1927.9.23),可见基本掌握了这一沙漠征程的测量技术。从额济纳河的葱都尔到毛目县(今甘肃鼎新镇)的路线,是刘衍淮独自作业完成的,斯文赫定甚至夸奖他比斯坦因测量得还好(1927.11.4)。日记还记述在寒风凛冽的日子里,他一度丧失了持续测量的信心,也是在斯文赫定的鼓励下(1927.11.9),最终又坚持下来。这个细节,曾经被徐炳昶写入斯文赫定《长征记》的中译本序言中。现在从日记里看到,刘衍淮在后来新疆的考察中,一直坚持行路画图的艰苦而有意义的工作,如从库车去沙雅考察归来,还花了两天的时间修订这一次行程的路线图(1929.5.6、5.7)。在日记中,也常常可以看到他在路途上“沿河东东北走了一气”、“上路而北东西北行”(1927.11.1)、“廿五分东北东又东,七点半又见水,乃折北北东绕过之东行,三十五分东北东行”(1929.9.11)的方位指示,最初我们在从事日记标点的时候,曾经在这样不合语法的句子中感到无所适从,及至明白了其行路画图的习惯后,也就恍然大悟其拐弯必定记录方向的合理性。

此外,赫定还传授他测量井水温度(1927.9.14)等技巧。而赫定坚持记录途中情形、虚心求教他人(如1927.8.28)、病重时犹自在担架上测量路线(1927.12.13)的品质,也在一定程度上影响了刘衍淮的工作恒心和日记习惯。赫定的素描接受过专业训练,在其探险塔克拉玛干沙漠而丢失相机的情况下,曾通过画笔传神地记录了沿途的伟岸风光。刘衍淮也在他的启发和交流下(1927.8.7、1927.9.21),留下了几十幅考察速写(图5)。如今我们将这些图画还原到当天的日记下,确实也见出其时大漠横渡的壮阔面貌。

---

① Sven Hedin, *History of the Expedition in Asia 1927-1935*, II, p.159. 斯文赫定《亚洲腹地探险八年》译作“游历大学”,第372页。

图 5　刘衍淮速写“住地之一瞥”

中方团长徐炳昶,是留法归来的哲学博士。从包头到新疆的一路上,刘衍淮与他分在一组前进,因此二人谈话最多。刘衍淮曾经跟随着他调查民情(1927.8.20、9.25、11.10),一起讨论民族问题(1927.9.1),在徐先生的指导下安排国庆的庆祝活动(1927.10.7)、抄写给地方政府的公函(1927.10.11、1928.5.12、5.17),并跟随他学习法文(1927.9.20)。作为一个长者,徐炳昶沿途给予刘衍淮的鼓励(1927.11.9、1928.1.11),无疑促成了青年学生刘衍淮的成长。据刘衍淮后来记载,他能够比较宽裕地完成四年留德的学业,也有一部分得到了从新疆返程后担任女师大(并校后任北平师大)校长的徐炳昶的资助,后者聘任刘衍淮为该校研究员,并预支了两年的薪金。①

考查团员袁复礼,当时也是从美国学成归来、在中国地质调查所参与过仰韶遗址挖掘等工作的地质、考古学家。沿途在一起前进之际,刘衍淮也跟着袁复礼学习地质学方面的知识,随他寻找化石(1927.5.27);如何将沿途的路线图缀合成经纬度下的标准地图,最初也是在袁复礼指导下进行的(1928.1.28)。在刘衍淮德语还不是完全能够看懂气象著作的时候,是袁复礼从自己的行囊中取出英文版的《气象记录仪原理》提供给他阅读(1927.6.13)。1928 年冬天开始,袁复礼担任考查团代理团长之后,更是成为在库

① 刘衍淮《我服膺气象学五十五年(1927—1982)》,《气象预报与分析》第 92 期,第 3 页。

车独立考察的刘衍淮的直接联系人，不断通过往返通信给予他工作指导。李宪之、刘衍淮最后能够去德国留学，也多有袁复礼出谋划策、多方联系的功绩。

考查团员黄文弼是北大哲学系的毕业生，留校在国学门从事工作。从哲学到目录学到考古学的研究，黄文弼的学术生涯不断转换，其在中国传统文化方面的博学，成为刘衍淮难得的文史学习导师。如他在 1927 年 9 月 11 日的日记里写到："夜里和徐、黄谈，多史事，而尤以清代战事居多。"这样的帐篷卧谈，一定使刘衍淮受益良多。刘衍淮一路上阅读的大量西域历史地理书籍，也多有从黄文弼携带的、为斯文赫定所艳羡的"六箱中国古书"中获取的。① 后来刘衍淮在库车气象站的时候，那里成为考查团成员如黄文弼、丁道衡、詹蕃勋、龚元忠等在南疆考察的中转地，与黄文弼的过从尤其密切。黄文弼早年的哲学著作《二程子哲学方法论》也在库车成为刘衍淮读得津津有味的中国哲学入门书（1928.12.3）。

在"流动的大学"中的学习情况，还可从刘衍淮日记在气象观测之外的读书记录中得以窥见。除了阅读中外文版的气象学专业图书之外，他也刻苦学习各种有用的工具语言，在原本就有基础的英文、德文之外，他还学习法文（1927.9.20）、俄文（1929.4.27）、蒙文（1927.7.5）、维吾尔文（1928.11.7），甚至还从迪化的俄国学者那里借来回鹘语的著作"习畏兀儿及古突厥字"（1930.1.22）。在新疆师范大学黄文弼中心珍藏的刘衍淮文献中，我们还可以看到他学习蒙文和维吾尔文留下的笔记。

一些西方探险家和汉学家的西域著作，也成为他啃读的对象，如日记中提及的华尔纳《在中国漫长的古道上》（1927.10.14）、孔好古《斯文赫定楼兰所获汉文文书和零星文物》（1927.11.22）、斯文赫定《我的探险生涯》（1928.5.4）、勒柯克《新疆古希腊化遗迹考察记——德国第二、三次吐鲁番考察报告》（1929.5.24）、斯文赫定《长征记》（1929.9.27）等。以上的阅读，是他修习的不止一门的当时最前沿的丝绸之路综合课程，应该对他之后从事具有学科交叉性质的干旱区历史地理研究，起到了很大的作用。

此外，他也阅读专门的《摄影术纲要》（1928.8.29），向龚元忠学习摄影、洗相的技术（1927.5.26），当刘半农给他寄来了相机之后（1928.9.18），他娴熟地掌握了这门技术，为我们留下了那个时代新疆独特的风情照片。

李宪之先生晚年回忆说："到德国后，我们进入柏林大学学习……入学时我们是大

---

① Sven Hedin, *Auf Grosser Fahrt*, S. 71.《长征记》："考古学家黄文弼，是个博大的学者，带了六箱中国古书，在考古学上很有用的一些古书，汉朝的史书也在其中。"第 60 页。

学本科生,但是由于我在西北科学考查团有两年多的实际工作基础,科研工作步步深入,很快取得了成果,仅用三年时间便拿到了博士学位。”[①]从一个大学本科的低年级生成为严格的德国大学的博士生,期间的飞跃,李宪之先生归结为在西北科学考查团期间打下的科研基础。在实际的考察中学习成长,确实也是刘衍淮与之比翼齐飞而获得柏林大学博士学位的重要因素。

3. 五四青年的精神风貌

刘衍淮的西北考察日记,也是他三年中思想、认知成长的写照。许多的记录,使我们真切地感受到经过五四新文化运动洗礼的北大青年学生的新风貌。这种代表着爱国与进步、民主与科学的精神面貌,以青春的气息洋溢在西北科考的历程中,与落后而动荡的内陆社会形成鲜明的对比,让我们看到那一时期中国的希望。

比如说爱国情怀,就时时流露于字里行间。在民国的国庆日来临之际,作者忍不住思绪万千:“双十节,只有七八天了,想起中华民国虽然已经有了十六岁的年纪,却仍然是脆弱不堪,内乱频仍,外患日逼,军阀作祟,帝国主义压迫,民不聊生,国将不国。先烈不能瞑目,志士仍当努力。”(1927.10.2)对于内外交困的中国命运的担忧,似乎并不是抄自什么政治教科书,而是作者在之前两年的北京大学学习与生活中,在最敏感的政治中心和最真诚的年轻岁月里最切身的感受所致。这个情绪,竟然也是全部中国成员的共同感受,因此,一个庆祝活动在额济纳河畔的从未有过人烟的树林里得以呈现(1927.10.10)。这个活动也得到外国成员的尊重和参与,最终成为增进友谊而共同奋斗的重要环节。

在作者参加考察的三年时间里,也是积贫积弱的中国内忧外患剧烈的时刻,作者在内陆西北不断翘首回望,往往在滞后到来的报刊中依旧痛心疾首于已然发生的事实。如在 1928 年 5 月 19 日,作者先后被省长杨增新和警察署长袁廷耀告知最近“济南惨案”的发生,于是有下面的记录:“今日杨督告我云:山东省城及各地多为日兵占领,秩序想已不堪设想。小彤晚又告我云:据闻济南已为冯军攻下,日本出兵数万于山东云云。日兵之出,是又将藉口保护日侨,而实行其加入中国内乱、庇卫贼阀也。据云这是甘肃党部发来的电报云云。家乡糜烂,闻之痛然。”半年之后的 1928 年 12 月 9 日,作者在库车看到五月份的上海《东方杂志》,“内载五月初旬日人在济南演出之空前惨杀,战委会住济之外交处长蔡公时,竟为日人所惨杀,其余之交通人员、伤兵为日人所枪毙者

① 李宪之《回忆与前瞻》,第 402 页。

甚夥,触目伤心,惨不忍闻。在昔繁华热闹之商埠,今已变为森严四布日兵根据地,巍然雄壮之城郭,已为颓废圮毁之日弹牺牲物,其戮杀之惨凄,甚于虎狼,其手段之鄙劣,有过鬼蜮。迟迟至今,已逾半载,仍系悬案,发指心痛,莫此为甚!"济南是作者中学时代负笈求学之地,因此即使外侮已在半年之前,仍然为之发指心痛,爱国之情溢于言表。

又如1929年5月9日,作者写下了洋洋千言的日记,记录这个1915年袁世凯政府接受日本"二十一条"的国耻纪念日;5月30日,是1925年"五卅惨案"纪念日,作者特别在日期后括上了"上海惨案纪念"的醒目标注。这些地方,都可以看到作为青年学生刘衍淮对于国家遭受压迫的沉重心情,也是他日后走科学救国道路的动力所在。

不仅如此,作者对于沿途所见中国内陆的落后面貌,也充满了批评的精神。如多次提及鸦片种植的普遍(1927.5.24、1927.8.24、1927.12.29、1928.5.11、1928.8.16),并在听说国民政府允许内地各省种植鸦片,对刚刚北伐成功的国民政府也表示了深深的失望,慷慨而言:"如此事果真,是国民政府与军阀专政下的政府无异矣。不知终日以'国民'二字作招牌者,将何以自解。中山先生有灵,九泉不瞑目矣!心思紊乱,烦恼非常……武人、政客之作恶,固无足论,而开口以民众为依归,曾受中山先生耳提面命之人,亦复行此!况以局势而论,财政并非已至山穷水尽,使国为烟国,民为烟民,非丧心病狂,能出此乎?"(1928.5.12)

作者也同情被落后习俗戕害的普通民众,如在库车听说维吾尔房东家十四五岁的幼女要嫁给年逾花甲、有三妻四妾的阿吉,便为之愤愤不平,将这种现象归结于"缠人固守陋习"和"官府视若无睹"(1929.1.8),对政府的失职深感痛心。痛陈落后的面貌和政府的无所作为,慷慨悲愤的文字,都是其爱国激情的真诚流露。

五四青年形象另外一个方面的表现,就是在思想文化上接受新文化洗礼后的全新面貌,这些也都在刘衍淮的细微记录中得以体现(图6)。如作者的日记文本,已经基本上使用明白晓畅的白话文来书写,以及使用新式标点、在书名和人名左侧标注了专名线等。除了这种"物理表现"外,更重要的是作者专业之外的阅读书籍,也体现了新文化运动的深入和普及。如作者翻看的张资平《冲积期化石》是现代文学史上第一部长篇小说(1927.5.28),与向恺然的《留东新史》(1929.11.3)同为反映中国留学生生活的内容;杨振声的《玉君》反映的是青年男女对婚姻自由的追求(1927.6.8);冰心的《寄小读者》(1928.8.8)则是五四以来最为读者所熟悉的记录海外见闻的散文集。在作者的行囊里,还备着以散文为主题的进步刊物《语丝》(1927.5.14);而鲁迅的作品更是带了好几部,连袁复礼无书可读时,也从他这里一次借去了三种(1927.6.24)。在他西北科考

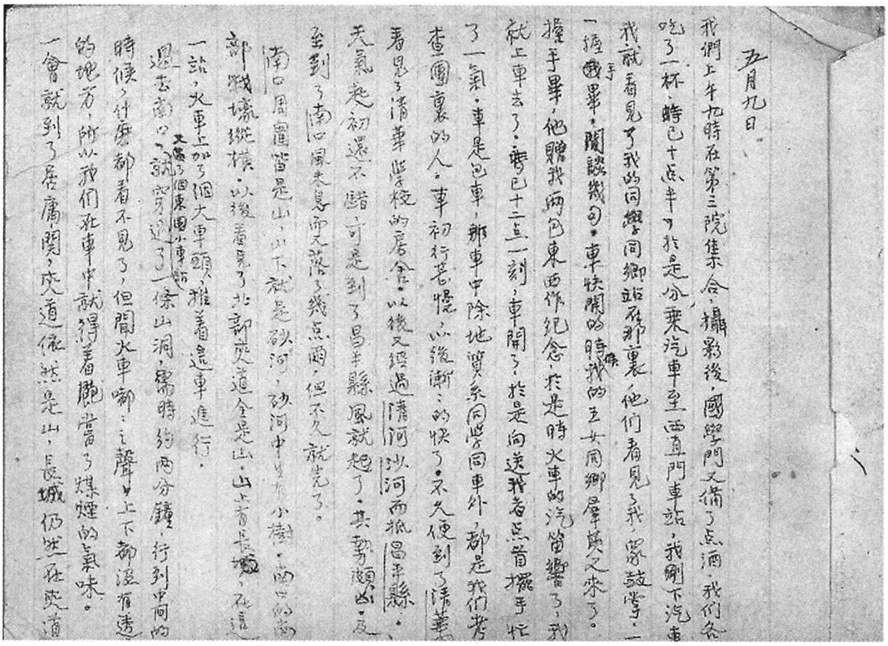
五月九日

我們上午九時在第三院集合，攝影後，國學門又備了點酒，我們各吃了一杯，時已十點半了，於是分乘汽車至西直門車站，我剛下汽車我就看見了我的同學同鄉站在那裏，他們看見了我，鼓掌，一握手畢，閑談幾句，車快開的時候我的五女同鄉屠莫之來了。握手畢，他贈我兩包東西作紀念，於是時火車的汽笛響了，我就上車去了，時已十二點一刻，車開了，於是向送我者點首擺手忙了一氣，車是包車，那車中除地質系同學同車外，都是我們考查團裏的人。車初行甚慢，以後漸漸的快了，不久便到了清華看見了清華學校的房舍，以後又經過清河沙河而抵昌平縣，天氣起初還不錯，可是到了昌平縣風就起了，其勢頗凶，及至到了南口風未息而又落了幾點雨，但不久就完了。

南口周圍皆是山，山下就是沙河，沙河中生有小樹，南口的南部戰壕縱橫，以後看見了北部夾道全是山，山上有長城，在這一站，火車上加了個大車頭，推着這車進行。過去南口，就穿過了一條山洞，需時約兩分鐘，行到中間的時候，什麼都看不見了，但聞火車聲，上下都沒有透的地方，所以我們在車中就得着飽嘗了煤煙的氣味。一會就到了居庸關，夾道依然是山，長城仍然在夾道

图6　出发第一天日记书影

团的行程中，鲁迅的《呐喊》已经不知道是第几次“重阅”(1929.8.5)，《中国小说史略》则成为他重新审视自己喜好的中国古代小说的镜子(1928.4.19)。

作者在考察途中，也阅读传统的中国典籍。如读《三国演义》，却能说出“褒蜀贬魏，昭烈帝之死曰崩，魏文帝之死(曹丕)曰薨，一褒一贬，于此可见”的评价(1927.6.28)，读《说唐》的《粉妆楼》(1928.11.23)，读清代野史里的《顺治出家》、《雍正夺嫡》(1929.3.2)，读《济公传》(1929.6.3)，但都能自省是“无聊之极，可想而知”，能够评述其中“文章欠佳，而作者又发多少臭议论，野史中之下下乘也”。可见其文学观念里反映出来的新文化运动的熏陶。

作者也读《古诗源》(1927.10.8)，读唐诗(1928.4.2)，读《燕子笺》(1928.2.11)，读《今古奇观》(1929.8.15)，甚至“有时读得我心酸眼胀，古诗之动人也如是”，完全进入到文学的状态。因此他的日记，会随时引用起古代诗文，如1927年9月23日坐在梭梭林中：“地上又可以看见Zag(梭梭)树的影子摇摇摆摆，我如果作首旧诗形容当时的情景，我一定用上‘俯视树影动，仰看白云飞’这一流的话。”1927年11月10日前往税关打听情形：“我们三人直奔那在住所望见的房子。有一里多路，到了，我一望就说了声‘门虽设而长关’。”因为传统文化和新文学的双重影响，作者的白话文出入传统诗文的

映照下，读起来也别有韵味。虽然有些叙述还体现出稚嫩的笔触，而更多的地方，则可见到流畅的笔法下吐露心声的错落有致。表情达意、叙事议论的才情，让我们感受到深受新文化思潮影响下成长起来的大学生全面而健康的知识状态。

刘衍淮在1927年从北京出发的时候，仅仅是一个19岁的北京大学预科二年级生。但是从日记中反映出来的积极向上的蓬勃朝气、奋发图强的精神面貌，都可见心智成熟、具有通识的五四新青年形象。他的日记，也为我们提供了研究那一时期特殊的学制——北京大学预科教育成败得失的重要个案。①

4. 西北地区的世态人情

刘衍淮的日记，在科学观测的“例事”之外，更有很多的篇幅浓笔重彩地记下了那一时期的西北政局和社会风情。

中国西北科学考查团作为西北考察史上最大规模的科学活动，在国内政局动荡的时代出现在遥远的西北，自然引起了西北政坛的高度警惕，考查团与当地政府的往来周旋，成为考察之外的日常，因此刘衍淮的日记中比比皆是地方行政的交往材料。从大到一省最高长官杨增新被刺杀的消息在南疆的传播（1928.7.11），小到请库车乡约安排觅驴进山（1928.9.26），罗列其身边的见闻，都成为那一时期西北政局鲜活的史料。正是因为这些频繁的接触和描写，对于新疆现代历史的研究者来说，这是一份难得的深入基层的文献。其中记录到新疆地方官场的大大小小人物，对于复原当时当地的行政运作，都是极为凑手的资料。即使是一些官员的行政履历，也可以弥补史阙。如有关清代和民国新疆职官的史料，目前仍以《新疆职官志（1762—1949）》为最完备，②就县长一级而言，刘衍淮日记可补其名录者，如焉耆县知事魏耀文，库尔勒县佐卜讷（德成），轮台县知事王学道（伯平）、陈本枸，墨玉县知事吴某，沙雅县长杨庆南、张仲威（又任库车）、继子成，托克苏（今新和）县佐陈湜，皮山县长杜昭融，额敏县长师作范、王家荣，塔城县长赵乐善等，均为《新疆职官志》遗漏不载者，其余不为职官志所载的下级官僚，更是不胜枚举。作者还写与哈密回王沙木胡索特（1928.1.30）、土尔扈特蒙古活佛多布栋策楞车敏（1928.2.22）、库车回王满蒲思（1928.7.26）的接触与传闻，写在新疆遇到的各地新县长到任的铺陈陋习（1928.2.27、1928.9.13、1929.5.24、1930.3.25），均可资了解新疆多民族社会下的地方统治情况。

---

① 晚清民国时期中国大学的预科制度，可参刘军《中国近代大学预科发展研究》，华东师范大学2012年博士论文。

② 胡正华主编《新疆职官志（1762—1949）》，新疆维吾尔自治区人民政府办公厅等内部印刷，1992年。

自从踏上西征的长途之后,刘衍淮也非常投入地关注考察地蒙古、新疆的历史、地理、社会、宗教,从记录下来的书名中,我们看到他阅读了诸如《大唐西域记》(1928.11.27)、《大慈恩寺三藏法师传》(1929.3.12)、《蒙古游牧记》(1927.9.29)、《元秘史考证》(1928.1.16)、《流沙访古记》(1929.3.12)、《新疆图志》(1927.10.7)、《新疆访古录》(1927.11.13)、《新疆游记》(1927.11.13)、《西行日记》(1928.2.10)等中文书籍,为了将来利用的方便,有的书甚至大段抄录。如作者最初被告知留在哈密从事气象观测(1927.10.3),就决心将《新疆图志·建置志》哈密部分抄录下来(1927.10.7)。果然,到1927年11月27日,他就完成了这一部分的抄写。从一到哈密开始,他就借阅伊斯兰教的历史书(1928.1.17),以便了解新疆的宗教社会。在库车较长的时间里,他也听毛拉谈伊斯兰天文知识(1929.5.19),听当地人介绍库车一带的"圣人墓"(1929.5.20)等风俗习惯。

作者在日记中反映沿途的社会风情,也都非常真实地留下了那一时代的细节。如从绥远出发,一路上军阀割据下的所谓"护路队"(1927.8.23)、河套的庄稼(1927.8.24)、蒙古大漠中的商贸(1927.8.19)、少数民族的猎鹰(1928.1.29),沿途的喇嘛庙(1927.8.20、9.1)、天池边上的道士观(1928.4.4),乡村和城市里的天主教堂(1927.5.24、8.23,1928.5.21)、福音堂(1930.1.15)、东正教堂(1930.2.14),在迪化和库车相遇的安集延、俄罗斯、德国、瑞典、英国、波兰、荷兰、比利时人,迪化东门外的无线电(1928.3.13)、《天山日报》的发行(1929.5.3),将民国年间宗教影响多元、人物形形色色、新事物不断涌现、既封闭又开放的蒙新内陆地区社会生态,生动地表现了出来。

如前所述,作者在北大受到了新文化运动的影响,这一影响,还体现在他热心于各地风俗的调查和对民间歌曲的抄写。如他在到达包头的时候,就发放北大的风俗调查表给当地学生(1927.5.14),并告知北大国学门主任沈兼士(1927.5.18),可见是义务承担了为北大收集内陆民俗资料的工作。到了新疆,更是亲自承担了抄写民间曲子的工作,从在博格达山上抄写哈萨克族(1928.4.19,图7)、回族(1928.4.20)、塔塔尔族(1928.4.22)的情歌开始,到在库车抄写和翻译维吾尔族曲子(1928.7.14、1929.1.30),并不断誊改、翻译(1929.3.10、4.13),反映了他对于通过民间歌谣从事"学术的"、"文艺的"民俗学事业深信不疑而充满热情。[①] 从新疆师范大学黄文弼中心受赠的一个刘衍

① 新文化运动中北京大学的"歌谣活动",可参段宝林《中国民俗学与北京大学》,《北京大学学报》1992年第5期,第21—30页。

淮蒙新民歌抄本来看，其中的 30 多首曲子，有拉丁字母记音、有民族语言词汇的解释、有全部曲子的汉译，可知他下了相当大的功夫来从事搜集、整理。而一个人兼起在新疆多个民族的歌曲记录，在那个时期还不多见，这份用歌谣反映出来的蒙古新疆文化遗产，也值得我们将来从事深入的研究。

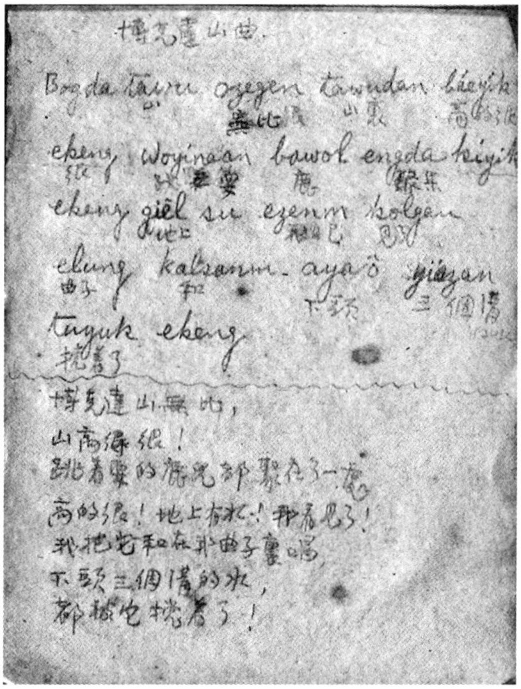

图 7　刘衍淮记录的哈萨克族民歌

作者还对沿途的各种淫祠、殿宇都分外关注，并详细记录，这可能也是北大风俗学会提倡的田野调查内容。如作者从哈密到迪化途中，记录车轱辘泉关帝庙中的灵验传单（1928.2.17），从迪化赴库车，记录所经阿呼布拉克的龙神祠所贴“救荒辟谷神丹”、“关帝君救急灵难经文”印刷品，门内的匾额和对联，都反映了当时当地民众的信仰世界。而像轮台知事沈永清的对联“二十年五度长征沧海横流惊此日，九千里一家再造玉关生入感尊神”，则又增加了当时当地文学表现的资料（1928.5.31）。作者记录小草湖和老风口的风神庙（1928.5.27、1930.3.16），后来还专门写到了他的《中国数地之焚风与布拉风》中。[①]

他还记录了见闻中的蒙古族婚姻（1927.8.20）、汉族庙会（1928.2.1）、哈萨克族少年的进步表现（1928.5.15）、柯尔克孜族在天山深处的放牧（1929.6.24），特别是朝夕相处最多的南疆维吾尔族的生活，如巴扎（1928.6.15）、节日（1929.1.25、2.6、3.14、5.21）、习俗（1928.9.23）、跳皮尔治病（1929.4.9、5.16）、建房（1929.7.25），都有特别原汁原味的描写。而民族矛盾（1928.7.2、7.12、8.15）、中苏争端（1928.7.8），尤为作者特别关注的社会问题，因此也一一详细记录。

因为生活得久了，作者与当地的民众也产生了深厚的情谊。在库车雇佣的维吾尔族帮手萨务被辞退，作者在日记里写下“三月以来颇勤谨聪明”、“他恋恋不舍，心甚戚

① 刘衍淮《中国数地之焚风与布拉风》，《空军通信》第 2 卷第 1 期，冈山，1956 年，第 32—34 页。

戚,余亦为之黯然”的心理活动(1929.1.1)。告别库车之际,与他差不多朝夕相处的邮局局长朱菊人和其俄罗斯妻子探尼夫妇相送到托和鼐,“依依不舍,相顾而泣,多时无语。别离之伤感,初见于北平,次见于此,此二次殆皆几不堪者”(1928.8.28)。他帮助弱势的驼夫,同情无助的差人,为他们去官府里讨回公道,也在日记中多处出现。

5. 考查团队的人事细节

大量属于考查团内的许多工作细节,也都因为刘衍淮日记的出现,而变得丰富起来。

如关于气象站的设置和配备人员,在到达迪化以前的日记中曾多次提及,最后确定的葱都尔、迪化、库车、若羌四个地点以及人员情况,其实多是根据当时社会形势做出调整的结果。

如作者提及考察开始,他们需要接受打预防针以免遇到流行病的侵袭(1927.5.30、6.13),可见作为一个科学考查团,其卫生意识也已经非常现代。他记录从库车回到乌鲁木齐,就看到了俄国建筑设计师为考查团设计的博物院图纸以及筹款建设方案(1929.11.21),也表现了考查团当时已有了在新疆建设现代博物馆的长远计划。日记里还多次记录与南京中央研究院气象所联系的信息(1929.1.1、5.12、10.24),可见边疆地区的气象观测为国民政府所重视的情形,以及西北科考团考察资源共享的理念。

又如,作者写他们的留学德国,其实是个意外,本来的设想是回国,因为战争,通过西伯利亚回国的中长铁路暂时不能开通(1929.12.5),袁复礼、黄文弼等选择了延期考察,等候时机;而求学期间的李宪之和刘衍淮,则不得不选择西行赴德留学——因为考察期间的优秀表现,斯文赫定和郝德早就承诺做他们攻读柏林大学的热心推荐人(1928.12.16);这一时期的中苏关系虽然恶化,新疆却作为与苏联接壤的地区签署了特别的交流政策,他们也得以经由苏联前往德国——这些大时代背景下的考察细节,都在1929年10月刘衍淮到达迪化之后的日记中得以充分展现。

考查团中外团员的关系,是后来的研究史最为关注的问题之一。如黄文弼日记开篇就提及中国团员的西北考察,负有双重使命,①说明考察中需要提防外国成员有损中国利益的行为;而中国团员为外人所看不起、因此在逆境中奋发,也一直是最引人关注的话题。② 事

① 黄文弼著,黄烈整理《黄文弼蒙新考察日记(1927—1930)》:“余等职务,一者为监督外人;一者为考查科学。”第1页。

② 如晚年李宪之回顾自己在考查团三年的生活,就概括为“刺激、奋斗”四字。参李宪之《在“中国西北科学考查团60周年纪念会”上的讲话》,李曾中主编《“中国西北科学考查团”八十周年大庆纪念册》,气象出版社,2011年,第189页。

实上，通过刘衍淮的考察记，细节真实里的中外合作却更多地是充满了“命运共同体”下双方的真诚友谊与和谐交流。

在考查团的考察进程中，也确实有一些摩擦，如外人拍摄“声调鄙俗，令人肉麻”的地方戏曲（1927.6.26）、过度惩罚偷盗团队骆驼的中国驼夫（1927.9.12）、绘制违反条约的五万分之一地图（1927.10.3）等，刘衍淮总是第一个发现，并告知中方团长应该予以阻止。

刘衍淮的日记也记录了中外成员之间开始因为不熟悉而产生的冷漠感，如他提及摄影师李伯冷（Paul Lieberenz）：“李与人寡谈笑，少接触，他不和我问讯，我也就当然不睬他。”（1927.9.28）但到后来，所有的团员却互相帮助而不分彼此。如经过葱都尔双十节的庆典活动，刘衍淮的热心公益受到交口称道，李伯冷主动表示在工作照之外为刘衍淮摄下额济纳深秋背景下的个人照片作为奖励（1927.10.12）。刘衍淮的日记也真诚地感激对于中国学生特别提携的德国同行，如记录德国团员齐白满（Eduard Zimmermann）的“有求必应”：“我和齐要点方格纸，他给了一小本，有四十多片。老齐是外国人中的最‘好’的，平常我们多号以‘老好子’，他之好，不仅为外人冠，在中国诸人中亦找不出，‘有求必应’，有时是不求就问，我们自到包头而后，就已经领会了他的‘好’了，并且我和他相处的时候甚久，对我尤好。”（1927.11.8）

刘衍淮后来与外国团员都成为相知的朋友，如与他一起在库车观测气象的搭档华志（Franz walz），在途中病了，把刘衍淮当作知己，说了许多自己的身世和感伤之言（1928.5.29）。考察途中的气象指导老师郝德，更是成为刘衍淮学术的引路人，不仅引荐他和李宪之去柏林大学攻读博士，从刘衍淮后来的记录中，可知他们还成为终身的师友。1969年，步入晚年的刘衍淮应洪堡基金会的邀请访问德国时，还专门去访问了“四十余年前西北科学考查团德籍友人郝德博士”。①

在考查团的集体活动中，外国团员一些无形的身教，也促进了刘衍淮的心智成长。如他参加德国团员在夜间的聚会、唱歌，感叹说：“看德人唱歌、唱诗，多德国关系国家问题的歌，如《德意志高于一切》、《守卫莱茵》两首歌名之流，悲极壮极，那些德人唱到慨切的地方，真教人战栗恐怖，都是警告德人爱国的国歌，德国的民气可见一斑。这些在异域工作期中尚能如此，其在本国之德民气，亦可想见一斑。”（1927.7.5）（图8）又如大部队从呼加尔图河畔出发时，骆驼惊散四逸，外国团员都放下自己的工作到处寻找，

① 刘衍淮《战后西德的重建与经济发展》，《新时代》第9卷第12期，1969年，第1—5页。

图 8　看德国人唱歌、唱诗(立者左四刘衍淮)

中国团员却各忙其事,安之若素,刘衍淮深感不安,向徐炳昶反映,并动员黄文弼、李宪之一起出寻(1927.7.22)。

凡此种种细节,都体现了中国西北科学考查团团结合作、互相砥砺的主旋律。这种合作的精神,尤其是在我们今天提出"一带一路"的倡议下,更有着教科书般的参考价值。

三、刘衍淮西北考察日记与其他考察记的比较

对于考察活动的研究,任何一部亲历记录都具有其不可替代而无法复制的价值。即使之前我们已经有了斯文赫定、徐炳昶、袁复礼、黄文弼等人的描述,这样的考察记依旧是多多益善。文字的记录因其局限而总是无法完全还原现场。即使是号称事无巨细的日记,也受到记录者主观记忆的选择,使当时活动的场景描述总是出现各自不同的侧重。

因为斯文赫定的考察记并非逐日书写,难以一一对应,我们试举已经发表的中国团员三人的两天日记与刘衍淮日记做对照,以见刘衍淮日记的独特意义。

表 1　1927 年 9 月 2 日西北考察日记

序号	作者	日　　记
1	徐炳昶	二日，五点半起，六点四十分起身。地势有起伏，道右无沙，左间见沙冈。有一种小蒿名 tusier，①一种小灌木名 ningjier，外有 haermu，植物以此三种为最多。八点四十五分至一洼地，草甚茂盛，地上有盐碱之属。九点四十分，道右有蒙古包。十点四十分，又入半沙漠的地方，有树甚多，远望若松，近视非是，因其非针状叶，乃半形叶，且叶上间三四分即有节，即此间重要燃料的 jiagao。此树蒙古人称为树中之王，然除作燃料外，实无他用。不过此间沙漠有此树点缀风景，殊觉另有风趣。十一点半道右有井，前行不远，即有一所土房子，为王爷府之汉人商家在此收账者。十二点许过一歧路，前行蒙古人亦不认识，即从偏南路走，后因问始知错误，乃转回北路。此节路 haermu 极多，结实如樱桃，可食，或即北京市上所卖之山豆子。一点钟许，沙势渐尽。两点钟至一地，名 Shiniewusu，即行止宿。Shinie，意为新，大约因地有一新井，故名地为新水。地为一大平原，四望不见沙、山，远处略有冈峦，颜色苍翠，至为宜人。且蝇甚少，比“仙乡”似胜多多。地有数蒙古包，一为代州人在此作买卖者。往与谈，据言此地从来无税，自今年春始行征税，且甚重云云。今日初起身时，路向西北，后又稍转南，结果得正西稍北。行 29.029；N.85.94W.，步行五公里。今日无风，天气甚热，温度至二十六度余。（**《徐旭生西游日记》第一卷，第 85—86 页**）
2	袁复礼	9 月 2 日，离都尔班井，那林和丁道衡一行就成为后队。蒙族什长也留下来和他们同行。午前出山口，地势平坦，是一个剥蚀平原，花岗岩仍然零星出露。到了达赖郭罗则为一宽阔盆地，才见白垩纪红砂岩和覆盖其上的玄武岩。后者的杏仁休气泡中，有鲜蓝色石髓，甚为美观。（**《三十年代中瑞合作的西北科学考察团》，《中国科技史料》1983 年第 3 期，第 18—19 页**）
3	黄文弼	9 月 2 日。上午 4 时半起，6 时向西出发，经行平原。30 里至哈拉格林，有商店一家，亦为土房。在商店东北，山下土质与爱克苏怀同。余拾木柄 1 件。复西行，经山径，为泥沙冲积而成，上布碎石块甚多，间有山岩，为红沙石者，不如石灰岩之广。山径中间，有榆树峙立。约 15 里，出口，行平地，约 10 里，至打不诺驻次。北有商店一家，旁有井二，掘土二尺即见水，水甚佳。南首井水臭，据云，为旧年所掘。商店掌柜为山西太原人，颇精明。据云，此地年来贸易不佳，因皮毛不能销售，费用甚大，税款前归王爷，现归冯军，解宁夏。如商家欲建土房须纳取票费 90 两。写票费 10 两。亦不准多筑。又每年需摊派使费，如蒙兵费，及特别招待外兵费，等等。此地西有到库伦汽车大道，为冯玉祥所修，由库伦运子弹至宁夏者。由此西南 20 里有萨拉在庙，为冯军屯驻之所。去年曾运来两千余驼子弹，前数日尚有汽车三辆北去。庙内前驻有兵，现已移至八音毛得。彼此尚能相安也。乃返，商家以乳皮饼赠余，味甚美。（**《黄文弼蒙新考察日记（1927—1930）》，第 59—60 页**）

① 《徐旭生西游日记》原文用民国时期的注音字母，此处为方便理解，均改为拼音字母，下同。

续 表

序号	作者	日　　　记
4	刘衍淮	二日。四时起,太阳尚未出,天冷得很。吃了早饭,收拾好了东西,量了 base line,六点四十六分就动身了。老王今天不高兴给我牵骆驼了,说了几句话,教徐先生来把他大嚏一顿,今天他先牵着走过了这线,以后他才上了骆驼。 七点钟,我下来作观测,大队人等都也走到前边去了,我上去驼一起,替子坏了,幸得蒙人司拉大尚在后。他给我们收拾好了才走,一走王的又坏了,又收拾了多时,一共耽误了几近一点钟。走了不远,看见韩回来了,问怎么误了这样多的时间,又说教司跟着我走,韩他就又前跑了。 过了些山,山上有些立着石刻的藏文的,不知道是什么意思,也有好水草的地方,也有沙漠的地方,骆驼不走,终究没有赶上大队。十二点多到了个好水草的地方,看见路旁有一井,齐和何马正在这里,大概是量温度罢。司跑到那里喝水去了,我们走了。这草占地面很大,草中又有小树条,类荫柳。 前边又有一土房,汉商人居也。过了这一片草地,又到了沙了,小沙山,骆驼上不去了,卧下了。登上去的,看见大队了,齐他们三人还没来。不久大队到了。西北上有草无沙,好地方,还有两三个蒙古包,天热得厉害,沙又反射得厉害,热和光,人有点受不了。住的地方到了,安排了东西床铺,吃了茶,于是乎睡了有两点钟,□□夜睡不足也。 以后同齐去井测水温度及水深。以后又到了个蒙古包里去看了看,包内山西代州人也,云近年生意不好,税重,故他的大部分买卖已移去,又知自 Tukomu 而后为甘省矣。买卖人云:拉孙一行才离去四日,住此三日,因失骆驼,寻骆驼也。又云:前去百余里,有国民军装人驻之地,近来国民军大运子弹、抓用骆驼等情。到爱金沟,尚须十六日至廿日,越往那草越不好。 归饭后,志日记,晚睡而不好。今天的地图约少四五百米达。(**《刘衍淮西北考察日记(1927—1930)》手稿第 2 册,第 11 页**)

1927 年 9 月 2 日这一天的日记,是考查团在蒙古草原的行进途中。此时,考查团在哈纳河畔稍长时期的逗留考察之后,为行动方便和扩展工作面积,分为北、中、南三队分路西行考察。

袁复礼带领的南队在 9 月 1 日到达了老虎口西边的花岗岩丘陵地带,并且和那林、丁道衡的北队相遇。9 月 2 日这一天,他记录了离开老虎口后出现的达赖郭罗盆地的地质面貌。袁复礼的记录因为也不是当时的实录,而是根据当时记录的总结,因此文字比较简洁。将来有机会公布其实时手记的野外考察记录簿的话,内容应该会更加丰富。

黄文弼和刘衍淮都在徐炳昶带领的中队考察,但是先后出发的时间不一致。黄文弼先行随大队进发,徐炳昶因等候刘衍淮等考察河套的小分队,而与刘衍淮晚发一周。9 月 2 日这一天的黄文弼已经进发到打不诺,他记录了沿途的地貌,以及访问当地晋商,了解到当地贸易情形,特别是冯玉祥在这里割据后的税收变化与军备状况。

徐炳昶与刘衍淮在9月2日这一天，才走到了黄文弼8月26日驻扎的地方。徐炳昶比较详细地记录了沿途沙漠地带的植物情况、驻地名称及其含义，记录了此地为蒙古王爷领地，并从驻地晋商那里了解到草地路上的沉重关税。

那一天的刘衍淮是开始学习记录路线图的第二天，因而对量基准线、骑骆驼画图描写得比较详细，同时也记录了住下后跟随德国团员学习测量井水温度和深度的技术，又记录了向驻地晋商了解当地贸易和两省分界的情况。

可见，综合所有的日记，才能更广泛地了解考查团经行的范围和活动内容。这不仅因为每个人在不同的地点活动，而是即使同步行动，注意到的场景也会有不同的视角。

表2　1928年11月1日西北考察日记

序号	作者	日　　　记
1	徐炳昶	十一月一日，同赫定先生及加尔生进城，路中泥甚多。见源清署长。他说：车价无问题，但机务员工价太高，可是加尔生则非每月三百五十元决不肯留。后止好商议送路费遣归，然亦尚无成议。出往见庆皆厅长。本议今日同往工艺厂观前清时所购制造火柴机器尚可用否，至则已晚，止好议定明日令加尔生一人往观。出城，到陈诸岩寓。诸岩今日为季庐饯行，我们作陪。席中闻郝默尔、安博尔及鲍寿亭等昨日已至绥来，然则今日或可到迪化。归已十一点钟，他们尚未到。**(《徐旭生西游日记》第三卷，第155—156页)**
2	袁复礼	11月1日，我向东行，想追溯红层。我路过了曾经工作过的水西沟沟口，再东行到达济木萨县正南5公里的千佛洞，直到近天山脚下的新地，始终未再见该红层的任何踪迹，显然，在水西沟以东它就消失了。由新地东行5公里到泉子街，再向东北行十余公里到韭菜园，见到了中生代及二迭纪地层在此却为近南北向的大断层切断，丘陵地貌也就到此结束。往东即代之以直接出自天山的山麓、冰川终碛堆积和冲积扇了。我们一行又沿天山脚下东行四五十公里，但只见天山的石炭纪灰岩，再未见中生代地层出露。**(《三十年代中瑞合作的西北科学考察团(四)》，《中国科技史料》1984年第2期，第56页)**
3	黄文弼	11月1日。上午8时半由克内什庄出发向西行，11点过一庄，名爱勒克格拉，有庄户家三四，西北瞰苏巴什之破城，土墩颓垣，横绵河岸，东西对峙，白麻扎竖立山巅，若旌旗焉。转西偏南行，11点半住苏巴什之某水利家。由克内什至此，约需时3小时，13362步，合30里谱。 午饭后带3人及房东往看破城，1点由庄出发，1点20分即至北山南。山阿相接，中有一河，出自铜厂，西南流，经亮果尔庄南流入破城中间。南流分3河：一河东流，至克内什，北即司密司马里之南，由克内什至千佛洞必过此干河；一支南流；一支西流，入库车，所谓库车河(城上河)是也。分流处有土埂相隔，似自昔已然，现又分为14大渠，灌库车东部地，破城即在山边河岸。

续 表

序号	作者	日　　　　记
3	黄文弼	东破城,其墙址城基均存,西有城墙,东临河岸,房基破塔,井理密稠,与吐鲁番之古交河城相似,疑此即唐龟兹国之伊逻卢城。《唐书·西域传》云:"君姓白氏,居伊逻卢城,北倚阿羯田山。"按阿羯田山,即白山,此破城在白山之南,以地望准之,适当然耳。若于斯格提之旧城,即《魏书》所谓城有三重;《西域记》所谓荒城也。疑龟兹王自杀此城人后,即迁移于此。又此城城壁皆为土坯所砌,确为唐以后所筑,以其中瓦片证之,亦多唐代物,则唐时龟兹国都城在此可无疑义矣。 余自南北寻视一遍,多已被外人发掘,据说前 20 余年,有外国人在此,每日数十人发掘,凡数十日,可见外国人工作规模之巨。有高塔 3,二在城内,一在城外,西北一塔与雅尔湖之塔同,而宏壮过之。其城墙中有夹道,有复室,盖为守城兵士住处。墙上无壁画,岂尽为住人之官房耶。 复渡河,河西岸有佛洞三四,墙壁上刻有古西域文字,或即龟兹国本国通行文字,《西域记》所谓文字取则印度,而略有改变者也。又绘有一人头,头上戴襆巾,类古时家仆帽,疑即《西域记》所谓巾帽,与今维民之戴六角边圆顶帽迥别。鼻高耸,类欧洲人,其绘像大可表观当时人种之姿态。又拾小铜钱若干,即《西域记》所谓货贝小铜钱者也。余在库车、沙雅一带考查,拾小铜钱甚多,内方外圆,若王莽时之五铢,盖为当时所通用之货贝也。又拾银钱 1 枚,无孔,圆形,上钻小立人形,即《西域记》所谓货用金银钱之银币也。 西岸有破城一,或即官署所居,中亦有破房数十间,高塔 1 座,前后左右还有许多破房,惜均为外人发掘净尽。在此城边,有大道一条北去,据说即至伊犁大道,走铜厂亦出此途。时天已晚,乃归。 又破城中间之河名业苏巴什河,在破城北河东庄为养格尔,破城之南,位于河中者为苏巴什庄,即余等住处也。苏为水,巴什为头,犹言水之源头也。入山口往北 30 里即为铜厂,故又名铜厂河。有大道 3:一西至拜城;一北至伊犁;一东至焉耆。白矾、石油均产此山内。铜厂西北有佛洞 3,凿于半壁岩,不得上。德人莱柯克亦曾往观焉。由此往北山中,据说有一大老坝,水极清澈,冬夏不减,倘亦古时之所谓大龙池欤。又闻铜厂西北之佛洞,有路直通库木土拉北之千佛洞;库木土拉之佛洞又有一小道,过大坂即为克孜尔千佛洞,是东西佛洞联成一线矣。 **(《黄文弼蒙新考察日记(1927—1930)》,第 313—314 页)**
4	刘衍淮	十一月一日。十月已成过去,十一月刚才来到,在这新陈代谢之期中,就是我最忙的时期。上午结算账目,十月支出四百廿九两二钱七分。以后就完成月表,一直忙到下午四点钟,方才完事。天气烟雾稍减,而白云渐多。夕有人送古物给黄先生者来,送来泥片、半身像、破经纸、古钱、破铜等物,以黄之不在,余暂给之三两留下。时天云满,颇昏暗,此等物品皆出于通古斯巴失一带之破城中。**(《刘衍淮西北考察日记(1927—1930)》手稿第 7 册,第 29 页)**

1928 年 11 月 1 日这一天的日记已经在新疆境内。徐炳昶作为考查团团长,正在省会迪化忙于处理与政府之间的交涉,其中主要的一项内容是陪同斯文赫定去见交涉

署长陈源清，处理为杨增新从瑞典聘请来的汽车技师的安置问题。他又去拜访实业厅长阎毓善（字庆皆），安排技师帮助处理本地火柴制造机器是否可用。晚上，则在邮局局长陈诸岩家中作陪，给潘祖焕（字季庐）赴任疏勒县长饯行。此时，跟随赫定从瑞典前来的天文学家安博特病倒塔城，也成为众人忧虑多时的事件，徐炳昶特别记录了席间讨论到他已经病愈，由郝默尔大夫和鲍尔汉（字寿亭）陪同行进在前来迪化的途中。

这一天的袁复礼正在北疆考查，他在之前的 9～10 月间，在吉木萨尔县三台南边的大龙口红色岩层中发掘了 7 个完整的三迭纪爬行动物的化石，成为此次考查团在古生物考察中最早的重要发现。现在，袁复礼继续东行，寻找这一红层的踪迹，最后做出了水西沟以东红层被切断的结论。这一辛苦的溯源看起来劳而无功，却正说明科学研究需要付出无数没有正面结论的排除式的考察和实验过程。

同一天，黄文弼已经在库车地区展开了对苏巴什遗址的全面调查，洋洋千字的日记详细记录了当天对于铜厂河两岸东西苏巴什遗址的观感，为第二天的发掘做好了准备。在白天的辛劳调查之后，以劳累疲乏之躯熬夜坚持记录下来的日记，也为三十年后他依旧能够完成《塔里木盆地考古记》的科学考察报告，留下了精确的记忆。

此刻的刘衍淮在库车气象站，处于一个月中最忙的时刻。虽然当天的日记甚为简短，却记录了气象观测每月初的“例事”：忙碌结算上个月的开支账目、完成 10 月份的气象观测月表等繁琐的工作。同时，作为考查团在南疆的大本营，黄文弼的考古工作已经在这里传开，刘衍淮的气象站也成为他征集文物的集散地。这一天，刘衍淮还代理外出的黄文弼验收征集品并支付了定金。西北科考团作为一个集体的互动，在日记中得到体现。

通过以上两天日记的对照，可见对于总结一个划时代的考察活动来说，任何一个亲历者的记录都是如此独特而唯一的精彩视角。

四、结　　论

1929 年初，当中国西北科学考查团的中外方团长先期从新疆归来，为进一步的考察活动争取支持的时候，他们通过各种公开演讲宣传西北科考团取得的成绩。天津《大公报》为此发表了《西北科学考查团之功绩与教训》的长篇社评。其中四分之三的篇幅，只是就“吾人最所满意者，此次参加该团之中国学生，皆努力工作，表现优美之成绩”发表的议论。社评认为，较之地质学、气象学、古生物学的具体功绩，考查团学生“重实习，耐劳动，屏绝世俗之嗜好，以探求真理为第二生命”的行为，更是“鞭挞国民，使知非努力科学不能救国之教训,厥功尤伟”。社评代表了当时知识界对中国青年的希望,认为西北科考团青年学生正是这样的“最新之模范”。[1]

过去关于考查团中的青年学生的评价,主要来自斯文赫定和徐炳昶考察记的揄扬,斯文赫定在《长征记》中甚至感慨“我似乎有点可惜先前不带8个,只带4个学生走了”,[2]《徐旭生西游日记》的序言里,也很开心地提及“刘春舫所试作底路线图,大得赫定博士的赞许,以后李达三、马益占等亦皆渐渐学会作路线图”。[3] 当然,李宪之和刘衍淮的人生经历和最终的学术成果,也是我们可以逆推其在考查团期间杰出表现的最好说明。不过,这些终究是间接的表现。

现在,《刘衍淮西北考察日记》的出现,最直接地印证了这世间的公论。从以上分析其日记中展示的气象考察的观测实录、流动大学的进步足迹、五四青年的精神风貌、西北地区的世态人情、考查团队的人事细节诸端,确可反映出刘衍淮在西北考察期间的思想和行为,无愧于献身科学的时代楷模之赞誉。

随着时光的推移、岁月的沉淀,《刘衍淮西北考察日记》这部反映了丝绸之路上既是个人又是团队的考察记录,将愈益显示其不朽的光华。

(作者单位:北京大学历史学系暨中国古代史研究中心)

① 《西北科学考查团之功绩与教训》,《大公报》1929年1月31日第2版。

② Sven Hedin, *Auf Grosser Fahrt*, S. 44.《长征记》,第38页。

③ 徐炳昶《徐旭生西游日记》叙言,第6页。

《丝路文明》第五辑
2020 年 11 月,227—232 页

《帕米尔的卓越穿行：张广达先生 85 颂寿纪念文集》简介*

李鸿宾

由陈怀宇和荣新江主编的《帕米尔的卓越穿行：张广达先生 85 颂寿纪念文集》由西方著名的 Brill 出版社于 2018 年出版(Huaiyu Chen and Xinjiang Rong, eds., *Great Journeys across the Pamir Mountains: A Festschrift in Honor of Zhang Guangda on his Eighty-Fifth Birthday*, Leiden and Boston: Brill, 2018),这是对从事隋唐五代史、西域史、中西交流史著称的张广达先生以往学术志业追求的纪念。此前数年,海内外同仁亦曾囊汇一集以纪念张先生 80 寿诞,名为《张广达先生八十华诞祝寿论文集》,以汉文版刊行;① 这次的纪念文集则为英文版,考虑到张先生涉及的研究领域为海内外多国学者所共享,英文发表不但便于海外学者之撰述,更利于国际学界同道之交流,国内学界对英文专攻者亦大有人在,阅读当不成问题。实际上,这一领域的发表成果,英文之便捷,是无需赘言的。

一、文集的主要内容

全书由十二篇专论构成。现根据我粗浅的阅读简述如下:

第一篇是庆昭蓉撰写的《库车世俗文书中词汇 ṣau 的释义》。该文是就今新疆库车出土的古代吐火罗 B 语(又称库车语)官府文书残片涉及的 ṣau 这一词语含义进行的探讨。该语种文献原本就极为稀少且所出多系残片,人们对此掌握的信息并不丰富,但该地佛教的盛行则殆无疑义,这些零散的残片就属于佛经这一领域,那份含有 ṣau 词的官府文书残片出现在佛教寺院遗痕中即可证明。作者在前人和时贤研究的基础上,将 ṣau

* 本文系 2019 年度国家社会科学基金重大项目《汉唐间丝绸之路历史书写和文学书写文献资料整理与研究》(项目号: 19ZDA261)子课题成果之一。

① 参见朱凤玉、汪娟编《张广达先生八十华诞祝寿论文集》,台北:新文丰出版股份有限公司,2010 年。

比对为 chao 即汉文之“抄”。“抄”是唐朝官府文件传送的一种形式,这在吐鲁番、于阗和库车等地其他残文书中多有反映。如果这个推测能够成立,那么唐对当地施行有效治理的事实就被再一次确证。作者由此揣摩 THT2692.4 文书中的 Twānkerräṣṣe 一词就是汉文“团结兵”的对应,这意味着 8 世纪的安西四镇之库车存在着唐朝征调驻军的现象,这些征调的人员可能就是当地的民众。

第二篇论文是戴仁(Jean-Pierre Drège)撰写的《敦煌与汉文书籍的两次变革》。作者指出,有关汉文书籍变迁的研究近年已有不小的进展,然而学界更多关注的是印刷通行的明清两代;比较而言,源自唐朝的印刷事业对认识中国书籍的发展和衍变更有意义,但因其遗存甚微而使早期的相貌模糊不清。这篇论文就是以伯希和、斯坦因所获敦煌文书为依凭,专门探索中国古书早期的发展变迁。该文指出,就斯、伯二人而言,斯坦因不通汉文,遂集中精力于敦煌文书中的各种胡语文本;伯希和则仔细分辨胡汉诸本,从梵文、回鹘文和藏文写本纸张的排列、装订的规格等,判定汉文的卷轴样式应受其影响而成,这应是汉文书籍的一次变革。另一次变化则是印刷文本的生成,它出现于唐。虽然印刷技术的难度和高成本使它初始进展缓慢,但抄写的难于保质这一弊端使印本的重要性很快得到了认可。伯希和从敦煌所获为数不多的 10 世纪印品那纯熟工艺的分析中,认定它们应属敦煌本地技术工匠的精心之作。换言之,汉文书籍从抄本到印本的转变、发展与传布,其关键的变革均与敦煌文书有着不解之关联,敦煌文书对认识中国书籍历史变迁的重要性,不言而喻。

第三篇论文是荻原裕敏撰写的《柏林收藏的两份吐火罗 B 语 *laissez-passers* 残卷释义》。这是作者从保存在柏林的古本文书中发现的编号 THT1555 和 1586 的 *laissez-passers* 两份残卷,它们原出于新疆克孜尔石窟。作者将其与巴黎同类文本进行比较,就这两份残卷的语言、文本等方面的问题进行讨论,认为这两份残卷属于唐朝控制龟兹(治今新疆库车)的时代,类似“过所”或“行牒”等官文书。虽然这种文献存遗甚少,但它对揭示今克孜尔石窟及周边地带的历史地理颇有帮助,对增进吐火罗 B 语写本的了解也很有价值。

第四篇是马小鹤撰写的《摩尼教〈残经〉采择〈巨人之书〉的可能性》。作者在张广达、林悟殊、刘南强(Samuel N. C. Lieu)和宗德曼(W. Sundermann)等先生研究的基础上,就科普特语(Coptic)《教义篇章》第 38 章与《残经》中涉及的征服、巨人,以及圣灵(the Living Spirit)之五子因被憎恨、贪欲等罪孽(与此相对的则是爱、信念等美德)所宰制而夭折的现象进行了有针对性的讨论。作者据此推测,源自安息文本 The Sermon of the Light-Nous 的摩尼教《残经》与科普特语《教义篇章》中第 38、70 章的内容可能都来自《巨人之书》，只是具体的内容有所差别而已。

第五篇是荣新江撰写的《五世纪后半叶的柔然汗国与西域：基于吐鲁番新发现的汉文文书》。作者依据 1997 年吐鲁番洋海寺庙遗址发现的一份汉文文书，就其涉及的供奉外国使节之役夫、马匹等事项，论述了 5 世纪后半叶柔然汗国与西域之间的密切关系。这里因受西部哌哒（白匈奴）势力的威胁，绿洲国家转向柔然或北魏寻求帮助，这在《魏书》里亦有相应记载。这份文书更具体地反映了他们从高昌和“北山”（即天山）通往柔然寻求支持的过程，文书所在的高昌此时已成为柔然与西域腹地联系的一个战略要地，它沟通东西南北的独特作用再次得以证实。

第六篇是辛威廉（Nicholas Sims-Williams）与毕波合撰的《一份来自尼雅的粟特残卷》。这是作者应约对新疆尼雅出土的一份粟特残页内容进行的解读。因残损过甚，很多内容无从详解，从形制看，与早年敦煌附近发现的粟特信札颇为相似，后者被断定为 4 世纪初叶的产物。此份残页发现前，丝路南道除了楼兰、于阗有少许粟特残本之外，没有更多的信息记载粟特人的活动。这份残页不仅揭示了他们在南路活动的情形，而且表明他们之选择南路进入中国内地，可能有避开北路不安全形势的考虑，这为进一步了解粟特人商贸活动的具体情节提供了某种便利。

第七篇是高田时雄撰写的《玄奘〈大唐西域记〉中“Syr Darya”的汉名对译》。“Syr Darya”这一词汇标识的是一条河，以其岸边的城市称谓而得名，然而它在古代文献中则有不同的词语表述，譬如玄奘的《大唐西域记》就称作“叶河”，但在《大唐大慈恩寺三藏法师传》里则称作“叶叶河”。作者推定，玄奘本人的记载是“叶河”而非“叶叶河”。那“叶河”称谓源自何方呢？作者认为玄奘采纳的是当地的词汇，但他并没有深究，这一名称也就无从确证了。

第八篇是王小甫撰写的《牟羽可汗改宗摩尼教的再探讨》。有关回鹘人在牟羽可汗的率领下改信摩尼教问题，学术界久已关注且研究成果不凡，但为什么将它奉为国教呢？这一问题仍有索解不明之处，作者针对此点而专门研讨。他认为，牟羽可汗南下中原，首先是应唐廷之约协助镇压安史叛乱，同时也将摩尼教高僧延请至漠北以助其汗国之建构。这是因为汗国属民的意识尚未整齐划一，粟特人的宗教信奉与思想意识固然多有影响，但对汗国的凝结甚少有益。摩尼教高僧的到来，意味着牟羽可汗借助这支宗教的信仰促进回鹘人的认同与王朝的结合一体，回鹘汗国从此踏上了历史新征程。

第九篇论文是由徐文堪撰写的《超越译解：30 年来吐火罗研究的展望》。吐火罗语写本最早于1892年被学界所认识，它主要发现在中国的新疆和甘肃敦煌等地，随之受到西方学术界的高度关注。自从它被认定为印欧语系的一种语言开始，有关它确切的归属和使用该语言人群及其活动的踪迹，就成为学者们关注的重要问题。前后百余年来，经过学者们的持续努力和钻研，这种语言的形迹日渐清晰。在此文中，作者重点介绍了中国学者如季羡林、耿世民等人及国外学者最近30年间有关研究的新收获。其中值得关注的是采用这种语言的人群状态，人们多推定他们最早应于公元前2000年左右，从顿河和第聂伯河流域辗转东迁，最后到达中国新疆一带，他们与汉文文献中的大月氏人关系密切，这似已成为人们普遍的认识。

第十篇论文是由吉田丰撰写的《蒙古高原Sevrey碑铭的历史背景》。该文是对1948年在蒙古高原Sevrey Somon东南6公里处发现的一块碑铭的进一步研究。该碑铭最初由苏联学者考索，断定系由粟特文和突厥如尼文组成，因其残损过甚，相关的线索十分模糊。本文作者曾于1997年参加日本科学考查团，专程前往该地进行踏查，遂再度对碑文进行解读。作者认为，该碑铭正面由汉文构成，粟特和如尼文分布在另一面。结合《新唐书·回鹘传》李泌曾向德宗述及"回纥可汗铭石立国门曰：'唐使来，当使知我前后功'云"一事，作者认为这份碑铭就是其事的记载。如此看，Sevrey一词应系回鹘之"国门"，有"花门山"之意，坐落在回鹘通向唐朝的必经之地，它应建于787年，意在凸显他们协助唐廷镇压安史叛乱之功绩。

第十一篇论文是朱丽双撰写的《圣地于阗之王统：〈汉藏史集〉于阗一章的新译》。成书于1434年的藏文本《汉藏史集》为蒙元与西藏的关系提供了颇为详尽的描述，1886年开始受到重视，1986年出版了陈庆英翻译的汉文译本。以往学者关注该书展现的汉藏关系固然不错，然而这里涉及的古代于阗及其与吐蕃的诸多关联被不同程度地忽略，但这对了解前伊斯兰时代的西域尤其于阗却颇为重要，朱文就是针对此点而展开。作者在前人研究的基础上试图为其中于阗一章提供一份更加精准的译文，并伴以详解，进一步阐明《汉藏史集》对了解这个佛教王国的不可或缺。与此前着眼不同的是，作者更多地参考了与于阗研究有关的文献史籍和研究成果，所作的解释也更加详尽。鉴于吐蕃在中亚产生的重大影响，其文献的记载对了解中亚历史提供了值得关注的信息，这部《汉藏史集》对古代于阗历史相貌的认识无疑具有重要的价值。

最后一篇是由茨默（Peter Zieme）撰写的《突厥语文本中的迦腻色迦王（Kaniṣka）》。作为贵霜（Kuṣāna）时期一位著名的君王，迦腻色迦（Kaniṣka）在佛教文本中甚有名气。作者借助出土于吐鲁番绿洲的回鹘佛教写本以及玄奘的传记有关他"弃恶从善"而走向佛国的经典性样本，试图提供更为丰富的信息以清晰揭示出这位王者的风貌，并给出一个更令人信服的解释。

二、文集的基本特色

上述由中外学者撰述的十二篇论文，其关注点从地域上讲，聚焦于环塔里木盆地的西域绿洲及其东西两翼，又涉及蒙古高原和青藏；从研究的文献讲，多集中于上述地区出土和发现的各种汉文以外的文书（文献），即所谓胡语文本，譬如吐火罗文、粟特文、突厥如尼文、回鹘文和藏文等，间或汉文文献；从考察的对象讲，多半是这些文献记载的活跃于上述地区的族群和个人。换言之，这部祝寿文集从内陆亚洲出发，关注诸种文本，并上升到文本所载内容，即它反映的那些汉系以外的各类人等及其活动，汉唐中央王朝的内陆和西域腹地这些地带遂成为文集的聚焦所在，亦成为文集撰述的核心动力。这是我阅读该书之后的初步印记。由此，我对该文集之特色的展现有以下两点想法：

第一，本文集与《张广达先生八十华诞祝寿论文集》前后两部各有鲜明的特点。八十华诞纪念文集包含的内容既有中国古史、西域史地、敦煌吐鲁番研究、东西文化交流，也有学术史的研讨。撰述者以张先生的（学生）晚辈为主，外加中国台湾和日本等地的学界同仁，几近50人，他们提供的颇有数量的文章且含括广泛的内容，与他们汉文学术领域的本业并以汉文为主的表述颇为契合。他们研究的中原之北部和西域腹地的内容，多以类似敦煌吐鲁番出土的汉文史籍为核心，关注的是中原王朝在那些地区诸多活动呈现的统辖和治理的面相，其中原王朝推衍周边的思维成为钻研的核心理路，这一脉络十分突出。与此对应，这部英文祝寿文集，如上所述，关注的则是中原周边的西域腹地和蒙古—青藏高原即所谓胡系（语）世界，那里的人群亦以胡系（人）为主，讨论的内容有他们自身的活动、他们与中原的关系，乃至中原王朝在那些地区的经营管理，等等，显然，这些地区及其人群活动的自身主体性，成为文集的一个焦点。由此，我将这种中原、周边各自出发而又彼此交集的观察思考，视作张先生两种纪念文集的各自倾重。

第二，这种各自倾重的特征之能形成，与张先生本人的治学领域密切关联，更确切地说，是由张先生治学之领域导引而成，诚如张先生所说“我的教学和研究领域是隋唐五代史、中亚中古史、敦煌吐鲁番出土文书与文物、中外文化交流史”。[①] 这一表述包括

① 张广达《文书、典籍与西域史地》，广西师范大学出版社，2008年，《总序》第1页。参见朱凤玉、汪娟编《张广达先生八十华诞祝寿论文集》，台北：新文丰出版股份有限公司，2010年，《张广达先生学述》，第2页。

中外两个不同的共时性学术领域。研治中国古史的学者多以专家和通家称著于其治学的领域。前者即专注于某个或某几个特定的朝代,经过长期磨练而成为素有专攻的学者,如秦汉史专家、隋唐史专家者流;由此衍升为对古史的通透性把握,即可谓通家。就此而言,在分工明确、研治钻精而于浩瀚的中国古史尚无通体把握的当下,虽说达不到特定领域专家的那般精透,但前后做一整体性的观察姑且可在照应的掌控之内。若能做到这些,端赖研治者对中国古史前后沿承的谙熟,但它毕竟立基于中国古史的自身领域。可是要做到共时性的中外兼通,也就是在熟悉隋唐五代自身的同时,还要对中原王朝周边乃至那个时代其他国家和人群的通彻了解,其难度随着这些了解工具的增多而加重,其中最难得的是对这些国家地区人们使用语言的多方位把握,尤其是时人通行而今日不再的“死语言”。这方面,欧洲学者因其与中原周边(尤其北方草原和西域腹地)的人群采用阿尔泰语系和印欧语系诸语言的关系更靠近而具有解读和认知的优势,谙熟汉藏语系汉语族的中国学者若要精准把握这些周边、域外的动向,单就跨越古今中外语言的这道门槛,就令人望而生畏。然而这却是张先生的擅长之道。他发表的一系列河西走廊和塔里木盆地以及由此伴生的中外交流的论述,就是建立在精通多语言的基础之上。如果说中文版八十华诞纪念文集更多契合张先生隋唐五代史领域研究的话,那么这部英文版颂寿纪念文集无疑是对他中外交流之“外”研讨学问的因应,二者瞄准的是张先生的中西兼具,在纪念和祝寿的同时,也彰显了他学术研究共时性累积的特征,这在中国学人中尚不多见。

(作者单位:中央民族大学历史文化学院)

《丝路文明》第五辑
2020年11月,233—241页

“中华”与“夷狄”
——《东亚古代的诸民族与国家》东亚史研究述介

刘可维

2015年汲古书院出版了川本芳昭教授的著作《东亚古代的诸民族与国家》(《東アジア古代における諸民族と国家》)。本书在日本出版后,随即引起中国学界的广泛关注,当年社会科学文献出版社曾通过笔者与川本教授取得联系,希望将这部著作汉译后在我国出版。经汲古书院与川本教授双方授权,社会科学文献出版社于2016年初确定了该著作的出版计划,笔者非常荣幸承担了翻译工作。近年来,国内逐渐掀起汉译外文著作的热潮,特别是有关日本中国史研究的成果被大量翻译出版。不过,其中大多数为十余年甚至几十年前日本学者的经典著作。像《东亚古代的诸民族与国家》这样在日本出版的次年即决定引进国内的现象尚属罕见。也由此可见国内学界对于这部专著的关注程度。为尽早让我国读者了解本书的具体内容,笔者曾撰写书评《川本芳昭教授〈东亚古代的诸民族与国家〉述评》概述了全书各篇章的内容。[①] 今年本书的汉译本正式出版后,浙江大学刘进宝教授希望笔者能从东亚史研究的视角总结、介绍全书的主要观点,以展现近年来日本学界在相关领域的进展。以此为契机,结合在翻译本书过程中所获得的一些新识,笔者撰写了此篇小文。

川本芳昭教授毕业于九州大学文学部东洋史学科,此后师承日本著名东洋史学者越智重明,进入同专业研究生阶段学习,在完成博士阶段的课程后申请退学,并先后任教于佐贺大学教养部、九州大学文学部。在长期的研究中,川本教授所关注的核心问题为汉民族是如何成长为世界最大民族的。这是一个意义重大且又极为复杂的课题。众所周知,在世界古代文明中,只有中华文明在数千年的风雨历程中不仅没有消亡、中断,其疆域、人口乃至影响力反而不断扩大。虽然期间也反复经历了动乱、分裂,但最终又

① 载《欧亚学刊》新4辑,2016年。

一次次地走向统一。汉唐之际,中国的历史经历了从巅峰至谷底再重返巅峰的历史过程,川本教授认为这一时期展现了汉民族发展的独特模式,并将研究视野主要集中于魏晋南北朝时代的民族问题方面。在这样的问题意识下,此前先生出版了《魏晋南北朝时代的民族问题》、[①]《中国史中的诸民族》、[②]《中华的崩溃与扩大——魏晋南北朝》[③]等一系列相关著作。

作为川本教授前期研究代表性成果的《魏晋南北朝时代的民族问题》一书,探讨了魏晋南北朝之际诸北方非汉民族政权所经历的中华王朝化进程、中国南方"蛮"的扩大与汉化,以及中国文化对于朝鲜、日本古代政权的影响等问题。在此书出版后的十余年间,川本教授依然大体延续了上述的研究方向,此次出版的《东亚古代的诸民族与国家》汇集了其在相关领域中最新的研究成果,甚至可以说是前部专著的续作。不过,与前作相比,新作更为重视阐述宏观上的认识。

整体而言,《东亚古代的诸民族与国家》一书将以汉民族为主体的中华王朝与非汉民族,以及周边诸国家视为共同影响东亚历史的重要因素,探讨了在中华王朝影响下诸民族与国家的发展脉络,以及由非汉民族所引发的中华王朝的历史变迁。全书虽主要关注中国史,但也广泛涉及朝鲜半岛、日本列岛等中国领域之外区域的历史。这一广域的视野源于川本教授所在日本的中国史学科,即东洋史学所构建的研究体系。所谓东洋史学,主要探讨以中国为中心的东亚世界的历史,其特色之一在于并不局限于中国一国,而是将东亚作为一个充满内在联系的有机整体,研究其历史发展。

东洋史学有别于作为国别史的中国史,这一点也与日本对于历史上"中国"的狭义界定密切相关。江户时代的日本一般将涉及中国的学问统称为汉学。随着明治维新时代西方学术体系的传入,逐渐形成了以中国哲学、中国文学、东洋史学等学科为主体的东洋学。在当时日本的观念中,"中国"更像是一个民族概念,主要指以汉民族为主体构成的诸王朝。上述学科中,中国哲学、中国文学的研究对象非常明确,指在"中国"形成的哲学与文学。与此相对,历史上在中华王朝周边存在的诸非汉民族及其政权大多不被视为"中国"的组成部分。例如明代无疑属于正统的中国王朝,而与明对峙的瓦剌、满洲等并不被视作"中国",只有当满洲入关建立清帝国后,才属于"中国"的范畴。

---

① 《魏晋南北朝時代の民族問題》,汲古书院,1998 年。

② 《中国史のなかの諸民族》,山川出版社,2004 年。

③ 《中華の崩壊と拡大——魏晋南北朝》,讲谈社,2005 年;汉译本参照余晓潮译,广西师范大学出版社,2014 年;另参照李彦桦译,台湾商务印书馆,2018 年。

不过，作为历史学研究的对象，“中国”周边的民族往往与中华王朝有着密切的联系，甚至很多民族长期依附于汉民族。由于这些民族中的大多数未能形成自身的文字，缺少独立的史料记载，对于他们的认识只能依据汉文史料。因此，在前述日本学术体系的视野下，如果采用“中国史学”这一概念的话，就不便将这些民族全部囊括其中。与“中国”相对，东洋则是一个与西洋并列的地理概念，基本涵盖了中华王朝影响所波及的东亚世界。宫崎市定氏曾论及日本东洋史与中国史间存在的差异：“中国史为中国民族，或称汉民族，又或称支那民族的固有历史；所谓东洋史是指以中国民族为中心包括其周围民族，并将两者作为对等、统一对象的历史。”①由此可见，日本构建的东洋史学科并不完全等同于中国史，其广泛涵盖了中国及其周边的东亚世界，有时甚至也包括汉文化圈中的朝鲜、越南等国家的历史。

正是在这样的学科背景下，川本教授非常注重从东亚史，乃至世界史的角度把握中国的历史。先生曾谈及中国史对于东亚世界，如同罗马史对于西方文明，其绝非是独立的一国史，而应将中国史视为东亚世界的共同历史。这一观念在川本教授的著作中表现得尤为明显，从《东亚古代的诸民族与国家》一书的结构上看，全书共分四篇，即：第一篇《汉唐间中国北部的动向——以民族问题为中心》；第二篇《汉唐间东亚的动向与古代日本国家的形成》；第三篇《汉唐间中国西南部的动向》；第四篇《汉唐间围绕民族的诸问题与东亚》。其内容主要涉及中华王朝的发展与非汉民族的关系、中华王朝与周边政权间的互动、东亚古代国家权力构造的特征等方面的研究，其中阐述的很多观点汇集了川本教授在长期研究中的思考。由于笔者此前已撰写了本书的书评，因此本文并不侧重于介绍全书各篇章的具体内容，评述其主旨，而希望从上述几个方面，总结全书所取得的基本观点。

我国自古以来作为多民族国家，非汉民族在历史上长期发挥着至关重要的作用，深刻地影响了历史的进程。因此，历代中华王朝与非汉民族间的关系一直是学界普遍关注的问题。基于中华文明的延续性，我国的历史学界比较强调以汉民族为中心展开的民族融合，往往更为关注非汉民族群体的汉化过程。对此川本教授以魏晋南北朝时代为例，指出当时民族迁徙的规模异常庞大，在非汉民族汉化的同时，也形成了汉民族或汉民族地区的“胡化”“蛮化”现象，两者共同作用造成古代中国在民族构成、文化因素

① 〔日〕宫崎市定《宫崎市定全集》第一卷《中国史》“自跋”，岩波书店，1993年，第475页。以上引文为笔者译，文中“支那”的表述，在成文之际并无贬义色彩。

等方面发生了剧烈的、本质性的变化,造就了有别于此前的文化,川本教授将这种新的文化称之为“新中华”。另一方面,基于非汉民族因素的影响,中华王朝经历了旧体制的崩溃、民族融合,再到新体制建立的过程,而在这一过程中中华王朝的疆域,以及影响力也从收缩、衰落,再到进一步的扩大。[①] 并且,类似现象不仅发生在魏晋南北朝时代,实际上每当非汉民族大规模进入中华王朝的疆域后,中华王朝往往会经历从“崩溃”到“扩大”的过程。

在“新中华”的形成过程中,民族融合、同化发挥着至关重要的作用,其间涉及族群间的接触、对抗,以及制度、文化层面的改造等多重阶段。前代学者从政治史的角度深入探讨了北朝时代非汉民族政权的实态。[②] 与此相对,本书的第一篇则特别关注到北朝在汉化过程中所持有的鲜卑民族意识问题,以及在汉化过程中鲜卑文化产生的反作用。如本篇第一章《北朝国家论》以北魏太武帝崇奉道教为例,指出太武帝将汉民族的宗教道教确立为国教,而将十六国以及南朝普遍崇奉的佛陀视为“胡妖鬼”,甚至不惜实施全面的废佛政策。从表面上看,这无疑是鲜卑政权汉化的一种表现。然而,值得注意的是太武帝所崇信的并非是魏晋以来的道教,而是在否定前代道教基础上成立的“新道教”。这意味着持有强烈鲜卑意识的太武帝绝非单方面地屈从于汉文化,而是在改造的基础上接纳了汉地的宗教。此外,历来多以受《周礼》制度影响的角度,理解北朝后期西魏建立的八柱国大将军制度,而本章则指出了其中蕴含的鲜卑“八部”体制的观念。上述讨论表达出在汉化过程中,随着民族意识的觉醒,鲜卑民族在接纳汉文化的同时对旧有文化、制度进行了改造。

在中华王朝崩溃与扩大的问题意识下,本书的第三篇集中考察了魏晋南北朝之际云南、四川等西南地区的民族问题,从局部的视角展现了在中华王朝“崩溃”的过程中,“汉地”内出现的“蛮化”现象。以四川为例,秦汉时期中华王朝已通过郡县制建立起对四川的统治,四川盆地的主体成为与中原几乎无二的汉地。这一时期,四川在文化、经济等方面均达到极为发达的程度。然而,进入西晋后期,中央王朝的统治力量不断衰退,原本以汉民族为主体的四川,出现了大量蛮、氐、獠等民族。与此同时,设置在四川境内的大量郡县,呈现出空洞化的趋势,即虽保留有郡县的体制,但已无具体的编户。

① 相关观点,还可参考前揭氏著《中华的崩溃与扩大》。

② 这一方面代表性的成果如:〔日〕谷川道雄《隋唐帝国形成史論》,筑摩书房,1998 年(汉译本参照李济沧译,上海古籍出版社,2004 年);田余庆《拓跋史探》,生活·读书·新知三联书店,2003 年;〔日〕松下憲一《北魏胡族体制論》,北海道大学出版会,2007 年;李凭《北魏平城时代》,上海古籍出版社,2014 年等。

实际上中华王朝逐渐失去了对这样传统“汉地”的有效统治。与此同时,本篇以具体郡县为例,梳理了南北朝后期诸政权重树四川基层统治机构的过程。以汉代的犍为郡为例,由于巴氐李雄据蜀,造成当地夷獠内侵,至南齐之际重新在当地设置了牛鞞戍,此后隋又在此基础上置简州。像这样在“蛮化”地区先设置带有军事性质的戍(或镇、顿等),再设置州县成为南北朝后期恢复地方统治的一种固定模式。随着中华王朝的“扩大”,四川地区“蛮化”的现象逐渐得到改观。通过上述事例可以看出,中华王朝的疆域并非处于持续扩大的状态,期间由于非汉民族的进入、壮大,甚至会造成中华王朝的衰落、“崩溃”,以及传统“汉地”的“胡化”“蛮化”现象。然而,随着民族融合的深化,以及“新”中华王朝的崛起,这些非汉民族地区又会被纳入中华王朝的领域之中,古代中国的疆域也在此基础上获得进一步的扩展。

类似的情况也出现在云南地区的历史中。自汉武帝征服西南夷,汉代逐渐以昆明和大理为中心,设立郡县,建立起较为稳固的统治。这一时期,云南被正式纳入中华王朝的版图,成为“内地”。同样,至东晋南朝时期,随着中央王朝统治力的衰退,地方势力崛起。尽管这一时期的云南作为宁州仍属于国家的行政区划,但在现实中当地处于大爨碑、小爨碑所记载的盘踞于昆明、曲靖地区的爨氏势力,以及大理地区的张氏势力的支配之下。这些非汉民族几乎控制着地方权力机构的各个环节。随着隋唐帝国的崛起,以及对周边区域统治的强化,爨氏、张氏等势力纷纷衰落。不过,当地民族势力的壮大并未因此结束,此后蒙氏势力抬头,甚至建成了曾对唐帝国造成巨大威胁的南诏国,这一时期中华王朝彻底丧失了对于云南的控制。直至由非汉民族建立的元代的崛起,云南才被重新纳入中华王朝的领域之中。

另一方面,中华王朝的崩溃与扩大还深远地影响着周边诸民族与国家局势的发展。南北朝之际,北朝脱胎于由非汉民族建立的五胡政权,而与其对峙的南朝则被视为“正统”的中华王朝,并且其长期维系着汉魏以来构建的世界体系。然而,最终由北朝发展而来的隋唐帝国统一了全国。这不仅导致南朝“正统”的覆灭,同时也意味着以南朝为中心的世界体系的瓦解。与南朝联合或处于其麾下的柔然、吐谷浑、云南爨蛮、高句丽、百济等势力相继灭亡;而在这些势力背后,不断蓄积力量的突厥、吐蕃、南诏、渤海、新罗、日本等逐渐兴起。可以说在中华崩溃与扩大的背后是东亚世界格局的重建。

在中华王朝与周边政权间的互动关系方面,本书着重考察了“中华意识”在东亚范围内的传播。本书所谓的中华意识是指中国历代王朝奉行的将自身作为具有正统地位的天下中心,而将中国以外的族群视作夷狄的观念。正如《周礼·夏官·职方氏》“职方氏掌天下之图,以掌天下之地,辨其邦国、都鄙、四夷、八蛮、七闽、九貉、五戎、六狄之人民”[①]所记载的那样,这一观念在《周礼》中就已形成较为完备的体系。然而,原本作为“夷狄”的周边民族在与“中华”接触的过程中,逐渐接纳了这一思想,进而形成将自身视作“中华”的中华意识,以及以自身为中心的天下意识。朝鲜半岛的高句丽、百济、新罗,以及日本列岛的倭国等政权在发展过程中均不同程度地具有了各自独立的中华意识。本书在第二篇中围绕遣隋使出使倭国在中日史料中的不同记述、日本九州太宰府的成立过程、倭五王的自称与官号索取等方面的问题,探讨了倭国中华意识的形成。

从西汉开始,日本列岛内政权就与中华王朝建立起稳定的外交关系,成为汉帝国世界体系中的一员。随着弥生时代倭国联合体的成立,其中的邪马台国不仅接受了曹魏的册封,并以此为基础强化自身对于其他政权的影响。此后直至相当于我国东晋南朝的倭五王时代,倭国一方面确立了在日本列岛内的统治地位,并且其势力还延伸至朝鲜半岛南部。在向中国南朝特别是刘宋遣使的过程中,倭国改变汉魏之际单方面接受册封的外交模式,转而事先为自身量身定制所需的官职、爵位,甚至其中还包括都督百济、新罗等朝鲜半岛南部地区诸军事之职。而同一时期考古资料所见倭王使用的“治天下大王”的称号展现出倭国已具备了以自身为中心的天下意识。与前人指出的倭国在大和政权内部形成天下意识的观点相对,[②]本书则特别强调当时倭国对于朝鲜半岛南部地区军事权力的诉求反映出其天下意识已不局限于日本列岛内部。最终倭国天下意识持续发展的结果就是与重新构建自身世界秩序的隋唐帝国不断爆发外交与军事上的冲突。可以说“日出处天子”的国书、唐使在倭国的礼仪之争,乃至白村江之战等事件的背后均蕴藏着倭国中华意识不断膨胀的因素。

历来有关东亚世界中华意识(或称中华思想)的研究多倾向于中国王朝在制度、思想层面对于周边诸国产生的影响。[③] 与此相对,本书则主要探讨了日本列岛以及朝鲜半岛政权中华意识的源流,及其相互间的联系。第二篇第一章《汉唐间“新”中华意识的形成》中指出东亚范围内非汉民族中华意识的先驱源于五胡十六国之际的诸非汉民族与国家。在匈奴的前赵、羯族的后赵、鲜卑的前燕、氐族的前秦、羌族的后秦等统治集

① 《十三经注疏》整理委员会整理《周礼注疏》,北京大学出版社,1999 年,第 869 页。

② 〔日〕西嶋定生《日本歴史の国際環境》,东京大学出版会,1985 年,第 77—78 页。

③ 有关朝鲜半岛中华意识的研究多集中于高丽朝以降形成的“小中华思想”,概观性的研究参照〔日〕山内弘一《朝鮮からみた華夷思想》,山川出版社,2003 年。对于日本古代的中华意识以石母田正氏倡导的“东夷小帝国论”最具代表性,参照〔日〕石母田氏《石母田正著作集》第 4 卷《古代国家論》,岩波书店,1989 年。

团内部或多或少均形成了自身的中华意识。而五胡政权中华意识的不断深化最终导致中华与夷狄角色的互换。正如《晋书》卷一二八《慕容超载记》记载东晋末期刘裕率军讨伐南燕之际“(慕容)镇出谓韩谟曰:‘……今年国灭,吾必死之。卿等中华之士,复为文身矣’”①中所表现的那样,五胡十六国中的非汉民族政权甚至将原本作为中华王朝代表的晋视为夷狄,而将自身视作中华的现象。北朝、隋唐之所以被视为中国历史上的正统王朝可以说正是这一观念互换的最终形态。

随着五胡十六国时代中国北方动乱局面所造成的大规模人口迁移,中华意识远播朝鲜半岛与日本列岛。在此影响下,朝鲜半岛与日本列岛内政权各自经历了不同程度的“中华化”过程。不过,中华意识在两国的发展却走上了不同的道路。有关这一点,本书第四篇第三章《崔志远与阿倍仲麻吕》一文通过对比崔志远与阿倍仲麻吕对于中国与各自国家的认识,指出古代朝鲜的天下观附属于中华王朝,而日本构建的“天下”则是以日本为中心展开的。并且,这种观念上的差异由于此后两国与中国的关系变得愈发显著。尽管崔志远与阿倍仲麻吕有着非常相近的经历,不过两国后世对于二者却有着截然相反的评价。崔志远被朝鲜誉为“海东文宗”,朝鲜汉文文学的代表人物,而阿倍仲麻吕则因出仕唐朝而遭到日本社会的广泛批评,甚至被刻画为饿鬼的形象。川本教授认为这种评价上的分歧根植于两国在国制、历史背景等方面存在的深刻差异。具体而言,朝鲜作为中华王朝的册封国,广泛接纳了中国的制度,而日本并非如此。

在上述研究的基础上,本书还探讨了东亚范围内诸民族、国家在统治结构上所具有的内在联系。就笔者所知,这一方面的研究是川本教授近年来较为关注的课题之一。本书第一篇第二章《关于北魏文成帝南巡碑》在考察《南巡碑》之际,结合传统文献的记载指出在北魏中央内部存在着一个包括侍中、内三郎等众多官职在内的“内侍”集团,即所谓的内朝。有关其性质,书中总结为:“内朝是从侍奉王的职务中发展而来的,并且在以拓跋之王为首领的政治统一体(代国、北魏)中具有着职务分管组织的性质。”②总而言之,北魏的内朝表现出强烈的非汉民族色彩,其与皇帝个人间结成密切的关系,且其内部还具有多重构造。

在第一篇第五章《再论北魏内朝》、第四篇第四章《关于中国前近代所谓中华帝国

① 《晋书》,中华书局,1974年,第3182页。

② 参照《东亚古代的诸民族与国家》,第138页。

构造的小记》等篇章中,川本教授指出这种内朝集团不仅存在于北魏,在中国历史上的汉、元等王朝中均曾出现过类似的群体。汉朝初期郎官集团的起源可以追溯至战国时代作为君主、贵族的侧近家臣。郎官的主要成员从创业功臣子弟中选拔而出,主要担任天子的宿卫之职。通过这种方式构建起天子与郎官间的关系纽带。此后,郎官会被委派担任朝廷内外的各类职务,凭借此前其与天子个人间结成的密切关系,成为皇帝统治汉朝的重要基础。后世元代的怯薛同样扮演着类似的角色,有关其职务《元史》卷九九《兵志二》宿卫条中有记载:

> 其怯薛执事之名:则主弓矢、鹰隼之事者,曰火赤儿、昔宝赤、怯怜赤。书写圣旨,曰扎里赤。为天子主文史者,曰必阇赤。亲烹饪以奉上饮食者,曰博尔赤。侍上带刀及弓矢者,曰云都赤、阔端赤。司阍者,曰八剌哈赤。掌酒者,曰答剌赤。典车马者,曰兀剌赤、莫伦赤。掌内府尚供衣服者,曰速古儿赤。……其名类盖不一,然皆天子左右服劳侍从执事之人,其分番更直,亦如四怯薛之制,而领于怯薛之长。①

与上述北魏内朝官、汉代郎官相仿,元代怯薛主要担任侍奉皇帝起居,以及承担宿卫等职务。与此同时,怯薛有着在日后升任高级官僚的特权,维系以皇帝为中心的统治。

不仅在中国的历史上,日本古代倭国的人制同样构建了这样一个具有侍者性质的集团。有关当时"某某人"所扮演的角色,可以从稻荷山古坟出土铁剑铭与江田船山古坟出土铁刀铭中所见获加多支卤大王的"杖刀人""典曹人"等职务中一窥究竟。

总而言之,在东亚历史上出现的这一特殊的侍者集团(书中同时采用内朝集团的称谓),其通过侍奉性质的职务,建立起与统治者之间紧密的个人关系,此后这一集团中的人物又会被授予国家的重要职位,成为统治者的心腹。实际上,这种体制是"初期国家"在政权的体制内通过私人间的情感纽带,奠定以统治者为中心的统治基础。有关这一体制的源头,现在所见最早的系统性资料为《周礼》构建的职官体系。众所周知,《周礼》所设天地春夏秋冬六官下辖众多"某人""某师""掌某"的职务,其中大量涉及周天子的起居、宿卫等事务。不过,现阶段《东亚古代的诸民族与国家》一书仅探讨了存在于东亚古代政权中"内朝"的相似性,以及其彼此间的内在联系,相关研究并未全面展开。笔者个人非常期待川本教授能在今后的研究中继续探讨这一集团所表现出的东亚古代"初期国家"间存在的共性,以及其在国家权力构造上的特质。

---

① 《元史》,中华书局,1976年,第2524—2525页。

由于《东亚古代的诸民族与国家》是以川本教授十余年来发表的论文为基础汇总而成的著作，其中又探讨了上述诸多方面的问题，因此全书在篇章设置上略显分散。通过本文简要的总结，梳理了书中有关“新中华”理论、倭国的“中华意识”、东亚古代政权侍者集团等相关方面的观点。希望有助于读者把握全书的主旨。当然，限于笔者个人的学识与理解，在翻译与总结过程中，不免存在对于原著的误读，望获得方家指正。

（作者单位：南京师范大学社会发展学院）

（上接第 198 页）

又，邢义田《香港大学冯平山图书馆藏居延汉简整理文件调查记》中曾公布了部分西北科学考察团理事大会会议记录，其中有涉及居延汉简整理人员变动的内容：

1. 中国学术团体协会西北科学考查团会议录第二次全体理事大会

日期：二十三年十月二十三日

地址：沙滩二十一号

出席理事：周肇祥 袁复礼 常福元 徐协贞 任鸿隽 翁文灏 傅斯年 马衡 徐炳旭 徐鸿宝 沈兼士

列席：刘衍淮 沈仲章 朱组康

主席：周肇祥

记录：沈仲章

马先生报告整理木简情形并提议拟添请北平图书馆之向达、贺昌群二君协同原有之傅振伦君继续帮忙整理。

傅孟真先生提议：中研院之劳榦君亦可请其加入帮忙。

议决：初步考释工作由马叔平（即马衡）、徐森玉、沈兼士三先生约同向、贺、劳、傅四位规定时间负责进行。

各理事临时提议：

傅先生提议：关于印刷本团以后出版物事宜，可仿中研院办法，与商务印书馆或别家订立合同，承印……

决议：即请傅斯年先生负责向商务接洽。

2. 第三次全体理事大会

日期：二十三年十二月二日

地址：沙滩二十一号

出席理事：周肇祥 袁复礼（袁同礼代表） 胡适 任鸿隽（胡代） 翁文灏 常福元 陈受颐 徐鸿宝 马衡（徐代） 沈兼士

主席：周肇祥

记录：沈仲章

胡适之先生提议：本团所藏木简，可否仍在北大原处整理，并添请下列人选积极工作：陈受颐 蒙文通 孟森 余逊 姚士鳌（即姚从吾） 傅斯年

议决：俟马叔平（即马衡）先生回平后召集以上几位及上次已推定之向达、贺昌群等详细计议工作办法。

（载邢义田《地不爱宝：汉代的简牍》，中华书局，2011 年，第 525—526 页）

9 月 4 日　向达致函舒新城，谈及其翻译斯坦因《中国西北考古记》事。

"今夏无事，着手译英国斯坦因著《中国西北考古记》（M. A. Stein：*On Ancient Central-Asian Tracks*，1933）一书，因半途中教上了北大两点钟课，至今译成三分之二（原书三四二页，约十五万言）。斯坦因四次探测新疆、甘肃，其经过和成绩的大概，都归纳在这一部小书之内。西北研究，高唱入云，而真实的作品，不见一部。这一册小书对于西北的地理同历史都有很深刻的叙述和报告。我打算在教课的余暇，仍然译完，并加一些附录，以备研究西北问题的人参考。译完之后，免不了先向你那里麻烦一下，所以事先商量。如要先看一看已成的三分之二的译稿同原书，也可以照办。"（《中华书局收藏现代名人书信手迹》，中华书局，1992 年，第 107 页）

（下转第 260 页）

《丝路文明》第五辑
2020 年 11 月,243—252 页

“白描”与“点绘”
——付马《丝绸之路上的西州回鹘王朝——9—13 世纪中亚东部历史研究》评介*

赵梦涵

西域史的写作颇似国画创作：传世文献的记载与中亚考古探险著作相结合而成的粗略线条可以大致勾勒出这片地区的重要城镇、重要交通路线，从而绘出一张交通网络图；而出土文献、出土文物以及对它们的解读如同“点绘法”——即通过一个一个“点”的组合表现出一个地区的具体面貌。然西域史研究的难点即在此——中原史家的记录是一种“被书写”的文字，而本地出土的文书又过于零碎。微观的“点”如何正确地与传世史籍结合，以放置在“白描”的整体框架之中？如何让研究跨越“白描”，将近年来新发现、新成果聚合起来的整体面貌展现出来？这就需要既对传世史籍熟稔在心，又对近年来的新发现、新成果全局在胸。此外，还需具备释读当地文字资料的能力，如此才不至于有所偏失。正如张广达先生所认为的：“研究西域史地和文化交流，利用当地文字资料与考古文物资料和利用汉文文献同样重要。”①近年来，森安孝夫、松井太等学者所主持的回鹘文法令文书整理、书信整理等项目使得回鹘史研究陆续出现了一些新的热点。然掌握这些热点既需具备通晓多种外语、释读多种古代文字的能力，也需得见近年来新发现的材料、国外研究成果的机缘。因此出现一部能够将多语种出土文献以及多语种最新研究成果熔于一炉的著作是学界所热切期盼的。付马先生此前撰写的多篇论文已展现了其深厚的史学、语言学功底，其对世界学坛最新动态了然于胸的研究敏锐性亦令人叹服。《丝绸之路上的西州回鹘王朝——9—13 世纪中亚东部历史研究》(以下简称《西州回鹘王朝》)②一书不仅是作者多年研究成果的胪列，更有在此问题之上的延

* 本文为国家社科基金重大项目“敦煌学学术史资料整理与研究”(17ZDA213)的阶段性成果。

① 张广达《西域史地丛稿初编》，上海古籍出版社，1995 年，第 1 页。

② 付马《丝绸之路上的西州回鹘王朝——9—13 世纪中亚东部历史研究》，社会科学文献出版社，2019 年。

伸思考,可以说超出期待。

一、“走进”与“走出”

就笔者个人而言,该书最有吸引力的部分为研读史籍、出土文献后的延伸思考:“本书将展现这样一幅历史图景:丝绸之路东部天山段不但没有衰落,反而在西州回鹘治下得到进一步发展。东部天山地区的城市文明在此期间有了极大的发展,这正是丝绸之路经济繁荣的写照。”(第5页)“这一时段丝绸之路不仅继续存在,而且在西州回鹘王朝的经营下,得到了进一步的发展。……西州回鹘对唐朝遗产的继承是丝绸之路延续和发展的关键因素之一。”(序)相较于丝绸之路相关通识类著作中更加强调的安史之乱唐势力退出西域后,陆上丝绸之路的衰落与各政权对丝路贸易的“阻滞”作用而言,此观点可谓自出新意。得出这样一个颇有些冲击力的观点并非作者的心血来潮,而是以连贯、细密的考察作为基础的。可以说全书的主体部分是通过勾连各地史料,对西州回鹘由游牧走向定居化、聚落化、城镇化过程的“深描”:“回鹘人口以唐朝城镇为中心的定居化进一步改变了天山北麓的文化生态。到西州回鹘王朝时代,唐朝遗留下的城镇戍堡体系已经发展成为一片以城市为中心的聚落群体。天山北麓地区真正展现出相当体量的城市定居文明因素。”(第283页)作者选取了西州回鹘王国作为考察对象。在研究价值方面,传世史籍的记载不足使得利用出土文献“点绘”还原西州回鹘史实十分必要。在资料方面,近代以来,哈密、吐鲁番等地出土了大量回鹘文文书,其中尤以宗教经典为主。传世史籍与出土文献的结合能够为我们提供立足本地的全新研究视角。在时段上,作者选取了10—13世纪进行研究。840年的回鹘西迁可谓亚洲史乃至世界历史上的一件大事。回鹘西迁至西州回鹘政权的建立,这其中有较多因传世史籍阙载而暧昧不明的史实问题,如安西回鹘、北庭回鹘如何迁徙、立足、发迹;二者之间的关系;回鹘与唐、归义军、吐蕃各政权之间或分或合的关系等。就笔者目力所及,此部分史实的讨论,除散见论文外,较系统、全面梳理的当属安部健夫《西回鹘国史的研究》一书。[①] 此一部分牵涉问题较为复杂,又为本书叙述主题之“前史”(72页)。因而仅在第一章第三部分对回鹘西迁至西州回鹘政权建立的史实进行了简述。在时间的延展上,

---

① 如“在那(即十三世纪,笔者注)之前的西回鹘国史的历史的确是暧昧的”,“长达四世纪的暧昧状态”,“由于在史料上心中没有底——所以,除了得用推理的方法以填补它的空隙之外而别无办法,以往的薄弱的史料或可设法补足”。见〔日〕安部健夫著,宋肃瀛、刘美崧、徐伯夫译《西回鹘国史的研究》,新疆人民出版社,1985年,第14页。

本书不似《西回鹘国史的研究》一书下述至近14世纪初海都、笃哇之乱后,“畏兀儿领地的百年史就此告终”。① 本书虽题为“9—13世纪中亚东部历史研究”,然对12世纪后归附西辽、13世纪归附蒙古的西州回鹘政权着墨并不多。依笔者之见,这可能由史料揭示西州回鹘在12世纪前已完成聚落化、城镇化的过程及12世纪后西州回鹘政权逐渐丧失独立地位,沦为附庸所致。在地理范围上,本书虽题为“中亚东部”,然采用的是“东部天山地区”这一概念。于地理学而言,“东天山”这一概念代指天山山脉东部的博格达山、巴里坤山、喀尔里克山等山岭。② (第4页)就笔者目力所及,史学论著中虽常使用“东天山”“东部天山”概念,但常未将其与地理学上的这一概念加以区分,或可等量齐观。较早将天山山脉地理学上的分区特征引入史学研究并使其大放异彩的是松田寿男先生《古代天山的历史地理学研究》。该著将东天山山脉、河谷及其南、北两麓的盆地、草原等地带纳入“东部天山”的讨论范围,探讨了天山“东西文化的分水岭”“划分南北”的作用。③ 与此书侧重历史地理研究不同,《西州回鹘王朝》一书沿用了西州回鹘史研究论著中惯常使用的广义的东部天山地区概念,即在此狭义概念上加入了位于焉耆、库车和阿克苏以北的天山山脉及其南北的绿洲、草原地带,其大致范围相当于唐代北庭都护府辖境和安西都护府下的龟兹、焉耆两镇所辖之地。(第4页)可见此处使用的东部天山概念有别于地理学上的划分,范围更加宽泛,且更注重地域其时的文化、政治属性。

华涛先生的《西域历史研究(八至十世纪)》(以下简称《西域历史研究》)④可谓一部西域史研究的名作。与《西州回鹘王朝》相较,二者在考察对象、考察时段上有一定重叠之处。然两书亦各有侧重点:在研究对象上,《西域历史研究》一书关注了葛逻禄、回鹘、西部天山操突厥语部族等多个政权;在史料使用上,《西域历史研究》以使用中古阿拉伯语史料为主,向学界介绍了《苏拉赫词典补编》《不花剌史》《雅忽比历史》等该书

① 〔日〕安部健夫著,宋肃瀛、刘美崧、徐伯夫译《西回鹘国史的研究》,第101页。

② 地理学上的东天山概念所含范围较大,如“我国天山东西两段在地貌上有明显标志,人们习惯上以乌库(乌鲁木齐—托克逊—库米什—库尔勒)公路划分东西天山。西天山位于塔里木盆地与准噶尔盆地之间,以雄伟壮观而著名;东天山,除了吐—哈盆地以北的北天山(博格达山、巴里坤山、哈尔里克山、麦钦乌拉山)为一高大山系外,其南侧人们惯称的中天山、南天山(觉罗塔格山、卡瓦布拉格山等)均为低缓山丘,在地貌上没有明显标志”。见马瑞士、舒良树、孙家齐《东天山构造演化与成矿》,地质出版社,1997年,第2页。故学界一般认同乌库公路以东地区皆为东天山地区。见陈岳龙《东天山、北秦岭花岗岩类地球化学》,地质出版社,1999年,第2页。

③ 汉译本见〔日〕松田寿男著,陈俊谋译《古代天山的历史地理学研究》,中央民族学院出版社,1987年,第44—48页。

④ 华涛《西域历史研究(八至十世纪)》,上海古籍出版社,2000年。

出版时尚未被学界足够关注的阿拉伯语史料。《西州回鹘王朝》则以使用回鹘文文书进行研究为特色。如前文所述,笔者认为西域史研究的一大难点是如何在前辈先贤研究的基础之上正确“点绘”细节又能够见得全景。在这一难题上,《西域历史研究》与《西州回鹘王朝》两书都为我们提供了可资借鉴的范例:《西域历史研究》以时间为线,以解决问题为各章节主题,在四章中分别探讨了三个政权的活动:以往学界讨论较少的葛逻禄部8世纪中期以降在西域的活动;第二、三章探讨了840年回鹘西迁之后的东天山、西天山地区的政局,其中以高昌回鹘在东部天山地区发展、形成政权的过程为重点;第四章以西部天山地区的突厥语部族活动为考察对象,进而讨论了西域“突厥化”“伊斯兰化”等问题。可以说每一章节都选取了一个问题以求全面、恰当地理解其时的史事。

二、“白描”与“点绘”

与《西域历史研究》不同,《西州回鹘王朝》在写作上更似“点绘”。本书汇编了作者在西域史研究领域的多篇论文,然在编排上自出机杼,有着关照细节又统合全局的较清晰视角。依鄙意观之,本书可分为三个部分:导论与第一章介绍了相关研究成果及东部天山地区进入“回鹘时代”(第72页)的“前史”。第二、三章是全书中足够新颖、引人入胜的两章。第三章关于回鹘是不是突厥,回鹘“突厥化”的讨论触及“历史书写”“历史建构”“民族心理认同”等较多近年来热议的题目,这在以往研究中较少涉及。第四至六章利用传世史籍与出土文书研究西州回鹘王朝时期的北庭、西州、伊州情况、天山南道诸城情况、天山北道诸城情况,从而“点绘”出西州回鹘王朝走向定居化、聚落化、城镇化的全过程。

导论中最重要的一部分是“史料介绍”。20世纪80年代前后,我国出版过一批回鹘史研究的重要著作。史料汇编方面如刘美崧《两唐书回纥传回鹘传疏证》,[①]刘戈、郭平梁《回鹘史指南》[②]等。回鹘文文书整理方面如李经纬《吐鲁番回鹘文社会经济文书研究》。[③] 新近的文书整理成果有2019年出版的柏林吐鲁番文献丛刊第43和46卷(BTT 43&46),即森安孝夫《丝绸之路东部的回鹘语书信集》(*Corpus of the Old Uighur Letters from the Eastern Silk Road*)和维尔(M. Vér)《有关蒙古帝国邮驿系统的回鹘文书》

① 刘美崧《两唐书回纥传回鹘传疏证》,中央民族学院出版社,1989年。
② 刘戈、郭平梁《回鹘史指南》,新疆人民出版社,1995年。
③ 李经纬《吐鲁番回鹘文社会经济文书研究》,新疆人民出版社,1996年。

(*Old Uyghur Documents concerning the Postal System of the Mongol Empire*)。就笔者目力所及,进入21世纪以来,各国研读回鹘史相关各语言、各文字史料、文书愈发如火如荼。因而亟待出现一部麇集新史料、新成果的研究综述型著作。因此本书的"史料介绍"部分是至关重要的。在此部分,作者介绍了《突厥语大词典》(*Dīwān Luɣāt at-Turk*);敦煌出土回鹘文写本、刻本;吐鲁番出土回鹘文写本、刻本;其他地区散见回鹘文写本;文书汇编;其他语文文字资料(汉文、于阗语世俗文书、突厥化粟特语文书、摩尼文等);其他类型的文字资料(回鹘文木柱文书、碑铭、题记等)。在研究现状方面,如《突厥语大词典》,国内学界较熟悉的或为校仲彝等先生的汉译本。① 作者介绍了价值较高的美国学者丹科夫(R. Dankoff)的英译本与土耳其学者图巴(S.Tuba)的土耳其语译本。如作者所言:"德国是收藏吐鲁番回鹘文书数量最多、整理刊布工作做得最为系统的国家。"(第14页)荣新江先生在《海外敦煌吐鲁番文献知见录》②与《吐鲁番文书总目(欧美收藏卷)》③两书中对20世纪初至90年代的德藏敦煌吐鲁番文献研究成果有过较系统的介绍。作者在此基础上介绍了较系统刊载德藏敦煌吐鲁番文书研究成果的"柏林吐鲁番文献"(*Berliner Turfantexte* = BTT)丛书及学界关注较少的"乌拉尔阿尔泰学会丛书"(*Veröffentlichungen der societas Uralo-Altacia* = VdSUA)。在近年较活跃的欧美学者方面,国内学界或对德国学者茨默(P. Zieme)的研究成果较为熟悉。作者介绍了澳大利亚学者马克林(C. Mackerras)、俄国学者马廖夫金(A. Малявкин)、美国学者张国平(M. Drompp)等人的研究成果。

8世纪末至9世纪中叶,东部天山地区经历了唐"二庭四镇"统治时期、漠北回鹘汗国与吐蕃的争夺、漠北回鹘汗国的统治、回鹘残部迁入四个时期。以鄙意观之,第一章的写作不仅是为了对9世纪初漠北回鹘逐步在东部天山地区建立起稳定的统治秩序,进而成为欧亚草原东部强大政权的"前史"进行回顾。更是为了探索840年漠北回鹘汗国崩溃后,大批回鹘人选择东部天山地区作为迁徙地的深层原因。"二庭四镇"时期一直是唐史研究的热点问题之一。近年亦有《瀚海天山——唐代伊、西、庭三州军政体制研究》④等力作问世。8世纪末后,唐势力渐渐退出东部天山地区。唐军残部、漠北回鹘、兴起的吐蕃势力之间的权力博弈与升降情况较为复杂。作者选取了"点绘法",探

① 麻赫默德·喀什噶里著,校仲彝等译《突厥语大词典1》,民族出版社,2002年。

② 荣新江《海外敦煌吐鲁番文献知见录》,江西人民出版社,1996年。

③ 荣新江主编《吐鲁番文书总目(欧美收藏卷)》,武汉大学出版社,2007年。

④ 刘子凡《瀚海天山——唐代伊、西、庭三州军政体制研究》,中西书局,2016年。

索北庭、西州、伊州等地的权力转移过程,以求展现漠北回鹘势力介入东部天山地区的全貌。作者尽量选取当地的出土文书进行研究。在北庭问题上,20 世纪 80 年代,森安孝夫先生通过传世史籍与《九姓回鹘可汗碑》的互证,补足了《九姓回鹘可汗碑》中汉文部分漫漶不清的数行,认为碑载回鹘击败吐蕃、收取北庭一事。此观点得到学界认同,并认为其后东部天山地区纳入漠北回鹘统辖范围。① 王媛媛先生曾综合前人研究成果,对德藏 M1《摩尼教赞美诗集》跋文进行再释读、研究,其研究更侧重于语言学。② 在"漠北回鹘对东部天山地区的统治——对德藏 M1 文献的重新解读"一节中,作者综合语言学、历史学的研究成果,探讨了跋文中记录的北庭、高昌、焉耆、龟兹等地的高级统治者的官号。认为漠北回鹘汗国夺取东部天山地区之后沿用了当地的势力和制度,对各地实行羁縻统治。作者认为漠北回鹘汗国对东部天山地区的统治经历了三个发展阶段:任用当地势力、保留当地制度的羁縻统治阶段;任用本族官员、沿用当地制度的过渡阶段;任用本族官员、采用本族制度的直接统治阶段。(第 99 页)回鹘西迁至西州回鹘政权建立之间有许多暧昧不明的问题。作者此处主要引用了森安孝夫的研究成果,即庞特勤在 9 世纪下叶已在焉耆建立政权,并得到了唐朝的承认与受封。但未能获得东部天山地区各回鹘势力的认同,只是名义上的共主。仆固俊则在西州与北庭之间形成一股势力,咸通七年(公元 866 年)"北庭回鹘〔仆〕固俊克西州、北庭、轮台、清镇等城",③建立了西州回鹘政权。

第二、三章从史事与心理认同两方面重构了西州回鹘汗国的建国史。学界一般将咸通七年仆固俊"克西州"视为西州回鹘政权建立的标志。④ 然传世史籍中西州回鹘成立后的史事大多阙载。在第二章中作者讨论了中国国家图书馆藏 BD112287 号敦煌汉文文书及大唐西市博物馆藏《李浔墓志》。认为公元 866—876 年间西州回鹘政权曾在安西回鹘政权与归义军政权的进攻中处于下风,然 876 年势力开始向东面扩张并对归义军政权施压(第 115 页),展现了西州回鹘政权建立后的史事脉络。该章第二部分,作者利用中国文化遗产研究院藏 xj222-0661.09 回鹘文文书重构西州回鹘的建国史。张铁山、茨默曾考证文书中的"十姓回鹘国"(On Uyɣur Eli)即为西州回鹘。作者认为

① 见王小甫《从回鹘西迁到黑汗王朝》,此据《边塞内外——王小甫学术文存》,东方出版社,2016 年,第 147 页。

② 王媛媛《中古波斯文〈摩尼教赞美诗集〉跋文译注》,载朱玉麒主编《西域文史》第 2 辑,科学出版社,2007 年,第 129—155 页。又见王媛媛《从波斯到中国:摩尼教在中亚和中国的传播》,中华书局,2012 年,第 43—68 页。

③ 《资治通鉴》卷二五〇懿宗咸通七年(八六六)条,中华书局,2011 年,第 8235 页。

④ 荣新江《归义军及其与周边民族的关系初探》,《敦煌学辑刊》1986 年第 2 期,第 24—44 页。

文书的 A－B 节所记的围城之难与文书 BD11287 相同，为西州回鹘政权建立后遭遇的一次挫折。C－D 节所述应为西州回鹘在少可汗治下战胜了唆里迷的敌人，反映的是西州回鹘攻灭安西回鹘的史实。R－S 节记述了 9 世纪 60 年代至 80 年代西州回鹘在东部天山地区崛起后陆续吸收来自蒙古高原的游牧部落一事。第二章第三节小标题虽为“西州回鹘统一东部天山地区年代考”，然笔者认为其考察范围已远超逾东部天山地区。本节中，作者利用 xj222－0661.09 及 11 世纪文献《记述的装饰》（*Zayn al-Ahbār*）考证西州回鹘向东方的扩张最迟在 887 年已结束。西方方面，西州回鹘攻下怛罗斯的时间上限为 893 年。西州回鹘控制焉耆的时间下限为 925 年。作者进一步认为西州回鹘攻灭安西回鹘、统一东部天山地区的西征活动结束于 893 年之后至 10 世纪初之前。“西州回鹘疆域的变化”是笔者颇为感兴趣的一节。此节中讨论的于阗文史料《钢和泰卷子》中的地名比勘问题、阿拉伯地理著作《黄金草原》（*Muruğ al-Ẕahab*）中 Ṭuġuzuġuz 一段中 KWSAN 地名的比定问题、成书于回历 372 年（公元 982—983 年）的波斯语地理著作《世界境域志》（*Hudūd al-‘Alam*）第十二章 Ṭuġuzuġuz 地名比定问题都是学界长期讨论的热点问题。作者制表、对比了贝利（H. W. Bailey）、哈密屯（J. R. Hamilton）、黄盛璋、松井太、荒川正晴等学者对于《钢和泰卷子》中地名表第 17—24 行所记西州回鹘治下地名的比定，认为在征服安西回鹘后，西州回鹘将安西回鹘统治的核心地区焉耆、龟兹纳入版图。作者倾向于认同《黄金草原》中的 KWSAN 即为龟兹的观点，认为其所记大约为 10 世纪中叶的西州回鹘疆域情况。《世界境域志》中的相似问题，作者认为反映了 10 世纪 40—50 年代的西州回鹘疆域情况。藏于柏林亚洲艺术博物馆的回鹘文木柱文书 MIK Ⅲ 7279 所反映的西州回鹘疆域情况也是学界反复商酌的重要问题。森安孝夫将此木柱文书定年为 1019 年。现学界较公认的看法是山田信夫、森安孝夫等提出的文书中所记的西州回鹘边界应为乌什与上拔塞干。[①]（第 153 页）作者进而提出在 1019 年原属葛逻禄部的拔塞干、乌什等地已归入西州回鹘版图。第三章“回鹘不是‘突厥’——回鹘文献中的‘突厥’与回鹘的族群认同”是令人饶有兴味的一章。在突厥如尼文碑铭时代，九姓铁勒（或即九姓乌古斯 Toquz Oɣuz）并不被视为突厥的一员。[②] 至漠北回鹘汗国时期，回鹘对其族群、政体的自称是“十姓回鹘”（On Uyɣur）（第 157 页），亦并未见其与“突厥”一名的牵涉。西州回鹘是否认为自己是突厥？就笔者目力所及，

① 见李树辉《T. Ⅱ.D.205b 回鹘文写本撰写时间及相关史事研究》，《青海民族研究》2017 年第 1 期，第 106—110 页。

② 此一点学界讨论较多，见岑仲勉《突厥集史》（下册），中华书局，1958 年，第 857—877 页。

这是以往学界较少拟议的论题,更少从回鹘文文书入手对11世纪后中亚的全面“突厥化”探赜索隐。作者洞察到10—11世纪著名的回鹘僧人胜光阇梨都统所译回鹘文《慈恩传》中将回鹘语称为“突厥语”。然同期的西州回鹘文文献中常用“突厥”一词表示匈奴、高丽等名,具有“化外夷狄”之用,并不用于自称,且带有贬低之意。(第165页)一般认为以“突厥”作为操突厥语部族的统称是受到伊斯兰文化的浸染,①然为何西州回鹘亦出现此种共性? 这一点是以往学界较少关注及讨论的。作者创见性地提出粟特人以“突厥”指称包括回鹘在内的突厥语部族,回鹘受其影响并接受此观念。

第四章“回鹘时代的北庭、西州与伊州”中的北庭部分,虽看似为建国史事的重构,然依笔者所见,依然是对民族认同建构的探索。作者讨论了德藏回鹘文写本Mainz354,认为西州回鹘在建国初期的战争中受挫,北庭城亦或毁于兵燹。至9世纪末的西征,西州回鹘攻灭安西回鹘进而进入隆盛时期,重修北庭城亦有可能发生在这一时期。“北庭在西州回鹘人的历史记忆中有较高的地位,被视为其先祖西迁后所建,而回鹘西迁初期的安西回鹘政权已被从历史记忆中抹去。因此,虽然北庭城事实上并非回鹘人始建,但在西州回鹘人的记忆中可能将其看作其政权的起源”。(第181页)此说颇有新意,使此问题不仅拘囿于史实梳理的层面,更可贵的是在有限的材料中探求文化认同、民族心理建构的较深层面。值得一提的是文书所用转写、汉译为作者完成,亦为学界刊布了新的史料。一般认为西州、北庭为回鹘可汗冬、夏驻跸之处。然传世史籍对于西州地区的行政地理问题阙载,因而学界讨论较少。作者统合了德藏吐鲁番写本*TM176摩尼文古突厥语文献、《记述的装饰》、敦煌文书P.3672Bis、德藏吐鲁番文书Ch/U8118回鹘文摩尼教文献片段等材料,认为在至元十三年(1276)吐鲁番地区有城24座。这是对唐西州地区22座大小城镇的继承,唐制仍在一定程度上影响西州回鹘的行政管理体制。作者在此基础上讨论了各城市的兴衰情况,将吐鲁番盆地各城市7—15世纪的源流制表,并认为西州回鹘对于吐鲁番盆地绿洲资源有所开发,丝绸之路亦在回鹘时代进一步兴盛。这一问题比较复杂,需要统合传世史籍与多语种文书。能将各文书的只言片语错综钩隐,并“点绘”出西州回鹘时期某一地区的城市兴衰实属不易。伊州地位较特殊,作为塔里木盆地东段的交通咽喉,至今也是进入新疆的门户。此外,安部健夫、陈高华等学者曾指出元代以前哈密地区曾建有独立政权,②因而让人对伊州与西州回鹘

① 见〔苏联〕巴托尔德(В.В.Бартольд)著,罗致平译《中亚突厥史十二讲》,中国社会科学出版社,1984年,第57—58页。

② 见陈高华《关于明代土鲁番的几个问题》,《民族研究》1983年第2期,第26—34页。

的关系更为感兴趣。敦煌文书 P.2962《张议潮变文》是学界曾长期讨论的文书之一。作者借此指出哈密地区的回鹘化至迟开始于 856 年。《钢和泰卷子》、回鹘文哈密本《弥勒会见记》题记等材料反映其后“哈密地区逐渐完成了族群成分和宗教文化层面的回鹘化”(第 232 页)。然成书于 11 世纪下半叶的《突厥语大词典》则反映哈密地区出现独立政权,作者推测这与喀喇汗王朝与西州回鹘的战争有关。

在第五、六章中作者勾稽史料,对回鹘时代丝绸之路天山南道、北道诸城的情况进行探赜。南道诸城中,巴楚(据史德)因荣新江等学者近年来提出的“据史德语”等新成果而颇受关注。而天山北道诸城中有较多是以往学界较少关注的。此处作者主要运用《海屯行纪》及《突厥语大词典》相关词条进行探究。13 世纪中期小亚美尼亚国王海屯(Het'um I)著《行纪》,收录在乞剌可思·刚扎克赛(Kirakos Ganjakesi)的《亚美尼亚史》中,可谓此一时期记录丝绸之路北道城市概貌的珍贵史料。[①] 在通过深层次的“点绘”后作者在结尾中回归主题,勾勒出西州回鹘时期东部天山地区的全貌,并提出丝绸之路在西州回鹘时期进一步繁荣的主张。

三、优长与创见

如前所述,作为一部西域史研究著作,本书将传世史籍与出土文献结合的优长是十分明显的。如德藏 M1《摩尼教赞美诗集》,以往学界更多是从语言学、宗教学角度进行解读。作者较敏锐地从中拔取到了历史学的信息。再如德藏回鹘文写本 Mainz354 号,就笔者目力所及,国内学界对此文书研讨不足。作者释读、转写此写本,并将其放置于前辈学者勾勒出的史学背景中进一步钻研。作者擅长及时追踪国内外的新刊文书,而且能够迅速掌握中外学界的最新研究成果,故而其资料掌握与学术研究皆能站在国际前沿水平。

此外,本书提供了数个具有创见性的观点。对于西域史这样的研究课题而言,搜罗、缀合多种史料的难度使得研究走向更多是愈发邃密的深度开掘。在丛杂的史料中,作者能够提炼出具有宏观视野的观点,如由对德藏 M1 文献的解读分析认为回鹘汗国夺取东部天山地区后沿用当地的势力与制度;再如认为回鹘抑或突厥伊斯兰世界以“突厥”指称操突厥语部族的行为来自粟特的影响;再如利用德藏回鹘文写本 Mainz354 号探讨西州回鹘建国后的民族认同心理建构问题等,都可谓新意迭出。

---

① 汉译本见〔亚美尼亚〕乞剌可思·刚扎克赛著,何高济译《海屯行纪》,中华书局,1981 年。

此外,本书仍然有一些可供商榷之处。首先,本书结构清晰,然或仍有部分细节的放置可再裁酌。如第一章"前史"中第一节"西州"部分,作者另辟蹊径,通过西州回鹘早期的《造塔功德记》及吐鲁番出土的著名回鹘文文书《摩尼教寺院经济文书》指出西州回鹘在初治吐鲁番时期仍沿用唐西州时期选官、军事、民政制度并以汉文文书维持日常统治秩序,并推测沿用的时间可能下至十世纪末。此问题较为重要,又与第四章回鹘时代沿用唐西州诸城问题有所关联。在主干为回顾漠北回鹘势力介入东部天山地区史事及寻究回鹘西迁后选择东部天山地区作为迁入地原因的"前史"中,此部分或有旁生枝蔓之感。其次,仍是西域史"白描"与"点绘"问题。西域史"点绘"的基础是传世史籍与出土材料。解读史料的方法决定着所重构的历史是否更接近真实。囿于出土材料的疏落,本书的一些独到之见还需补证。如 xj 222-0661.09 回鹘文文书,作者推测九姓鞑靼或在安西回鹘的招引下背叛西州回鹘并发起进攻。再如 11 世纪西边的喀喇汗王朝日益强大,西州回鹘疆域应有所缩减。然因提供此时期历史信息的史料并不多,作者使用《突厥语大词典》对此问题进行了短篇幅简述。笔者认为此问题亦是十分重要的,然更多的发现只能期盼今后新史料的出土与释读了。作者提出的回鹘抑或突厥伊斯兰世界以"突厥"指称操突厥语部族的行为来自粟特的影响这一观点十分新颖。作者提供了从回鹘文文书中寻找证据,探求其时回鹘人心理的新颖角度。然受限于材料,此部分观点仍囿于合理推测,还需更多材料补证。最后,本书撰写严谨,引用参考文献标准,仅有极少数的手民之误。综观本书,最可贵之处是作者提出了"这一时段丝绸之路不仅继续存在,而且在西州回鹘王朝的经营下,得到了进一步的发展。……西州回鹘对唐朝遗产的继承是丝绸之路延续和发展的关键因素之一"(序)这一重要观点。于陆上丝绸之路研究而言,西州回鹘王朝是其中不可缺少的重要环节。作者以多年治学、访学的扎实功底对此部分被长期忽视的史事进行了建构。这是令国内学界欣喜的成果,亦盼更多学人勠力齐心,"点绘"出此时期丝绸之路的史实画卷。

(作者单位:浙江大学中国古代史研究所)

《丝路文明》第五辑
2020 年 11 月,253—259 页

新资料、新方法、新问题
——《丝绸之路与新疆出土文献》的意义

何亦凡

由旅顺博物馆王振芬馆长与北京大学荣新江教授合编的《丝绸之路与新疆出土文献:旅顺博物馆百年纪念国际学术研讨会论文集》(以下简称"《论文集》")由中华书局于 2019 年 3 月出版,该《论文集》是 2017 年 11 月 5 日至 8 日"丝绸之路与新疆出土文献国际学术研讨会"上宣读论文的集结,经过与会学者的修订和编者的严格审定,时隔不到两年,终于付梓,嘉惠学林。

本《论文集》共收入论文 37 篇,主要研究对象是旅顺博物馆藏新疆文书(以下简称"旅博文书"),并涉及敦煌、吐鲁番文书,洞窟壁画、题记,以及大谷探险队与近代新疆历史等。研究方向涉及历史、文献、语言、文字、艺术、文学、中外关系等学科。论文作者来自中、日、韩三国的高校或科研单位,如北京大学、中国人民大学、首都师范大学、中国社会科学院,日本龙谷大学、京都大学,韩国国立中央博物馆等。故而本《论文集》是跨学科、跨领域、跨国界的以丝绸之路与新疆出土文献为主题的高水平的论文汇集,最大的特点就是"新",是历史研究中新资料、新方法、新问题的集中展示。

一、新 资 料

所谓新资料,是指 20 世纪初由大谷探险队携走、现收藏于旅顺博物馆的新疆文书。虽然相距文书的发现已过百年,但就其披露、整理、研究而言,仍然算是新资料。通过王振芬馆长的《旅顺博物馆藏新疆出土汉文文献的入藏与整理》一文(第 1—13 页),就可以清楚地把握哪些是新材料。2003 至 2006 年,旅顺博物馆与日本龙谷大学合作,进行过初步整理,但基本上只限于佛教文献,本文集所收三谷真澄《龙谷大学与旅顺博物馆所藏吐鲁番出土佛典研究》(第 14—23 页),对此做了总结。从旅顺博物馆所藏文献所包含的内容来说,此前整理的全面性尚有不足,研究也有待深入。荣新江先生在《旅顺

博物馆藏新疆出土佛典的学术价值》(《论文集》第 24 页)讲到:“相较于史学界对大谷文书较为充分的研究而言,旅博所藏新疆出土汉文文献虽然很早就为学界所知,但由于历史原因,很少有人能真正经眼这批资料,相关研究亦多属‘挖宝式’的。进入 21 世纪之后,旅博与日本龙谷大学合作,对这批文献进行了部分整理,刊布了一些,但对于馆藏总数来说也只是很少的一部分。”基于此,重新整理该批文书、清理 20 世纪初就搁置的学术遗留,成为当代吐鲁番学研究迫切的学术要求。2015 年,新的整理团队建成,主要单位有旅顺博物馆、北京大学中国古代史研究中心、中国人民大学历史学院、首都师范大学历史学院、中国社会科学院历史研究所。团队由吐鲁番学的专门学者组成,主要成员是荣新江、孟宪实、朱玉麒、孟彦弘、史睿、游自勇、刘子凡诸位先生。这一团队的主要队员曾经整理并出版了《新获吐鲁番出土文献》,这是继唐长孺先生主编的《吐鲁番出土文书》之后能够代表中国吐鲁番文书整理与出版最高水准的成果,因此他们具有丰富的经验和科学的整理方法。经过两年通力合作,成果颇丰,2017 年于旅顺召开的“丝绸之路与新疆出土文献国际学术研讨会”,在一定程度上也可以视为该团队就最新整理成果和阶段性研究成果的学术汇报会。会上提交的论文经过反复修订之后收入《论文集》,如果学界需要了解旅博文书的整体面貌和最新的研究进展,本《论文集》不可或缺。

《论文集》的第一部分是一组按文献内容分类介绍旅博文书学术价值的文章,信息量极大,披露了许多新资料,勾画了研究范围,指明了研究方向。更可贵的是,为广大学者提供了将旅博文书衔接到各自专业领域的快速通道。荣新江先生《旅顺博物馆藏新疆出土佛典的学术价值》(第 24—40 页)对“凉土异经”、“北朝系统的佛教学说”等重要论题进行了讨论,皆具前瞻性。朱玉麒和孟彦弘二先生《旅顺博物馆藏新疆出土汉文文献经、史和集部概观》(第 41—50 页)引介了新发现的经部、史部及小学类文献,主要有《古文尚书》《毛诗》《礼记》《春秋左传》《论语》《汉纪》《春秋后语》《列女传》和小学类韵书、字书、音义之属的一些残片,还有撰定于天宝年间的《天下诸郡姓氏谱》。游自勇先生《旅顺博物馆藏新疆出土道家、方术及杂家类文献的学术价值》(第 51—56 页)指出了旅博道经研究的广阔前景,并通过大量对比敦煌道经、吐鲁番道经和旅博道经,给出了重要结论:1. 西州道教三洞经典存续完整;2. 旅博藏卷中有一些不见于敦煌道经;3. 旅博道经能够推进现有对于西州道经传抄时间的认识。孟宪实先生《旅顺博物馆藏西域出土公私文书的价值》(第 57—62 页)一文认为,旅博文书中世俗文书虽然体量较小,但依旧保有作为新资料而不可替代的学术价值。何亦凡、朱月仁《武周大足元年西州高昌县籍拾遗复原研究》(《文史》2017年第4辑)就证明了这一点。那些看似残破、能够直接获得历史信息很少的文书,如果打破收藏地的限制,则会发现与之相关但散藏在世界各地的同组文书,它们可能在千年以前就生成于同一只笔下、同一张纸上!这也是日本学者小口雅史先生所说的:不同文书资料群的“群外缀合”,即跨越不同收藏品的残片缀合(《吐鲁番出土佛经资料群的调查及群外缀合》,第436—445页)。史睿先生《旅顺博物馆藏新疆出土写经的书法断代》(第63—87页)提出,在吐鲁番出土佛教写经的断代问题上要关注书写工具、书写姿态(包括执笔法、使笔法)、书写目的,并提出了最新的吐鲁番佛教写经书法断代的方法。这一组文章对旅博文书的资料、方法、问题三个层面进行了综合考论,由点到面,构建了未来旅博文书研究的学术网络,具有高屋建瓴的指导意义。

此外,《论文集》中资料性较强的文章还有段晴先生《早期/晚期于阗语与方言——〈无垢净光大陀罗尼〉所反映的语言问题》(第497—511页),这是她正在整理的新出于阗语《无垢净光大陀罗尼》的阶段成果,她的专著《于阗语无垢净光大陀罗尼》已经由中西书局于2019年4月出版,提供了全新的资料。荻原裕敏先生《旅顺博物馆所藏吐火罗语残片的特色及语言文献学分析》(第88—111页),此文是旅博藏吐火罗语文献的最新研究成果,2011年以前(除了两枚残片之外),没有正式发表与充分研究。此文还对作者2012年项目成果报告有所修正,[①]如果要参考或利用这部分资料的话,务必要比照此文。还有庆昭蓉《第一次大谷探险队在库车地区的活动——从探险队员日记与出土胡汉文书谈起》(第369—435页),此文不仅生动还原了大谷探险队与德国探险队在新疆的相遇,还提供了大谷探险队成员渡边哲信与堀贤雄日记的最新精准汉译。

二、新方法

王国维先生提倡“二重证据法”,陈寅恪先生提出用域外与域内文献互证、地下文物与地上资料互证,这一直是推动学术进步的不二法门,核心即为“互证”。那么,到底怎样“互证”?“互证”是整理的最后步骤吗?“互证”之后还要做什么?这些是涉及出土文献整理方法的问题。可喜的是,就旅博文书的整理而言,有一批文章能够用具体研究实例清晰地回应上述问题,给出可借鉴的方法。

① 即《多様な中央アジア佛教におけるトカラ佛教の位置づけ~旅顺博物馆所藏资料を中心として~》,载旅顺博物馆、龙谷大学编《中亚出土的佛教写本》,京都,2012年,第97—120页。

《论文集》中第二组重要的文章是关于佛典及相关文献的专题研究,具有方法论的借鉴意义,分别是: 段真子《吐鲁番出土〈佛本行集经〉残片研究》(第138—170页)、郑阿财《旅顺博物馆藏新疆出土〈注维摩诘经〉残卷初探》(第171—208页)、马俊杰《旅顺博物馆藏〈救疾经〉残片考》(第230—254页)、王卫平《关于〈大唐中兴三藏圣教序〉——兼及旅顺博物馆藏吐鲁番出土残片略考》(第255—270页)、吕媛媛《旅顺博物馆藏吐鲁番出土〈般若波罗蜜多心经〉注疏残片》(第271—281页)、李昀《旅顺博物馆藏〈南阳和尚问答杂征义〉》(第282—303页)、严世伟《新见旅顺博物馆藏〈观世音经赞〉复原研究》(第304—340页)。还有未收入《论文集》但已发表的旅博文书佛典研究专论: 史睿《旅顺博物馆藏〈俱舍论颂释序〉写本考》、李昀《旅博藏〈金刚经〉注疏小考》、包晓悦《旅顺博物馆所藏吐鲁番出土〈治禅病秘要法〉残片研究》(以上三文见2016年《旅顺博物馆学苑》),王振芬、孟彦弘《新发现旅顺博物馆藏吐鲁番经录》(《文史》2017年第4辑),孟彦弘《旅顺博物馆所藏〈佛说救护身命经〉考》(《文献》2018年第5期)。此组文章对新资料的整理流程颇具参考价值,可以总结为: 1. 根据每一片文书不同特点,进行基础调查,包括发现过程、收藏史、研究史、同经写本统计等诸多信息;2. 给出图版、录文、定名,并附文书大小、形态、书法等基本信息;3. 进行历史文献学考察,存有传世文献的,进行对读、研究;4. 收集不同收藏地文书,尝试进行文书缀合、文本复原;5. 进行专题性的历史研究。以严世伟《新见旅顺博物馆藏〈观世音经赞〉复原研究》为例,将39件旅博文书和1件大谷文书中的《观世音经赞》残片释录、缀合,复原了写本的样式,并以此为基础进行更深入的专项研究,这样的方法也具有通用性质。所谓"上穷碧落下黄泉,动手动脚找材料",但是,不仅要"找到材料"并且与已知文献"互证",还有"联系材料"、"复原材料"等一系列的后续工作。

值得一提的是,还有一系列非佛典文献的研究论文,虽然未收入本《论文集》,但同样具有新资料和新方法的借鉴意义,为了介绍的完整性,仍然有必要说明。陈烨轩《新发现旅顺博物馆藏法制文书考释》、徐维焱《旅顺博物馆藏〈刘子〉残片的新发现及〈刘子〉在西域的流传》(以上二文见《唐研究》第22卷),游自勇《吐鲁番所出〈老子道德经〉及其相关写本》、赵洋《唐代西州道经的流布》(以上二文见《中华文史论丛》2017年第3辑),段真子《旅顺博物馆藏吐鲁番出土"律吕书"考释》(《文史》2017年第4辑),赵洋《新见旅顺博物馆藏吐鲁番道经叙录》(《敦煌吐鲁番研究》第17卷),陈烨轩《旅顺博物馆新发现的晋史写本考释》、徐维焱《旅顺博物馆藏〈切韵〉残片考释》、冯璇《新见旅顺博物馆藏新疆出土汉文文献中的汉史写本考释》、赵洋《新见旅顺博物馆藏〈一切经音义〉研究》(以上四文见《西域研究》2018 年第 1 期),刘子凡《旅顺博物馆藏〈春秋后语〉研究》、沈琛《旅顺博物馆藏吐鲁番本〈天下诸郡姓氏谱〉考释》、徐媛媛《新疆出土唐写本〈诗经〉残片补考》、朱月仁《西域出土写本〈春秋左氏传〉残卷辑录、初探》(以上四文见《文献》2018 年第 5 期),游自勇《唐写本〈列子 · 杨朱〉(张湛注)的文献价值》、吕媛媛《旅顺博物馆藏吐鲁番写本〈古文尚书〉残片》、王卫平《旅顺博物馆本〈列女传〉初步研究》(以上三文见《中国典籍与文化》2019 年第 1 期)。与早期"挖宝式"的研究方式不同,此组文章不仅披露新资料,而且在整理方法上也有超越:1. 对于旅博文书的整理是完整的,这使得分散的同一典籍的文书残片重新成为整体,同一类的文献还有详尽的叙录,如赵洋《新见旅顺博物馆藏吐鲁番道经叙录》;2. 对于某部典籍的整理不仅限于旅博文书,而是经过反复钩沉,尽力将整个吐鲁番甚至更大范围内出土的同一典籍文书搜罗全备,并在此基础上进行专题研究。无疑,就出土文献的目录学意义而言,以上诸文功莫大焉。

新资料的"新",不仅取决于见者之多寡与公布之远近,还在于对以往定名、释读等信息的纠正与补订,这也是推陈出新,也是研究过程中后出转精的必然。《论文集》中,王三庆先生《〈大谷文书集成〉〈切韵〉系残卷研究兼论韵书文献之辨识》(第 472—496 页)就有这样的意义。该文重新考察已出版的《大谷文书集成》(全四册)种的《切韵》系残片的编目,指出了编目有误或未被确认的《切韵》系韵书残卷,并补充了周祖谟先生《唐五代韵书集存》。如此看来,如果进行中古音韵学或与《切韵》相关的深入研究,仅仅依靠《大谷文书集成》的定名和权威性很高的《唐五代韵书集存》还不够,王三庆先生此文也需要进入视野。《论文集》中具有类似功能的文章还有:陈耕《刀笔殊途——旅顺博物馆藏新疆出土佛经"单刻本"实为写本考论》(第 341—368 页),何亦凡《新见旅顺博物馆藏吐鲁番唐写本郑玄〈论语〉注》(第 112—137 页),辻正博先生《柏林国立图书馆藏〈玉篇〉残片小考》(第 569—574 页)等。胡适先生提出过"整理国故",因为"整理"是一切研究的先决条件,而"整理"也有深浅之别、高低之论,对于已刊布的"新资料"的整理不是一蹴而就、一劳永逸的。有时,新的整理就能把资料"以旧换新",新的、科学的整理方法就是"新方法"。

新方法来自学术实践的总结,关于吐鲁番文书整理方法的专门文章也收入了《论文集》,分别是小口雅史先生《吐鲁番出土佛经资料群的调查及群外缀合》(第 436—445 页)和片山章雄先生《唐代吐鲁番四神灵芝云彩画及田制等相关文书的追踪与展望》(第 446—462 页),具体操作和实践可参看小口雅史、片山章雄《赫尔辛基马达汉收集品断片调查与成果概要》。[①]

三、新问题

陈寅恪先生说过,“一时代之学术,必有其新材料与新问题。取用此材料,以研求问题,则为时代学术之新潮流”,[②]一直以来是学界公认的不刊之论。《论文集》中因新资料而生发出的新问题不胜枚举,兹以裴成国先生《俄藏阚氏高昌时期发愿文新探》(第542—551页)为例。俄藏西域文书《阚氏高昌永康年间(466—485)左祖兴等发愿文》(作者拟题)不见于《俄藏敦煌文献》,作者是通过相关展览图录发现的。[③] 其价值在于,这是一件阚氏高昌时期净土信仰的发愿文,最早明确反映了弥勒下生信仰,而此前学界对阚氏高昌国时期的净土信仰几乎一无所知。新资料带来的新问题,往往更为直接、更富元气、更有生机。

然而,新问题的出现绝非仅仅依靠新资料的初次使用,孟宪实、荣新江先生合作过《吐鲁番学研究:回顾与展望》一文,文中提示我们:“新出资料不仅本身满带新信息,更重要的是新资料往往能够激活旧有资料的信息。新旧资料的对比、连带等关系的存在,使得新资料从来都会再一次带动对旧有资料的研究和认识。”[④]《论文集》中刘子凡《唐前期兵制中的队》(第614—630页)就是对这一认知的最好证明。唐前期兵制中的“队”在已刊布的文书资料中已有一定的研究脉络和基本认识,而旅顺博物馆藏LM20-1468-33-03(《唐某队名籍》)是难得一见的出现队名的名籍,也激活了旧的资料群,从而提出了新问题:唐代不断变化的兵制中,“队”作为基层军事组织几乎保持了稳定,但机构的稳定能够代表功能不变吗?“队”的命名能否更清晰地反映唐代兵制的嬗变?这些问题都在文中给出了新答案。此外,还有著名的《孔目司帖》,这一件看似研究史颇为冗长的文书能否激发学术新问题呢?《论文集》中孟宪实先生《安史之乱后四镇管理体制问题——从〈建中四年孔目司帖〉谈起》(第552—568页)给出了肯定的答案。

---

① 《ヘルシンキ・マンネルヘイム断片コレクションの调查と成果概要》,《西北出土文献研究》第11号,第37—50页。另外值得注意的是,芬兰国立图书馆所藏马达汉资料的刊布得益于小口雅史先生的工作,图版可见于http://www.doria.fi/handle/10024/113125。

② 《陈垣〈敦煌劫余录〉序》,《金明馆丛稿二编》,三联书店,2001年,第266页。

③ 俄罗斯国立艾尔米塔什博物馆、俄罗斯科学院东方学研究所编《千佛洞:丝绸之路上的俄国探险队,纪念亚洲博物馆创建190周年》,圣彼得堡:艾尔米塔什博物馆,2008年,第249页。日本京都国立博物馆编《丝绸之路古文字巡礼——俄罗斯探险队收集的文物》,京都国立博物馆,2009年,第53—54页。

④ 《西域研究》2007年第4期,第51—62页。

安史乱后,安西四镇与中央政府的通道河西走廊被切断,但在贞元六年(790)以前,四镇仍然苦守,那么这中间的36年中,四镇管理体制有何变化?文章通过《孔目司帖》并结合诸多其他文献资料,认为彼时四镇军政体制迅速地方化,开始独立解决财政问题并直接安排生产活动,这也是新问题之下的新论点。《论文集》中类似的新问题还有很多,而可以总结的是:新资料不会独立生发新问题,新资料只有通过发现、整理和新的视角才会提出新问题。新问题也并非绝对依赖于新资料,而需要与旧有的资料互动。

当然,人无十全,树无九桠,若做吹求,《论文集》还有可以修订增补之处。武海龙《国内藏吐鲁番汉文佛教典籍及其价值》(第512—541页)介绍了新疆吐峪沟石窟东西区出土汉文佛典的情况,无可否认这是绝对的新资料,还没有完全清理,振奋人心。但文中附有作者所做国内藏吐鲁番出土汉文佛教典籍统计,分为"已被《开元释教录》所收的佛典"、"未被《开元释教录·入藏录》所收,但为后世大藏经所收"、"历代大藏经未收的佛教典籍"三部分,然而,就基础信息而言,只给出经名、译者、卷数、已知的该佛经文书件数,没有给出收藏地或藏品编号,索骥无图。

囿于笔者学力微浅,难以面面俱到对《论文集》中每一篇精彩的文章进行评述,仅就"新资料"、"新方法"、"新问题"三个相互交叉的层面给出一些浅薄的看法,祈教方家。但可以肯定的是,这三个"新"可以代表《论文集》的基本精神与特色。本文没有提到的文章有:刘屹《"像末"的忧思——〈像法决疑经〉研究之一》(第209—229页);金惠瑗《韩国国立中央博物馆收藏楼兰出土品与大谷探险队的调查》(第463—467页);古濑奈津子《敦煌吉凶书仪的演变与日本的往来物》(第575—590页);丸山裕美子《关于吐鲁番写本"书仪"——以日本台东区立书道博物馆藏"月令(书仪)"为中心》(第591—603页);矢越叶子《唐代的案卷与日本的继文》(第604—613页);中田裕子《唐代的粟特人与"行"》(第631—641页);李索、荆宏《敦煌写本〈春秋经传集解〉异体字汇考》(第642—652页);齐伟《"古代辽宁"展出的几件辽代文物——对辽朝经略草原丝绸之路的几点认识》(第653—659页);中川原育子《克孜尔第224窟(第3区摩耶窟)壁画复原之研究》(第660—681页);陈菊霞、曾俊琴《莫高窟第217窟东壁供养人洪认生平考》(第682—690页);能仁正显《西藏佛传图唐卡〈释迦牟尼世尊绘传〉所见阿阇世王教化故事之特点》(第691—695页)。以上文章,限于专业,不能置评,仅列目录如上。

(作者单位:中国人民大学国学院)

（上接第 242 页）
9 月 29 日　王重民致函伯希和，欲拜访伯希和。

伯希和先生道席：

敬启者：重民应巴黎国家图书馆与北平图书馆交换馆员事项，已于九月二十八日抵巴黎，暂寓 13 rue des écoles（巴黎第五区学校街）。拟敬往恭谒，请示种切，先生何日何时有暇，赐予通知接见为传！重民不能直操法语，晋谒时，偕王海镜、于道泉、王静如三先生同往，俾作语言之助，又王海镜等三君，同时尚有其他询题，敬向先生请教也，说俟面陈。敬候箸绥。

后学王重民敬上，九月二十九日（1934）

（陈恒新《王重民在法国期间致伯希和四信考释》，《大学图书馆学报》2017 年第 6 期，第 117 页）

参见资料：

敦煌写经为外人辇运而去者为数甚多，本年本馆与法国交换馆员，派王重民君前往巴黎国立图书馆服务，因商同清华大学合资委托王君就近借照，以资庋藏，先后已摄照数十种，皆为国人从未得见之秘籍。现仍在继续进行中。［《国立北平图书馆馆务报告（民国二十三年七月至二十四年六月）》，国立北平图书馆，1935 年，第 6—7 页］

教育部指令　教字第九六一四号

令国立北平图书馆

呈一件，为派王重民赴法国国立巴黎图书馆请备案，并请转咨外交部发给护照由。

呈暨附件均悉。准予备案。除转咨外交部核发护照外，合行令仰知照。此令。

中华民国二十三年八月八日

［《北京图书馆馆史资料汇编（1909—1949）》，书目文献出版社，1992 年，第 399—400 页］

9 月　陈赓雅①至榆林窟、莫高窟考察。

（安西县）城南百六十里，有榆林古窟，两山夹泉，四时不涸，乔木丰草，约四五十里。内有大佛一尊，高十六丈，金彩辉煌，伟大庄严。其余佛洞，塑像亦多。传为西夏物，后经唐、元重修者。

……

千佛洞亦名雷音寺，在城东南四十里，不知建自何时，惟有断碑，云为唐代重修（即《李克让修莫高窟佛龛碑》）。疏岩凿石，成洞千百，佛龛层叠，庙貌壮丽，颇似大同云冈之作品，然亦有其异点在：（一）两地岩层，虽同为水成岩，但云冈乃细沙所凝，此为大如蚕豆之粗沙所成，前者色黄，后者色青。（二）此处塑佛，什九为女像，尤其多数侍者，体态娇娆，裸露上身，细腰修腿，富有西洋雕塑美人之姿式。（三）间有黑像，想系塑黑种人之修佛者。（四）佛窟虽多至千百，但佛像大部雷同。（五）云冈佛像，无论大小，概就原岩凿之。此处大佛泥塑，小佛彩画，殊异云冈，但极工致。且由上述（二）、（三）两点，可证此处之佛像，已显然带有中西合璧之色彩，此皆云冈佛洞之所无。

（下转第 278 页）

① 陈赓雅（1907—1995），云南蒙化人。时任《申报》记者。

《丝路文明》第五辑
2020 年 11 月,261—268 页

读《丝绸之路新探索:考古、文献与学术史》

景凯东

2019 年 11 月,北京大学荣新江、朱玉麒二位先生主编的《丝绸之路新探索:考古、文献与学术史》在凤凰出版社出版。2018 年 10 月 13—15 日,由北京大学中国古代史研究中心和冯其庸学术馆联合举办的“北京大学丝绸之路文明高峰论坛”在江苏省无锡市冯其庸学术馆隆重召开。本书正是这次会议的文章结集,收录有海内外与会学者丝绸之路相关文章共 29 篇。这些文章汇集了丝绸之路学术研究的最新成果,此次结集出版,堪称一场奉献给海内外关注丝绸之路的读者的学术盛宴。

本书由荣新江、朱玉麒二位教授作序。序言回顾了北京大学参与丝绸之路考察研究的悠久学术传统,表达了对为推动丝绸之路研究做出巨大贡献的冯其庸先生的追思。收录的论文大体按照考古、文献和学术史分为三组。

第一部分的标题为“汉唐之间丝绸之路与相关问题”,收录了八篇文章,主要利用考古发现和考古材料。甘肃简牍博物馆张德芳先生《丝绸之路上的丝绸——以河西出土实物和汉简为中心》一文,根据出土遗址和典型文物,图文并茂地向读者展示了甘肃地区出土的两汉丝绸实物的相关情况。同时结合出土简帛和传世文献的记载,对当时河西丝织品的种类、数量和来源进行了研究。资料翔实,论证充分,为我们生动还原了两汉时期甘肃这一丝绸之路咽喉地带物质文明的一个重要侧面。

四川大学霍巍教授的《汉晋时代西藏西部的“酋豪”及其与丝绸之路的开拓》将研究重点放在汉晋时期中原史料少有记载的西藏西部羊同即今阿里地区,利用故如甲木墓地、曲踏墓地等墓葬中出土的丝绸、茶叶和结合东西方文化传统的丝绸衬底黄金面具等考古材料,指出羊同地区的酋豪早在汉晋时期已建立了与不同地区之间的物质文化交流。进而结合传世史料推测汉晋时期西藏西部已经存在一条连通陆上丝绸之路的“高原丝路”,羊同酋豪正是这条道路的重要开拓者。

中国人民大学孟宪实先生所作《论唐代敦煌与伊州的交通》通过比对传世文献和

《沙州都督府图经》等出土文献中对敦煌到伊州道路的不同记载,指出《魏略》等传世史料的疏漏,点明了东汉时已开辟完成的敦煌西出经伊州至西州道路的重要地位和变迁过程。又根据《唐总章二年八月九月传马坊牒案卷》所反映的运输实况,揭示了敦煌与伊州间交通的繁荣、伊州的重要地位及唐朝政府管理交通的若干细节。最后利用敦煌吐鲁番出土文书探讨了唐朝百姓参与国家运输行为时所承受的负担。

新疆文物考古研究所胡兴军先生《安西四镇之于阗镇防体制考》一文对和田地区现存唐代城堡、烽火台等军事遗址的情况进行了介绍,梳理了唐代于阗镇镇防体系建立发展的过程,并结合考古材料指出唐时于阗军事设施大致沿北中南三线分布的格局和镇防重要通道、道路沿线布置军事设施的布防特点,判定兰城镇大致位置当在安迪尔古城一带。

中国历史研究院刘子凡先生《丝绸之路上的弓月城与弓月道》一文聚焦于唐时连通北庭和碎叶的要冲弓月城。作者根据文献记载和实地考察所见肯定了唐弓月城即今伊宁县附近的吐鲁番于孜古城,探讨了弓月城附近的道路情况。唐以后弓月城逐渐衰落,成吉思汗西征开辟果子沟道路和元代丝绸之路的繁盛则推动了控扼新道路的阿力麻里城的崛起,作者据此认为,对生产能力有限的西域城市而言,贸易交通线的变迁对城市兴衰有重大影响。

旅顺博物馆徐媛媛老师《唐通渤海之路——以唐鸿胪井刻石为中心》介绍了原在旅顺、现藏于日本的唐鸿胪井刻石的相关情况,结合刻石上唐玄宗时大臣崔忻出使渤海国册封大祚荣归来时留下的题名与传世文献的记载,考证了崔忻出使的具体时间和唐通渤海的详细路线。作者认为,正是唐朝与渤海册封关系的建立推动了渤海国朝贡道上商贸的发展,促进了古老的东北亚丝绸之路走向繁荣。

中山大学姚崇新先生《略论宗教图像母题之间的借鉴问题》探讨了宗教图像母题之间相互借鉴、相互影响的现象。作者结合实物,对涉及佛教、印度教、祆教、基督教、道教等宗教的多种图像母题借鉴现象进行了具体分析,总结出宗教图像间吸收借鉴的三种层次,即将异教神祇直接并入本宗教图像志,吸收其他宗教的某些图像元素造成局部相似,直接借用其他宗教的图像志资源创建或重建自己的图像系统或图像志。具体做法可分为“加上”、“置换”和“通盘模仿”。绝大多数情况下被吸收者原有的性质发生了改变,吸收者居于主动地位,决定改造的方向和逻辑。本文对我们理解丝绸之路上各种文化交融的现象极具启发意义。

北京大学沈睿文教授《吐峪沟所见纳骨器的宗教属性》一文对学界流行的将鄯善

吐峪沟千佛洞玛扎古墓区出土的陶棺定义为祆教徒纳骨器的观点提出质疑。作者结合莫高窟第158号窟南壁所绘的箱形物、《隋书·石国传》记载及其他考古材料，认为纳骨器并非祆教徒专用，粟特佛教徒亦采用此方式，很可能源自粟特本土的丧葬习俗即内亚习俗。又通过对吐峪沟千佛洞及其42窟和玛扎墓地的考察，认为这种葬法可能与禅修僧人的林葬有关，而非祆教天葬。据此，作者指出，判断中古中国纳骨器宗教归属时应更加审慎。

第一部分的八篇文章，充分利用了考古材料补史证史，解决了有关丝绸之路的一系列重要问题，传世文献与实物材料的结合，让那条曾经辉煌的古路变得更为清晰，更为动人。

第二部分题为"陆海丝绸之路上的典籍与文书"，共十五篇文章，多与文献相关。北京大学段晴教授与侯世新、李达先生合作的《于阗伏阇雄时代的两件契约》一文释读了两件于阗王伏阇雄时期的契约。这两件契约均属关于名为清福之人的系列案牍。5年的案牍买卖幼儿契约，在木牍上书写的方式与前后的于阗文案牍不同，而类似佉卢文木牍契约。8年的案牍是因清福庄园中人偷盗他人的芝麻而立的赔偿契约，这一案牍记录了真实的案件，展示了于阗王国社会体系运行模式的一角。本文在于阗语研究方面也取得了突破。

北京大学王一丹教授所作《巴达赫尚的红宝石》，选择中亚巴达赫尚出产的红宝石作为主角，详细描述了这一在波斯文学中极富盛名的珍宝，记述了其常见称谓、矿物性质、相关记载、具体产地及在中外历史中留下的痕迹，丰富了我们对丝绸之路物质交流的认识。

复旦大学余欣教授《符应图书的知识谱系——敦煌文献与日本写本的综合考察》详细追索了符应说的学术渊源及唐以前符瑞图籍的流变，通过研究藏于日本的专门类书《天地瑞祥志》，探讨瑞应图籍在唐代的传习状况及其构建知识体系的方式。又根据传世文献和敦煌本《瑞应图》、《白泽精怪图》等出土文献，指出瑞应图可视作一类典型且传承有序的视觉文献传统，并分析了其制作流程。最后作者探讨了瑞应图的制度化和实际应用方式，指出其在构建政治合法性过程中的功能与作用。作者旨在从知识内核和文本语境的角度，重绘中古符应图书的成立过程和知识—信仰—制度结构。

首都师范大学游自勇教授《"沙州龙神力亡兄墓田争讼案卷"再探——兼论敦煌文献中的"墓田"》一文对分属法藏、俄藏的三片敦煌文书残片进行了释读和考证，从中还原出归义军统治时期围绕同一块土地的前后数次、延续近十年的官司。在这场争地案中,龙神力主张这块埋葬其战死兄长的田地为墓田而数次胜诉。作者将这个案例与文献记载相结合,指出中国古代社会对墓田私有权的认定效力往往超过普通田产。又利用敦煌文献证明民众在埋葬死者时使用的墓田大小常常逾越官方规定。作者认为这背后反映的是中国古代观念中墓地对生人世界的重要意义。

北京大学萨尔吉先生和西藏自治区社会科学院欧珠次仁先生合写的《〈海龙王所问经〉诸本研究》以现藏于布达拉宫的梵文贝叶经《海龙王所问经》为研究对象,将该写经与同经书的《大藏经》汉译本、《甘珠尔》藏译本及两种敦煌文献所见藏译本进行比较,指出并非平行文本的各版本之间存在差异,反映的是经典集成和传译中的流变。又将其与《无尽意菩萨所说经》中的相似文段进行对比,同时探讨了大小乘经典对四法印的不同诠释。

西藏自治区社会科学院普仓先生所作《西藏发现的〈宝鬘论颂〉梵文写本及其译本》将西藏发现的贝叶本《宝鬘论颂》与现藏尼泊尔加德满都的两种梵文写本及三种藏译本、难胜友所造注释本的藏译本等进行对比,指出了该本在研究中的价值。

泰国农业大学萧贞贞《佛教〈大缘经〉中人类诞生因缘的研究》通过比较《大缘经》南传佛教巴利文版本和北传佛教《大藏经》对应的四个版本,探讨了佛家对于缘起法即众生诞生因缘的看法。

北京外国语大学王继红教授《〈金刚经〉重译的同化与异化之别》探讨佛门重要经典《金刚经》的译本问题,重在强调鸠摩罗什、玄奘两位宗匠译本之间常常被忽略的北魏菩提流支译本的价值和意义。作者主要将鸠摩罗什和菩提流支的译本进行比对,另以其他几种译本做参考,指出鸠摩罗什的汉译本诞生于佛教在中土传播的发展阶段,故而风格通俗,语言贴近汉语习惯,多有省译,力图让汉语人群容易接受,具有鲜明的归化翻译的特点。菩提流支有自己的翻译原则,他的译本更加尊重原典,力图准确对译梵语表达形式,详尽翻译与教义、仪轨有关的内容,表现出明显的异化翻译的特征,对鸠摩罗什的归化翻译方法进行了修正。这一译本应是玄奘翻译《金刚经》的重要参考,即使在鸠摩罗什和玄奘两位翻译巨匠之间,亦有独特的承启意义。

苏州大学毛秋瑾教授《丝绸之路汉文书法研究综述》从出版图录和现有书法史研究成果两方面,详尽总结了丝绸之路汉文书法研究所取得的成就,指出研究丝绸之路书法的必要性和重要性及现有研究中存在的不足和未来的研究前景。

吐鲁番学研究院武海龙先生《吐峪沟新出汉文佛典过眼录》一文简要介绍了吐峪沟石窟寺 2016、2017 年出土后修复的十四件汉文佛典的相关情况,并对其中的《高夫人写经题记》进行了录文和研究。由这篇题记出发，作者探讨了高昌王国高氏家族的沉浮和“夫人”称谓的适用群体变化，推断这位高夫人为义和政变到重光复辟中的既得利益者高宝的夫人。

北京大学范晶晶老师和西安博物院李超先生合作的《西安博物院藏不动明王咒石释读》一文对西安博物院收藏的一块石碑进行了释读，通过其上镌刻的金刚刀图样和“不动明王威怒明”等三句梵文经咒，判断此碑所刻为不动明王的曼荼罗坛场，用以除障、保佑，可能与唐代密宗有关，同时论述了不动明王信仰的演变情况。

北京大学史睿先生所作《〈西域记〉泛海东瀛考——以最澄〈显戒论〉为中心》将讨论重点放在日本高僧最澄所著《显戒论》对玄奘《大唐西域记》的引用上，意在探讨日唐两国知识体系中的《大唐西域记》及其功能的差异。作者详细叙述了《大唐西域记》随法相宗东传入日本进而引起密宗僧人关注的流传过程，介绍了空海、最澄与此书有关的知识背景及入唐求法的经历。最澄撰写《显戒论》，意在呼吁整饬教团腐败，重申戒律，并推动在比叡山设立独立的戒坛，从而摆脱南都佛教对新生的天台宗度僧的限制。此书引用《大唐西域记》时，按大乘寺、小乘寺、大小兼行寺三类对材料加以重编，介绍印度和中国的僧团和戒律制度，从而达到显扬大戒的目的。其以戒律角度看待玄奘《大唐西域记》对各国佛教状况描述的认识，不同于日唐学人、僧众，这种解读方式在日本后世著作中成为典范。最澄对《大唐西域记》的引用，证明了佛教原生地大乘戒律的原生意义，对日本天台宗的创立起到了积极影响。

泰国法胜大学文·憍陈如称法师撰写、北京大学傅英东翻译的《缅甸收藏的巴利文写本》一文，介绍了缅甸所藏佛经巴利文写本和法胜三藏项目的相关情况。法胜三藏项目的目标是利用上座部国家的写本增加写本系统中巴利精校本的代表性，每个写本系统减少到五个左右的代表版本。作者以缅甸巴利文写本为例，详细叙述了写本系统的确定方法，最终指出缅甸巴利文写本系统中存在两个主要的写本系统，这是由编辑政策和正字法的摇摆不定造成的。

哈佛大学马小鹤先生所作《从死海古卷到明教文书——摩尼教“十天王”与“四天王”综考》由霞浦文书中的《赞天王》入手，探讨摩尼教经典中镇压诸魔的“十天王”“四天王”的相关问题。作者梳理学界有关研究成果，认为此传说基点为《旧约·创世纪》中神之子与人类女儿结合的说法，希伯来阿拉姆语伪经《以诺书》将之发展为系统的守望者堕落、天使消灭巨人的传说，为摩尼教《大力士经》采用，成为“十天王”“四天王”传说。随后作者列举在埃及、吐鲁番、福建、日本发现的不同文字、不同表现方式而反映此传说的文本,勾勒出大力士故事沿着丝绸之路东传的图景,为丝绸之路推动了宗教文明东传提供了又一佐证。

铭传大学汪娟教授《从敦煌礼忏到霞浦科册〈摩尼光佛〉的仪节析论》一文参照敦煌本《摩尼光佛教法仪略》和佛教礼忏文,对霞浦文书中的摩尼教礼忏文集《摩尼光佛》科册进行了详细的仪节分析,将繁琐的仪节分为上下篇各五个章节。作者认为《摩尼光佛》作为宗教仪式的文本,以佛教礼忏仪节为框架而以摩尼教思想为核心,就其雏形而言,有可能在唐代已经成立。其论述阐明了《摩尼光佛》与佛教礼忏的交涉问题,连接了西北的敦煌和东南的霞浦,展示了宗教文化沿丝绸之路传播的一个侧面。

收录于第二部分的诸篇论文,通过对文献材料的精到解读,探究了丝绸之路的方方面面,有在多种语言的文学作品中留下身影的瑰宝,有西域异语言人群的社会风貌,有丝路影响所及人们的精神世界,也有丝路上宗教、文化的交流与碰撞,向读者展示了一条多文化、多宗教、多民族互相交融的丝绸之路。

第三部分题为"丝绸之路的考察与记录",主要与丝绸之路学术史相关,收录了六篇文章。北京大学荣新江先生《丝路考古探险与丝路研究》一文聚焦于近代丝路考古探险对丝绸之路研究的意义。作者指出,虽然"丝绸之路"的概念早在 1877 年即由德国地理学家李希霍芬提出,但直至 19 世纪末 20 世纪初以塔里木盆地为中心的考古探险时代到来,这个概念才真正得到证明。作者详细回顾了从 19 世纪末叶直到中瑞西北科学考查团之间各支考察队的情况,同时列举了这些考察队印证丝绸之路存在的重要发现,如丝绸、钱币、纸张和宗教文化遗留。这些考察队在不同区域发现的文物汇集起来,正可以连成那条丝绸之路,出土文物的城镇,正是维持丝绸之路往来和文化交流的支柱。他们的发现,充实了丝绸之路的物质和精神内容,让李希霍芬提出的这个学术概念真正落到了实处。

新疆师范大学吴华峰先生所作《清代西域题壁诗研究》将关注重点放在了清代文人在西域所写的题壁诗上。作者考察了这些诗作的时空分布特点,分析了题壁诗唱和的现象,论述了清代西域题壁诗产生的原因,以及在西域特有的自然人文环境浸染和诗人自身态度的影响下这类诗歌呈现出的独有文本特点。这些与清朝西域经营相始终的特殊诗作,丰富了丝路沿线的汉语诗歌创作,向读者展示了清代西域诗人的人生状态与情感世界。

北京大学朱玉麒先生《散藏海内外的祥麟西北日记》一文介绍了海内外收藏的几种晚清大臣祥麟任职西北期间所写的日记。其中京都大学本《京都至伊吾庐行程日记》和清华大学本《皇华劳瘁》内容有所重叠，保留了新疆军府制度期间官员往返新疆履任的最后一份行程实录和新疆由军府制向行省制过渡期间哈密帮办大臣的行政实录，是研究晚清新疆制度变革时期的第一手文献。先后承续的傅斯年图书馆本《乌里雅苏台行程日记》和中国科学院图书馆本《乌里雅苏台日记》写于祥麟任乌里雅苏台参赞大臣期间，有助于加深我们对晚清外蒙古地区的认识。上海博物馆《祥麟日记》为其任职察哈尔都统的记录。当时前往哈密和乌里雅苏台的道路正为通向西北边疆的两条主道，察哈尔又当要冲，祥麟的日记有助于了解当时的东西交通，是晚清史、西北边疆史、中俄关系史的重要资料。

兰州大学王冀青先生《法国碑铭学院保宁中亚考察队研究》选择了此前学界较少关注的法国探险家夏尔-厄德·保宁及其考察队作为主角。作者详细介绍了资助保宁的法国碑铭学院"嘉尔业基金"的由来及其资助的一系列考察活动，保宁本人的生平及其前往中国考察的缘起，并以路线为序介绍了1898—1900年期间保宁率领的考察队在敦煌、新疆各地进行的考察活动与收获，亦详细描述了结束考察回国后西方学界的反响、保宁收获文物的去向、围绕这些文物诞生的一系列研究成果及保宁本人之后的经历。文章多次征引当时的报导、记录和论文，向读者介绍了那支曾经活跃于中国西北丝绸之路上的法国考察队。

复旦大学高田时雄先生所作《〈新疆大发掘（第三回报告）〉与内藤湖南》介绍了橘瑞超参与第二次大谷探险队期间所作的旅行记。橘瑞超的这次旅行此前并无详细始末记录留存，而在关西大学图书馆所藏的内藤文库中却保留了橘瑞超的《新疆大发掘（第三回报告）》，应是寄给大谷光瑞的报告书，记录了他那次旅行的情况。时正值内藤湖南对敦煌和中亚新发现史料最为关注的时期，且他当时频繁在《朝日新闻》上发表报道，这份文稿很可能是当时准备借他之手发表于《朝日新闻》上。作者随文刊布了该文稿的日文原文和中文译文。

中华书局柴剑虹先生《以真性情抒写丝路之魂：重读冯其庸先生〈瀚海劫尘·自叙〉感言》一文是会议上的主题演讲，也是作者阅读冯其庸先生《瀚海劫尘·自叙》一书的感言。冯先生一生挚爱西域，这片神奇的土地影响了冯先生的艺术创作风格，他的诗词、绘画、摄影等无不体现出"交流互鉴，融汇创新"的丝路之魂，这种精神也与冯先生的国学理念相互呼应。冯先生在西域之行中追寻玄奘法师的东归之路，将玄奘舍身求法的精神与开发西部、推动复兴的美好图景联系起来，体现了对国家命运的关怀。冯先生一直以他的追梦之心和由衷热爱大西北的真性情书写"丝路之魂"，《瀚海劫尘·自叙》中的作品正是其中的典范之作。

本部分所收文章大多以丝路学术史为中心,介绍了曾经活跃于西域、进行考察研究的中外考察队及记录近代西北边疆的第一手资料,追思了冯其庸先生等学术前辈对丝绸之路研究的贡献。与具体人物形象的结合,使得丝绸之路的学术史也更加丰满生动。

三个部分的论文之后,还附有中国历史研究院刘子凡先生撰写的会议综述,题为《"北京大学丝绸之路文明高峰论坛"综述》,从"丝绸之路"相关的语言与宗教研究、历史与典籍研究、考古与文化交流研究、探险史研究四个方面总结了与会学者发表的主要成果。因部分会议论文未能收入本书,部分文章有所调整,综述能够帮助读者更为直接地了解会议的情况。

收入本书的诸篇文章在利用材料方面多有新意。各位作者选择的材料十分多样,有海东的刻石、日本的藏书,也有西域的文书、河西的简牍;有雪域高原的墓葬,也有中亚异域的珍宝;有不同语言的宗教经典,也有瑰丽多彩的壁画造像。可以说,诸篇文章利用的材料紧扣学界关注的热点,囊括了考古实物材料和传世文献的方方面面。

诸篇文章都展示了独特的视角和审慎严密的论证,提出了很多有价值的见解。作者们关怀的对象,既有普通百姓,也有官员和贵族;既有戍边的武夫,也有羁旅的文人;既有上千年来弘道传法的僧侣,也有近代活跃于西北的考察队。视角的多样性使得本书的涵盖面极广,囊括了历史、语言、宗教、考古、文学等多个领域,其中多有跨学科的研究,内容极为丰富。具体研究方面,作者们秉持严谨的学术态度和科学的学术方法,对相关文献加以详尽考证,充分注意利用多种材料,综合运用了历史学、考古学、文献学、人类学、语言学的研究方法,不仅得出了很多全新的学术观点,对传统的认识也有所修正。

《丝绸之路新探索:考古、文献与学术史》收录的论文,充分反映了近年来丝绸之路研究的新材料、新视野、新方法,贡献了很多极具价值的学术观点。丝绸之路不仅仅是繁荣的海陆商路,也是国家交往、民族融合、文化交流、宗教传播之路,在世界历史上具有不可替代的作用。学者们使用的材料和关注的人物,某种意义上正是丝绸之路上物质交流、文化融合的见证者。诸位作者以富有人文情怀的笔触和科学严谨的论证,向广大读者呈现了那条曾经繁荣又必将再次走向昌盛的"丝绸之路"的方方面面,展示了多种文明交相辉映的壮美历史图景。本书的出版,必将推动丝绸之路研究走向更广阔的天地。

(作者单位:中国人民大学国学院)

《丝路文明》第五辑
2020 年 11 月,269—277 页

打开阿富汗文物考古的金钥匙
——波尔《阿富汗考古遗址辞典》评介*

罗　帅

一

2020 年 6 月 19—24 日,国家文物局与浙江省人民政府联合主办的“2020 丝绸之路周”在中国丝绸博物馆举行。其重要活动之一是邀请多国文化遗产领域专家组成国际评审团队,评选出“2019 年度丝绸之路文化遗产十大学术专著”。英国考古学家波尔(Warwick Ball)的《阿富汗考古遗址辞典(修订版)》榜上有名。① 阿富汗地处丝绸之路交通的十字路口,是研究古代东西方文化交流的关键区域。然而,保存下来的有关这一地区的文献资料并不丰富,要深入了解古代阿富汗与丝绸之路文化交流的历史面貌,很大程度上须依赖近现代各国在该地区进行的大量考古调查与发掘。《阿富汗考古遗址辞典(修订版)》正是对近两百年来阿富汗境内考古成果的汇编和总结。

辞典作者波尔是一位出生于澳大利亚的英国考古学家。20 世纪七十年代至八十年代初,他曾长期在阿富汗工作,期间于 1981—1982 年担任位于喀布尔的英国阿富汗研究所(British Institute of Afghan Studies)代所长。之后,在约旦、伊拉克、伊朗等地长期从事文物保护和考古发掘工作。目前担任 2018 年创刊的《阿富汗》(*Afghanistan*)期刊的主编。波尔著述十分丰硕,其中跟阿富汗历史与考古相关的包括专著:《阿富汗的历史遗迹:历史、考古与建筑》(2008),②《阿富汗考古:从远古至帖木儿时期(修订版)》

---

* 本文系国家社会科学基金青年项目“汉-贵霜关系与丝绸之路的兴起研究”(批准号:17CZS007)的阶段性成果。

① W. Ball, *Archaeological Gazetteer of Afghanistan*, Oxford: Oxford University Press, revised edition, 2019.

② W. Ball, *The Monuments of Afghanistan: History, Archaeology and Architecture*, London: I.B. Tauris, 2008.

(修订者,2019)。[①] 考古报告:《坎大哈发掘报告(1974—1975):英国阿富汗研究所在沙赫里·科赫纳(坎大哈古城)最初两个年度的发掘》(1996),[②]《赫拉特城调查与发掘》(贡献者,2017)。[③] 论文集:《从开罗到喀布尔:阿富汗与伊斯兰研究暨 Ralph Pinder-Wilson 纪念文集》(主编,2002),[④]等等。可见,波尔对阿富汗的历史与文物考古有着十分精深的了解。

实际上,阿富汗近代考古探险和文物收集活动亦始于英国人。1827 年,驻印英军士兵马松(Charles Masson,原名 J.Lewis)化名潜逃,经白沙瓦向西北越过开伯尔山口(Khyber Pass)进入阿富汗,最后抵达伊朗的布歇尔(Bushire)。马松将此次行程所见写成报告,交给英国东印度公司,引起了东印度公司和驻印军部的兴趣。1832—1839 年,他们资助马松到阿富汗从事考古探险,收集古物和情报信息。在这七年间,马松调查了阿富汗东部贾拉拉巴德、喀布尔、贝格拉姆(Begram)、巴米扬一线的多处遗址,挖掘了 50 多处佛教遗迹,并从喀布尔文物市场上收购到大量钱币、像章、舍利盒、佛雕等古物。[⑤]

阿富汗现代意义上的考古活动始于 20 世纪二十年代。1922 年,法国与阿富汗政府签署协议,组建法国阿富汗考古团(DAFA, Délégation Archéologique Française en Afghanistan),获得此后 30 年里在阿富汗进行考古调查与发掘的独断权。20 世纪二十至七十年代,法国阿富汗考古团调查和发掘了从青铜时代到伊斯兰时期的大批遗址,包括蒙迪加克(Mundigak)、绍图盖(Shortughaï)、艾哈农(Aï Khanoum)、巴尔赫(Balkh)、贝格拉姆、苏尔赫·科塔尔(Surkh Kotal)、卡尔查延(Kalchayan)、哈达(Hadda)、绍特拉克

① R. Allchin & N. Hammond (eds.), *The Archaeology of Afghanistan: From Earliest Times to the Timurid Period. New edition*, revised and updated by W. Ball with Norman Hammond, Edinburgh: Edinburgh University Press, 2019.

② A. McNicoll & W. Ball, *Excavations at Kandahar 1974 and 1975: The First Two Seasons at Shahr-i Kohna (Old Kandahar) Conducted by the British Institute of Afghan Studies*, Oxford: Tempus Reparatum, 1996.

③ U. Franke& Th. Urban (eds.), *Excavations and Explorations in Herat City*, with contributions by W. Ball et al., Berlin: Staatliche Museenzu Berlin, 2017.

④ W. Ball & L. Harrow (eds.), *Cairo to Kabul: Afghan and Islamic Studies Presented to Ralph Pinder-Wilson*, London: Melisende, 2002.

⑤ G. Whitteridge, *Charles Masson of Afghanistan: Explorer, Archaeologist, Numismatist and Intelligence Agent*, Warminster: Aris & Phillips, 1986; E. Errington, "Charles Masson", *Encyclopaedia Iranica Online*, 2020-8-11, http://www.iranicaonline.org/articles/masson-charles.

(Shortrak)、马兰健特佩(Tepe Maranjan)、巴米扬石窟、拉什卡尔巴扎(Lashikar Bazzar),等等。[①] 这些遗址的考古报告和专门研究编为《法国阿富汗考古团丛刊》(Mémoires Délégation Archéologique Française en Afghanistan),1942—2018 年间,共出版了 35 种。

20 世纪五十至七十年代,意大利、日本、苏联、英国也纷纷组队在阿富汗境内开展考古活动。从 1957 年开始,在图齐(G. Tucci)和塔代伊(M. Taddei)的带领下,意大利中东亚研究所(IsMEO, Istituto Italiano per il Medio ed Estremo Oriente)对阿富汗东部喀布尔、加兹尼(Ghazni)等地进行了长期考古调查和发掘,其成果编为《罗马东方丛刊》(Series Orientale Roma)。[②] 从 1961 年开始,在水野清一和樋口隆康的先后率领下,日本京都大学中亚考古队对喀布尔-贾拉拉巴德一线的古代遗址特别是佛教遗迹,进行了大量调查和发掘。1974—1978 年,樋口隆康、宫治昭对巴米扬石窟进行了系统调查和保护工作。[③] 1969—1978 年,在萨里阿尼迪(V. I. Sarianidi)的主持下,苏联—阿富汗联合考古队调查和发掘了阿富汗北部的提罗特佩(Tilā Tepe),清理出大量黄金艺术品。[④] 1972 年,英国在喀布尔设立英国阿富汗研究所,1974—1978 年,该研究所的怀特豪斯(D. Whitehouse)、麦克尼考(A. W. McNicoll)和赫尔姆斯(S. W. Helms)对坎大哈古城进行了考古发掘。[⑤] 1979 年,苏联入侵阿富汗。此后,阿富汗陷入政局动荡、战乱频繁的状态,各国考古队在阿富汗的调查与发掘活动纷纷中止。

初版于 1982 年的《阿富汗考古遗址辞典》,[⑥]正是在这样的时代背景下产生的。1979 年,波尔负责为英国阿富汗研究所图书馆编制考古遗址卡片索引系统,以便研究人员能够快速获取阿富汗重要遗址的相关信息。卡片系统建成后,鉴于其便捷性和有

---

① F. Olivier-Utard, *Politique et archéologie: Histoire de la Délégation archéologique française en Afghanistan (1922-1982)*, Paris: Editions Recherche sur les civilisation, 1997.

② A. Panaino, "IsMEO", *Encyclopaedia Iranica Online*, 2020-8-11, http://www.iranicaonline.org/articles/italy-xv-ismeo-2.

③ 水野清一编《バサーワルとジェラーラーバードーカーブル——アフガニスタン東南部における仏教石窟と仏塔の調査 1965》,京都大学,1971 年;桑山正進、樋口隆康《チャカラク・テペ——北部アフガニスタンにおける城塞遺跡の発掘 1964~1967》,京都大学,1970 年;樋口隆康《バーミヤーン:京都大學中央アジア學術調查報告——アフガニスタンにおける仏教石窟寺院の美術考古學的調查 1970~1978 年》,共 4 卷,同朋舍,1983—1984 年。

④ V. I. Sarianidi, *The Golden Hoard of Bactria: From the Tillya-tepe Excavations in Northern Afghanistan*, New York: H. N. Abrams, 1985.

⑤ A. McNicoll & W. Ball, *Excavations at Kandahar 1974 and 1975: The First Two Seasons at Shahr-i Kohna (Old Kandahar) Conducted by the British Institute of Afghan Studies*, 1996; S. W. Helms, *Excavations at Old Kandahar in Afghanistan 1976-1978. Conducted on Behalf of the Society for South Asian Studies (Society for Afghan Studies): Stratigraphy, Pottery and Other Finds*, Oxford: Archaeopress, 1997.

⑥ W. Ball, *Archaeological Gazetteer of Afghanistan*, Paris: Éditions Recherche sur les civilisations, 1982.

效性,研究所决定将其扩展成一部考古遗址辞典并公开出版。在法国阿富汗考古团加尔丹(J. C. Gardin)等人的帮助下,波尔不久便完成了这项工作。研究所原来设想每隔几年就出版一份辞典补编,以吸纳不断涌现的考古新材料。然而,因阿富汗局势动荡,1983 年英国阿富汗研究所被迫关闭,波尔随后离开阿富汗并将精力转移到中东考古,这使辞典补编计划的落实变得遥遥无期。

自辞典初版问世以来,在过去的四十年中,阿富汗境内又涌现出一大批重要的考古新发现:罗巴塔克(Rabatak)和唐吉·萨菲达克(Tang-i Safidak)的巴克特里亚语铭文,坎大哈的希腊语铭文,阿富汗北部大量的阿拉美语文书、巴克特里亚语文书和阿拉伯语文书,古勒比扬(Ghulbiyān)和切赫勒·布尔吉(Chehel Burj)的壁画,米尔·扎卡赫(Mīr Zakah)的钱币窖藏,贾姆(Jam)宣礼塔附近的古尔王朝(Ghurid)城址,梅斯·艾娜克(Mes Aynak)、哈瓦尔(Kharwar)、吉里甘(Killigān)、库里图特(Qol-i Tūt)、纳兰吉特佩(Tepe Nārenj)、扎尔加兰特佩(Tepe Zargarān)诸地的佛教遗存,等等。2001 年美国阿富汗战争之后,国外文物考古工作者得以重返阿富汗。2002 年以来,法国阿富汗考古团先后对巴克特里亚(Bactria)、迦塔(Al-Ghata)、赫拉特、哈吉·皮亚达(Haji Piyada)清真寺、梅斯·艾娜克佛寺等遗址进行了调查和发掘。① 2004—2012 年,德国—阿富汗联合考古团(German-Afghan Archaeological Mission)在赫拉特地区进行长期考古调查、发掘与文物整理工作,计划推出三卷本考古报告,目前第二卷和第三卷已经出版。② 2007 年以来,喀布尔国家博物馆的一批文物珍宝持续在全球各地巡回展览,我国故宫博物院、敦煌研究院、成都博物馆、郑州博物馆、深圳南山博物馆、湖南省博物馆、清华大学艺术博物馆、南京博物院、香港历史博物馆先后承办。这批精品文物出自法罗尔特佩(Tepe Fullol)、艾哈农、提罗特佩、贝格拉姆等重要遗址,它们的展出引起了公众的极大兴趣,激起了学界对阿富汗文物古迹的关注和研究。以上这些因素,促成了《阿富汗考古遗址辞典》修订版的面世。

---

① R. Besenval & P. Marquis, "Le rêve accompli d'Alfred Foucher à Bactres: nouvelles fouilles de la DAFA 2002-2007", *Comptes-rendus des séances de l'Académie des Inscriptions et Belles-Lettres* 151 /4, 2007, pp. 1847 - 1874; R. Besenval, P. Marquis et É. Fouache, "Nouvelles découvertes en Bactriane 2007-2009", *Comptes-rendus des séances de l'Académie des Inscriptions et Belles-Lettres* 153 /3, 2009, pp. 1019 - 1061; N. Engel & J. Poncar, *Mes Aynak: New Excavations in Afganistan*, Kabul: National Museum of Afghanistan, 2011.

② U. Franke & M. Müller-Wiener(eds.), *Herat Through Time: The Collections of the Herat Museum and Archive*, (Ancient Herat 3), Berlin: Staatliche Museenzu Berlin, 2016; U. Franke & Th. Urban (eds.), *Excavations and Explorations in Herat City*, (Ancient Herat 2), 2017.

二

修订版辞典相对于初版而言,在篇章结构上有较大调整。初版大体上分为遗址词条、参考文献和图集三大块。修订版除篇首的转写和缩略语说明、图表目录、致谢和导言以外,包括以下五个部分:

第一部分,年表。作者将阿富汗分为赫拉特、巴德吉斯(Badghis)、巴尔赫-巴达赫尚、喀布尔、贾拉拉巴德、加兹尼、坎大哈、布斯特(Bust)和锡斯坦(Sistan)等九个大区,用两页纸的篇幅详细介绍了各个地区从旧石器时代至帖木儿王朝(到1500年为止)的时代(朝代、政权、族群)更迭情况,并附有一张直观的地区年表。断代是每个遗址词条的重要信息之一,当读者对正文词条中出现的年代术语把握不准时,可以通过这份年表来解决疑问。

第二部分,遗址词条和词条补编。这是本辞典的主体部分,每个遗址或遗址群作为一个词条,按照字母顺序排列编号,总数超过1 500个。初版原有词条1 271个,在修订版中的编号为1—1271;修订版另新增词条293个,编号为2000—2292。词条的介绍包括遗址名称、位置、年代、描述、文物收藏单位、田野工作和参考文献等信息。

(1) 名称。当遗址有多个不同名称时,一般将常用的、最接近当地语言的名称作为词条标题,其他名称附在下面。由于阿富汗民族和语言成分复杂,加之阿富汗考古工作有多国参与,发掘者往往使用本国语言撰写考古报告,这就给许多遗址的准确定名带来很大麻烦。例如,著名的"黄金之丘"提罗特佩在英语世界的通用名称 Tillya Tepe 实际上是一种讹误形式,正确写法应作 Tilā Tepe(达里波斯语 طلا تپه)。当年主持发掘该遗址的苏联考古学家萨里阿尼迪将 Tilā 译为俄语"Тиля",后来西方学术界又根据俄语将其转译成英语"Tillya"。这个讹写形式现在变得广为人知,成为这处重要遗址的通用名称,波尔在辞典修订版中采用了这个名称,同时也给出了其订正形式 Tilla Tepe。①

(2) 位置。修订版中一般会给出遗址在初版中的经纬度坐标,经过修正的经纬度坐标,跟该遗址有关的区域地图编号,遗址所处的省份及其距主要城市、公路的距离等信息。

(3) 年代。有三分之二的词条给出了遗址所处的时代和具体年代,并括注断代的依据(瓷器、钱币、风格等)。如果一个遗址跨越多个时代,每个时代都会列出来。当

① W. Ball, *Archaeological Gazetteer of Afghanistan*, revised edition, pp.38, 939.

然,这种断代并不能看作对遗址的准确分期。

(4) 描述。即对遗址的外观形态、尺寸、遗迹构成、性质、出土物等情况的描述。大部分遗址的描述都比较简洁,小部分遗址属于首次披露,则作了相当详细的介绍。大约有十分之一的遗址附有平面图,它们大多是从已发表的出版物中改绘而成的。

(5) 文物收藏单位。辞典尽量标明遗址出土文物(特别是重要文物)目前藏于何家博物馆或考古机构。然而,由于阿富汗局势长期动荡,收藏单位信息有很多可能已经不准确。

(6) 田野工作。辞典提供了每个遗址的田野工作详细经过,包括历次考古调查和发掘的时间、负责人姓名及机构名称。

(7) 参考文献。每个词条最后罗列了与遗址有关的参考文献目录,并简要介绍了每篇文献对遗址的涉及情况,这对研究相关问题的读者来说非常实用。

第三部分,地图索引。2016 年,波尔与芝加哥大学东方学院阿富汗遗产制图公司(AHMP,Afghan Heritage Mapping Partnership)合作,由后者利用高分辨率卫星地图为遗址词条提供校正坐标,并为修订版辞典精心制作了 22 幅时代地图和 76 幅区域地图。所有遗址都标注在这 98 幅地图上,读者可通过地图上的词条编号在正文中找到相关词条。通过这两种地图,读者可以对阿富汗各个历史时期或各个地区已经开展过的田野考古工作有一个总体了解,相关的考古工作者还可以将它们作为进一步田野工作的指南。这两种地图对相关的研究者也大有裨益:关注阿富汗某个特定时期的研究者,可以借助时代地图了解到这一时期各个遗址的情况;关注某个特定地区的研究者,则可借助区域地图获取该地区诸遗址的信息。

第四部分,附录。修订版一共有五个附录。附录一,年代索引:将所有确定年代的遗址按时代单元顺序排列,该索引与时代地图配套使用。附录二,文物收集单位索引:列出各博物馆和考古机构收藏的阿富汗各遗址出土文物信息。附录三,田野工作索引:是一份有关阿富汗田野考古工作的详尽年表,逐年列出从 1833 年迄今对各遗址展开考古调查和发掘的单位及负责人信息。附录四,词汇表:按字母顺序排列正文词条中出现的当地语言词汇,并给出各词汇的英语释义。附录五:主题索引。所有的主题词按字母顺序排列,后面列出涉及该主题的所有遗址的编号。这些索引从多个角度为读者检索想要的信息提供了极大的方便,大大提升了本辞典的学术利用价值。

第五部分,参考文献。分为主题参考文献和总参考文献。主题参考文献按照阿富汗图书馆基金会(Foundation Bibliotheca Afghanica, Bubendorf, Switzerland)的阿富汗主题词库(Afghanistan-Thesaurus)分类系统,将全部参考文献分为四大类共50个主题,这为开展相关专题研究的读者收集文献资料带来了便利。总参考文献按照作者字母顺序排列,长达70页,超过2 100种,每个遗址词条提到的参考文献的详细信息都可以在这里找到。这些参考图书和论文包括各种考古简报、报告、图录、行记等原始文献,也包括大量的历史学、艺术史、钱币学、宗教学等领域的研究著作。

三

这部超过1 500个遗址条目的辞典,是有关阿富汗文物考古最完备的工具书。修订版相较于初版,增补了293个条目,其中很多是近四十年考古新发现的遗址。对于初版中已经收录的罗巴塔克、梅斯·艾娜克等遗址,则补入了有关这些遗址近年重大考古发现的信息及新的研究著作目录。从篇幅上看,初版只有559页,修订版则多达1 459页,这主要是在遗址词条和参考文献方面进行了非常大的扩充。在全面搜罗的基础上,作者倾注心血制作多种索引和分布图,使辞典利用起来极为方便。通过作者的巧妙编排,读者不仅可以了解到每个遗址的位置、年代和大体面貌,还可以把握它们的完整学术史,包括它们的考古调查与发掘史以及研究史。因此,这部辞典一方面有助于相关机构开展对各遗址单位的保护工作和未来进一步的调查与发掘工作,另一方面有利于相关研究者进行各种专题研究,从而推动阿富汗文物考古方面的整体学术进步。这部辞典初版于1982年,在这之后,阿富汗陷入长年战乱动荡,大量文物古迹遭到破坏而消失,例如著名的巴米扬大佛惨遭塔利班炸毁。因此,这部辞典还为阿富汗保存了一份珍贵的文化遗产档案,为损毁的文物古迹在将来的修复、保护和研究留下了基本的线索。

这部辞典对于国内文物考古领域而言也有着重要的借鉴意义。目前,国内虽然也有《中国考古学年鉴》《吐鲁番文书总目》《新疆维吾尔自治区第三次全国文物普查成果集成》等类型的工具书,但尚未有一部这样的全面而细致的考古遗址辞典。今后也可以组织人力编撰新疆、甘肃、陕西等分省份的考古遗址辞典。这将会在很大程度上促进各地区系统的文物保护和学术研究工作的展开。

这部辞典也存在一些错讹和不足之处,主要是年代方面的问题。作者编制的年表很详细,但是其中采用了一些过时的或错误的观点。例如早期贵霜(Early Kushan c.110 BC – AD 75)和大贵霜(Great Kushan c. AD 75–225),在初版的时代这样的提法是可以接受的,但随着近几十年的研究,特别是罗巴塔克碑铭发现后,贵霜王系和编年的研究取得了重大进展,[①]这样的分法已经被多数学者摒弃了。再比如,作者将巴尔赫与巴达赫尚地区的时代划分为:565—650 年为晚期萨珊时期,约 650—875 年为突厥诸汗国(Turk Khanates)时期,约 875—1000 年为萨曼(Samanid)时期,1000—1050 年为哥疾宁(Ghaznavid)时期,约 1050—1150 年为塞尔柱(Seljuk)时期,约 1150—1220 年为古尔(Ghurid)时期,约 1330—1380 年为察合台时期。必须指出,作者在这里划分时代的标准是不统一的,其结论很不可靠。虽然 565 年前后萨珊与突厥结盟攻灭嚈哒,获得包括巴尔赫在内的阿姆河以南土地,但随后数十年萨珊与突厥在巴尔赫及邻近地区反复争夺,其地在二者之间几度易主。约 625 年以后,巴尔赫地区已牢牢为突厥控制。657 年,唐灭西突厥,翌年在其故地设置一系列羁縻州府,巴尔赫为月氏都督府辖地。[②] 当然,这些羁縻州府的实际统治者仍为突厥贵族。7 世纪下半叶以后,阿拉伯帝国屡次入侵巴尔赫地区,但未能在此地建立稳固统治。不过,725 年之后,阿拉伯人已然掌控了巴尔赫。[③] 1220 年,成吉思汗攻取巴尔赫。1256 年旭烈兀西征后,巴尔赫归属伊利汗国。但至迟在 1300 年,其地已转为察合台汗国所有。因此,即便把唐朝的羁縻统治时期排除在外,巴尔赫地区的时代划分至少应修正为:565—625 年为晚期萨珊时期,625—725 年为突厥时期,725—875 年为阿拉伯帝国时期,875—1000 年为萨曼时期……1220—1256 年为蒙古帝国时期,1256—1300 年为伊利汗国时期,1300—1380 年为察合台汗国时期。作者显然对唐朝在阿富汗地区的影响力拿捏不准。除了无视唐朝在西突厥故地的羁縻统治外,在第 10 页第 3 行年表的中间,作者插入了一句“Tang Eastern Wakhan only(唐,仅在瓦罕东部地区)”,其格式与上下文显得不一样,可能在 Tang 的后面漏标了年代范围。这个年代范围应当始于唐灭西突厥而终于安西四镇陷蕃,即 657—约 800 年。

这部辞典在参考文献方面也有不足,一是完全没有提及中文著作,二是没有涉及古籍如汉文史书和穆斯林舆地文献。如果在未来的修订版中增加这两方面的内容,那么

---

① N. Sims-Williams,“The Bactrian Inscription of Rabatak: A New Reading”, *Bulletin of the Asia Institute* 18, new series, 2004[2008], pp.53-68;罗帅《罗巴塔克碑铭译注与研究》,载朱玉麒主编《西域文史》第 6 辑,科学出版社,2012 年,第 113—135 页。

② (宋)王溥《唐会要》卷九九,中华书局,1955 年,第 1773 页;吴玉贵《突厥汗国与隋唐关系史研究》,中国社会科学出版社,1998 年,第 419—421 页。

③ 〔俄〕巴托尔德著,张锡彤、张广达译《蒙古入侵时期的突厥斯坦》(上册),上海古籍出版社,2011 年,第 220—222 页。

这部了不起的辞书将更加完善。此外，附录四的词汇表未对当地语言词汇的语种作任何说明，这是不规范的做法。其他还有一些排版错误，例如第 44 页导言部分，介绍附录四和附录五时将二者颠倒了。

（作者单位：浙江大学中国古代史研究所）

（上接第260页）

千佛洞，萃凿一崖之剖面，高分四五层，传各层洞外，昔有楼阁联贯，今已全毁，惟一二层，可得游览。尝见两大洞，塑佛高十丈，且为坐像。中一洞，现正重修九层大殿，闻已用资五万元。另有一右侧横卧之大佛，长亦七八丈，其后排立丘尼、丘僧七十二，状如生人；惟丘尼体态高健，颇似西女，且有二三藏装者。其余中小洞，大可二三立方丈不等，洞龛正中之坐佛，多屈右臂，举掌胸前，左手则抚于所盘之左膝，颇有庄严肃穆之气象。旁配侍者，各三四位，立坐倚斜，姿式活泼，捻花捧瓶，表情各异。

旁侍女像之装饰，类为肩上围一项圈，作金色，中系数金花，分垂两肩及前后胸；手腕、手臂，各套满嵌宝玉之金镯两双；另用五彩飘带，自右肩斜披下，而打结于左肋；两乳一脐，有被飘带所掩者，有完全裸露者；腰下垂裙，长及脚背，赤足玉趾，脉脉欲动。……各洞精彩之壁画，多出唐人之手，历久而色不变，亦多被外人偷拓而去，所幸特画全国像形图之一洞，尚属完璧。当时某外人，复贿白俄十万金，嘱设法窃之，事为敦煌人士所悉，极力保护，始得无恙。然不及早设法移置，安可保存？如再经战乱或盗窃，则中国将无古代名贵壁画之存在，宁不深为可惜？要之，如此佛洞古物，创时确系劳民伤财，但既经古人创造成功，在某种意义上，后人却有保管之价值焉。

（陈赓雅《西北视察记》，甘肃人民出版社，2000年，第184、199—200页）

10月11日　顾颉刚“作万里（即陈万里）《〈敦煌千佛洞壁画留真〉跋》六百言（即顾颉刚《题敦煌千佛洞壁画留真》，《文史杂志》第5卷第7、8期合刊，1945年），为写上。”（《顾颉刚日记》第3卷“1933—1937”，联经出版事业股份有限公司，2007年，第246页）

12月21日　“（绥新公路）察勘队于11月30日自新疆返抵安西，即赴敦煌游千佛洞及月牙泉诸名胜，旋转西北行，拟辟一捷径直达南疆，尚功亏一篑。”（陈宗器《绥新公路察勘记》，《新昌文史资料》四“人物史料专辑”，1988年，第73页）

参见资料：

斯文赫定著《亚洲腹地探险八年（1927—1935）》“千佛洞”一节曾对此次游千佛洞之情形记录甚详：

正如前面所说，我去敦煌除了去看千佛洞，还有更重要的目的。千佛洞已有很多专家学者考察研究过了，我到这里部分出于好奇，部分由于到了敦煌不看千佛洞似乎有点说不过去，就像去了印度的亚格拉而没看见泰吉·马哈尔陵一样。

我无法描述那些开在悬崖上的洞穴和那些拱形石顶，墙上的宗教人物，各种佛像的雕像，那实在太多了。最底层的洞穴与地面相平，我看了其中的21个。每个洞穴中正对洞口一般都有一组主雕塑，每边墙上有3个人物雕像。背后是一对想象中的动物，比如狗或鹰头狮身的怪兽作为守卫者。洞内有3个木制容器用于烧香和放贡品。墙和洞顶里面画满了富有佛教色彩的壁画。

人们可以沿一排梯子上到第二层洞穴，有些洞穴安装了大门。外面有一条新建的石头阶梯可以上到第三层。到处可见岩壁表面镶着些水平的梁，搭成了一些凸出的小阳台或走廊，可以从一个洞走到另一个洞。还有一些开凿的狭窄通道通向佛洞，大多数洞穴从里面打通相互连接。

（下转第282页）

《丝路文明》第五辑
2020 年 11 月,279—281 页

《中古中国祆教信仰与丧葬》简介

陈丽娟

近年来,学界对于丝路沿线宗教信仰、民族认同、石刻图像的讨论、关注极多,这一方面与国家的重视与战略倾斜不无关系,另一方面也是历史研究由内而外,由中国而亚洲而世界的必由之路。正如日本"京都学派"史学集大成者宫崎市定所说:"事实上,我的研究一直都是在世界史的框架下展开的,从来没有脱离过世界史的发展体系来孤立地考察个别史实。从这个意义上说,不管研究对象是什么,我都希望将之视为世界史研究。"历史研究需要研究者具有开阔的学术视野,如果没有宏观的把握、横向的比较,那么研究则会偏于狭隘而不可知,唯有开放包容、从不同文化反视自身,方能多角度多面向丰富历史面貌。

沈睿文《中古中国祆教信仰与丧葬》(上海古籍出版社,2019 年 10 月出版。以下简称"《祆教信仰》")融合考古学、历史学、人类学等多种研究方法,引入"国家认同""民族/种族认同"等概念,从具体的出土墓葬来讨论中古时期祆教的各个方面。在反思"以图证史"方法论的同时,认为"对中古中国粟特裔石葬具及其图像的研究,首先要回归到这批石葬具的载体,最根本的基点是要回归到墓葬的建制上"(《祆教信仰》,第 11 页)。在既有成说基础上,或加以补充,或提出新说,沈著叙述严谨,言必有据。所涉论题不少曾引起学界广泛讨论,用作者自己的话来说,"我着手这个领域的时候,可以说学界关于这批墓葬的研究已渐趋平寂"(《祆教信仰》"致谢")。但即便面对旧题,沈著也能不落窠臼。跨学科视域下的研究,往往令人耳目一新。

《祆教信仰》共十四章,主要章节由相关论文集结而成,并皆有修订。

第一章《论墓制与墓主国家和民族认同的关系——以康业、安伽、史君、虞弘诸墓为例》。对考古发掘的热点——康业、安伽、史君、虞弘诸墓进行了不同角度的解读。离析出重床和石堂功能的区别,认为"安伽等粟特裔贵族墓葬基本可依照葬具分作两大系统。即石重床的现实纪功图像系统和石堂的神性图像系统,应无疑义。后者间或

会以图像表现形式或少数的图像以为纪功之符号。由此呈现出统一性和多样性的特征”(《祆教信仰》,第 52 页)。强调祆教风俗对于葬具摆放的作用:“经过考古发掘的虞弘、史君、康业、安伽、天水石马坪等墓葬具皆东西摆放,甚至将墓道口朝北,如天水石马坪墓。此等情况罕见于汉文化的墓葬,其中除了西方墓葬传统因素的沿承之外,恐也有祆教徒为了使死尸头部不朝北而做的一种变通。”(《祆教信仰》,第 44 页)并引入国家认同和民族/种族认同两个概念来解释虞弘等粟特裔贵族墓葬:“安伽等粟特裔贵族墓葬给我们提供了绝好的事例,他们在认同北朝政府的同时,仍保持着自己的文化与种族认同,亦即他们的‘自认’并没有发生丝毫松动。”概括出粟特裔贵族墓葬的重要特征。

第二章《吉美博物馆所藏石重床的几点思考》对吉美博物馆所藏石重床图像的内涵进行了重新厘正,认为石重床图像不仅表现了墓主的政治身份(如背屏第 6 石),也展示了祆教教义及神祇(如背屏第 2 石)。

第三章《天水石马坪石棺床墓的若干问题》,第四章《天水石马坪石棺床所见希腊神祇图像》。两章讨论的均为天水石马坪石棺床墓,第三章分别从葬具、背屏中的廊庑、楼阁、日月、夫妇合葬问题、随葬器物等展开叙述,认为石棺床墓很可能建筑于隋朝大业年间。石棺床屏风上的图像和同时期的壁画墓建制同步,“惟在适当之处添加墓主种族文化的标签”。第四章针对石棺床编号 9、10 屏的内容进行了细致考察。

第五章《北周史君石堂 W1、N5 的图像内容》认为 W1 是表达墓主夫妇的亡魂在天堂礼敬阿胡拉·马兹达等七神,而 N5 则表达衣着琐罗亚斯德教传统圣衫的史君圣山朝圣的场景。第六章《夷俗并从——安伽墓与北朝烧物葬》创见性地对安伽墓的甬道和墓室在未被盗墓的情况下曾遭强烈火烧这一现象提出新的见解,认为安伽墓出现突厥烧葬葬仪,反映了多元丧葬文化的融合。第七章《青州傅家画像石的图像组合》从墓葬形制入手,对山东青州傅家村发现一组北齐墓葬所出阴线刻画像石图像顺序进行重新构拟。第八章《Miho 美术馆石棺床石屏的图像组合》亦对 Miho 美术馆所藏石棺床石屏图像组合提出构拟方案,进行重新考量。

第九章《重读安菩墓》。学界对于安菩墓已有较多讨论,而此章则从墓葬建制的特殊性展开,结合两《唐书》的相关记载,重新探讨安菩家族的宗教信仰问题。认为安菩家族为祆教信仰,而其祆教特有丧葬建制元素的选用,或是因其仕宦于唐朝的缘故。

第十章《太原金胜村唐墓再研究》揭示了除墓葬年代及墓室树下老人屏风画内容的判定外太原金胜村唐墓的更多内涵。认为太原金胜村唐墓为信仰祆教的粟特胡墓地,且墓主的官品多为从五品以下。树下老人(高士)屏风画的选择,意在向唐廷表示忠诚及自身功成身退、及时归隐的意味。第十一章《唐墓壁画中的渊明嗅菊与望云思亲》，所讨论的依然是太原金胜村唐墓中第1、6幅壁画，认为这两幅画分别是“渊明嗅菊”“望云思亲”，与陶渊明均有直接或间接关系，意在表现对陶渊明理想的向往。

第十二章《吐峪沟所见纳骨器的宗教属性》认为应审慎判断图像的宗教归属，吐峪沟所见纳骨器不宜遽断为祆教徒葬具，仍应视其为佛教僧侣林葬之用具。

第十三章《敦煌白画P.4518(24)图像考》讨论的对象为法国国立图书馆所藏敦煌文书P.4518(24)，对于这幅线描图，中外学界已有不少讨论，国内如饶宗颐、姜伯勤、张广达等；国外如马尔沙克、葛乐耐等。其中对图中女神神格判定各有分歧，此章首先从右侧四臂神祇所倚是犬还是狼进行考察，结合国内外研究家犬和狼的相关文献，判定所倚是狼。第二步结合史君石堂屏画、安伽墓围屏石榻图等继续考证，认为左侧神祇为阿娜希塔，右侧神祇为娜娜。

第十四章《内亚游牧社会丧葬中的马》认为在内亚游牧社会的丧葬活动中，马主要在埋葬(烧物葬/烧葬)以及祭祀(烧饭)、出殡三个场合充当不同角色，即殉马、祠马、殡马。

《祆教信仰》论述范围颇广，涉及中古中国粟特裔墓葬中种族文化、祆教葬仪、风俗等，修正了旧有的错误判断，补充、添加了新的见解，并在讨论过程中提出新的问题。尤为难得的是对海量石屏图像的连缀与运用，以图证史。作为1999年“十大考古新发现”、2001年“20世纪百大考古重要发现”，虞弘墓受到的关注同时代罕有其匹。前有考古报告，后有学者撰写大量文章，虞弘墓又曾受邀至世界各地展览，目前可供讨论的空间似乎已不多。而沈著不止一次利用虞弘墓谈新问题，无论是前面对于国家认同、民族认同的探讨，还是后面重读安菩墓(《祆教信仰》，第265页)，以及对金胜村唐墓的再研究(《祆教信仰》，第312页)，等等，都是对虞弘墓信息的再次整合。而不同章节之间信息的交叉，则又体现了沈著对于材料的熟稔把握。

《祆教信仰》是一部扎实的、较为集中讨论中古中国祆教及其丧葬形式与图像的学术著作，可丰富人们对中古时期祆教的认识，推进中古中国祆教信仰与丧葬研究。

(作者单位：上海古籍出版社)

(上接第 278 页)

在南面,面对主寺院我们看到了一座新的有 9 层楼高的中国式新建筑,内有一尊巨大的如来佛像。

在某种程度上说,千佛洞很令我失望。我期望能看到一些更精美更显赫的东西,而不是这些单调的模模糊糊的神像,况且这些东西已在那些不肖子孙的忽视下日益毁坏。这里给人印象最深的,是能在这坚硬的石壁上开凿如此众多的洞穴。从雕凿这些壁龛所需要的毅力和耐心,可以看出完成这项伟大工程的人,一定具有火一般的虔诚信念。洞穴对面长着一些高大的钻天杨,把这里装点得像诗一般美丽,更为这稀世遗迹罩上了一层神秘色彩。

如果去看看伯利(即布林①)1931 年新发现的西千佛洞,②可能更有意思,可惜我们已没时间了。(斯文·赫定著,徐十周、王安洪、王安江译《亚洲腹地探险八年(1927—1935)》,新疆人民出版社,1992 年,第 701—702 页)

12 月 23 日　顾颉刚致信杨效曾,③提及北平图书馆所藏敦煌写卷。

"在中国,北平无疑的是一个文化中心。但北平保存的文物,十之七八都是史料,所以它只能成为研究历史的中心,不适宜于滋长其它学问。我们研究历史的人来到北平,真是快乐极了,可以在……西北科学考察团里看见万余片的汉代竹木简和唐人绘画,可以在历史博物馆里看见许多魏唐的土俑和墓志,可以在北平图书馆中看见八千卷的唐人写经,二千种的宋元书本。"(《顾颉刚书信集》卷 3,中华书局,2011 年,第 23 页)

本年末　胡适作《一九三四年的回忆》,提到其关于《坛经》之研究。

今年论学文字中尚有《记北宋本六祖坛经》,其前半是去年所作,后半是今年所增改,在山东大学的《文哲季刊》第一期上发表(即胡适《记北宋本的六祖坛经》,《国立山东大学文史丛刊》1934 年第 1 期)。

《坛经》最古本为敦煌本(即英藏 S.5475),只有一万二千字;北宋本(开宝丁卯)已增至万四千字了(即日本兴圣寺藏北宋惠昕本)。明藏本约二万一千字,比唐本增加了百分之七十五!我在民国十二三年写《禅宗史》初稿,曾考证《坛经》的各部分的真伪。我的考订,大体不谬;但详细节目上有几点是很错的。如我说《忏悔品》是原本所有,大体是对的,但我见了敦煌本与北宋本,始知这一品在北宋初年已经过大增改了。敦煌本出现于一九二六[年],北宋本出现于一九三三[年];倘无此两古本,虽有圣哲的考据家也不能考定今本中有百分之七十五是陆续伪造的。(十年前,我指出《坛经》末部的"三十六对治"是后人伪造的;但敦煌本已有此段了!)

故考证与校勘都必须有古本作根据。

(曹伯言整理《胡适日记全集》第 7 册"1934—1939",第 157 页)

---

① 布林(B. Bohlin,1898—1990),瑞典古生物学家。西北科学考察团成员。

② 1931 年6月 18 日布林到达西千佛洞进行调查,并与 1936 年发表了 Newly Visited Western Caves at Tun-Huang, *Harvard Journal of Asiatic Studies*, vol 1, No. 2, 1936, pp.163-166.

③ 杨效曾(190? —1943),字中一,山东招远人。是时由北京大学史学系毕业,任《华北日报·史学周刊》编辑。

《丝路文明》稿件撰写格式

《丝路文明》是由浙江大学"一带一路"合作与发展协同创新中心和中国古代史研究所联合主办的专业性学术期刊，主要刊发研究陆上丝绸之路、海上丝绸之路历史文化的学术论文、考察报告、书评、学术综述、资料整理、学术信息等。

为了保证刊发文稿的原创性与规范性，特提请投稿者注意如下事项：

一、来稿为本人原创性成果，并充分尊重他人知识产权，遵守学术规范与学术道德。来稿字数不限，必须保持引文正确，所引资料应使用原始文献或调查数据。

二、来稿请使用 A4 纸格式，正文简体横排，宋体（分段引文用楷体，右进两格），小4 号字；注释用页下注（脚注），宋体，小 5 号字，注释序号用①、②、③、……标识，每页单独排序。来稿请附 300 字左右的中英文内容提要和关键词。

三、注释征引格式如下：

（1）引用著作依次为作者、书名、出版信息、页码，第二次起引用该著作则省略出版信息。引用译著时加写译者名。

例：张涌泉《敦煌写本文献学》，甘肃教育出版社，2013 年，第 100 页。

〔美〕芮乐伟·韩森著，张湛译《丝绸之路新史》，北京联合出版社，2011 年，第 50 页。

（2）引用古籍的格式基本同上，另外在书名后写出卷数、篇名，若有点校者或整理者亦须标出。"二十四史"、《资治通鉴》等常用文献，可省去作者。

例：《旧唐书》卷五五《李轨传》，中华书局，1975 年，第 2251 页。

（唐）李吉甫撰，贺次君点校《元和郡县图志》卷四十《陇右道下》，中华书局，1983 年，第 1019 页。

（3）引用期刊论文依次为作者、论文、期刊、出版年期（卷、号、辑等）、页码。引用译文时加写译者名。

例：霍巍《粟特人与青海道》，载《四川大学学报》2005 年第 2 期，第 94—98 页。

〔美〕韦陀著，常红红译《武威博物馆藏喜金刚与大黑天金铜造像考》，载《敦煌研究》2011 年第 1 期，第 21—29 页。

(4) 引用外文著作、期刊论文的格式，遵循各国的一般规范。需要指出，在日文论著中，除了作者、论著名仍保持日文外，其余则都为汉文简体字。

例：〔法〕Étienne de la Vaissière, *Histoire des Marchands Sogdiens*. Paris: Institut des Hautes Études Chinoises, Collège de France, 2002, p.255.

〔澳〕Lewis Mayo, "Birds and the Hand of Power: A Political Geography of Avian Life in the Gansu Corridor, Ninth to Tenth Centuries", *East Asian History*, no. 24, 2002, pp.1–66.

〔日〕長澤和俊《シルク・ロード史研究》，东京：国书刊行会，1979年，第200页。

〔日〕森安孝夫《イスラム化以前の中央アジア史研究の現況について》，载《史学雑誌》第89编第10号，1980年，第21—28页。

四、论文中出现的数字，一般使用阿拉伯数字，但古代年号后面的数字则用汉文数字。年号须括注公元纪年。首次出现外国人名，须括注原名外文。

五、来稿中若有插图，应在文中标明插入位置和说明文字；插图使用jpg或tif格式，保证高清晰度，并以电子邮件单独发来。

六、欢迎使用电子投稿，请同时发来word、pdf版本，并邮寄纸本。收稿后，会尽快向投稿者确认。审稿期限为3个月，期内请勿他投。无论审稿通过与否，本刊均通过邮寄、电子邮件或电话等方式告投稿者。来稿一律不退还原稿，敬请作者自留底稿。

七、来稿须附作者简介，含姓名、出生年、籍贯、工作或学习单位、职称、研究方向；并提供详细的通信地址、电话号码，以便联络。

八、联系方式

来稿请同时发送到下列电子信箱：

slwm@zju.edu.cn；ljb1961@126.com

纸本稿件请寄至：

310058　杭州市西湖区余杭塘路866号浙江大学历史系　刘进宝

九、联系、垂询电话：

刘进宝：13968016039

冯培红：18268892045

《丝路文明》编辑部

2016年12月10日